U0056687

老人心理學：

老年生活實踐與管理

林仁和、龍紀萱　著

作者簡介

　　林仁和博士，心理學專業（美國甘乃迪大學心理學研究所畢業，加州CIIS研究所博士），東海大學社會工作學系專任副教授，兼任國貿系及幸福家庭推廣中心主任（1990～2006年），瑞士日內瓦大學 BEI 學院客座教授（2006～2007年）。有多年醫務行政管理經驗（1979～1981年，美國華府Goodwin House 安養院行政助理；1987～1990年，美國聯邦 ARC 成人復健方案東區十二州行政管理部執行長），以及加州勒戒師 CADC 證照（1982年）。相關著作：《情緒管理》、《護理心理學》、《社會心理學》、《商業心理學》（第二版）。

　　龍紀萱博士，護理師，東海大學社會工作博士。現任國立臺中科技大學老人服務事業管理系助理教授。教授課程：老人心理學、社會老年學概論、老人活動設計與安排、安寧療護與臨終關懷等。兼任教職：亞洲大學社會工作學系、中國醫藥大學醫務管理學系兼任助理教授。其他兼任職務：中華民國醫務社會工作協會副理事長、中華民國幸福家庭促進協會理事、台中市老人福利推動小組委員。相關著作：《護理心理學》。

序

　　台灣經濟快速發展，一方面大大提高了人民的生活水準，但另一方面也引發了不少社會問題，例如：隨著社會上一小部分人富起來，大部分的貧困人口仍然存在，而貧富的比率與差距愈來愈明顯。在貧困人口中，老人面臨的困難尤其引人關注。老年人經常擔憂個人經濟、健康和休閒等問題，從而容易導致不必要的情緒波動、心理上的不平衡，甚至罹患精神疾病。一個重要的問題是：當老人出現上述問題的時候，如何協助他們度過難關？答案有三：首先，大專科系提供了更多的相關課程以及實務工作者的在職進修機會；其次，老人團體及老年人本身有必要針對自己的需要與對策做深入了解；第三，老年人的家屬及親人除了經濟支援之外，也要針對他們的心理及精神上的需要提供支持。

　　值此台灣經濟高速發展之際，老人福利政策進一步的被提出來討論，包括長期照護與長期保險法律的制訂，期待政府大力發展老人福利，而成為政府重要的施政內容，加強大專老人工作相關課程，老人照護實務工作以及老年人本身及家屬等的研究參考資料等，顯得有其必要性，而本書的出版恰逢其時。

　　最後，本書的出版要感謝心理出版社林敬堯總編輯的大力支持，老人福利推動聯盟吳玉琴秘書長提供相關的參考資料，Peter 張先生的協助校閱。此外，在本書的撰寫過程中，獲得了許多熱心人士的鼓勵、參與及提供意見，在此一併致謝。

林仁和、龍紀萱

2012 年 7 月

目 次

·應用篇·

導讀

　　老年心理學是研究老年人隨著年齡增長而發生心理活動變化及其發展規律的科學，它既是作為研究老化過程的老年學之一個重要組成部分，又是作為研究畢生心理活動發展變化的一個新學科。老年是人生歷程中的重要階段，生理的衰退、心理的老化現象、生活環境、社會地位的改變、社會角色和家庭角色的互換，以及社會發展、科技變革等，使老年人面臨著種種考驗和挑戰。如何正確對待變化，如何適應面臨的挑戰，這是老年生活的重要內容，也是我們研究老年心理的重要課題。

　　老年心理學最近幾年迅速發展，顯然是與世界人口年齡結構的驟變、老年人比例的迅速增加直接有關。按聯合國統計的規定，60 歲以上的老年人占總人口 10% 以上的國家，即為「老人型國家」。早在 1975 年，世界上老人型國家已超過五十個，60 歲以上老人總數達到三億五千萬人。而隨著老年人的增加，歐美各國以及日本，有關老年人的社會和心理問題日益增多，這樣一來，就促使老年心理學的研究工作逐步開展起來。不少心理學家開始研究心理活動的老化過程、老年人的社會心理問題、老年人的智力變化和個性特點、老年人精神病的診斷和治療，以及老年人的自殺預防和對策等。

　　老年是人生的一個重要階段，我們指出：「朝陽固然可愛，夕陽也當珍惜。」夕陽能燒紅晚霞一片，點亮滿天繁星。其實老年期占人的生命歷程之三分之一，人生一般都要經歷未成年期—成年期—老年期等三個階段。在人生歷程中，未成年期是學習知識、培養能力的黃金時期；成年期是發揮能力，對社會做出貢獻的最佳時期；而老年期則是總結經驗、為社會智力庫提供資源積累的大好時期。作為老年人，已經有過未成年期和成年期的經歷，經歷過人生的風風雨雨，社會生活使他們有了較深的閱歷和豐富的經驗；但

同時，自然規律也使老年人精力不濟和體力日衰，這就形成了老年期不同於未成年期和成年期的一些特點。而且，同是老年人，由於個人的人生道路、閱歷、地位以及性格等的差異，也形成了他們的個別需求、情趣、價值觀和生活方式。

更迫切的問題是，今日的老年人要面對三項嚴苛的挑戰：第一，面臨著現代化的挑戰：這種挑戰迫使老年人需改變自己長期以來形成的觀念和習慣，來適應現代化的生產、科學、文化和生活；第二，面臨著社會地位變化的挑戰：現代社會的變遷，使老年人的地位發生重大變化的是，隨年齡增長及衰老而帶來的社會職業上職務的變動或喪失；第三，面臨著家庭結構變遷和家庭角色轉換的挑戰：家庭是我們社會的細胞，是我們最基本的生活單位，老年人從社會走向家庭，而一旦退休，便從家庭的主體角色變成了依賴角色，且年齡愈大，對子女生活的依賴程度也愈大，老人會覺得自己的社會生活位置已由「不可缺少」變為「無足輕重」，因而容易產生「老而無用」的消極情緒，而造成心理上的壓抑、矛盾和自卑。

針對上述的問題與需求，本書《老人心理學：老年生活實踐與管理》的規劃目的有三：(1)針對大專老人工作相關科系修習課程提供教科書（另提供教師手冊）；(2)提供老人工作者在職進修課程或個人自修的參考書；(3)針對老年人探索自身或家屬了解老人的需要提供參考資料。本書內容有三個部份：基礎篇（第一～三章），應用篇（第四～十章），管理篇（第十一～十三章）。為了滿足學習者首次修習以心理學為背景的科目，本書涵蓋普通心理學的基本概念，並以簡要理論（每章第一節）為基礎，然後進入（第二、三節）實務探討。同時，在論述上也儘量使用簡單易懂的詞彙。為了連結心理學與老人議題，本書在每一節採取三種方式：在議題討論時直接連結，以「老人故事」方塊文章，或者以個案討論的方式論述。期待讀者在學習過程中，容易理解，隨時演練，方便在實際工作與生活中應用。

第一篇

基礎篇

第一章

老人心理學的起源與發展

　　本章的主要目的是討論本書第一篇基礎篇的第一部分「老人心理學的起源與發展」，第二部分是「老化衰退與老人心理學」（第二章），第三部分是「老人的心理輔導與諮詢」（第三章）。本章規劃為三節：第一節「老人心理學的相關概念」，第二節「老人心理學的環境背景」，第三節「老人心理學的起源與發展」。

　　第一節「老人心理學的相關概念」將探討三項議題：(1)基本概念；(2)進階概念；(3)其他概念。在第一項「基本概念」中，將討論：老年期、老人學、老人心理學、老人社會心理學等四個項目；在第二項「進階概念」中，將討論：老年期的生理變化、老年期的感覺能力變化、老年期的個性變化、老年期的情緒變化等四個項目；在第三項「其他概念」中，將討論：老年期的反應、老年期行為模式、老人精神病等三個項目。

　　第二節「老人心理學的環境背景」將探討三項議題：(1)社會背景；(2)學術背景；(3)社會對策。在第一項「社會背景」中，將討論：高齡化與生活變化、工業化與生活變化、工業化的貢獻、影響老人社會生活等四個項目；在第二項「學術背景」中，將討論：老人心理學的意義、老人心理學的未來等兩個項目；在第三項「社會對策」中，將討論：對策建議、今後的方向等兩個項目。

　　第三節「老人心理學的起源與發展」將探討三項議題：(1)老人心理學的起源；(2)研究工作發展；(3)老人心理學的挑戰。在第一項「老人心理學的起源」中，將討論：老人心理學在美國的發展、老人心理學在歐洲的發展等兩個項目；在第二項「研究工作的發展」中，將討論：研究的開始、研究的發

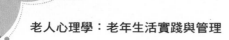

展、研究成果、當代經典著作等四個項目；在第三項「老人心理學的挑戰」中，將討論：老人與醫療、老人與自動化、老人與網際網路、老人與科技等四個項目。

第一節　老人心理學的相關概念

本節將探討三項議題：(1)基本概念；(2)進階概念；(3)其他概念。

壹、基本概念

老人心理學的基本概念主要包括：老年期、老人學、老人心理學、老人社會心理學等四個概念。

一、老年期

老年期是指，個人從出生、成長、成熟，最終到達的人生衰退期；在此階段中，身心發展狀況都有逐漸衰退的現象。從生理上來看，各系統的機能都會逐漸走向衰退。在神經系統方面，腦細胞減少，到了 90 歲左右，腦細胞數目只有中、青年階段的 70 ％左右，而細胞功能也減弱。在循環系統方面，心肌細胞逐漸變小，心肌收縮力下降，導致心搏量減少；外周血管阻力也因血管內腔變得狹窄而逐漸增大，使得心臟病、高血壓等疾病的發病率增高。在呼吸系統方面，肺泡部分相對減少，由 20 多歲時占肺的 60～70 ％降至 50 ％以下；肺組織的彈性因彈力纖維功能下降而減弱，氣管絨毛上皮出現萎縮、變性；呼吸肌的力量和耐力也減小，導致肺活量減少，咳嗽和咳痰能力下降。

在消化系統方面，口腔粘膜、唾液腺發生萎縮，進而唾液分泌減少；食道蠕動能力減弱，胃粘膜有萎縮趨勢，胃液分泌減少，胃壁伸縮性減弱；肝

臟有萎縮的趨勢，而呈現肝細胞減少、雙核細胞增加，但肝功能仍可維持正常運作；膽囊、膽管等彈性纖維會顯著增生，導致膽道壁增厚；腸道肌層萎縮，而且粘膜分泌功能下降，蠕動減少。在泌尿系統方面，腎臟減輕、老化，控制尿液分泌的腎小球減少，腎功能衰退；膀胱容量減少，括約肌的隨意控制能力下降；前列腺肥大現象增多。

在內分泌系統方面，甲狀腺重量減輕，甲狀腺激素的收容能力下降，甲狀腺功能減弱；腎上腺重量也減輕，導致男性激素的合成能力明顯下降；副甲狀腺分泌功能下降；性腺萎縮，分泌功能下降。在骨骼系統方面，骨組織會進入萎縮和肥厚的交錯狀態，骨容積逐漸減少；骨的含鈣量減少，脆性增加，容易骨折。在皮膚、肌肉系統方面，皮膚組織萎縮，深部脂肪減少，彈性下降；皮脂腺也會萎縮、汗液分泌減少，皮膚乾燥、無光澤、皺折多；肌肉萎縮，彈性減弱，肌肉的肌力減小。各種感覺（如視覺、聽覺、味覺、嗅覺、觸覺）的能力會逐漸下降，例如：視力下降、耳聾、品味能力差、嗅覺不靈、皮膚觸覺遲鈍等；記憶力下降，不論是識記，還是再認、重現能力，均不如中、青年階段；思維遲滯、靈活性差，想像力也不如青少年和中年階段豐富。

就整個智力活動狀況來看，亦是呈現衰退的趨勢。一般認為，智力在 16 歲以前是快速發展時期，其後會逐漸減緩，並於 20 歲左右達到智力發展的巔峰，其後智力會保持一段高原期，到了 30～40 歲開始緩慢衰退，60 歲之後加速衰退，80 歲之後急劇衰退。不過，上述的衰退狀況個別差異較大，某些老人的智力保持得相當好；此外，老人習慣的生活方式比較穩固，不易改變，因而不容易適應變動的、新的生活環境，更不易建立新的生活方式。老人的體力逐漸衰退，活動範圍相對變小，交往對象也相對變少，故而容易產生孤獨、寂寞之感。

二、老人學

老人學（gerontology）是指，研究人類的老年期之生理、心理特徵和社

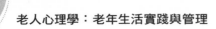

會行為方式等方面的特點和變化規律，以及如何增進老人身心健康的學科，主要是以生理學、生物學、心理學和社會學等學科為基礎。目前，它的主要分支有：老人生理學、老人心理學和老人社會學等。老人學是具有多學科性質的一種學科，它所研究的課題主要有下列幾個項目：

1. 老人學的基本理論。
2. 人衰老之生理基礎及老人的生理障礙。
3. 老人的各種心理過程和個性特徵，以及老人的精神障礙。
4. 老人的婚姻和性生活問題。
5. 老人如何適應退休後的生活。
6. 老人與家庭成員的關係。
7. 老人與社會發展的關係。
8. 老人的生死觀問題。

三、老人心理學

老人心理學（或稱為老年心理學）是研究個人發展心理學的一個分支，它是專門研究人在老年期的心理發展之特點和規律，以及如何增進老人心理健康的科學。老年期一般是指 60 歲以後人生的最後發展階段。老人心理學的研究課題，主要有下列幾個項目：

1. 老人生理器官（尤其是感覺器官）和功能的老化，以及其對心理發展的影響。
2. 老人反應遲鈍的各種因素之分析。
3. 人的老齡化與智力發展的關係，以及如何推遲某些智力機能的衰退。
4. 退休老人的心理學問題，例如：愛好心理及其社會傳統觀念對它的影響、退休老人與社會及家庭成員的人際關係變化等。
5. 老人與個性變化的關係，例如：老人是否具有一些特有的性格特點，包括自我中心性、猜疑心、保守性、情緒性、內傾性和順從性等。

6. 老人的病理心理問題，包括對某種精神障礙、功能性障礙和器質性障礙的研究。

7. 老人對死亡的自我意識及其對行為的影響。

四、老人社會心理學

老人社會心理學是社會心理學的應用分支，它是一種研究老人群體的社會心理特徵，及其對老人個性影響規律的科學，亦是從老人心理學分支出來的一個學科。老人心理可從下列兩方面進行研究：

首先，從老人生理的變化引起相應的心理變化進行研究，這是屬於老人生理心理學的任務。

其次，從社會的角度去研究，例如：老人由於退休、喪偶、減少甚至脫離社會活動，進而引起老人的抑鬱、焦慮、孤僻等個性的變化，以及如何鼓勵老人參加各種社團活動，研究老人群體的心理特徵及其對老人個性的影響，從而使老人的心理健康，發揮能量，安度晚年。這是屬於老人社會心理學的任務。

貳、進階概念

老人心理學的進階概念主要包括：老年期的生理變化、老年期的感覺能力變化、老年期的個性變化、老年期的情緒變化等四個項目。

一、老年期的生理變化

老年期的生理變化是指，老人在60歲以後生理上所發生的變化，其主要的表現是在生理機能趨於衰退的現象。這種衰退表現在下列幾個項目：

1. 外部衰老特徵：人在進入老年期以後，由於牙齒會逐漸鬆動、脫落，使得臉部變小，雙頰凹陷；也由於皮脂腺與汗腺的萎縮，使得皮膚乾

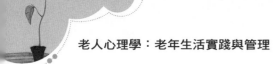

枯且粗糙，某些經常暴露的部分容易長出黑斑或鱗狀物。同時，臉部
肌肉鬆弛、眼瞼下垂，頭髮和眉毛也變得灰白而稀疏。

2. 骨骼老化：老人的骨頭會逐漸變硬，且由於礦物質的沉積及骨骼內部
的變形，更易發生骨折，且癒合緩慢。

3. 心血管系統老化：在這方面，變化最顯著的是心臟，早年時心臟是位
於胸部較為中間的部位，並且是直立的，但到了中年後期與老年期
時，由於心臟體積逐漸增大，進而變成橫位的狀況，對心臟的收縮、
舒張功能有所影響。

4. 心臟瓣膜的柔軟性逐漸退化：這是由於纖維組織增加，脂肪與鈣質沉
積及彈性組織變性所致。由於此時的心臟本身之冠狀動脈硬化，易導
致心臟的血液供應不足，嚴重時會造成心絞痛、心肌梗塞等嚴重後
果。

5. 神經系統的老化：年老時，腦重量減輕，側腦室擴大，大腦皮質變
小，神經束內脂肪沉積，這些變化都會導致智力逐漸衰退。

二、老年期的感覺能力變化

老年期的感覺能力變化是指，老人在60歲以後感覺能力上的改變，主要
表現在各種感覺器官上，其功能逐漸遲鈍。受老化影響最嚴重的是視覺和聽
覺。老人的大腦視覺細胞和視網膜細胞之生理功能改變，且隨著年紀增大，
眼睛瞳孔也會逐漸變小，因而影響視覺靈敏度，視力明顯降低，對顏色的感
覺靈敏度減退；在顏色視覺測試中發現，老人對藍色與綠色的辨認最困難。
在聽覺方面，老人對高頻率聲音的聽力減退最大，這主要是因為內耳感受高
頻率的耳蝸底部之感受器和神經均發生萎縮的緣故。

此外，味覺也會明顯地減弱，這是由於味蕾萎縮所致；味覺的退化一般
最早發生在舌尖，之後隨著年齡的增加，而逐漸蔓延到舌頭後端，使得味覺
愈來愈遲鈍。老人的觸覺能力也日益降低，在對臉部和手部所做的觸覺實驗

中，發現人在 65 歲時，觸覺判斷的錯誤率會明顯增加，65 歲以後老人的觸覺反應情況與 6 歲兒童的觸覺反應情況相近。在痛覺方面也存在著類似的情況，老人身體各部位的痛覺喪失之快慢並不一致，一般來說，額部及手臂的喪失情況比腿部嚴重。老人各種感覺能力的衰退為他們的生活帶來了許多困難，更易使其產生孤單的感覺。

三、老年期的個性變化

老年期的個性變化是老年期個性發展的年齡特徵。雖然老年期的生理與心理趨於老化，但穩定、成熟、可塑性小卻是老年期個性發展的主要特點；而自尊心強，希望作出貢獻，並流傳於後世，則是老年期個性意識傾向性的明顯特點。老年期個性變化的消極因素主要是自我中心、猜疑多慮、缺乏適應能力、不容易聽取反面意見等。老年期的個性發展具有很大的差異性，大致可以分為下列四類：

1. 穩定型：這類老人能以積極的態度面對現實，並參加社會活動，正確對待衰老和死亡，滿足現狀，不提出過高的期望。

2. 安樂型：這類老人承認並接受現在的自我，對別人的幫助心安理得，對工作沒有興趣，自得其樂。

3. 防禦型：這類老人不能正視老態，迴避衰老，企圖藉助不停地工作，來排除因身體機能衰退所帶來的不安，嫉妒年輕人。

4. 易怒型：這類老人也同樣在逃避衰老的現實，悔恨沒有達到人生的目標，將挫折、失敗、悔恨發洩到他人身上，表現出敵意和攻擊性行為，自我封閉，對事物失去興趣。

老年期個性的差異性，既取決於主體的世界觀、性格等特點，又受到個人境遇的影響（例如：退休、與子女分離、喪偶、面臨死亡等），更受到整個社會環境的制約。

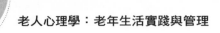

四、老年期的情緒變化

老年期的情緒變化是指，老人在 60 歲以後於情緒方面所出現的一些新變化，其主要特點是消極情緒明顯增多，他們常常會無端地恐懼、憂慮、失望，常常被孤獨和寂寞的感覺所困擾，甚至有些老人會表現出明顯的情緒退化現象，或脾氣暴躁，對任何一點小事都要大發雷霆、爭吵不休，而某些老人的情感極其脆弱，容易傷心流淚。因此，當老人一旦處於某種情緒狀態裡，就很難跳脫出來。兒童、青年及成人都能透過遊戲、學習和工作來降低某種情緒的強度，能較快地完成情緒狀態的轉移，而老人卻不行，這是因為他們較少從事其他活動，因此總是長期地滯留於某種情緒中。

參、其他概念

老人心理學的其他概念主要包括：老年期的反應、老年期的行為模式、老人精神病等三個項目。

一、老年期的反應

老年期的反應是指，老人從接受刺激到做出反應的變化狀況，其變化的趨勢是對刺激做出反應的時間增長，反應速度減慢。有關研究發現，人的反應時間會隨著年齡增加而有所增長，但這種變化十分緩慢，直到 60 歲左右時，才有明顯增長，而老人反應時間的增長則與其內在機能的衰退，有相當大的關聯。

首先，人在進入老年後，視、聽、觸覺等各方面的感知機能均明顯衰退，感覺臨界點增高，因此，使得他們的反應時間增長；其次，老人小腦功能的衰退也逐漸明顯，使其根據刺激組織、調整對應行為的準確性和速度受到影響；第三，老人的心智機能也有所衰減，因此，對於外在刺激的判斷力降低。

二、老年期的行為模式

老年期的行為模式是指，老人對身心老化的適應方式。這種適應方式不是唯一的、固定的，而是與個人的人格類型，及其在青年期、中年期所形成的生活態度和方式有著密切的關聯。因此，每一個老人都有適合於自己的行為模式，但歸結起來，主要有下列兩種：

1. 活動模式：此模式強調，人們想要在老年期保持身心最良好的狀態，就必須積極參與一些工作和活動，退休後應尋找其他工作來予以填補。老人的社會活動程度與其心理健康程度之間存在著正相關，能較好地完成社會角色的老人，往往能對老化所帶來的各種困難做出較好的適應。

2. 自由模式：這是與「活動模式」相對的。此模式強調，隨著老年期的到來，個人應從各種社會工作中解脫出來，減少中年期所從事的活動，減少與他人的接觸，這樣才能不受任何外在因素的影響，而能悠閒自在、隨心所欲地生活。

以上兩種不同的老年期行為，從整體上來說，老人的智力是呈現逐漸衰退的趨勢。據 1933 年「美國陸軍 A 式（言語性）測驗」，人的智力在 21 歲時達到巔峰，其後便開始下降，60 歲時下降到 14 歲的程度。另外，在兩次用智力量表測驗的結果顯示，男子 25～34 歲，女子 20～24 歲為智力的最高峰，其後便開始下降。也有學者的測驗結果顯示，18 歲為智力鼎盛期，其後便開始下降，50 歲時相當於 14 歲時的智力。但也有些研究得出不同的結果，認為老人的智力並非全面衰退，並指出人的智力在 60 歲前一直是很穩定的，之後的衰退幅度也不大。一般來說，依賴於機體狀態，而不依賴於個人知識、文化、經驗的智力因素（如最近發生之事的記憶力、思維的敏捷度等），在老年期會呈現逐漸衰退的趨勢；反而是依賴於知識、文化、經驗的智力因素（如知識的廣度、辭彙、判斷力等），在成年之後不但不會持續衰退，而且有所增長，到了 70～80 歲後才略顯衰退。

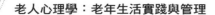
造成老人智力衰退的原因，既有生理方面的，也有社會方面的因素。腦和神經系統機能的衰弱，身體健康狀況的下降，運動能力和感覺機能的退化、社會活動範圍和交往範圍的縮小等，都可能造成智力衰退。某研究調查資料顯示，經常從事一定腦力勞動〔例如：讀書、學習、寫作、下棋、做「數獨」（Sudoku）等〕、情緒生活穩定、參加社會工作或活動的老人，其智力下降的速度會較為緩慢。另外，老人智力變化的個別差異很大，不能一概而論。智力的嚴重衰退稱為老人性失智，而智力的急劇衰退則是死亡的預兆。

三、老人精神病

老人精神病是由於老人腦萎縮所引起的進行性腦器質性失智，又稱為老人失智症，其病因未明，遺傳因素可能是原因之一，衰老過程和心理社會因素可成為發病誘因。病理檢查發現，病患的大腦皮層萎縮，顯微鏡下可見老人斑、神經細胞內神經元纖維纏結和顆粒空泡變性。發病狀況漸隱、漸顯，病程進展緩慢。患病早期會出現人格改變，變得對人冷淡、情緒不穩、言語重複、主觀任性、固執狹隘。睡眠時間倒置錯亂、行為幼稚、喜歡蒐集廢棄物，或出現被盜竊、疑病等各種妄想症狀。短期記憶明顯減退，外出後常找不到回家的路，直至智能全面下降。到了疾病後期，病患不能自理生活，臥床不起，常死於繼發的身體疾病，病程平均為5～8年，目前沒有特效治療的方法，僅能依賴家屬細心與耐心的照顧。

老人憂鬱症首次發生於老人期（60歲以上）的原發性抑鬱症，包括單相及雙相抑鬱。由於老人占的人口比例逐年增加，老人抑鬱症也逐漸增多；核心家庭亦造成了老人晚年孤獨、失業、退休、喪偶等社會心理因素的壓力，身體和神經系統的老化、軀體疾病的發生等，均可能與老人抑鬱症的發病有關。其特點是疑病症狀，多見於焦慮症及妄想症，例如：思想混濁、幻覺、失眠、坐立不安、到處亂跑等。病情有時是陣發性，有時是持續性，如不及時處理，容易導致衰竭。

思考問題

1. 有關老年期的生理衰退現象，請從神經系統、循環系統、呼吸系統、消化系統、內分泌系統，以及智力活動狀況等，各舉一例說明其變化。
2. 何謂老人學（gerontology）？其研究課題主要包括哪些項目？
3. 何謂老人心理學？其研究課題主要包括哪些項目？
4. 老年期的個性發展具有很大的差異性，大致分為哪四類？
5. 老人失智症的早期會出現哪些人格的改變？

第二節　老人心理學的環境背景

本節將探討三項議題：(1)社會背景；(2)學術背景；(3)社會對策。

壹、社會背景

在老年人的生活中，心理受到社會影響最深，也最多樣化；也就是說，除了在類似人口組成變化以及經濟結構、生產力的變化等，大環境的影響外，老年人的周圍環境，即家族、親屬、鄰居，還有當地的社會等，對老年人的生活和心理也都有極大的影響。在本段裡，筆者將對這些社會的各因素概略地加以說明，而在下一段中，再從關於老化的社會學、社會心理學各理論當中，挑選具有代表性的部分加以解釋。

討論老人心理學的社會背景包括：高齡化與生活變化、工業化與生活變化、工業化的貢獻、影響老人的社會生活等四個項目。

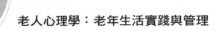

一、高齡化與生活變化

在某一社會人口的組成中，高齡者的比例相對較高時，通常叫做人口高齡化。近年來，65 歲以上的人口比例穩定持續的增長，在這期間，嬰兒出生率則相對的降低，這樣一來，老年人口的問題就相對的嚴重。歐美各國一般的傾向是出生率低、人口增長緩慢，而我們卻有後來居上的趨勢。面對這樣急劇的速度，國人對這所謂的老人國現實實在不能不多加注意。另外，我們的企業一般退休年齡較高，然而公務員退休制度卻有利於提早退休的人，政府對此狀況顯然沒有適當的對策，故容易產生許多問題。

人口高齡化帶來的另一個大問題是，在老年人口全面增加的同時，80 歲以上的高齡者有大幅度增加的事實，隨著 80 歲以上高齡者的增加，長期臥床的患病老人及老人失智症人口的出現率亦會增加，進而造成嚴重的經濟與社會問題。

二、工業化與生活變化

在考慮老年人生活的時候，還有一個令人頭痛的問題，即是隨著工業化的進步而產生的社會文化變動的現象。這種現象有各個不同的層面，對老年人生活影響極大的是大量農業人口流向工業生產，以及工商社會一切都講求效率下，使老人被留置在家裡。

伴隨工商業的急速發展，大多數青年人為了工作的方便性，會遷往工作地點附近，其結果會引起家庭與親子關係觀念的變化，便產生所謂的家庭分立現象，通常會變成老夫婦二人獨自生活，或單一老人生活的數量大為增加。因此，老年人和孩子們的同居率，近年來的比率有顯著降低的情況。

另外，不同年齡層之間代溝加深，取代的是比較不常往來。現在，因為注重個性發展，孩子不再像以前那樣尊敬父母，重視父母的意見。在現代化的社會中，大致上來說，老年人的地位是降低了。

另一方面，在農業以個人經營為中心、工業生產依靠傳統技術的時代，

老人的知識和技術受到重視與尊敬，實際上是有價值的勞動者；但在科技日新月異的今天，老年人在生產上所起的作用，比較上來說是很小的。與此有關的，在以個人經營為中心的社會裡，老年人在經濟上是有貢獻的；但在工業化的社會裡，為了讓孩子接受精緻的教育，對下一代的教育費用支出常常是很龐大的，所以撫養老人便成為很大的負擔；因此，除了自己的退休儲蓄準備以外，人們對年金制度的健全抱持著很大的希望。

三、工業化的貢獻

工業化的發展對老年人來說，也不完全都是壞事。首先，工業化發展進步，並不一定會將老人看做是全然無用的人，而是把老化視為真正有價值的生活、人生的旺盛時期，這種看法正逐漸擴大；在歐美各國，不到退休金正式開始支付的年齡（一般是 65 歲），寧可拿到減額的退休金而提前退休，享受所謂悠閒自得的晚年生活的人逐漸增多。比起物質優先、經濟優先的想法，具有享受休閒優先想法的人們比例也增加，這種情況是對老年人問題的展望比較光明的一面。

另外，工業化社會更具體有利的一點是，技術發達、醫學顯著進步，讓照護老人的軟硬體設備更加完善。而電腦網路，電視、電話、交通工具的發達和普及，顯著提高老年人生活的便利性。

四、影響老人的社會生活

從老年人的現實生活中，應了解其特徵，以明確其社會學的背景，可從下列幾方面來探討。

（一）人際角色變化

老年人與青年人之間，社會學上最明確的差異，是要看其是否以職業生活為中心。老年人角色的特色之一，便是其生活中的主要部分不是為了生活而謀職。因此，許多人完全失去了從年輕時就一直從事的職業角色，或者此

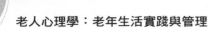

一角色成為他們生活中極其輕微的一部分。

角色的第二個變化，是放下對子女的各種照顧。雖然和兒子、媳婦同居，以及照顧孫子的人（特別是女性）為數不少，但這和照顧自己孩子的角色是不同的。在退休之前，子女雖已從學校畢業走向職場工作，但在某些方面還是常常依賴父母，父母一旦退休，兒女馬上就需要轉變為關懷老人的立場，這種變化，對老年人的思想和態度都帶來很大的影響。年齡愈大，這種立場變化就愈大，老年人對兒女的生活依靠（dependency）程度也就愈大。

老年人角色變化的第三方面，即是老年者一旦失去配偶，而變成了鰥夫或寡婦。這個角色關係的變化被認為是老年期帶有特徵性的一件事，女性因為平均年齡較高，比例上較多，也就是說在老年期失去丈夫的寡婦是非常多的。這樣角色關係的變化，對老年人的社會、心理上的影響之大是難以預料的。

（二）經濟生活變化

離開職業的老年人，收入當然會大幅減少，甚至是沒有了。在年金制度尚在起步的我國，像這樣沒有收入，或者收入非常微薄的老年人是非常多的。而在歐美，因為年金制度已經普遍實施，必須依靠子女、親戚的人數亦相對較少。我國的老年人認為生活必須依靠子女，並認為依靠子女是理所當然的事，這是我們老年人的一大特徵。這種實際情況和想法，預料在年金制度得到普及以後，會有相當大的變化。

（三）閒暇生活變化

若把老年者限定於退休的人來考慮的話，那麼和人生最旺盛時期的成年人不同，他們的生活主要目標是休閒，這可說是理所當然，因此有人把老年人叫做休閒階級。我們現在的老年人，其成長期、青年期都是從早出晚歸與日以繼夜的勤勞精神時代過來，又是為了生活拚命勞動過，其中很多人除了勞動以外，其他什麼也不關心。因此，進入老年期後，作為生活的支柱、家

庭責任的角色縮小或者完全喪失的時候，無事可做的人相當多。

　　的確，當前的老年人有自己愛好的人是很少的，但有很多休閒活動適合老年人，例如：旅遊、唱卡拉 OK、民謠、書道、茶道、種盆栽、植樹等，這些活動並不需要太多的費用和設備，只要有意願，就很容易加入某些團體，而培養自己的愛好和樂趣，這一點可以說是老年人的好處。實際上，養老院和老人福利中心的計畫內容需要增加更為豐富，以讓老年人的精神生活更為充實。

貳、學術背景

　　近年來，老年人口的顯著增加，引起了廣大社會的關注；因此，老年人的經濟、生活、家屬、居住、保健和醫療的問題，還有法律、宗教的問題等所涉及的許多方面，經過媒體的報導，已成為眾所周知的事情。本書所談到的老年心理，就涉及上述這些有關老年人的全部問題，特別是作為與老年人心理本質有關的課題。

　　其實，關於老年人的問題並非只局限於老年人本身的問題；對於那些以某種形式與老年人共同生活的人們來說，大概也是急於解決的迫切課題。而且，這個問題以後也會成為年輕一代的切身問題，因為我們認為，「活到死」與「老到死」是同義語。從事實證明，人生只有四分之一的時間是貢獻於身心的發達，而其它四分之三的時間不過是徒增年齡而已。可是，迄今為止的心理學，一般都是專門研究幼兒期和青年期的心理學，研究老年心理學的人則相對是少數。

　　討論老人心理學的學術背景包括：老人心理學的意義、老人心理學的未來等兩個項目。

一、老人心理學的意義

　　老人心理學是現代社會中一項獨特、專業化的人際協助工具。對那些想

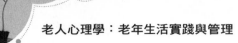

要了解或進入此一專業活動領域的人士，當然也包括老年人本身以及家中有老年人的晚輩們，都需要多閱讀了解老人情況的參考書。

首先，應從宏觀角度對此一活動領域做觀察。因此，本書將從論述老人心理學與現代社會生活的關係著手，闡明老人心理學產生和發展的社會因素，並勾勒出老人心理學發展的歷程、基本屬性和特點。其次，在這個基礎上，再來討論老人心理學的實際應用。最後，則探討老人心理健康管理。這樣安排的目的是希望讀者在學習老人心理學的過程中，始終保持一種整體性，以及一種獨立思考的態度，不致於被許多彼此有相關、相互競爭的理論觀點和方法技術所困惑，而變得不知何去何從。最重要的一點，本書也考慮到初次涉入心理學領域的讀者需要，以比較簡潔與通俗的詞彙加以陳述。

二、老人心理學的未來

老人心理學以及關於老人心理的科學研究之歷史，還非常短暫。就像現在的兒童心理學是從兒童觀的角度出發一樣，老年心理也要從有關老年或老人的民間傳統、文化故事、人類學的發掘等所表現的老年觀作為出發點，來研究老年人。而作為有關老年和老化的綜合性科學，於是便提倡了老年學（gerontology）。然而，如果說關於兒童的研究業已從兒童學中脫離出來，專門分類成目前的情況來說，那麼把老年心理學分化成為具有獨自的領域、對象和方法，也是理所當然的事。

參、社會對策

在現代化工業社會裡，作為社會整體來說，經濟生活水準儘管是高的，但老年人由於種種原因，在生活的各個方面都會遇到困難。因此，包括我們在內的工業化各國，都在為老年人研究各種對策。

討論老人心理學的學術背景包括：對策建議、今後的方向等兩個項目。

一、對策建議

　　針對老年人的問題，社會對策有下列十二個項目的建議：

1. 保障對策：包括各種年金以及生活保護等。
2. 保健、醫療對策：包括醫療費用保障、疾病保險、公費醫療、醫療扶助等。
3. 醫療服務：包括老年人專科醫院、慢性病醫院、療養院、家庭醫療服務、家庭護理服務等。
4. 保健指導：包括定期健康檢查、健康訪問指導等。
5. 住宅對策：包括老年人公寓、住宅改建服務、房租補助等。
6. 社會福利服務：包括收容照顧服務、養老院、特別護理老人院（私立醫院）、優惠費用老人院等。
7. 家庭患病老人服務：包括家庭雜務援助服務、家庭護理服務、提供老人保護津貼、照顧性服務、短期家庭服務、送餐服務、輔助保護器具（例如：輪椅、拐杖、助行器等）支付與貸給、洗衣服務、沐浴服務、外出服務（迎送服務）等。
8. 休閒、消遣活動，生活有意義服務：包括介紹工作、老年人福利中心、老人俱樂部、老年人休養所、老年人社會服務團活動、老人體育等。
9. 老人教育：包括對老年人開設的大學講座等。
10. 就業對策：包括對中高齡者的職業再訓練等。
11. 延長退休年齡對策、對退休者再就職援助服務等。
12. 納稅對策：包括老年人的稅收減免、與老年人同居者的稅收減免等。

　　上述這些項目是主要的，也可以說是可實行的多種對策。但在最近幾年，老年人口的增加速度極快，科技進步也非常快，社會變動又空前激烈，相比之下，老年人的對策還是落後。若不做出綿密計畫，並使其完備充實，今後數十年處理老年人口增加所帶來的衝擊，將是很困難的。

從整體來看，我國老年人的對策是落後的，可是對於少數歐美國家，我們有幾點還是值得他們學習的。其中一個是，在工業化和歐美幾乎是同樣程度下，但和子女們一起生活，或受子女照顧的老年人比例，比歐美等國多得多。

二、今後的方向

對老年人的對策應該是什麼樣子，各國的研究方向目前看來都相當一致，因應老年人口數量的增加，老年人的對策不得不強化這一點，因此在這裡不能只把它作為問題指出，而是要指出以下幾點，關於今後應該特別列入重點的事。

（一）醫療保障的充實

老年人醫療公費制度的年齡限制要放寬，要和退休年齡一致。需增加老年人專科醫療機構，加強老年人精神病患者的對策，以及老年人病後恢復健康的對策，確立家庭醫療制度、家庭護理體制等。

（二）住宅對策

在歐美各國，極力建設老人單身用的公營住宅。而我國，要建設能夠與親人同住的寬敞公營住宅（房租要低，等於施行房租補助制度），更應該採取鼓勵子女與父母同住、扶養的政策。

（三）社會福利服務

應該努力充實家庭身體病殘的老年人社會福利服務。這個方向和歐美各國推行的方向是一致的，盡可能從維持老人與子女同住、扶養的習慣出發，更需要對此一政策加以鼓勵實施。

（四）老年人口扶養

對今後急速增加的老年人口之扶養，我們國民要充分地做好精神準備。為了推廣上述家庭身體患病老人的對策，一定要理解一般地區居住的老人福利情況，並給予具體的協助，這當然會增加經濟上的負擔。到目前為止，我國老年人口雖不少，但因大部分和家屬同居，所以老年人對策所帶來的社會負擔和歐美相比來看，還是極少的。今後我們要適應老年人口的急增，必須充實社會保障，因此，不容否認的，國民的負擔不得不增加。關於這一點，應努力加深國民的理解，對將來的發展是非常必要的。

【老人故事】

日本老人呼籲年長者一起吃福島米來挽救下一代

日本媒體報導，東京的平井秀和老先生（68 歲）為了日本年輕一代的健康，以及破除福島米被輻射物質污染的謠言，在 2012 年 3 月 19 日，號召老年人一起吃福島縣所生產的米。

平井秀和先生曾經在過去一年內，八次到福島縣磐城市，協助清理地震所產生的瓦礫。自從 311 大地震所造成的福島核能電廠核子輻射外洩事故以來，日本民眾就對福島縣所出產的稻米敬而遠之，而造成當地的稻米滯銷，使得受輻射外洩事故影響的農民，不僅時時刻刻得擔心自己的健康，更煩惱堆在穀倉中無法銷售出去的稻米。為了幫助當地農民的生計，同時避免日本人的下一代因為誤食可能受到輻射污染的福島米而影響健康，平井秀和先生想出了上述的對策。在他接受訪問的前後，已收到 1,700 公斤的稻米訂單，其中一筆訂單是東京的一家養老院買了 700 公斤。

思考問題

1. 請說明，工業化的發展對老人或老化有哪些正面的意義？
2. 從社會學的觀點來看，老人角色的變化包括哪三種？
3. 請說明，老人的閒暇生活有哪些變化？
4. 針對老年人的問題，社會對策共有十二個項目的建議，請例舉其中的五項內容，並說明之。
5. 有關老人政策，日後可以努力的方向包括哪些？

第三節　老人心理學的起源與發展

　　老人心理學以及關於老年心理的科學研究歷史，還非常短暫。老年心理是從有關老化的研究開始發展出來的，進一步作為有關老年和老化的綜合性科學，於是提倡了老年學（gerontology）。因此，從老人心理學研究與實踐的專業化速度情況，以及許多國家都有人口老年化的現象，那麼以老人心理學作為單獨的領域所做的研究，將會蓬勃發展。

　　本節將探討三項議題：(1)老人心理學的起源；(2)研究工作的發展；(3)老人心理學的挑戰。

壹、老人心理學的起源

　　探討老人心理學的起源包括：老人心理學在美國的發展、老人心理學在歐洲的發展等兩個項目。

一、老人心理學在美國的發展

作為老人心理學研究的先驅，首先應該提到美國的人類學與心理學學者荷爾（Granville S. Hall, 1844-1924）。荷爾於 1922 年出版了《老年期：最後生命》（*Senescence: The Last Half of Life*）的巨著。該書序言裡這樣寫道：

> 為了編寫這本書，就需要有自己真正是上了年紀這樣的覺悟，這樣做卻是一件很困難的事。但是這個工作，為了生命的連續性，是必須這樣做的，這也是為了把退休後帶來的餘暇時間更加理想化。

據說，在此書的準備階段時，他曾把一些年輕的學生聚集在一起，幾乎在每個星期的某個晚上，都辦一次討論會。可以說，這本書就是透過那樣的義務和努力的結晶。誠然，荷爾教授大量地進行兒童期、青年期的研究，用問卷法蒐集資料，並發表了大量的著作，內容包括老年的青春、老年觀的歷史、關於老年的文獻、統計結果、臨床及基礎醫學（生物學、生理學）方面的成果。關於老年心理的實驗研究，似乎是他不喜歡採取的方式，而是用完全接近於根據外表的觀察，去進行老年心理的研究。

美國關於老年心理早期的文獻，另一本不可忽略的應該是俄亥俄大學心理學教授普雷西（Sidney L. Pressey）、詹尼（Joseph E. Janney）與庫倫（Raymond G. Kuhlen）合著的《人的一生：心理學的觀察》（*Life: A Psychological Survey*, 1939）。正如作者所講的，那是對過去二十年間，有關發展研究的開展與集大成的東西，特別是以成年人和老年人為重點，與其說是強調生物學的背景，不如說是在強調社會經濟、文化的環境。

二、老人心理學在歐洲的發展

在歐洲，於 1933 年才由標勒（Charlotte M. Bühler）撰寫了《作為心理

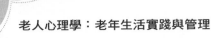

學課題的人之一生》（*Der Menschliche Lebenslauf als, psychologisches Problem*）一書。這位女作者蒐集了各界專家二百人的回憶錄（Anamnese），從每個人一生的主觀體驗、客觀行為以及綜合兩者的作品等三個方面作了分析研究。該研究最早從幼兒期開始，並向青年期、老年期的研究方向展開。該研究的方向與內容與荷爾的思想，的確是互相聯繫的，並且可以認為也是受到普雷西思想所啟發。

貳、研究工作的發展

由於第二次世界大戰後社會的緊張局勢，一直到美蘇冷戰結束，加上國際貿易自由化，以及人口年齡結構的改變，使整個社會愈來愈關心高齡人口福利的增加，在此同時，就連對老年和老化的研究大聲疾呼的美國，一旦從事這方面的研究工作，還是遇到了各種困難，而經常呼籲加強老年人福利的呼聲，卻在研究工作的基本建設之前，擁有領先的優勢。

探討研究工作的發展包括：研究的開始、研究的發展、研究成果、當代經典著作等四個項目。

一、研究的開始

在各大學的研究機構方面，雖然持續向研究對象的老年人說明，但是卻毫無反映；儘管呼籲要增加研究人員，但是卻沒有進展，研究經費也不足，只是浪費時間而已。這是因為大學的研究室本身既是研究的場所，同時還是教學的場所，這對推進老人學有一定的困難。而這種情況，大概不僅存在於美國。

在美國，作為老年研究的團體老年學協會（Gerontological Society），是在 1945 年戰爭結束那一年建立的，當時的第一本老年雜誌——《老年學期刊》（*Journal of Gerontology*），是在 1946 年 1 月創刊的。為了參考起見，在此將其內容標題列出：死亡率的增加與老化、營養不良與老化、動胸腺手

術預防白血病與延長壽命、霍德森老年中心（Hodson Senior Center, New York）、社會保險和預算、原始部族的老年人、胎兒組織上的萎縮、莎士比亞對老年的態度等，內容涉及了許多方面。創刊號封面上的副標題寫著：「增加生命於年齡，不要只增加年齡於生命」（Add life to years, not just years to life），的確，這可以作為珍貴的座右銘。

　　此後，特別是作為心理學研究機構的代表，包含美國國立心理衛生研究所（National Institute of Mental Health, NIMH）和英國劍橋大學納菲爾德老化問題研究部（The Nuffield Unit for Research into Problems of Ageing）。1940年，美國就已經設立了醫學、生理學部門，而在 1951 年，又建立了作為心理衛生研究所的心理學部門，它是與神經組織的解剖學、生物化學、生理學方面並行的，在作為心理學的部門獨立後，由畢雷恩（James E. Birren, 1918- ）領導此一研究工作。當時研究的中心課題是視力和年齡、加法作業和年齡，係根據「魏氏成人智力量表」（WAIS）「測定智齡」的高低來區別。與此有地緣關係的巴爾的摩市立醫院（Baltimore City Hospitals）的老年學研究部門，是由肖科（N. W. Shock）領導的。

二、研究的發展

　　接著，經過國立心理衛生研究所的爭取，建立了老年學研究中心（Gerontology Research Center），其主要在循環器官系統的年齡變化方面取得了許多研究成果。但由於肖科自己本身是專門研究心理學的，據說，他從心理學的觀點對壓力狀態下腎上腺皮質激素的年齡變化、老年人的工作和循環、呼吸功能的變化和恢復、精神的退化現象等方面繼續進行研究。

　　英國的納菲爾德老化問題研究部，是由於納菲爾德勳爵對老年學研究給予經濟上的援助而得名，附設在劍橋大學的心理學研究室，其第一任部長為巴特列特（Bartlett），在下一任部長維爾福爾德（Welford）時，他以部長的身分大力推動研究工作，主要研究是關於年齡而引起腦力活動的變化、業務能力上的年齡影響，以及有關高齡勞動者僱傭方面的資料等，這些成果在他

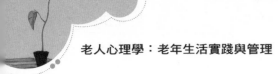

的著作中曾詳細地加以整理。他提議說：與其使人適合工作崗位，莫如使工作崗位適合人更好（to fit the man to the job）。對僱用老年人來說，這是最好的任命法了。但可惜的是，這個研究部在 1956 年被撤銷。

其次，從 1940 年代後半期開始直到 1950 年，老年或老化的研究，在世界潮流中逐漸被重視，並提高到緊迫的程度，而且終於組成了國際老年學會（International Association of Gerontology），但是，它仍是作為社會科學和心理學一個分會所成立的。1957 年，在義大利梅芮儂（Merano）所舉行的第四次國際會議以後才得到承認。到那時候為止，由於學會的種種原因，還只限於個人隨時發表議論或對研究委員會計畫的討論上，以此來等待分會的獨立。但是，1954 年的第三次大會已可看出這項工作開展的一些新嘗試。因而，近年來，多次召開了國際會議，心理學、社會科學方面的活躍趨勢是顯而易見的。

1954 年，在第 62 屆美國心理學會會議上，初次設立了成熟和老年分會（Division on Maturity and Old Age），這是心理學界的一個大躍進。根據上述普雷西的建議，當時的分會主席、哥倫比亞大學教授勞爾格（L. Lorge）以成熟的探索為題進行了專題講演，舉辦對成人的測驗、關於退休者人格的適應型等問題的討論會，對老年心理的研究正漸漸走向成熟的階段，這是心理學界值得注意的大事。

三、研究成果

老年心理研究正在成熟期的階段，有一些已經做出成果，且仍然非常活躍在歐美學術界。因為篇幅的關係，只能把他們的姓名、單位、代表性的成果以及論文發表的雜誌列舉出來。

1. 貝倫（James E. Birren），芝加哥大學（University of Chicago）

《老年和個人手冊》（*Handbook of Aging and the Individual*, 1959）

《老人心理學》（*The Psychology of Aging*, 1964）

2. 哈維哥斯特（R. J. Havighurst），芝加哥大學（University of Chicago）

《老年期的自我調節》（*Personal Adjustment in Old Age*, 1949）

《人的發展和教育》（*Human Development and Education*, 1953）

3. 紐加恩（Bernice L. Neugarten），芝加哥大學（University of Chicago）

《中年期和晚年期的人格》（*Personality in Middle and Late Life: Empirical Studies*, 1964）

《中年和老年》（*Middle Age and Aging*, 1968）

4. 唐納休（W. Donahue），密西根大學（University of Michigan）

《老年期的設計》（*Planning the Older Years*, 1968）

《老年期的生活》（*Growing in the Older Years*, 1950）

《為了晚期成熟的教育》（*Education for Later Maturity: A Handbook*, 1955）

5. 理查德（Suzanne Reichard），加利福尼亞大學（University of California）

《老年期與人格》（*Aging and Personality*, 1962）

6. 萊曼（H. Lehman），俄亥俄大學（University of Ohio）

《年齡與成就》（*Age and Achievement*, 1953）

7. 肖科（N. W. Shock），巴爾的摩老年研究中心（Gerontology Research Center, Baltimore）

《老年學的動向》（*Trends in Gerontology*, 1957）

《老年學與老年病學的分類月錄》（*A Classified Bibliography of Gerontology and Geriatrics*, 1949 以來）

8. 維爾福爾德（Alan Traviss Welford），澳大利亞阿德萊德大學（University of Adelaide, Australia）

《技能與年齡》（*Skill and Age: An Experimental Approach*, 1951）

《老年與人的技能》（*Ageing and Human Skill*, 1958）

除上述之外，在歐洲的老人心理學研究者，特別應該提到的是托曼（H.

Thomae，伯恩大學）、畢恩奇（C. Bianch，米蘭大學）等人。

再者，有關老年學的雜誌，在美國除了前面已提到的《老年學雜誌》（*Journal of Gerontology*）之外，還有《老年學學者》（*The Gerontologist*, 1961- ）。然而，在老年人問題和學會已經國際化的今天，以「老年學」這個一般的名稱出版書刊的，已有二十多個國家。特別是作為與心理學有關的雜誌，值得提出的是《個人的簡歷》（*Vita Humana*），它是發行於國際上的雜誌。該雜誌是以關於人的發展為副標題，於 1958 年創刊的，1965 年以後又改為《人的發展》（*Human Development*），而以這個標題發行到現在。作為老年學的研究，是以數量上的變化為指標，以及從生命的一個模式到另一個模式的質的變化加以考察。

四、當代經典著作

在介紹過老人心理學過去的研究成果後，筆者要在此介紹一套老人心理學的經典著作——《老人心理學》（*Psychology of Ageing*），該書由 Patrick Rabbitt 所主編，2009 年 11 月由紐約心理出版社（Psychology Press, New York）出版，全書一套四冊，是目前最具權威的老人心理學參考工具書。

全書分為四篇：第一篇為老化的生物基礎（Biological Base of Ageing）；第二篇為認知的老化和資料處理（Cognitive Ageing and Information Processing）；第三篇為記憶老化和認知世界的表現（Ageing of Memory and Cognitive Representations of the World）；第四篇為健康、人口統計學與社會條件效應（The Effects of Health, Demographics and Social Conditions）。全套書共計有 77 個項目，1,892 頁。在本書的撰寫過程中，這套經典著作提供了筆者豐富的參考資料。

參、老人心理學的挑戰

心理學家哈米頓（Ian Stuart-Hamilton）在其著作《老人心理學概論》

（*The Psychology of Ageing: An Introduction*）的第八章「老化的未來是什麼？」（What is the Future of Ageing?）中，指出當代老人心理學面臨的挑戰——老人與科技社會。他說：

> 人們的生活方式在工業化國家之劇變，是來自於過去數百年科學和技術的進步，這種說法可能是陳腔濫調，唯其中有個令人注意的想法是：在這股改變的浪潮中，老年人很可能被橫掃重擊。此一構想導致提出「老年人該如何良好因應（新挑戰）」的議題。

探討老人心理學的挑戰包括：老人與醫療、老人與自動化、老人與網際網路、老人與科技等四個項目。

一、老人與醫療

首先，科技發展直接反應在醫療保健的進步上，以致於一般人會認為人都會因此而活得更久與更健康，但是研究所發現的平均生命期望值的增加，其實是來自嬰兒夭折率的減少，而不是生命期望值本身的延長。就老年族群而言，確實年齡愈老，現代醫藥可增加的壽命就愈少。雖然，現代化醫療照顧確實可以更有效的減輕痛苦，並且稍微延長生命年數，但是，許多造成老人痛苦的疾病，例如：癌症、心血管疾病等，其實與它們在 1990 年初期，被發現時一樣是無法治癒的。

其次，如果發現了一項疾病的治療法，並不一定會帶來明顯的延長生命效果，例如：為某種癌症找到治療，並不能醫治這種癌症的其他變體，換句話說，治療了罹患某種疾病的老年人，並不必然能有效改善他們的生命期望值。如前所述，老年人，特別是那些 75 歲以上的老年人，可能已經罹患數種瀕臨死亡的生理疾病，因此，防範了其中一種疾病的侵襲，並不能保證其他疾病不惡化。簡言之，醫治了致命的心臟疾病，也許只是使另一衰竭中的肺臟變成致死的原因。換言之，現代的老人永遠是與疾病做拔河競賽。

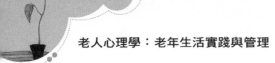

二、老人與自動化

另一技術改變帶來的重要影響是自動化，包括了工作自動化與生活自動化。心理學家最大的興趣是在了解自動化技術對老年人生活可能引發的立即效應，這種效應可以從先前技術革新的影響來推測並展望。普遍存在的電話、電視、收音機、電腦等，讓老年人可以接觸過去即使是有錢人也無法想像的外在世界。老年人，特別是那些獨居老人，經常用電視或收音機當作安慰心靈的背景聲音，然而，這也會帶來不利。因為，電視和收音機的節目主要在滿足青年人的需求，節目的呈現對老年人來說，不是太熱鬧就是太無聊，以致於連老人最基本的需求，特別是休閒、娛樂、養生與健康等方面，都不能滿足。許多綜合頻道提供的特殊電視節目，通常不適合老年人的興趣，除了偶爾有些不錯的社區節目及社區刊物，但少數適合的節目又多半在離峰時間或深夜播出。可以說，根本沒有專為老人設置的頻道（但卻有數十個頻道是給兒童及一些沉溺於影像的青少年）。總之，大部分節目主要還是以青年人為觀眾群，但一般說來，老人才是電視節目的真正忠實消費者。

除了電視之外，就是提供給老年人的印刷品，例如：雜誌等，則比較可能成功，而且若干專家的出版品已相當成功地占有市場。可惜目前在市面上看到的比較是適合某些特殊的老年族群，例如：富裕的中產階級，因為他們樂意花錢在昂貴的度假和投資理財的事物上。然而，通常訴求較廣的老年對象刊物，是不可能具有商業利益吸引性的。

三、老人與網際網路

談到老年人使用網際網絡，也發生類似的族群限制問題。對許多老年人而言，媒體確實提供了諸多利益，例如：可提供大量資訊、使老年人有機會參與不同的討論團體，而且老年人在參與這些討論時，也不必離開他舒適安全的家。老人使用網際網路，大部分是為了收發網路信件，來加強人際關係；其實，網路在健康教育方面相當具有潛在價值，它可讓老人獲得需要的

資訊與協助。研究發現，一旦老年人愛上電腦，他們就可以增強能力，或至少有愉悅的經驗。

　　由於電腦和網路費用已經愈來愈便宜，並透過廠商不斷地推廣與普及，但可惜的是，因為老人缺乏控制力、焦慮，和不習慣電腦的機械特性與非人性化的操作方式，而不敢或不願意使用電腦。有些老人則覺得電腦並非有趣的東西，同時網路隱藏了不少商業性以及類似的色情廣告，甚至讓有些老年人認為網路不是老人的適當活動，類似這樣的障礙問題需要改善與克服。

【老人故事】

老人生活與電腦應用

　　看到路上許多年輕人拿著觸控智慧型手機、戴著耳機聽音樂，然後用手指在手機螢幕上劃來劃去，這樣的舉動對於老人來說，可能是比較困難的動作。但是老人不一定就不能使用最新的科技產品，在很多社區大學或是電腦補習班，常常可以看到許多銀髮族戴著老花眼鏡，隨著講師的指導，一個指示、一個步驟地敲打鍵盤或是移動滑鼠，他們為什麼要學這些新科技的操作方式呢？應該不是為了謀得一技之長去賺錢，而是希望自己不要與社會脫節；年輕人的生活方式已離不開手機、電腦與網路，老年人如果不會使用這些新科技，那麼一定收不到孫兒女寄來的電子賀年卡，或是旅居國外的好友在社群網路上所分享的旅遊相片或心得。不願意學習這些科技產品的人，就會跟我們印象中的老人生活景象一樣：在大樹下，一群老人泡著一壺老人茶，彼此述說家族內的瑣事，或是講述一些年輕時代的「豐功偉業」，而另外一群人就在棋盤邊論戰。

　　還未進入老年階段的壯年族，要把握頭腦還算靈光的時機，用心地跟上年輕人的腳步。以前的自己可以教小孩功課，年長之後，已經沒有辦法教他們新的東西，但是總不能等到孫子女要與自己溝通時，只能用電話講一講而已，現在也有許多老年人架設自己的部落格，與自己的親朋好友分享自己的

各項興趣與見聞，這樣一來，不僅可以充實自己的生活，也由於經常接觸新的訊息，而讓自己整個心境都年輕起來。

四、老人與科技

　　科技發展為老人帶來綜合性的好處與福利，但同時也帶來許多風險。現代化的家電用品，使人們免於廚房和一般家事的諸多勞務，這些現代用品對許多老年人而言，帶來極大的方便，例如：電冰箱有較佳的食物保存方式，可以減少食物腐化的風險。但是，有利也有害，節省勞務的設計和過度安全的設計，也會使一些老年人不再勞動，或不再親手去做，謹慎的生活態度變得過度無憂無慮，反而使他們的健康因為缺乏鍛鍊而衰退。還有，對食物安全的錯誤樂觀，也可能導致他們不幸中毒。

　　再者，科技產品也有負面影響，因為對老人而言，技術的進步提供生活上的方便，但它們的操作過程卻常常有許多不周全之處。原本設計用來節省勞力的機器可能無法操作，或者帶來更多的傷害；醫療的進步可能治癒一些疾病，但讓老年人對其他疾病更為脆弱；一項醫療技術的突破，可能延緩老化歷程，但促進享受人生之際，這項祝福卻也讓老年人延長了受苦的時間。如果設想老年人會因這些科技而更快樂，將是極其愚昧的樂觀。

思考問題

1. 在美國，老人心理學的發展是如何開始的？有哪些重要的代表人物？
2. 在歐洲，老人心理學的發展是如何開始的？有哪些重要的代表人物？
3. 請說明，自動化技術對老人生活有哪些影響？
4. 請說明，老人與網際網路的關係？
5. 科技發展分別為老人帶來哪些好處與風險？

第二章

老化衰退與老人心理學

　　本章的主要目的是討論本書第一篇基礎篇的第二部分「老化衰退與老人心理學」，第一部分是「老人心理學的起源與發展」（第一章），第三部分是「老人的心理輔導與諮詢」（第三章）。本章規劃為三節：第一節「衰老與老化」，第二節「衰老的學說」，第三節「衰老的變化特徵」。

　　第一節「衰老與老化」將探討三項議題：(1)衰老與老化；(2)老化的原因；(3)精神老化。在第一項「衰老與老化」中，將討論：老化與時間、老化現象等兩個項目；在第二項「老化的原因」中，將討論：遺傳因素、環境因素、營養因素等三個項目；在第三項「精神老化」中，將討論：精神老化的概念、生理和病理性老化、精神老化生物學背景等三個項目。

　　第二節「衰老的學說」將探討三項議題：(1)早期學說；(2)衰退學說；(3)其他學說。在第一項「早期學說」中，將討論：最古老的學說、磨損說、中毒說等三個項目；在第二項「衰退學說」中，將討論：代謝速度說、性腺功能減退說、免疫功能下降說、內分泌功能減退說等四個項目；在第三項「其他學說」中，將討論：交聯說、自由基說、細胞突變說、遺傳程序說、差錯災變說等五個項目。

　　第三節「衰老的變化特徵」將探討三項議題：(1)衰老特徵；(2)形態變化；(3)組織變化。在第一項「衰老特徵」中，將討論：老化的特徵、萎縮與肥大、減少與減退等三個項目；在第二項「形態變化」中，將討論：外貌的變化、身高與體重改變、皮膚附屬器官變化等三個項目；在第三項「組織變化」中，將討論：身體水分減少、組織與器官萎縮等兩個項目。

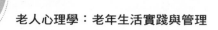

第一節　衰老與老化

本節將探討三項議題：(1)衰老與老化；(2)老化的原因；(3)精神老化。

壹、衰老與老化

「老化」好比增加年輪，指的是年齡的增長；凡是生物都要走向衰老，終至死亡。這種事實顯而易見，然而要對老化有一個明確的概念，卻未必是件簡單的工作。

衰老與老化問題的探討包括：老化與時間、老化現象等兩個項目。

一、老化與時間

首先，老化就好像「增齡」（aging），一個現在進行式所表示的那樣；所謂老化，明顯地意味著時間的歷程。那麼我們應該把哪個時期開始的變化，才叫做老化呢？假使把時間歷程看做是刻記在生命體上的變化，那就可能認為老化是從胎兒時期就開始的。所以，狹義的老化是指一種衰退期的狀態，而老化的終極就是可以預見到個體的死亡。另外還有廣義的老化，就是把生物一生的變化稱為增齡，以區別於從衰退期開始的狹義的老化。可是，究竟要以哪個時期作為嚴格的衰退期呢？也很難做出嚴格的規定。

假使弄不清楚什麼是老化的指標，就解決不了問題，但應該從哪個指標上來討論老化，也是一個問題。我們認為，應該放在生物個體的老化、細胞的老化、內臟器官和組織的老化等這樣的平台上來討論。特別是在有關人類方面，更難於明確規定老化的概念。老化現象，從生物學方面來看，包括上述一些重大問題，此外還存在著一些心理學方面的老化問題，因為總是有某種行為和思想狀態反映著老化現象。換言之，正如人類的一切現象一樣，老

化問題也屬於存在的狀況。老化改變了人類對時間的觀念，進而也改變了人類對世界、對自身歷史的關係。

二、老化現象

其次，老化作為人類問題的一種現象或特徵，那就是人類絕非自然狀態地生存著，因為它不能不受到所屬社會的影響。而且人類的老化問題，常常是生物學、心理學、存在論、社會學等幾個領域的現象複雜地交織在一起，且互相影響著。所以老化問題的研究應遍及各個領域，最後再綜合起來。一個適用於各領域、各方面研究的確切之老化概念，是需要研究的課題。

貳、老化的原因

決定生物體老化的因素，大致分為內在原因和外在原因等兩種，也就是說，老化被遺傳因素與環境因素所左右。老化的原因探討包括：遺傳因素、環境因素、營養因素等三項。

一、遺傳因素

不同種類的動物有不同的壽命，顯示遺傳因素具有重要作用。在人類中有著下列這種傾向：祖父母、父母長壽，子孫也長壽。實際上這方面已有不少的調查報告，例如：在 80 歲高齡的人當中，有半數其父也是 80 歲以上的長壽者。在雙胞胎的研究中也發現這種事實：同卵雙胞胎比異卵雙胞胎的壽命近似性高。總之，老化的原因，以某種形式存在於遺傳基因中。關於老化的可能性，有兩種說法：一種是說老化現象的出現，早已事先安排在遺傳程序中，隨著維持物種的任務完成而觸發起來；另一種是說因為遺傳信息的失誤，造成報廢的蛋白質累積起來，而導致老化。但究竟哪一個說法是正確的，卻很難斷定。

最新研究發現，脫氧核糖核酸（deoxyribonucleic acid，即DNA）是細胞

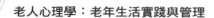

中作為生物遺傳器官發揮重要作用的一種雙螺旋長鎖鏈狀的分子，伴隨著光化，DNA分子出現損傷，因而信息失常，產生了妨礙細胞代謝的物質，這就是老化現象出現功能下降的原因。雌性動物比雄性動物長壽，可以從許多動物中見到，例如：蜘蛛、魚、老鼠等，其雌性壽命都較長，在人類中，女性比男性的平均壽命大約長六年。

根據個體細胞的遺傳因素來考慮老化問題，會認為雌性動物之所以長壽，一部分根源於染色體的差別。X 染色體是染色體中的大染色體之一，但Y 染色體正好相反，是染色體中最小染色體之一。因此，從染色體的組合來看，有兩個X染色體的雌性動物，要比只有一個X染色體組合的雄性動物多一倍。換言之，雌性動物染色體的儲備和生物合成能力也多一倍，因此具有較長的壽命。

二、環境因素

放射線、溫度、同種或異種生物間的競爭，還有疾病、災害等都包括在環境因素中。在環境因素中，尤以放射線的作用最為重要。目前已知，放射線不僅對遺傳因子程序中所發現的代謝過程有影響，而且會使遺傳因子的編排程序發生變化。一經放射線之照射，壽命就會縮短，其作用恰似加速老化的過程。事實上，就如沃倫（Warren）的調查報告所指出的，接觸放射線機會多的放射線科醫生，較一般人或者其它科醫生的平均壽命要短。其後，塞爾斯特（Selster）等人還證實了放射線防禦步驟若做得充實可靠時，上述現象就不會出現。但是，在放射線與老化之間可以看到某些意義深長的關係。

環境的溫度也和老化有著密切的關係，例如：在羅泰弗（Rotifer）的實驗中說：體溫下降攝氏 10 度，壽命可達四倍，這種關係在冷血動物中最為明顯；在恆溫動物中，雖然受到環境溫度的影響沒有那麼嚴重，可是恆溫動物都有自己最適宜的溫度，因此較之溫度低或溫度高時，壽命都將縮短。

三、營養因素

營養也是影響老化的重要外在原因之一。在動物實驗的報告中指出，控制食物的攝取量（控制熱量）也可以延長壽命。當然，吸菸和過度飲酒與身體疾病的關聯，是某些人壽命縮短的原因。

疾病和外傷也是加速老化的重要外在原因。特別是像老化規律所顯示的那樣，因為儲備能力減退，難於繼續適應持續變化的環境，並且形成惡性循環，進而加速了老化。古川氏等人曾假設由生命力模擬的壽命概率模型，作為一種工程假設，他們認為活體都有各自的生命力容量，當包括疾病在內的環境因素以及內在原因等，所造成的受傷因子大量積蓄並埋沒了個體時，這個個體就會死亡。他們還認為，根據各內臟器官成熟與老化的規律來看，生命力的容量在成長期前逐漸增加，成熟期達到一定的最高值，其後就逐漸下降。

從這假說出發，根據老化模擬的概率模型，就可以把老化現象用數字記錄下來。

參、精神老化

精神老化問題的探討包括：精神老化的概念、生理和病理性老化、精神老化生物學背景。

一、精神老化的概念

如前所述，老化的概念，在身體方面未必明確，而在精神領城就更不明確了。進入老年期後，精神功能確實發生了變化，但似乎不能立刻認定它們就是老化。一般認為，所謂老化並不是指隨著年齡增長而起的變化，而是指作為那種變化根源的普遍過程。既然不是由於精神本身發生老化而出現了各種變化，應該說是精神活動或精神功能的老化會更為恰當。

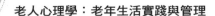

　　其次，這種精神活動和精神功能，絕非單一因素的活動，它有複雜的結構，除了遍及各個領域，而且呈現著各種現象。因此討論精神老化的問題，必須注意這些不同領域、不同現象的變化，查明其各種功能的根據，進而研究整個體系的一致解釋，這應該是研究的正確之道。

　　最後，在精神功能老化的研究中，進行最多的是關於被稱為智能，或者智力功能（Intellectual Function），或者認知功能的研究。當然，老化給與這些智能的影響，都是重大的課題，但是精神老化並不就是智能的老化。因此探討具有更廣闊、更高級綜合能力的精神功能，是如何受到老化的影響，是很重要的課題。

二、生理和病理性老化

　　克雷切夫斯基（Korencbevs）把老化分為生理性老化和病理性老化兩種。生理性老化（Physiological aging）是紮根於活體本質中的年齡變化；病理性老化（Pathological aging）則是因各種外因或疾病而起的變化。然而，實際上要分清楚何處開始是生理性老化，何處開始是病理性老化，有很多的困難。在病理性老化中，有著各種因素引起複雜的影響作用，有的是外因或環境的影響加速了原來的老化，而變成病理性老化，有的則是偶然發生疾病，而造成病理性老化。

　　在考慮精神老化的時候，通常分為生理的過程和疾病的過程來研究。假使主要從智能減退這一點來看，生理性老化之衰退是緩慢的，而病理性老化之失智，其減退則是急速的。目前，高齡的智力低下者多屬輕症，其大部分和生理性老化同屬一個類型。總而言之，病理性老化之衰退，以非常迅速為特徵。此外，生理性精神老化常常止於精神功能的某一部分，例如：只表現在記憶力下降，且其程度不妨礙日常生活，而病理性精神老化則以完全記憶障礙、老年性的糊塗狀態等精神功能的更廣泛方面，而且以程度顯著為特徵。

三、精神老化生物學背景

在老年期常見到的精神功能變化，雖表現於各種不同方面，但其基礎中，有因老化而引起的生物學變化。也就是說，精神老化有著感覺系統老化、中樞神經系統老化等生物學變化的背景。專就人類而言，精神功能表現得很複雜，受到各自所有的社會環境與條件的重大修飾，因此生物學方面中樞神經系統的老化，很難認為和原本的精神老化完全相同。

（一）感覺系統的老化

生物個體，不斷地接收外界的信息，過著適應的生活。此時，感覺過程的效率假使減退，就會影響到個體所利用的信息之量與質，進而必然導致個體與環境間相互作用中的故障。在感覺功能裡，日常生活中接收信息最重要的是視覺和聽覺。

視覺功能的老化，首先表現為老花眼。上了年紀的人，往往會出現視茫茫的現象，平均超過 40 歲以上的人，開始會有老花現象，這是因為視覺器官的晶狀體實質的硬化和晶狀體囊的變形，而減少了整個晶狀體形狀的可變性，又因睫狀體、睫狀小帶發生老年性變化，進而減少了調節力的結果。

就視力來說，1.2 以上的視力，39 歲以下的人占 80%，而 40 歲則減到 60%，50 歲減到 50%。失明狀態的人數，到老年期就有急驟的增加趨勢。在美國北卡羅來納州進行的病因學調查中，發現失明者到 65 歲以上就增加許多。另外，在加利福尼亞州的調查中發現，65 歲以上的老盲人中，得病時間在 45 歲以下的占 11.5%，在 46～65 歲之間的占 30.7%，在 66 歲以上的占 54%。

然而，此種視力下降的現象，並不完全是由於視覺器官的老化，也包括屬於老年病中的各種眼睛疾病所造成的視力下降，例如：在加利福尼亞州的調查中，也列舉了五種病因：白內障 35%；青光眼 16%；視網膜動脈硬化症 11.3%；視網膜變性症 7.5%；視神經萎縮 5.6%等。

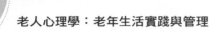

聽力則以 20 歲為頂點，之後緩慢下降。一般在超過 50 歲時，聽力就會顯著下降。因年齡變化而聽力下降，有兩種主要的描述：一種是聽不到手錶秒針的聲響；另一種則是在人聲吵雜的環境中，聽不清對方的講話。前一種場合，可以用純音聽力檢查（Pure Tone Audiometry）方法檢查純音的最小值，聽力閾值隨年齡而上升，這種傾向並隨著頻率的增加而愈來愈顯著；也就是說，人到了高齡時，對高音比低音難於聽懂。如同視力一樣，進入老年期後，聽力障礙的發生率也會增加。據畢斯列（Beasley）的病因學調查報告，聽力障礙的發生率增加，過 55 歲後就出現了男女之差別，可以看到男性的聽力障礙是比較多的。

視覺功能和聽覺功能，從個體的適應能力來看，可以說是兩個重要的感覺系統。兩者中若只有一種衰退，還有由另一種來補償的可能，假使兩者同時發生障礙，就會在生活上出現障礙，而造成老年人的心理和精神功能很大的影響。

（二）中樞神經系統的老化

和精神老化有著最直接關聯的就是中樞神經系統，特別是腦的老化。關於老年人腦的形態學之變化，約在一個半世紀以前就有所記載。中樞神經系統的老化包含以下幾項的變化。

1. 神經細胞數的減少

中樞神經系統的老化最顯著的變化就是神經細胞數的減少。據布羅特（Brody）所述，神經細胞數從 20 到 90 歲，是處於持續的減退狀態。雖因大腦皮層部位不同而有程度上的差異，但從總體來說，則減少了 30%，而神經細胞損失最明顯的是顳上回。另外，有學者對兩位健康老年人的神經細胞數進行了研究，也發現減少了 44%。

2. 老年性的變化

除了神經細胞數減少之外，老年人腦中還有特有的組織學上的變化，即

老年斑和阿茲海默（Alzhelmer）神經元纖維變性等兩種特徵性的變化。這些變化雖然也見於健康老年人的腦中，但數量較少，其好發部位主要局限於顳葉的海馬，而在老年失智症和阿茲海默症（它是一種進行性失智，伴有失語、失認的老年性精神病）中，則數量非常多，而且分布遍及整個大腦皮層。然而，這些變化在其它神經疾病中也有所見，所以不一定是老化所特有。老年斑，它是以金屬銀法染色的核為中心的斑狀物。核是膠化纖維素，周圍有軸狀突和樹狀突。

根據羅斯（Roth）等人的報告指出，對失智症患者的測驗得分和老年斑的分布密度有密切相關，失智顯著者其老年斑的病灶密度大。這雖然不一定能夠證明二者有著因果關係，但這個成果是引人注目的。

阿茲海默神經元纖維變化，恰如神經細胞內的原纖維變粗，並捲成旋渦似的。這種變化也見於其它神經疾病，且在實驗時給家兔大腦注入磷酸鋁時，也能誘發這種變化。此外，在老年人腦上也發現了腦血管系統的動脈硬化症、血管壞死、腦溢血、腦軟化等病變。隨著人類的老化，還會出現色素變性，脂褐質沉積，另外，保持神經細胞間聯繫平衡的樹狀突也有所消失。

以上關於腦內變化與老化的關係，雖然迄今尚未完全明朗，但總算提供了腦的老化之重要線索。

思考問題

1. 討論老化，可以用哪幾種指標？
2. 探討老化因素，會從哪三方面的原因進行說明？
3. 請說明精神老化的概念。
4. 請舉例說明，感覺系統的老化包括哪些項目。
5. 請說明阿茲海默症患者的神經細胞之變化情況。

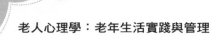

第二節　衰老的學說

　　生物為什麼會衰老？隨著年齡的增長，人體為什麼會出現前面所說的一系列老化現象？是什麼因素主宰著生命的老化和衰退？從古到今，人們對衰老原因提出了許多學說和設想，有關的學說多達三百多種以上。儘管其中大多數的學說缺少實驗根據，不少學說僅僅只是猜測，但每種學說都從不同的角度和深度，反映了衰老此一複雜現象的某一層面或層次，甚至現代衰老學說，也只是在更深的層次上，比較完善地反映了衰老本質的部分真理。

　　衰老的機制十分複雜，人體衰老是許多過程綜合作用的結果，這些過程有些是獨立作用，有些則可能是互相聯繫、互相促進激發的。總之，人類衰老可以說是生物學上最大的奧秘之一，解開這個謎題也許不比探測火星來得容易，但是，只有認識衰老的本質，掌握衰老的原理，才有可能採取有效的防治措施，延緩衰老的發展，賦予生命更旺盛的精力，延長人類的壽命。以下先對一些主要的、較有影響的衰老學說與理論進行扼要的介紹。

　　本節將探討三項議題：(1)早期學說；(2)衰退學說；(3)其他學說。

壹、早期學說

　　早期學說的探討包括：最古老的學說、磨損說、中毒說等三個項目。

一、最古老的學說

（一）先天熱量

　　西元三百多年前，著名的古希臘哲學家和科學家亞里士多德就試圖對衰老的原因作出科學性的解釋，他在《論青春與老化》一書中指出，個體的老

化是每一個生物從它所產生的那一天起，所具有的先天熱量不斷消耗的結果。而在他之前一百多年前，古希臘著名的醫生希波格拉底亦闡述了這種想法，他也認為衰老是先天熱量消耗所致，而這就是古老的「溫熱學說」。

（二）「溫熱」中心

「溫熱學說」認為，人體「溫熱」的中心是心臟，「溫熱」可以透過脈管系統傳遞分布於全身，使體內各種組織器官得以生存。但「溫熱」不僅僅是指血液，而是指全身能量的總和。當個體的「溫熱」程度逐漸減少時，體內的「溫」也逐漸減少，而「冷和乾」則逐漸增加，進而引起個體的衰退與死亡。直到 20 世紀，還是有很多人對衰老機制的「溫熱學說」深信不疑。

二、磨損說

（一）磨損消耗

19 世紀中葉，有人提出了衰老機制的「磨損說」，這種學說認為，日常生活中的各種器具與物品在長期使用的過程中，會慢慢地磨損消耗，終至毀壞。同理，人的身體在長期的生活過程中，其身心兩方面也會逐漸磨損消耗，進而引起衰老與死亡。

（二）水分減少

這種學說還認為，衰老的生物體內所看到的器官、組織與細胞的水分減少、萎縮、彈性減退、廢物堆積等現象，都是因長期使用導致磨損消耗的結果。這是一種典型的機械觀點，把人類的活動與器具的使用等同看待，顯然是不妥的，因為生物體會不斷進行新陳代謝及自我修復的機制，是一般非生物的機械器具所沒有的。

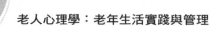

三、中毒說

（一）有害物質堆積

　　這是 20 世紀初著名的俄國生物學家、法國巴黎巴士德研究所所長麥奇尼科夫（Élie Metchnikoff, 1845-1916）所提出的假設。他在《樂觀主義練習曲》（*The Prolongation of Life: Optimistic Studies*）一書中指出，個體的衰老是有害物質在體內堆積所引起的，而不是磨損消耗的結果。這與當時流行的磨損說互相對立，自成一派，盛行一時。

（二）腸道的毒素

　　麥奇尼科夫認為，人體腸道中寄居著大量的毒素，這些毒素對心、肝、腦、血管等危害最大，它可導致上述重要器官的細胞代謝紊亂，發生硬化的現象，而引起生物的衰老與死亡。他建議用酸牛奶，引進大量的乳酸菌以取代原有的菌類。這種學說曾在世界上得到廣泛的傳播，但後來發現乳酸菌在腸道內是難以生存的，因而此一學說在近代也逐漸式微。值得一提的是，他還建議人們能夠通過手術切除大腸以防止衰老，因為大腸的菌類最多。在現今看來，這顯然是非常不可取的。

　　以上是有關衰老機制的一些較有代表性和較為古老的學說，其他還有：有害物質蓄積學說、病理蓄積學說、特定臟器原發學說，以及衰老的心理學說等，在此不作一一贅述。近代，由於科學技術的進步，研究方法與手段的改進和提高，也提出了不少關於衰老機制的新學說，以下僅對比較重要的幾種作基本要點的介紹。

貳、衰退學說

　　衰退學說的探討包括：代謝速度說、性腺功能減退說、免疫功能下降

說、內分泌功能減退說等四個項目。

一、代謝速度說

（一）代謝率

這是科學家在調查了多種哺乳動物的代謝率與壽命的關係後，所提出的一種假設。該學說認為，生物壽命的差異在於代謝率的差異，例如：蝙蝠的大小與老鼠相近，但其壽命為十年左右，而老鼠則只能活三年左右，原因是老鼠在白天和黑夜都進行活動，而蝙蝠每天中有大半的時間在洞穴中休息，而且每天最多活動幾個小時，冬季又進入休眠狀態，因而整體的代謝率低，所以壽命較長。

（二）日本的實驗

此一學說引起了不少學者的關注。日本的山村雄一等人對人類男女的基礎代謝率（basic metabolic rate, BMR）進行了比較，結果發現女性在 15 歲以後直到停經為止，其代謝率都低於男性，而停經以後則與男性基礎代謝率相接近，因而認為女性一生中的代謝率低於男性，可能是壽命比男性長的原因之一。從廣義來看，這顯然與磨損學說相似，就男女壽命哪個較長的問題來說，代謝速度說，顯然不能做出圓滿的解釋。

二、性腺功能減退說

（一）性腺功能減退

大約在 19 世紀末，法國著名的生理學家和神經病理學家布朗‧塞卡爾（Charles-Édouard Brown-SÉquard, 1817-1894），在巴黎科學協會上提出了一個轟動世界的報告。他的報告認為，衰老與性腺功能減退有關，因而主張將狗或老鼠的睪丸萃取物進行人體注射，以此對抗衰老，並宣稱可以「返老還童」。他在 70 歲時，對自己連續注射了六年的狗和兔子的睪丸萃取物，結果

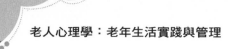

感覺到自己除了年輕 30 歲，而且還恢復了生理功能，並增強了智力。

（二）主觀感覺問題

雖然因為他自己是醫生，並親自體驗，的確有較大的說服力，但這種睪丸萃取物注射術，流行不久後就沒有人再採用了，原因是這些年輕與機能恢復的現象時間很短，而且多半是主觀感覺，缺乏客觀數據的驗證。雖然如此，但他的創舉畢竟引起了人們對分泌與衰老關係的探討，所以仍具有一定的意義。

三、免疫功能下降說

（一）兩類淋巴細胞

個體的免疫系統主要由兩類淋巴細胞所構成，即 T 淋巴細胞和 E 淋巴細胞。T 淋巴細胞的主要職能是攻擊和破壞外來細胞（如移植的細胞）與異常的細胞（如腫瘤細胞）；E 淋巴細胞的主要職能是釋放抗體蛋白，與細菌、病毒及癌細胞作戰。

（二）抗體反應問題

有學者發現，這兩類細胞的數量和功能在個體性成熟之後，都會隨著年齡的增長而下降，然而自身免疫的現象卻大為增加。自身免疫是體液免疫的應答力（抗體對抗原的反應）過強，而識別力（對異常抗原的識別）減弱，結果免疫系統不但攻擊病原體和癌細胞，而且也會侵犯自身正常的健康組織，把自身組織當作外來異物進攻，最後使自身發生瓦解和崩潰，導致個體的衰老和死亡。根據這個理論，瓦爾福德首先提出了衰老機制的免疫功能下降說。

四、內分泌功能減退說

內分泌系統在動物的生長、發育、成熟、衰老與死亡的一系列過程中，具有相當重要的作用。內分泌系統在神經系統的控制下，與神經系統一起在體內形成一個完整的神經體液調節系統，共同調節個體的各種生理活動。

（一）調節作用

內分泌系統對個體的調節作用，主要是透過內分泌腺的活性物質激素來完成的。激素對於個體有以下幾方面的重要作用：

1. 調節新陳代謝的過程，例如：調節體內糖、脂質和蛋白質的代謝。
2. 調節細胞外液的量和組成成分，維持體內環境理化因素的動態平衡。
3. 調節控制生物的生長、發育、成熟與衰老等過程。
4. 增強個體對有害刺激（如感染、外傷）和環境條件急劇變化（如寒冷）的抵抗力和適應力。
5. 影響中樞神經系統的發育和活動，例如：少量的腎上腺素可提高腦幹網狀結構的功能，甲狀腺素可以促進腦的發育等。

（二）功能改變的影響

內分泌系統功能的改變，對個體的衰老與疾病的發生與發展有著重要的影響，尤其是神經內分泌調節的增齡性改變，在個體衰老機制中具有重要作用。總體來說，大多數分泌功能都會隨著年齡增加而下降，只是程度不同而已。神經內分泌調節各環節的失調，即可對個體造成不良影響，進而加速衰老的過程。目前，內分泌功能減退說，在衰老學說中仍然占有重要地位。

參、其他學說

其他學說的探討包括：交聯說、自由基說、細胞突變說、遺傳程序說、差錯災變說等五個項目。

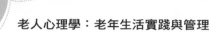

一、交聯說

交聯說是分子生物學中一個具有代表性的衰老學說，它是布喬克斯汀於 1963 年首先提出來的，主要是根據生物化學反應的理論來說明人體組織衰老的變化。

（一）交聯反應

交聯說認為，人體的組織與細胞中存在著大量發生交聯反應的成分，因而往往容易發生多種交聯反應。交聯反應是所有化學反應的一種，是由於交聯劑與生物體內的大分子相互作用而發生的。在個體生活過程中，可以產生各種交聯劑。甲醛一類物質和多種自由基就是體內常見的交聯劑。在體內的生物化學反應過程中，只要發生極小量的交聯干擾，就可以對個體產生嚴重的損傷作用。生物體內大分子中發生異常或過多的交聯作用，則會引起生物體的衰老和死亡。

（二）兩種反應

生物體內的交聯反應主要有兩大類：一類是發生在細胞核 DNA 的股間交聯，會引起大分子的嚴重損害；另一類是發生在細胞外，蛋白纖維的交聯，會引起個體多種生理功能的嚴重障礙。這兩類交聯反應，都會嚴重損傷個體，亦可能是引起生物體衰老與死亡的重要原因。目前有關衰老機制的交聯學說，正在深入研究之中。

二、自由基說

自由基說是英國學者哈曼首先提出的，是人類衰老機制的現代理論中重要的一種。

（一）生物體的分子組成

　　每個原子都有一個核心，外面圍繞著電子，而電子通常是成對的。當原子含有一個或更多個不成對的電子時，即成為自由基。從身體組成的情況來看，生物體的分子主要由碳（C）、氫（H）、氧（O）、氮（N）、磷（P）、硫（S）等原子所構成。如果我們把H原子以外的其他原子或原子團當作R，則生物體內的一切分子可以用RH表示。H原子與R原子團由共價鍵結合在一起，每一個共價鍵由一對電子所組成，而每一個電子都有磁自旋運動，它與其成對的另一個電子的磁自旋運動力量相等，但是方向則相反。因此，一對電子的靜電場等於零。當共價結合的分子RH分解時，RH介子斷開，原在連接這兩者的一對電子分別分配列R與H上，使兩者各帶一個電子，這種不成為電子的分子或原子就稱為自由基。

（二）自由基的釋放

　　自由基的釋放可以是內源性的，也可以是外溫性的，也就是說，自由基可以由細胞代謝過程中產生，也可能來自於環境，而引起生物衰老主要的是生物代謝過程中不斷產生的自由基。自由基可以直接或間接地發揮強氧化劑的作用，進而損傷生物體大分子和多種細胞成分。自由基對身體的危害主要有：使脂肪變性，而形成過氧化脂質；引起核酸及蛋白質的變性；引起細胞外可溶成分的分解。

　　近年來的研究顯示，隨著年齡的增長，體內自由基升高，自由基誘導產生的老年色素脂褐質也增多，而個體對自由基的防禦功能則逐漸下降，其結果為自由基的損傷作用逐漸趨向於嚴重，進而引起生物體內多種生理功能障礙，激發了許多疾病的發生與發展，例如：動脈粥樣退化、腦神經細胞變性、糖尿病與癌症等，最終導致生物的衰老與死亡。

　　衰老理論的自由基學說，在解釋衰老機制方面具有重要的作用，根據此一理論探索的抗老延壽措施，在某些動物實驗中也取得了一定的成果。然

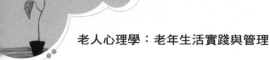
而，由於當前實驗條件的限制，衰老機制的自由基說尚需進一步研究。

三、細胞突變說

身體細胞突變說是在 1960 年代初提出來的。這種學說認為，生命的衰老是由於遺傳物質的突變所引起的。

（一）遺傳與變異

遺傳與變異是生物世界的自然現象，但是自然變異是在相當長的時期中逐漸形成的，當生物在某些理化因素，例如：電離輻射、X 光照射等，和生物因素作用下，生物細胞中的遺傳物質發生了突然性的改變，這種在短期內發生的生物變異，就稱為突變。突變可引起細胞的形態變化和功能失調，並進而造成組織或器官的功能衰退，而導致個體的衰老。

（二）尚難定論

動物實驗研究結果，有的符合此一學說，有的則並不符合。目前對此一學說尚難定論，正在深入研究之中。

四、遺傳程序說

遺傳程序說認為，生物的衰老與遺傳因素密切相關。衰老是遺傳上程序化的過程，也就是說，衰老是集體固有的、隨時間而演進的退化過程之結果。我們知道，不同種類的生物具有不同的壽命，人類中長壽雙親子女的預期壽命較短壽雙親的子女為長，這些事實都顯示壽命與遺傳之間有密切的關係。遺傳程序說認為，這些現象是在遺傳上按照「出生、發育、成熟、衰老與死亡」這一過程，而預先已經有了程序安排的結果。在生物的生活過程中，此一過程隨著時間的推移而逐漸展開，最後終至衰老與死亡。

（一）衰老基因

為了進一步解釋衰老與遺傳間的關係，學者們提出了若干假設。其中一種假設認為，衰老只不過是既定的遺傳程序，以時間為函數展開到最後的必然結果，而稱為「衰老基因」。任何生物生長發育和性成熟，都是按照既定的遺傳程序步步展開的，衰老與死亡很可能是遺傳計畫中，早就規定好的最後程序，理由是同一物種衰老開始的時間是相對固定的，而不同的物種有不同的衰老時刻。這種假設說明了身體內的每一種細胞都帶有一份自我摧毀計畫，在性成熟的一定時期內就主動地實施自我摧毀。因此，有人推測在DNA鏈上含有一種特殊的遺傳信息，稱為「死亡基因」或「衰老基因」。

（二）死亡基因

另一種假設認為，個體並不存在什麼「衰老基因」，只要按照生長發育的步驟展開遺傳信息，也可以發生「自我摧毀」和死亡的後果。

不管實際上是否存在這種「死亡基因」，這種按照步驟展開遺傳的信息，在一定年齡導致衰亡的學說，常被稱為「遺傳基因安排說」，甚至被稱為「遺傳鐘學說」，也就是說信息的及時發送就像鐘錶那樣準時和有條不紊，一切生理功能的啟動和關閉，包括衰老與死亡，一定是按時發生的。

五、差錯災變說

差錯災變說是1960年代首先由梅德維德夫所提出，奧格爾則作了系統的闡述。這種學說認為，在合成蛋白質的過程中，可能發生一些差錯。

（一）蛋白質合成

體內蛋白質的合成是一個複雜的過程，主要有：
1. 脫氧核糖核酸（DNA）的複製。
2. 脫氧核糖核酸的轉錄。

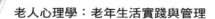

3. 氨基酸的激活。

4. 傳輸核糖核酸（tRNA-transfer RNA）對活化氨基酸的轉移。

5. 鏈的延長作用（chain elongation）。

而上述每一個步驟都可能產生差錯，例如：氨基酸可能發生錯插現象，即是指一種氨基酸按順序排列的原有位置被另一種氨基酸所占據，這就是錯插。如果錯插的部位恰好是蛋白質發揮功能的最關鍵區域酶類的催化活性中心的話，就會發生嚴重的效果，酶的活性會減弱，獨特專一性會降低，甚至完全喪失原有功能。有些酶的作用與蛋白質合成中的遺傳信息有關，如果它的活性中心發生差錯，整個蛋白質合成過程不斷受到這種有缺陷的酶之干擾，就會引發一場災難性的變化。帶有差錯的酶可以合成大量有差錯、有缺陷的蛋白質（包括其他酶類，因為酶本身就是蛋白質），而這些有缺陷的蛋白質在細胞中累積到一定程度，就會引起細胞的衰老與死亡。發生差錯是否遺傳上早就計畫好的事，還是隨機的細胞突變，目前尚未能肯定，很可能是兩種原因同時存在。

（二）遺傳物質複製

如果在 DNA、RNA 等遺傳物質的複製過程中發生差錯，就會累積此錯誤的遺傳信息。遺傳信息的受損一般是隨機產生的，而且個體內有修復差錯的能力，如果修復機制十分完善，能及時修復所有的差錯，理論上就不會發生衰老。所以衰老的出現，必定是修復速度趕不上出差錯的速度，或者是某些差錯是不可修復的。因此，差錯災變說認為，不可修復性差錯的累積，和DNA 修復系統本身隨年齡增長的衰退，可能是衰老的根本原因。

綜上所述，衰老學說可以歸納為兩大類：第一類是遺傳論，其認為衰老是由遺傳所決定，生物的生長、發育、成熟、衰老和死亡，都是按照遺傳程序展開的必然結果；第二類學說承認遺傳的作用，但更強調環境因素的影響，認為環境中的不利因素會造成細胞的損傷，損傷的累積最終導致衰老及死亡，這就是所謂的環境論。至於從生理角度提出的衰老學說，如免疫功能

衰退說，則是二者並重。

　　環境學說中各有側重，例如：細胞突變說，是側重於遺傳物質的畸變；差錯災變說，是側重於蛋白質分子的變化；自由基說，則是側重論證自由基對生物大分子的攻擊和破壞。而所有這些過程綜合起來，才是比較完整的衰老過程。

　　根據近代分子遺傳學的研究成果，世界各國的衰老問題專家都趨向於承認遺傳程序說，是目前解釋生物衰老原因比較正確和比較全面的學說。鑒於目前的情況，我們可以認為，遺傳程序是決定生物衰老的第一層因素，也就是說遺傳基因的安排是決定生物衰老的根本原因，而其他各種學說所提出的衰老原因都是第二層因素，也就是說可以通過基因或代謝的改變來影響衰老的因素。

思考問題

1. 有關衰老，早期有哪些學說？
2. 有關衰老，衰退學說的內容包括哪四項？
3. 探討衰老的「交聯反應」是指什麼？主要包括哪兩大類反應？
4. 請簡略描述有關衰老的「自由基說」之內容。
5. 綜合各家學說，衰老學說可以歸納為「遺傳論」與「環境論」兩大類，請綜合描述這兩大類的觀點。

第三節　衰老變化的特徵

　　任何生物都要經過發育、生長、成熟和死亡的連續過程，因此可以說，衰老和死亡是不可抗拒和不可逆轉的自然規律。從生命的發展過程來說，衰

老實際上是死亡的前奏。現代科學研究認為，衰老是所有多細胞生物隨著時間的推移而發生的必然過程，是生物在生命過程中，整體形態、結構和功能逐漸衰退的現象，它表現為一定的組織改變、器官衰老，以及其功能、適應性和抵抗力的減退。

衰老變化在同一個個體內的各組織器官是普遍發生的，但不同器官的組織結構和生理功能的衰退程度則是參差不一，當各個器官生長發育到成熟後，隨著年齡的增長，幾乎同時會開始持續地衰退，但其進展過程十分緩慢。我們可以這麼說，個人的「衰老」是各有關衰老因子的「總和」，並由個人的綜合功能和調節功能所決定。衰老雖然是持續進行及不可逆轉的過程，但在一定條件下，衰老的進展速度還是可以減慢的。要延緩衰老的進程，首先要了解衰老的特徵、表現、原因及影響衰老的各種因素。只有掌握了衰老的規律，才有可能採取適當的措施，延遲衰老的到來。其次，從個人衰老的基本表現來說，衰老具有四個特點：全身性、進行性、減退性和內在性。

本節將探討三項議題：(1)衰老特徵；(2)形態變化；(3)組織變化。

壹、衰老特徵

衰老特徵的探討包括：老化的特徵、萎縮與肥大、減少與減退等三個項目。

衰老在形態與功能上發生的一系列變化，主要是細胞數量的減少和再生能力的降低，以及組織器官功能的改變。

一、老化的特徵

隨著年齡的增長而伴隨的老化，有十個特徵：

1. 基礎代謝率降低。
2. 細胞分裂、細胞生長的速度減低。

3. 細胞分裂、細胞與組織恢復能力減低。

4. 組織逐漸脫水。

5. 細胞萎縮及變性。

6. 組織彈性減低，組織結構變更。

7. 神經系統變性。

8. 神經、肌肉反應速度減慢。

9. 骨骼的強度及韌性減低。

10. 調節身體內環境穩定的功能發生障礙。

二、萎縮與肥大

從解剖形態學上來看，器官衰老的改變主要是由於細胞萎縮而使各器官的重量減輕。一般來說，老年人的性腺、脾、腎之重量下降較為明顯；甲狀腺、腎上腺和腦的重量下降比例較少；肺臟則因異物沉積和纖維化，大約 60 歲左右，重量反而會增加，之後再稍微下降；前列腺腺體萎縮，但由於會形成澱粉樣小體，不少老人會出現肥大，嚴重者可導致排尿困難。另外，心臟肥大及其重量增加，但這多為高血壓、肺氣腫乃至肺心病等繼發性病變所致，並非因衰老所引起。

三、減少與減退

衰老器官的功能改變，表現為儲備力減少、適應力降低、抵抗力減退。各器官衰老時，功能改變的情況不一。有的器官功能會喪失，例如：更年期以後，婦女卵巢的排卵功能完全消失，也有的是單位細胞功能減退，例如：老年人神經細胞外形完整，但傳導速度減慢，還有的是單位細胞功能不變，但由於組織細胞總數的減少，造成總合的功能減退，例如：老年人基礎氧利用的減少，是由於有活力的細胞總數減少之故。此外，因組織細胞萎縮，減少對營養的需要，以及心血管系統因衰老而功能減退（如血管硬化等），使各器官的血液灌注量減少，血液供應不足，進而促使組織進一步萎縮，又更

進一步削弱器官的功能。

　　總之，衰老過程主要是人體內部結構衰弱的反映，根據上述有關衰老的特徵，對衰老的過程可以這樣來認識：個人的衰老始於細胞，細胞的衰老則表現為其結構及功能的改變；細胞的衰老必然導致組織器官的衰老，使其功能減少，導致全身性的進行性衰退。

貳、形態變化

　　人體衰老的形態變化包括外貌的變化、身高與體重的變化、皮膚及其附屬器官的變化等三項。

一、外貌的變化

　　外貌的變化通常表現為毛髮變白、脫髮，皮膚有皺紋、粗糙、彈性減退，眼瞼下垂，出現老年性色素斑等。

（一）頭髮變化

　　老化最明顯的是衰老導致的白髮，稱為老年性白髮；老化引起的頭髮脫落，稱為老年性脫髮。毛髮的變化通常由兩鬢開始，由少而多，逐漸擴展到額頭，甚至有的人會出現半禿或全禿的狀況。白髮、禿髮的出現，各人遲早不一。一般禿髮發生較白髮為早，禿髮發生率也較白髮為高。老年人的眉毛一般稀少，部分或全部呈白色，少數老年人的眉毛會全禿。鬍鬚亦會逐漸變白。老年性白髮及脫髮與遺傳因素及內分泌有關；白髮還可能與泛酸及氨基酸缺少和腦力勞動的程度有關，也可能是色素細胞活力下降所致。

（二）過度生長

　　某些人有過度生長的情況，例如：有些男性老年人可見眉毛、鼻毛和耳毛過度生長，有些女性老年人則在上唇及腮部過度生長。另外，腋毛與陰毛

脫落現象與內分泌功能減退有關。

（三）皮膚變化

皮膚皺紋最早出現在額頭，一般來說，從 20 歲開始，人體前額部就會開始出現皺紋，30～40 歲時逐漸增多，之後逐漸變深增厚。眼角、耳前、口角的皮膚皺紋，亦會隨著年齡的增長逐漸出現、增多和加深。皺紋是由於失水、皮下彈力組織逐漸減少、皮膚受到皮下肌肉的牽引而引起。皮膚的皮脂腺分泌亦隨著年齡增加而減少，使皮膚變得乾燥、粗糙。

（四）體外變化

老年人的眼瞼、耳及臉部皮膚由於脂肪和彈力纖維的消失而鬆弛下垂。眼的老化，外觀上以下眼瞼浮腫為特徵，下眼瞼浮腫在 40～50 歲時會出現，這是因為局部脂肪組織向皮下膨脹所形成的，並常伴隨有水分積留。此外，由於老化的緣故，導致眼窩脂肪消失，可能會引起眼球凹陷，此變化至 80 歲更為明顯，之後呈現進行性發展。

40 歲以後，皮膚上常會出現棕色的色素斑點，這叫做老年斑，一般好發在雙前臂及臉部，隨著年齡的增加還會增多及增大。老年人還常有一種突起於皮膚表面的痣狀物，稱為老年痣。老年人的手掌、腳底還常有過度角化和肥厚的改變。

二、身高與體重改變

人體在生長發育過程中，身高與體重會發生一定的變化，而在衰老的過程中，身高與體重也會發生一定的變化。一般來說，身高在 20 歲前後達到頂點，之後逐漸下降；而在體重方面，男性在 30～40 歲左右，女性在 40～50 歲左右達到頂點，之後逐漸下降。

（一）身高下降

老年人隨著年齡的增加而身高與體重逐漸下降，這是一種普遍現象。其原因一般認為是由於椎間盤呈現萎縮性變化、脊椎彎曲度增加、脊椎骨扁平化及下肢彎曲、鈣代謝異常導致骨質疏鬆、細胞和臟器組織脫水、萎縮所致。由於身高和體重的減少，老年人的體表面積也有所減少，但一般不超過6%。

（二）體重下降

體重下降還可能與飲食、營養和體格有關。過去，日本老人體重下降的比率比歐美老人顯著，但近年來，由於日本人的營養狀態、飲食生活迅速歐美化，青少年體質顯著增強，使兩地區老人的體重下降比率逐漸接近。此顯示營養和體質與衰老有密切的關係。

三、皮膚及其附屬器官變化

皮膚及其附屬器官在形態或功能上會隨著年齡增加而出現的老化，是人們最容易發現的老化現象。一般來說，皮膚老化通常從30歲開始，隨著年齡的增長而逐漸明顯，其表現一般有彈性降低、厚度變薄、鬆弛、皺紋加深、表面失去光澤、出現色素沉澱等。與此同時，皮脂腺功能減退、皮下脂肪萎縮或消失。皮膚的變化也可以反映老人的健康狀況，因此，皮膚也被認為是內臟的一面鏡子。此外，老人的指甲會變脆和變厚，指甲上常會出現縱向的溝紋。皮膚老化的相應結果，還會使再生及癒合能力減退，外傷後癒合慢等。

參、組織變化

人體衰老的組織變化主要表現為身體水分減少、脂肪組織增多、細胞數

目減少、臟器萎縮和重量下降等。

一、身體水分減少

　　正常的成年男性，其水分占身體重量的60%，女性約占50%，隨著年齡的增加，身體水分會逐漸減少，即占體重的百分比逐漸下降。60歲以上老人身體內的水分，男性約占體重的51.5～52.0%，女性約占體重的42～45.5%。這是由於含水分少而代謝不活躍的脂肪組織相對增加，而含水分較多的成分相對減少所致。此外，老年人的細胞外液比青年人多，細胞內液的絕對值及其組織細胞外液體之比均降低，其絕對值可由占體重的40%降至30%。這種情況是由於身體細胞數量減少、細胞代謝下降，以及細胞內液的低張性，使水分向細胞外轉移所致。這種體內水分相對減少、脂肪組織增多的變化，是老年人身體組成方面出現的重要特徵之一。

二、組織與器官萎縮

　　衰老可使除脂肪組織外的其他組織與器官表現出不同程度的萎縮，尤以肌肉萎縮最為明顯，各種肌肉的功能一般從25歲以後到30歲之間開始下降，到了老年期下降更為顯著。此外，脾臟、肝臟、腎臟等萎縮也相當明顯。各組織器官的萎縮主要是由於細胞總量減少所造成的，而細胞總量的減少又是由於細胞萎縮與細胞數量減少所致。

　　不過，從組織學的角度分析，細胞萎縮會不甚顯著，主要是細胞數量的減少。而各種細胞數量的減少，一般是從成熟期以後開始的。因此除了精神功能外，其他各項功能都會隨著年齡的增長而下降。老年階段功能下降的總特徵是儲備能力減少和適應能力降低。

思考問題

1. 隨著年齡的增長，在形態與功能上伴隨而來的老化特徵有哪些？

2. 有哪些器官衰老的改變，主要是由於細胞萎縮而使各器官的重量減輕？

3. 有哪些器官衰老的變化，使其肥大及其重量增加？

4. 老化造成個人外貌的改變，通常有哪些？

5. 人體在衰老的過程中，身高與體重的變化包括哪些？

第三章

老人的心理輔導與諮詢

　　本章的主要目的是討論本書第一篇基礎篇的第三部分「老人的心理輔導與諮詢」，第一部分是「老人心理學的起源與發展」（第一章），第二部分是「老化衰退與老人心理學」（第二章）。本章規劃為三節：第一節「心理諮詢的基礎」，第二節「老人的心理諮詢」，第三節「心理諮詢個案研究」。

　　第一節「心理諮詢的基礎」將探討三項議題：(1)何謂心理諮詢；(2)心理諮詢的內容與原則；(3)心理諮詢的操作。在第一項「何謂心理諮詢」中，將討論：心理諮詢的意義、心理諮詢與心理治療等兩個項目；在第二項「心理諮詢的內容與原則」中，將討論：心理諮詢的內容、心理諮詢的方式、心理諮詢的原則等三個項目；在第三項「心理諮詢的操作」中，將討論：諮詢的雙向性、諮詢的多樣性、諮詢的反覆性、諮詢的社會性、諮詢的漸進性等五個項目。

　　第二節「老人的心理諮詢」將探討三項議題：(1)老人心理問題的背景；(2)老人心理問題；(3)老人諮詢策略。在第一項「老人心理問題的背景」中，將討論：心理功能老化、心理適應問題等兩個項目；在第二項「老人心理問題」中，將討論：衰老孤獨感、退休綜合症、老年抑鬱症、老年失智症、老人自殺問題等五個項目；在第三項「老人諮詢策略」中，將討論：以時間換取空間、調節諮詢深度、善用各種諮詢模式、注意老人的看法、具有前瞻性、爭取支持力量、配合藥物治療等七個項目。

　　第三節「心理諮詢個案研究」將探討三項議題：(1)衰老孤獨問題個案；(2)退休綜合症個案；(3)老年失智症個案。在第一項「衰老孤獨問題個案」

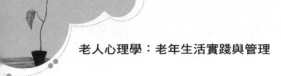

中，將討論孤獨難與家人相處的老人個案；在第二項「退休綜合症個案」中，將討論退休後適應不良的老人個案；在第三項「老年失智症個案」中，將討論記憶喪失問題的老人個案；在上述三項議題中，每個議題均包括：個案背景、諮詢過程、諮詢結果等三個項目。

第一節　心理諮詢的基礎

　　本節將探討三項議題：(1)何謂心理諮詢；(2)心理諮詢的內容與原則；(3)心理諮詢的操作。

壹、何謂心理諮詢

　　由於目前社會上對老人心理疾病愈來愈重視，心理諮詢也成為人們關注的問題。但，什麼是心理諮詢呢？所謂心理諮詢的探討包括：心理諮詢的意義、心理諮詢與心理治療等兩個項目。

一、心理諮詢的意義

　　心理諮詢的宗旨是幫助個案克服內心的困難，然而，個案必須明瞭問題的所在。要想獲得諮詢成果，應具備兩個前提條件：第一，患者本身要有渴望治癒的意願；第二，使患者恢復對環境的獨立適應能力。其次，心理諮詢是一種以面談形式來解決心理障礙的科學方法，它分為兩個階段：第一階段是透過交談來蒐集患者的資料，並進行心理評估；第二階段才是實施心理諮詢。

　　近年來，心理諮詢有一種新的趨勢：透過讓求診的個案自己再發現人生的意義，從而使其積極地恢復適應能力。當人們發現人生的意義或價值時，就不會感覺到痛苦，也就不會產生心理問題；因為在這種情況下，人們會產

生一種對環境適應的生命力。常見到有些人因為事業的失敗和挫折、感情的創傷和困惑，而有抑鬱性心理障礙。表面看來，這是因為不良刺激導致其抑鬱，但從心理上加以分析，卻發現是因為個案本身，特別是退休者及老年人，感覺到自己在社會上不再被人需要，是一個「無用的人」，感覺到人生已失去意義，因而導致了嚴重的抑鬱心境。

如果一個人覺得生命有價值，有存在的意義，這就表示他的內心能感到滿足。這種內在的充實，其重要性遠勝於外在社會上的成功。從某種角度來說，心理諮詢起源於對人生基本問題的探索。如果人的使命性、責任性或倫理性一旦喪失，人的心理就不會有真正的健康。

二、心理諮詢與心理治療

心理治療是一種專業的醫療行為，心理治療師或心理醫師需要取得證照與職業許可才可以執行醫療業務。執行心理治療的工作者分為兩種：醫科畢業的精神科醫師，以及心理學研究所畢業的心理治療師或心理諮商師。心理諮詢則是一種涉及心理領域的助人專業工作，例如：社會工作師等，本章主要是為涉及心理諮詢或心理諮詢工作者提供的參考資訊。心理治療創立於 19世紀，但心理諮詢則於 20 世紀，約 1940～1950 年代方才興起。

心理諮詢主要有三種力量的推動：第一，人們對「精神分析療法」日益不滿，因為該療法的治療期過長，而諮詢關係則完全像醫病關係；第二，由於 20 世紀 1920～1930 年代崛起的職業諮詢運動之推動；第三，人本主義思潮的啟發。由於心理諮詢運動的不斷深入和發展，心理諮詢和心理治療不但能針對心理與精神疾病患者的專業治療，同時也能對情緒困惑與煩惱提供諮詢，而心理治療則主要為人們在人格、情緒和行為上的障礙及變態行為提供治療。兩者之間沒有截然分明的界限，但卻有著不同的專業審核和訓練要求。

簡單地說，心理治療師不但必須有心理諮詢的知識，也要具備一定的醫學知識和訓練；但心理諮詢人員則不必有醫學方面的知識和訓練。

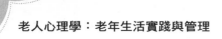

貳、心理諮詢的內容與原則

心理諮詢的內容與原則的探討包括：心理諮詢的內容、心理諮詢的方式、心理諮詢的原則等三個項目。

一、心理諮詢的內容

心理諮詢的內容範圍極為廣泛，人們豐富、多彩、繁雜的心理活動也決定了心理諮詢的豐富性和複雜性。基本上，心理諮詢包括下列四種主要的範圍與內容：

1. 在學習方面，如何克服注意力渙散、記憶力下降、思維遲鈍、想像力貧乏等學習障礙？如何提高學習效率？
2. 在工作方面，如何對待職業的分工與選擇？如何避免工作中的疲勞與厭倦現象？
3. 在人際關係和社會行為方面，如何克服交往過程中的害羞、孤僻、自卑、封閉等心理障礙？如何了解他人？如何贏得他人的理解、支持、信任和尊重？
4. 在生活方面，如何講究飲食衛生？如何適應新的生活環境？在家庭生活方面，如何選擇配偶？如何妥善處理夫妻、親子、手足等家庭成員之間的關係等。

二、心理諮詢的方式

心理諮詢與一般諮詢（或顧客服務）類似，主要是要提供多樣化形式的服務。按諮詢的對象來分，主要分為個別諮詢和團體諮詢；按諮詢的途徑來分，主要有門診諮詢、書信諮詢、電話諮詢、宣傳諮詢和現場諮詢等。

個別諮詢是由諮詢對象單獨向諮詢機構提出諮詢要求，由一個諮詢人員

出面解答、勸導和幫助的一種形式；團體諮詢是由諮詢機構根據諮詢對象所提出的問題，將他們分別以團體或小組的方式提供諮詢；門診諮詢是透過醫院或諮詢中心的心理諮詢門診部進行的諮詢；書信諮詢則是諮詢工作者針對諮詢對象的來信所描述的情況和提出的問題，以通信方式解答疑難問題，進行疏導性或教育性的形式。

電話諮詢是諮詢人員透過打電話給諮詢對象，加以勸告和安慰的一種方式；宣傳諮詢是心理諮詢人員透過報紙、刊物、廣播、電視等大眾傳播媒介，對讀者和聽眾、觀眾提出典型的心理問題進行解答的一種形式；現場諮詢是諮詢人員深入學校、家庭、工廠、農村、企業等現場，對諮詢對象提出的各種問題給予現場解答的一種形式。

三、心理諮詢的原則

心理學家透過對諮詢規律的認識和實踐中，所總結出的經驗得出結論，心理諮詢必須遵守以下六項原則：(1)開發潛力原則；(2)諮詢與案主結合原則；(3)整合性原則；(4)靈活性原則；(5)矯正與發展相結合的原則；(6)對諮詢者負責的原則。

（一）開發潛力原則

這是一個常被人們忽視的原則，但卻十分重要。諮詢人員是否相信人都是具有發展潛力的，實際上涉及到對人性的基本看法，並影響到對人的基本態度。這種基本看法、基本態度會直接影響到諮詢目標、諮詢途徑、方式、效果、評價等，因而對諮詢人員至關重要。

以開發潛力為目的，諮詢人員就會更加啟發諮詢者自身的積極性、創造性，會把更多的注意力投注於人的發展，更加對人生抱持樂觀的精神和信心。這是心理諮詢中極其重要的思想，尤其是對退休的老年人來說，具有積極鼓勵的功效。

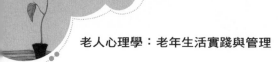

（二）諮詢與案主結合原則

在心理諮詢過程中，諮詢雙方都應處於主動地位，積極參與，缺少任何一方的積極參與，諮詢的效果都會大打折扣，甚至白費功夫。

（三）整合性原則

整合性原則有多層涵義：第一層涵義是心身的整合，心理和生理是相互作用、互為因果的，因此，諮詢人員應立足於這二者的結合。我們常把心理問題身體化，即心理上的困擾、不適被認知或表述為各種身體問題。這包含了多方面的原因：

1. 許多人沒意識到心理問題的存在，或者比較容易感覺到身體問題。
2. 許多人即使感覺到了心理上的困擾，但覺得這是自己可以調整的，而身體不適則是需要他人治療的。
3. 許多人習慣於身體有病的觀念，而對於心理上的問題卻既無辨識能力，更無描述能力。
4. 很多人不承認，甚至忌諱自己心理上有病，認為這是難為情、羞於啟齒的事，而有了身體疾病則是可以光明正大地去求醫。

以上是我們文化背景下的普遍心態，也是影響我們心理諮詢發展的不利因素之一。

以下提供三項諮詢整合原則：

第一，身心的整合：許多時候，是生理狀況影響到心理狀態，並呈現為心理問題，例如：身體疾病帶來心理上的焦慮不安、情緒抑鬱，或者生理上的某些不適，如身材矮小、肢體有殘疾等，而引起自卑、苦惱等心態。這就需要從事心理諮詢者善於分辨，同時能站在辯證一體的高度來分析和對待，而不是單獨地看待問題。

第二，原因的整合：整合性原則的第二層涵義是原因的整合。引起諮詢者心理困擾的原因是生理、心理、社會等因素交互作用的結果。一因多果，

一果多因，互為因果，錯綜複雜。原因不僅有橫向的交叉，而且有縱向的聯繫，這就要求諮詢人員能夠透過現象看本質。透過分析我們發現，對某一個體的問題而言，其原因往往是一個立方體結構，既有橫向諸因素的作用（即共時態原因），又有縱向諸因素的作用（即歷時態原因），且這兩者是互相交織在一起的。諮詢人員重要而且非常關鍵的一步是要找到核心原因。一個人的各種心理活動彼此關聯在一起，牽一髮而動全身。思維、情感、行為三者是互相聯繫的，很難將三者分割開來。一般說來，其中的一方有問題，另外的兩方也多少或遲早要有相應的改變。諮詢者的問題往往不是單一的，情緒障礙常常同時涉及學習、工作、家庭、人際交往等諸多方面。諮詢人員應要抓住主要癥結，尋找最合適的突破點。

第三，方法的整合：這是整合的第三層涵義。當然，上述這些方法應是相互配合、相互促進的。整合的方法往往針對人的心理之各個方面，針對人不同層面的心理需求，例如：實行宣洩、領悟根源、調整認知、矯正行為、模仿學習等。從事心理諮詢的人，絕大多數採用的是整合性的方法，或稱之為「方法任選心理諮詢」，真正堅守一種方法的人已極其少見。方法的整合有時還包括適當配合使用生物學方法，例如：對於抑鬱症患者而言，及時適當地使用抗抑鬱劑可以有效地改善症狀，從而加快治療的進程。

（四）靈活性原則

靈活性原則要求諮詢人員在不違反其他諮詢原則的前提下，視具體情況，靈活地應用各種諮詢理論、方法，採用靈活的步驟，以便最有效地達到諮詢的效果。也就是說，在把握諮詢者特性的基礎上，最大限度地根據某一個諮詢者的個性、特殊性作出判斷，採取適當的方法。要做到這一點，就需要諮詢人員有紮實的理論基礎、廣博的知識、明察秋毫的能力、豐富的經驗，以及靈敏的反應。可以說，靈活性是一個優秀諮詢人員的特質之一。

（五）矯正與發展相結合的原則

就實質上來說，心理諮詢是一種教育、發展的諮詢。矯正與發展相結合的原則包含了下列兩方面的涵義：

1. 障礙性諮詢與發展性諮詢都是心理諮詢的範疇，也都是諮詢內容的重要組成部分。而後者正是我們諮詢領域中非常欠缺、亟需加強的一部分，同時，其領域十分寬廣，意義深遠。

2. 在障礙性諮詢中，矯治障礙是一個諮詢目標，但只是一個具體的諮詢計畫在更大程度上發揮諮詢的功效，也就是把具體目標與長遠目標相結合的問題。只要諮詢人員能真正地把長遠目標融合到具體目標上去，就會使諮詢工作更有成效。

（六）對諮詢者負責的原則

對諮詢者負責，就是以諮詢者的利益為重，這是心理諮詢的一大特點。諮詢人員在心理諮詢過程中的一言一行，應立足於此一原則，凡有損於諮詢者根本利益、不利於諮詢活動的言行均要避免，這可以成為衡量諮詢人員諮詢言行的標準。當然，任何事都不是絕對的、無條件的，此一原則在一般情況下是有效的、正確的，但不應片面地、單獨地理解，以諮詢者利益為重的同時，不能有損於他人和社會的利益。

因此，保密是對諮詢人員的具體要求之一，且十分重要，因為一旦離開了保密性，諮詢者就失去了對諮詢人員的信任感和安全感，諮詢就難以正常進行。保密既是職業道德的要求，也是諮詢工作的需要。但保密並不是無限度的，在有些情況下，例如：諮詢者有自殺或攻擊他人、破壞公共設施的企圖時，適度地違反此一原則可能對諮詢者更為有利，這稱為正當洩密。

以上六項原則互相獨立，但又互相聯繫，它們都是對諮詢者負責的原則，而對諮詢者負責則應建立在諮詢終極目標的基礎上。因此，凡有助於諮

詢者心理健康和發展的諮詢，就是有效的諮詢；反之，就是無效的諮詢。

參、心理諮詢的操作

心理諮詢的操作過程有下列五項特點：雙向性、多樣性、反覆性、社會性和漸進性。只要把握這些特點，即能駕馭心理諮詢活動的基本規律，更正確地組織心理諮詢的過程及其環節。

一、諮詢的雙向性

心理諮詢的過程是指，由諮詢人員給諮詢對象予以幫助、啟發和教育的過程。諮詢作為一種特殊的人際交往過程，就需雙方相互依賴，缺少其中任何一方都無法構成心理諮詢的過程。在心理諮詢的過程中，諮詢人員負責主導，諮詢對象是心理諮詢過程中的主體。諮詢人員與諮詢對象相互影響、相互配合，使諮詢活動在愉快的氣氛中進行，以圓滿的結局來完成，此即為心理諮詢的「雙向性」。

為什麼說諮詢對象是心理諮詢過程中的主體呢？這是因為諮詢對象存在的心理問題之根本解決，有賴於其主觀努力。諮詢對象不是消極的接受器，對於諮詢人員的勸導、幫助和教育，他都要經過自己的吸收與理解，也都要經過認知的折射和情感的容納，以自己特有的方式來接受，並以自己獨特的行為來表現。因此，在心理諮詢的過程中，一方面，諮詢對象必須認真聽取諮詢人員的意見，積極配合諮詢人員的幫助與教育；另一方面，諮詢人員也必須洞察諮詢對象的心理變化，並根據其反應，調節自己的諮詢方法與內容，以激發諮詢對象的積極性。

二、諮詢的多樣性

眾所周知，一個人的心理結構和心理面貌主要由四個方面所組成，即是：認知、情感、意志和行為。一個人的心理問題或心理障礙也主要是這四

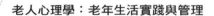

個方面發生了偏差，例如：在認知方面，人們對於客觀事物的真與假、美與醜、善與惡的認識，對於自我和他人的認識，往往會發生歪曲或錯誤的現象；在情感方面，人們對於客觀事物也會有愛與憎、好與惡、熱與冷、急與緩等迥然不同的態度，其中還包括一些消極的情感；在意志方面，人們也有堅強與懦弱、果斷與寡斷、鍥而不捨與缺乏恆心等各種不同的表現；在行為方面，人們在生活中形成了自己的行為風格與習慣，其中有許多不良習慣是影響心理健康發展的重要因素。

在人的心理結構中，由此四方面組成了一個整合的有機體：認知愈深刻，情感就愈有理性，意志就愈堅定，行為就愈自覺。由於社會生活實踐的差異性，每個人心理結構中這四方面因素所占的位置、所起的作用也就不同，其發展的不平衡就產生了某個方面的薄弱環節。因此，在心理諮詢的過程中，必須根據諮詢對象的具體情況，選擇最需要、最迫切的方面作為諮詢工作的開端和突破點，從「曉之以理」著手，幫助其弄清事理，認識危害；從「動之以情」入手，用愛的情感溝通雙方的心靈，解除心理防衛的屏障，並調整其情感；從「煉之以意」著手，使其樹立信心、堅定決心、培養恆心，有始有終地配合諮詢過程；從「導之以行」入手，讓其從事與原有心理障礙相異的健康心理活動，養成良好的行為習慣。這些就是心理諮詢過程的「多樣性」。

三、諮詢的反覆性

任何事物的發展都是曲折的，是螺旋式上升，而非直線式前進的。人的心理品質之形成與發展也是如此，不良心理品質的克服和消除更是如此。因此，諮詢人員不能存有一勞永逸的想法，與諮詢對象的關係也不要僅局限在門診室內，對諮詢對象出現的反覆表現，切不可表現出厭惡、冷漠的態度，更不可橫加批評與指責。諮詢人員還必須注意檢查自己的諮詢效果，對重點諮詢對象定期探訪，確保諮詢效果，同時預防舊病復發。此即為心理諮詢過程的「反覆性」。

四、諮詢的社會性

在人類社會中，人從來就不是一個孤立的個體。作為社會的一份子，人不能不受到社會各方面因素的影響。無論是優秀的心理品質、良好的心理結構，還是不良的心理品質、不健全的心理結構，都是在社會環境中逐漸形成的，因此心理諮詢不是在真空裡進行的。社會經濟文化的興衰、科學技術的進步，以及社會價值體系的變化，都會給心理諮詢專業帶來不同程度的影響。同時，心理諮詢人員對於諮詢對象的幫助，也只是各種「影響源」中的一部分。家庭、學校、社會機構等若干支流，無時不在影響著諮詢對象的心靈。這些「支流」有些與心理諮詢方面一致，能夠幫助和促進諮詢對象更好地克服心理障礙。

在這樣的前提下，有的可能與心理諮詢方面相抵觸，甚至阻礙和削弱心理諮詢的順利開展。這就必須要求諮詢人員應把心理諮詢與學校、家庭、社會聯繫起來，調整其步調，協同幫助諮詢對象。一方面，必須注意分析諮詢對象存在心理問題的社會背景，弄清楚其產生心理障礙的真實原因；另一方面，在解決諮詢問題時，要有一致的積極影響，去克服和抵制與心理諮詢要求相違背的消極影響。這就是心理諮詢過程的「社會性」。

五、諮詢的漸進性

人的心理品質之形成與發展是漸進的，同樣的，不良心理品質的克服與消除也是漸進的，不可能在短時間內就一蹴可幾。因此，諮詢人員與諮詢對象要克服急躁情緒，不能一下子提出過高要求，而要由淺入深，從簡單到複雜、由量到質逐步地去做，例如：對於酗酒、吸菸成癮的諮詢對象，僅向他們說明酗酒、吸菸的危害還遠遠不夠，要他們馬上戒菸或戒酒也不太現實，而應在「曉之以理」的基礎上「導之以行」，指導一些克服壞習慣的方法，必要時還可用厭惡療法等心理治療的手段加以輔助，才能使其逐漸改掉酗酒、吸菸的惡習。如果操之過急，渴望功成於一旦，往往會適得其反，使諮

詢對象喪失信心。心理諮詢過程的「漸進性」，係要求諮詢人員培養仔細和耐心的特性，對於諮詢對象的幫助要循序漸進，逐步提高。

1. 試說明心理諮詢的宗旨，以及兩個前提條件。
2. 一般而言，心理諮詢的範圍與內容主要包括哪四種？
3. 心理諮詢有多樣化形式，請說明包括哪些方式？
4. 心理諮詢必須透過規律和實踐始能達到目標，有關心理諮詢必須遵守哪六項原則？
5. 心理諮詢的操作過程，主要包括哪五項特點？

第二節　老人的心理諮詢

本節將探討三項議題：(1)老人心理問題的背景；(2)老人心理問題；(3)老人諮詢策略。

壹、老人心理問題的背景

老人心理問題的背景之探討包括：心理功能老化、心理適應問題等兩個項目。

一、心理功能老化

心理功能的老化，是因為生理機能的退化所產生。原本在年輕時，可以熬夜加班，但是上了年紀之後，就算勉強延長工作時間，除了效率不佳以

外，也不容易恢復精神，此時心理就會覺得自己已經老了。這種老化的感覺，雖然是由生理機能退化所引起，但是感覺到自己的老化，會因為心理因素而更加深刻。

各種生理的衰退，當然會影響感官功能，連帶會使得智力下降，學習速度變慢，創新思維不易產生，特別是有記憶力衰退，常常忘東忘西的情況，時常會想到自己年輕的時候，從年頭到年尾所發生的大小事，都記得一清二楚，只要是經常性的忘記事情，就會讓自己有時不我與的感慨。如果還未退休時，面對比較年輕同事的競爭，特別會讓自己感覺到無形的壓力，如果沒有做好心理建設，就比較容易造成不穩定的情緒，有的人會變得悲觀、恐懼，讓自己產生力不從心的想法。

二、心理適應問題

退休後不用工作，也不用同時煩心於家庭與公司之間，生活的重心完全轉變；原本面對的是眾多的同事，有不同的年齡層、有上司、有屬下，退休後卻變成只與另一半在家裡，成天大眼瞪小眼；原本在一個較大的、沒有血緣關係的團體中生活，能發揮自己的本職學能，退休後卻變成天天逛超市、買菜或日常用品，本來這些事，只有在上班的休假日才會做的事，結果這些事卻占去了退休之後的大多數時間。

家庭生活的變化也會很大，子女漸漸獨立生活，自己不再是子女的保護傘；或甚至失去另一半，或者白髮人送黑髮人；也可能是兒孫滿堂，時時刻刻都有家人的呵護與照料。家庭生活的充實與空虛，是老人生活中最重要的關鍵，即使有人因為從職場退休後，不能再度與同事為公司開創業務或是新產品，但是回到家裡，有了家庭融洽的氣氛，自然而然就會把離開工作之後的疏離感拋在腦後。為了在年老後擁有和樂的家庭，我們必定要在尚未進入老年之前，盡力與家庭成員有良好的互動。

年紀大了以後，除了自己擁有事業或公司的人以外，大部分的人是靠退休金或自己的儲蓄來過生活；不再有金錢收入，對於自己或家庭的財務或經

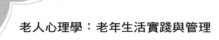

濟狀況，容易讓老人對於未來有著很深的不確定性。或是已擁有龐大財富的人，也會擔心自己的財富在自己老去之後，是否可以順利平和地分配給自己的子孫；或者也可能擔心自己的子孫是否能夠傳承自己的事業與財富。

貳、老人心理問題

衰老既然不可避免，那麼作為一個老年人，就必須要了解本身可能會有哪些心理問題。以下幾項是比較常出現的心理相關問題，包括：衰老孤獨感、退休綜合症、老年抑鬱症、老年失智症、老人自殺問題等五個項目。。

一、衰老孤獨感

衰老的感覺會使得自己不願意有長遠的計畫與想像。自己的身體狀況會一再提醒自己已經老了；當自己步履蹣跚、當鏡子出現斑白的頭髮、容易疲勞又不容易恢復體力、食不知味、提不起精神、無法搬移重物時，凡此種種的跡象都在告訴自己真的已經愈來愈老了。還有，周圍的人一看到自己的外觀或行動，就自動在稱謂上加一個「老」字，就算自己覺得還算年輕，也都被叫老了。如果身體的退化而產生衰老的心理，比較容易讓自己意志消沉，進而加速生理的衰弱，也一併讓心理機能降低。

當老年人回歸家庭生活之後，比較少與同事、朋友互動或聯繫，而家中的孩子忙於工作或自己的社交活動，常常忽略家裡的長輩，會使老年人產生孤獨感。如果因為老年人自己有病在身或不良於行，行動力遠遠跟不上年輕人的腳步時，家庭就會成為老年人的城堡，老年人會將自己關在裡面，內心會否定自己的價值，而各種不好的情緒也會纏繞在自己的腦中，進而加速生理與心理的老化。

為了避免衰老孤獨感的產生，老年人要找尋合適的心理出路，例如：與自己的老伴規劃純粹屬於老年人的生活模式，培養休閒的興趣，心境不再灰暗而是充滿陽光，盡情享受美好的人生。

二、退休綜合症

老年人如果在退休前，沒有對自己退休之後的生活方式，做妥善的規劃與設想，一定會很不習慣，每天多出來的時間要做什麼？以前整天與同事開會，對客戶做簡報，而退休後，每天可能跟家人講不到幾句話。現代人為了避免退休後的不適應，有的人會刻意延後退休年齡，尋找較輕鬆的工作；更有些人會加入志工的行列，貢獻自己的時間與專長，服務社會、回饋人群，雖然這些人已經退休，但是藉由從事志工的途徑，適時填補在職與退休的空隙，一舉兩得，甚至有些人比做有給職的工作更加具有使命感與意義。在志工團體中，可以認識更多的人，了解以前不懂的生活形式，可以排除退休後所帶來的失落感，是一種退而不休的好方法。

一般而言，如果事業心強、好勝心的人，一旦退休之後，其失落感會特別嚴重；年輕的時候，社交活動多的人及具有廣泛嗜好的人，就比較不會有退休綜合症。根據統計，可能是由於女性比較多從事家庭管理，而所謂的退休情形，比較不明顯，所以女性較男性容易適應，較少出現退休綜合症。

三、老年抑鬱症

憂鬱的情緒是老年人常見的反應，但比較容易被當作是老年人常有的木訥表現。最主要是因為老年人通常有病在身、經濟收入減少，或者心事沒有對象可以傾訴，使其產生憂鬱情緒。如果沒有經過適當的開導或治療，就會更加悲觀、排斥溝通，也會讓食慾下降、體重減輕、睡眠障礙，或發展成疑病、幻想的情況，進而使得抑鬱症狀更為加重。

情緒穩定與健康的關係是非常密切的，根據研究，焦慮和抑鬱會抑制腸胃蠕動及消化液的分泌，而導致食慾減退；最常見的是，緊張情緒會引起胃部的不舒服，相信是很多人的經驗，由此我們可以知道情緒是會影響健康的。老年人大部分都有心血管方面的症狀，若是再有老年抑鬱症，就會讓心血管疾病更不容易照顧或痊癒。

當老年抑鬱症患者一直存在悲觀、孤獨，甚至厭世的情緒之中時，一旦受到刺激，例如：有朋友或家屬死亡、得了絕症或重病等，都會受到感染，會使消極厭世的情緒快速累積，對老年人的心理健康是非常不利的。

四、老年失智症

失智（Alzheimer's disease; senile dementia）是指，意識清醒的人出現全面認知障礙的一種臨床症候群。其特點是：在意識正常情況下，智能減低不是先天就有的，而是原本的智力水準衰退的情況，其他還包括記憶力、計算力、思維判斷力等的衰退。

近期記憶力減退為失智症早期最常見的症狀，剛發生的事會立刻忘記，發展到最後，連遠期記憶也會有問題，甚至連自己的姓名或子女的名字也記不清楚。有些人會有計算能力障礙，連簡單的加減也不會算。情緒變化異常、不穩定，有時變得很快樂、無憂無慮、無所不談，有時則變得冷漠，對周圍發生的事毫不在乎。另外，有的人會表現為失語、語言空洞重複，只能說簡單幾個詞。

此外，還表現為失智綜合症的症狀，進而出現虛構及抽象思維障礙，分析思考出現障礙，分不清優先秩序，固執己見；判斷力也不足，猜疑心重。睡眠也是一個嚴重的問題，該睡的時候不睡覺，或是睡覺的時間很長。

五、老人自殺問題

行政院衛生署統計資料顯示，在 2009 年，自殺為國人十大死因之第九位，雖然 2010 年掉出十名之外，但仍高居第十一名，而 2011 年則是第十二名。根據流行病學的調查，65 歲以上老年族群的平均自殺率約十萬分之十五至十萬分之二十二，較其他年齡層為高。老人自殺死亡人數占自殺總人數的比例，每年約高達 20 %。根據 2005 年台閩地區人口統計，我國老年人口占全人口的 9.74 %，自殺死亡人數的比率高達 19 %。再根據行政院衛生署的統計資料顯示，我國 65 歲以上人口的自殺率遠高於美國、德國、英國，在亞

洲國家亦高於日本、新加坡及澳洲，僅低於韓國。

　　老年人自我傷害與自殺的狀況，已超乎社會大眾的了解與預期，老年自殺個案所引起家屬成員的相關精神疾患，例如：憂鬱症、創傷後壓力症候群、睡眠障礙、壓力疾患等的比例，均較一般大眾族群來得高，此顯示老年人自我傷害與自殺的問題亟需大家的重視。一般而言，老年男性較女性較易用強烈且致命的方式自殺，在某些本土研究與案例中，若是老年人有不明原因囤積危險藥物或其他物品的行為時（例如：購買或囤積農藥、到陌生的地方勘查地形等），一定要注意老年人是否有企圖自殺的可能。下列是常見的老年人蓄意自傷之高危險群。

（一）健康不良因素

　　由老年蓄意自傷個案的研究發現，健康不良因素包括身體與精神，居首位。此類個案較一般族群有較高的精神疾患共病率，其中以重度憂鬱症、老年期妄想症、器質性腦病變（特別是腦額葉疾患）、衝動性控制異常、酒精與物質濫用相關疾患等精神疾病，較易出現蓄意自傷的狀況。在身體疾病方面，許多研究顯示，慢性疾患與老年蓄意自傷行為間有密切關係，許多蓄意自傷的老年個案，確實有許多久病治療不癒以及未接受治療的身體疾患者。

（二）社會性因素

　　由社會因素與老年蓄意自傷行為間關係的研究發現，孤立的社交關係、未適當處理的悲慟反應、將被送入安養院的預期想法等，為老年蓄意自傷行為的主要原因；其次，主觀的孤獨感與無助、無望感，常常與老年人的自殺行為緊密相連；第三，退休常常讓老年人有失落感，並容易出現自尊降低或生活目標頓失的情形，讓自殺比率升高；第四，經濟能力喪失與貧窮及其可能的相關原因，例如：退休後經濟能力喪失，而導致憂鬱症狀與身體疾患，如果再加上喪偶或獨居者，更是與自殺行為相關的主要因素。

　　老年人以自殺的方式結束自己的生命，是反映對自己生命放棄的最後手

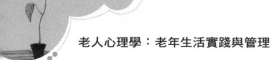

段。不論是醫療或宗教均以闡揚生命的意義為核心價值，因此自殺常被視為是不負責任的行為。但由於資訊的發達，關於人生的終極議題——死亡，也不再是禁忌，且常於媒體或一般日常生活中被提及，因此老年人以自殺的方式結束生命，也時有所聞。「安樂死」、「加工自殺」、「醫療協助自殺」等議題，常常與自殺畫上等號。老年期的自殺行為常常是許多事件與各種因素交互作用後的一種出口，我們若能了解各種推向自殺的原因與動力後，就能以更多元的方式與態度來面對這並非唯一的選擇。因此，不論您是不是已身處老年，了解老年期自殺行為的各個面向，積極地了解或創造其他生命存在的意義與價值，將重視與珍惜生命化作實際的行動，才是一種對生命更負責任的表現。

【老人故事】

自殺不是老人應該有的選擇

　　為什麼老年人會選擇自殺？這個答案一定是非常多樣化的，比較常看到的是：親人的去世、重病纏身、生活拮据、經歷重大災害，例如：地震或颱風所帶來的財務損失，使心靈受到創傷與壓力。自殺從表面上看起來是老人的個人選擇，但是周圍的親人與朋友，是否真的一點責任都沒有？很多選擇自殺的人，尤其是老人，因為沒有傾吐心聲的對象，適應社會變遷能力的不足，如果在關鍵時刻，得不到心情壓力的舒緩，自殺就成為不得不的選擇，有時候只要周圍的人稍微關心，給予想要自殺的人適度的關懷，就會讓其覺得自己還是有人在乎自己，自己並不是一無用處，能夠讓其重新獲得生存的生命曙光。

　　每年台灣都會統計前一年的國人十大死亡原因，因為自殺而死亡的排名如果不在十名以內，大概會讓國人比較放寬心，而每次新聞媒體報導有人自殺時，很多時候都會連續好幾個，似乎是自殺的情境會傳染的樣子。

　　為什麼自殺不是老人應該有的選擇？如果一個人的一生已經來到後段時

期，再過一段時間就可以拿到畢業證書，完整的交出人生的成績單，成績的好壞不是重點，重要的是其過程以及內容；如果先放棄了自己，就如同考試考到一半，就離開考場一樣，這是一種不負責任的行為，況且「身體髮膚，受之父母」，不管自己年齡多大，始終是父母親的子女，如果因為輕生而離開人世，第一對不起的人就是自己的雙親，周圍的親人也一定要擔負起照顧的責任，並且適時地尋求社會的支持力量，來避免悲劇的發生。

參、老人諮詢策略

老人諮詢策略的探討包括：以時間換取空間、調節諮詢的深度、善用各種諮詢模式、注意老人的看法、具有前瞻性、爭取支持力、配合藥物治療等七個項目。

一、以時間換取空間

老人諮詢的首要策略是儘量採用短期諮詢與短期治療，以便爭取更大的效果。對老人來說，不管是採取哪種諮詢模式，最主要的共同點就是要以短期治療的原則與過程來進行。所謂短期治療，通常是指兩、三次到十次左右的輔導會談。要施行短期諮詢，其理由很簡單且清楚，因為老年人沒有興趣接受長期的治療，也沒有耐心讓您慢慢來施行諮詢的工作。今天的事，只能今天想辦法來處理，不要考慮還有明天、還有下個月，甚至還有明年的可能性。要以速戰速決的要領，把握現在來處理，不要等待日後的機會。

對老人來說，將來有許多不確定的事，可靠的只有現在，這一點與針對兒童或青少年們的諮詢要領剛好相反，不可能慢慢來，而期望用時間因素來解決問題。一般說來，經過兩、三次的會談諮詢以後，就能夠知道對老人家是否有幫助？是否有改善的可能性？假如經過兩、三次的輔導，而沒有絲毫

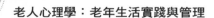

改善的跡象，就要考慮是否要繼續給予諮詢，在可以預料及做判斷的階段時，假如發覺繼續下去能夠累積其諮詢的效果，才需要繼續下去。

二、調節諮詢的深度

諮詢者應根據老人的精神能力，調節諮詢的深度。對老人施行諮詢，其要領要能夠很快地判斷老人的精神狀態如何？自我毅力如何？對挫折的忍耐力多大？對問題的了解能力如何？處理問題可靠或不可靠等因素，來決定諮詢進展的深度、方向與速度。一般說來，年齡愈大者，自我毅力就相對的減少，即 90 歲的老邁者，不能跟 70 歲的老人相比；就算是同一個年齡的，個體也差別很大，有些人已經到了 70 歲，但其自我毅力不比 60 歲的人差，而有些人 60 歲還不到，就顯示出 80 歲那麼衰老而沒有毅力。就連同一個人也會隨著精神狀況的好壞與情緒的高低、四周的支持情況而有所不同，因此，諮詢人員要能敏銳地觀察與判斷，要能靈活地調節諮詢的方式與技巧，配合老年人的精神情況。假如精神能力比較好，可施行普通的支持性諮詢，協助老年人去處理並解決他們所面對的問題；假如精神能力比較差，就要多提供輔助，替他們解決困難。

三、善用各種諮詢模式

諮詢人員應根據老人的實際情況，善用各種諮詢模式。對老人的諮詢工作，要跟諮詢正在發展中的兒童一樣，能隨著情況而去活用各種諮詢的模式與要領，而且必要的話，把各種諮詢的方法都併用，也許可以增加效果，例如：由於失去家人而心情寂寞的老人，可以施行短期的支持性諮詢，使用必要的藥物治療，但也可以鼓勵其參加團體諮詢或參加老人俱樂部等，這樣不但能改善個人的心理問題，供給所需的藥物治療，也能幫助其進行社會化的活動，改進老人基本的生活方式。

例如：老人家對隔壁的門鈴聲響很敏感而受刺激時，可以使用行為治療的原則，去施行對門鈴聲響的減敏治療；或是去跟鄰居交涉，或搬到別的地

方，靠環境的變更來減除刺激的來源；或者進行與鄰居作好的人際關係治療，化解跟鄰居吵鬧的局勢；或者改善自己內心煩惱的心理狀態，甚至去處理家裡的夫妻關係，消除夫妻間的矛盾，並獲得丈夫或妻子的充分支持等，總之，各種方式都可採用，綜合性的進行，可以達到事半功倍的效果。

四、注意老人的看法

諮詢人員在進行諮詢時，要注意老人對年老的看法與態度。對老人施行心理諮詢時，最重要的是要注意老人家本身對年老的看法與態度。假如年老的人對老年持有負面且消極的態度，對將來沒有任何希望的想法，就缺少自己去努力的原動力，也無法很積極。假如年紀大的人，對年老抱持著比較樂觀的態度，也持有積極的想法，不把變成老人看成是個可悲的結尾，而是享受餘生的好階段，自然而然就能自行發揮自己的潛力，儘量去適應環境，去處理所面對的問題。也因為有開放的心態，比較能有良好的結果，因此，如何去了解他們對變老的看法是什麼？並且就其情況而施與諮詢，提高比較正面的態度，是諮詢工作不可忽略的一環。

對年老的看法與態度，除了受社會與文化的間接影響以外，還常來自於四周或家人的經驗，也受個人性格的左右。身為諮詢人員，可以從這些不同的層次去探討，去了解影響他們對年老觀念的來源，再進一步做適當的調整工作。一般說來，對年老的現象保持比較樂觀且積極的人，就能過著比較有意義的老年生活；相反的，就會過著沒有意義的老年生活。因此，從基本上的觀念去著手，是很有用的。

五、具有前瞻性

諮詢具有前瞻性的展望，並做階段性的準備。對老人家做心理諮詢時，要隨機協助老人家去預料將來可能面對的情況，並且做事先的準備。前面已經說過，年老的人，其時間的取向逐漸放在現在，只有興趣回顧過去，而不大願意去設想將來。一方面是將來不容易預料，另一方面是不喜歡去思考年

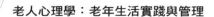
歲更老的階段，特別是要迴避談論將來自己的死亡。可是對將來的情況還是需要做事先的考慮，並且做各種情況可能發生的準備，這樣到時候才能有適當的應付方法。為了這個緣故，心理諮詢的課題之一，就是要利用適當的機會，在適當的氣氛中，幫助老人家去設想將來的各種可能性，包括：喪偶、生病、殘廢，甚至是死亡的情況，並就各種可能發生的情況來討論如何去因應，如何清楚明確交代，例如：自己萬一有精神疾患或身體殘障時，是希望由家人撫養，或者想到老人療養院；自己去世後，後事希望如何安排、財產如何分配等。對各種好與不好的情況都做好預先的打算，心裡就會比較踏實與放心，而且家人也知道如何去處理，這樣一來對大家都好，這也是諮詢工作的一部分重點。

六、爭取支持力量

好好利用家人與朋友的支持力量。對老人們說來，單靠自己的意志與能力往往是不足夠的，特別是自己的身體或精神上有點狀況時，還得依靠他人的幫忙與支持，特別是自己的家人或親近的朋友，或者是社會的支持系統；可是有些老人卻不知如何好好利用既有的支援系統，或者不願意去接受，而讓自己吃虧。心理諮詢的要領之一，就是要幫助老年人如何能好好利用家人或朋友的支持力量，在不過分麻煩他們的原則下，讓他們來幫助自己，當然也要好好利用社會的各種支持系統來幫助老人，有時候老人是不知道如何使用，有時是不敢去使用，因此要給予知識且多給予鼓勵，並充分利用社會所存在的各種針對老人而設置的社交或輔助的機構與系統。

七、配合藥物治療

老人心理諮詢在必要時，得配合採用藥物治療。假如採用藥物治療，是為了可能較快地減輕不安或憂鬱等情緒上的痛苦時，就要考慮同時給予藥物的治療，以便盡早消除心情的煩惱或苦悶。唯一要提醒的是，從藥物學的立場來說，對老人施行藥物治療時，首先要做必要的檢查，弄清楚基本的身體

情況還可以施與藥物。而且由於老人的脂肪比較少，對藥物的存放功能逐漸減低，肝臟或腎臟的功能往往也比較退化，對藥物的分解、吸收與排泄功能比較不好，基於這些種種理由，所給的藥物之藥量要適當的減少，應比成人們少得多，例如：只給成人一半或三分之一左右的藥量，否則容易發生藥量過多而引起的副作用。所採用的藥物，應儘量選擇副作用較少的藥物，否則老人家的身體可能會受不了。

由於近代的精神藥物學比較發達，已經發明了許多副作用較少的藥物，可以比較放心地給老年人使用，例如：早期使用的抗憂鬱劑，其副作用比較大，對心臟有毒性作用，給老人食用時必須很謹慎；但是近年來所使用的新型抗憂鬱劑，其副作用比較小，對心臟沒有毒性作用，可放心使用於年歲高的病人。因此，假如需要使用藥物治療時，要儘量去使用，在病人的情緒改善後，再接著修正觀念上的問題，或者改善行為上的困難。

思考問題

1. 老年人經常出現的心理相關問題有哪四項？
2. 老年人有哪些「退休綜合症」？
3. 老年失智症有哪些特點？
4. 常見的老年人蓄意自傷之高危險群是哪些？
5. 老人諮詢策略的內容包括哪七項？

第三節　老人諮詢個案研究

本節將探討三項議題：(1)衰老孤獨問題個案；(2)退休綜合症個案；(3)老年失智症個案。

壹、衰老孤獨問題個案

衰老孤獨問題個案的探討，將討論孤獨、難與家人相處的老人個案，內容包括：個案背景、諮詢過程、諮詢結果等三個項目。

【個案背景】

林老太太，78歲，中學畢業，退休工人，丈夫五年前過世，自丈夫過世後，就跟兒子與媳婦一起住。兒子與媳婦都是上班族，白天均不在家，而孫女也去上學，白天只有她一個人在家，但她偶爾看看電視、做點家事，也經常到鄰居閒聊，日子過得不錯。

半年前，林老太太逐漸感到容易疲倦，體重也顯著減少，經醫師檢查發現患了腫瘤，立即開刀治療，外科手術是經由全身麻醉而進行的。手術把腫瘤切除掉了，並沒有發現有轉移的現象。可是開刀以後，林老太太卻發現自己的聽力有問題，經過耳科醫師檢查，也查不出所以然，有可能是耳部的小血管在麻醉開刀時，發生阻塞的結果，雖然醫師想辦法給林老太太配助聽器，可是沒有改善很多，況且林老太太的手指有關節炎，小動作不是很靈活，不容易自己調節助聽器的音量，很不方便，因此也就放棄使用助聽器。

平常跟自己的媳婦或孫女講話還可以，因為她們的音調比較高，而且常靠近她講話，可是兒子講話時，就聽不清楚了。無形中，林老太太就開始擔心兒子是否會不喜歡她，嫌她麻煩，給他們增加負擔。因為聽力變得不好，與鄰居老人的溝通也產生障礙，於是就減少了與鄰居聊天的機會。更糟糕的是，因為耳朵不好，林老太太在家裡變得無法觀看電視節目，除非將房門及窗戶關緊，把聲音開到最大，否則聽不到電視機的聲音。事實上，有幾次忘記把屋子的門與窗戶關緊就去看電視，還被鄰居來警告電視機的聲音太大。擾亂鄰居的結果，林老太太也開始懷疑鄰居們是否不喜歡她，而在為難她這

個老女人。在左右碰壁的情況下，林老太太逐漸開始煩躁不安，夜晚也常睡得不好，做噩夢，常夢見一些四周的魔鬼不喜歡她，總是在追趕她，要她去死。

【諮詢過程】

林老太太看起來是一位很聰明的老婦人，沒有什麼特別的精神異常狀況。主要的是遺憾自己的聽力不好，無法跟人交往，享受生活，而感到煩惱。她知道因為聽不清楚他人講的話，就只好靠猜測而隨便回答他人的問話，因此造成溝通不良，而總是提心吊膽，猜疑他人是否在說她的壞話，結果就增加了她內心的不平衡。

在諮詢過程中，諮詢人員清楚地判斷，是因為聽力功能減退而帶來的老人適應困難。因為林老太太向來主要依靠聽覺來享受各種娛樂與人際溝通，這次因為聽力的問題，剝奪了生活的主要樂趣，也減少了社交上的人際關係，讓她更感到被人遺棄；因為溝通發生了問題，間接地增加其猜疑的傾向。還好，林老太太還能夠保持自我克制，還沒到達妄想的狀態。

諮詢人員向個案及其家屬說明，林老太太的主要問題都是來自於聽力功能減退而產生的適應困難，建議再去耳科進行檢查，重新嘗試是否可使用助聽器來補救問題。假如仍是無法靠助聽器來改善聽力，接著再給予若干建議以補救目前的困難。諮詢人員對她的兒子進一步說明，因為男人的音調比較低的關係，跟母親講話時，要正面對著她、靠近些，並且講話時要慢一點。假如母親仍聽不清楚時，就改變不同的詞句嘗試，或者請自己的妻子或女兒代為傳話，把意思表達清楚，減少誤會。至於林老太太本身，則要練習聽不清楚他人講的話時，不要亂回答，而要隨時說明沒聽清楚，請對方重複再說。因為林老太太還可以聽到自己女兒的聲調，就請女兒儘量幫忙，代為傳話與解釋，也最好由女兒帶她去參加社交活動，增加與他人接觸的機會。

還有一點要考慮的是，在家裡觀看電視時，應使用助聽器，這樣一來就

不用把聲音開太大而去影響他人。電話機也可以訂購特製的電話，能夠大幅調節音量，而且他人打電話過來時，鈴聲可以調大聲一點，同時也可以加裝閃燈，表示有人打電話來。因為透過助聽器，林老太太還可以比較聽清楚他人的話，特別是女人的聲調，可以鼓勵她多多跟女性朋友打電話聊天，保持社交的來往關係。

【諮詢結果】

首先，經由諮詢人員的建議裝置助聽器，直接減少因聽力功能減退而反應出來的問題——聽力問題。其次，間接消除因聽力所造成的問題——懷疑及誤會不被他人重視的心理問題。上述兩項，諮詢人員是運用醫學知識和諮詢技巧提供協助而達成的結果。

貳、退休綜合症個案

退休綜合症個案的探討，將討論退休後適應不良的老人個案，內容包括：個案背景、諮詢過程、諮詢結果等三個項目。

【個案背景】

王先生，69歲，主管級公務員退休，性格內向，少交際，工作認真，喜歡閱讀，但近年來視力減退，也就儘量不看書。年輕時喜歡打籃球，沒有其他嗜好。婚後的婚姻關係不錯，育有一女，妻子五年前去世，獨居南部。自退休後，因為環境改變，感覺孤獨，情緒低落，甚至有輕生念頭，狀況時好時壞，已有四年。

王先生自從四年前退休後，上班時辦公室與部屬的熱鬧場景不再，又因妻子去世，在家裡變成孤單老人，心情經常不好。因為他向來沒有下廚的經驗，現在妻子去世，三餐就變成了大問題。王先生的女兒已婚，有兩個國小

的孩子，他們都住在北部，偶爾來看他。女兒看他生活不方便，曾請他去跟她們住，可是他覺得女兒已出嫁，跟她們住不好，也就堅持自己一人獨居，不願住到不熟悉的地方。

【諮詢過程】

自妻子去世後，王先生的胃口就變得很差，懷疑自己是否得了胃病，甚至胃癌，也曾去看醫生。另外一個問題，是小便頻率增加，甚至有時會尿失禁，把褲子弄濕，覺得很尷尬，因此除非必要，否則很少出門。又因為一人在家裡沒事做，覺得很苦悶，不但心情不好、坐立不安，每天覺得日子漫長，而且不知何故，看到日曆上的數字就緊張。於是在女兒的催促安排之下，終於住院檢查，看了內科及泌尿科。照胃鏡檢查的結果，發現是淺表性胃炎，而小便的問題，泌尿科醫生說是前列腺炎，建議吃藥治療，成效不錯。由於內科醫生注意到王先生的心情不好，有憂鬱現象，就建議他去看精神科醫生。

精神科的檢查結果，認為他的意識清楚，但自述時思維混亂，喜歡回憶過去的工作與生活，難以控制自己的情緒，認為生活沒有樂趣。醫師診斷指出，王先生的精神狀態有問題，長年生活在焦慮和抑鬱狀態中，且有逐漸惡化的傾向。之後，他就到某心理諮詢機構求助。

根據統計，一對年老夫婦，通常是丈夫先去世，妻子多活五至八年，留下來過寡婦生活，可是本案卻相反，是妻子先過世。從性別差異而言，女人比較習慣家庭生活，退休後容易適應家庭生活，可是男性比較不習慣一般的家庭生活，包括烹飪、洗衣服等家事，萬一沒有妻子在家，就比較難於適應生活上的基本需要，本案例即是個典型例子。王先生退休後不習慣做家事，且遭遇喪偶的打擊，影響身體與情緒。由於飲食不規律以及心情不好，而造成胃腸疾病。再者，男性老人容易發生前列腺炎或肥大等症狀，特別是小便頻繁或容易失禁，直接地影響外出意願與社會生活。

　　諮詢對象身體的毛病，增加了心理上的問題因素。身體愈不舒服，連帶著心情不好，也更容易引起身體健康問題，而導致惡性循環。失掉配偶以後，子女是唯一的家人支持者，通常說來，母親跟兒子的親密關係比較起來，父親則與女兒的關係比較保持距離，這是文化傳統因素，也是心理上所需要的情感距離。因此，王先生不答應女兒的邀請，拒絕跟她們一起居住，乃意料中的事情，此時只好選擇並堅持自己孤單生活的途徑。

　　本案例的諮詢重點如下：首先應檢查身體，並仔細看清楚各種檢查結果，與患者討論身體疾病狀況，有什麼病？是否嚴重？如何處理？先把身體的病痛儘量減輕，使用藥物治療，使用抗抑鬱劑，減除憂鬱痛苦的情緒等問題。等到情緒稍有好轉，跟患者一起檢討他的生活問題，看要如何改善，例如：假如不喜歡到女兒家去居住，至少可以在週末定期或不定期去拜訪，帶些小禮物給孫子，跟他們一起過一天的生活，包括遊樂等；跟他們吃一、兩頓飯後，再帶一些菜回家，自己用電鍋煮飯，就有好吃的飯菜，可以過一、兩天。接著，周日就到附近館子去吃一頓，再多點些菜帶回家，又可以自己吃幾天。這樣就不用天天完全靠自己下廚做飯，對胃也好，對情緒也好。此外，在解決三餐伙食問題以後，要規劃去參加老年人的休閒活動，多跟他人聊天來往。同時，每天按時去附近公園散步，鍛鍊身體；身體常運動，間接地也會把情緒提高。

　　經過上述簡單的生活規劃，再加上情緒上的鼓勵，王先生逐漸照建議去嘗試，不到數月就有起色，對生活還感到有興趣，並且考慮利用女兒休假的機會，一起去旅行，善用女兒的支持資源，再加上諮詢者的配合行動，而獲得顯著的效果。

【諮詢結果】

　　首先，經由內科藥物治療——消除身體的病痛。其次，建議處理影響情緒的生活問題，直接減少生活問題反映出來的問題——焦慮抑鬱問題。第

三，鼓勵參與戶外活動——改善身體健康問題。第四，規劃參加老人活動、家庭活動，增加生活情趣以及支持。以上四項，諮詢人員是運用醫藥治療和諮詢技巧所提供協助而達成的結果。

參、老年失智症個案

老年失智症個案的探討，將討論記憶喪失問題的老人個案，內容包括：個案背景、諮詢過程、諮詢結果等三個項目。

【個案背景】

個案是一對謝姓老年夫婦：先生東輝（化名）75 歲，有記憶喪失問題，太太美惠（化名）73 歲，承受打擊及壓力，因此主動要求諮詢輔導。美惠高中畢業，跟丈夫結婚已四十幾年。東輝大學工科畢業，工程師退休，家住高雄。美惠從小就跟東輝是鄰居，就讀相同的小學、國中及高中。高中畢業後，美惠在一家公司上班，東輝則上了大學，主修工程，畢業後在一家工廠擔任助理工程師。後來，在他們父母贊同之下結了婚。婚後兩人感情一直很好，被親友羨慕。他們有一男一女兩個孩子，孩子結婚成家後，為了工作關係都住在北部，只有過年過節才會回來。他們夫婦雙雙退休以後，繼續過著他們的家庭生活，偶爾會旅行去看他們住在台北的子女及孫子們。

大約三年前，美惠注意到丈夫經常會忘記常用的電話號碼，或是忘掉東西擺在哪裡，總是要去幫忙找。當時美惠認為這是年齡的關係，才有這樣的現象，並不在意。但從一年前，美惠開始發現問題的嚴重性，因為丈夫甚至會記錯自己孩子與孫子的年齡與名字，而且表現得很自然，不知道自己說錯了，而更誇張的是自己家裡的地址也不記得。真正讓美惠緊張的是，有一次東輝去外面散步，卻忘記該如何回家而迷失在外，還好被鄰居發現，把他帶回家來。

美惠把東輝帶到醫院去看精神科，經由檢查，被醫師診斷是患了老年失智症。醫生說，這個症狀還會繼續惡化，可是目前還沒有什麼藥可用來治療。這個壞消息讓美惠心情遭受打擊，開始假設自己的丈夫真的這樣繼續失智下去怎麼辦。事實上，過沒多久，問題就愈來愈嚴重。雖然美惠給丈夫掛上一個牌子，寫上名字、地址、電話號碼，免得他自己到外面迷路走失時，可以讓別人把他帶回來。哪知，有一天被警察帶回家，說是老人家站在馬路上不知往哪裡走，差點被車子撞到。美惠向諮詢機構求助，也跟她的孩子商量。結論是，假如情形繼續惡化，就得考慮住到老人安養院，免得發生問題。針對這建議，美惠實在捨不得把從小認識，一同生活數十年的丈夫送進老人安養院。

　　她決定自己在家照顧丈夫。她把家裡的門都加了鎖，沒有鑰匙便不能開，這樣就可以預防丈夫溜出去。除了按時給她丈夫吃飯、洗澡，保持個人的清潔以外，還儘量陪在他身旁，只有用短暫時間偶爾出去買菜或購物。經過沒多久，美惠開始變得很疲乏，心情也好不起來，因為白天總要提神注意丈夫在幹什麼，晚上也要擔心丈夫是否沒問題，這樣實在很耗費精神；不久，她就發現脾氣也愈來愈不好，有時還會大聲向丈夫吼叫，而事後又後悔不該如此。

　　因為問題已經到了很嚴重的情況，孩子們都建議該把父親送到療養院，起碼不會讓母親負擔太多，但美惠實在很傷心，沒有辦法，就由大兒子安排，並把丈夫送去療養院。可是自從把丈夫安排住到療養院以後，她的心情變得很憂鬱，並懷有罪惡感，夜晚都睡得不好，終於被兒子勸來看精神科醫師。

【諮詢過程】

　　在會談中，美惠看起來很憔悴，且心情不好的樣子。她認為把自己心愛的丈夫送到療養院，覺得很不應該，夜裡總是在做惡夢，夢見丈夫在療養院

哭泣。她只要一想到自己的丈夫，就很傷心，連飯都吃不下，也沒心情活下去。醫師向美惠表示可以了解她內心的痛苦，特別是過去數十年來，一直生活在一起的親人，現在這樣分離，一定會很難過。可是醫師向美惠說明，這種情況的發生，不是她的過錯，是先生患了腦部毛病的不幸結果，千萬不要責備自己。假如是一個人患了身體的毛病，例如：中風、冠心病或者癌症，身體會有症狀，一般人在心理上都比較能明白是身體有了毛病，也就比較容易去接受發生的事實。可是腦部的病變表現在精神與行為上，就比較不容易去了解與接受。

醫師向美惠說明，一個人患了失智症，的確是個很嚴重且麻煩的疾病，雖然身體還可以走動，會吃東西，可是中樞神經卻失去了控制，無法記憶，也認不得自己的親人，喪失了基本的精神活動，很難在家裡環境自行照顧，常要送到有特別設備與看護人員的地方養護。醫師還指出，以配偶的立場，美惠已經很費心試著去照顧自己的丈夫，可是現在需要的，卻是從心理真正認識並接受自己丈夫生病的事實。換句話說，心中要把自己的丈夫看成是已經走了一半的人，做好心理上的準備去接受，而不要只停滯於責備與傷心的階段。

在諮詢過程中，除了處理美惠的心理狀態，解釋她必須面對與經歷的哀悼心理歷程以外，醫師還發現美惠自從丈夫被安排住到療養院以後，都還沒去看過丈夫。美惠說是因為自己本身很害怕療養院，想像那是一個很可怕的地方，也害怕看到自己丈夫在療養院受苦的情況。醫師建議她應該去探望，了解一下實際的情況，這樣一來，也可以幫助美惠對自己心理上的交代。

於是在兒子陪同之下，去療養院探望丈夫。出乎自己的預料，美惠發現療養院的設備很好，管理人員也很親切。丈夫在療養院過得不錯，會跟住在療養院的其他患者做各種活動與體操。最使美惠難過的是，與丈夫談話時，對自己似乎有點不大認得，問她住在哪裡，此時美惠心理變得很複雜，一方面，發現療養院並不是想像的那麼糟糕而比較放心，也發現丈夫在療養院過得還可以，總比被拘留在家裡好些；另一方面，只要想到丈夫的記憶力正在

逐漸衰退，遲早連自己的妻子都不會認得，就感到很難過。不過美惠想起醫師的話，準備去接受必須去面對的事實。

美惠除了偶爾去療養院看看丈夫以外，聽取醫師的提議，開始考慮自己如何照顧自己，包括：整頓家裡的環境、日常的生活與活動、過著獨居的生活等。經過這些諮詢與安排，美惠的心情也就逐漸安頓下來，準備接受遲早將發生的情況。

【諮詢結果】

首先，讓個案認識老年期可能發生的各種精神疾病，嚴重時，會有記憶減退問題、憂鬱症、失智症、妄想症等，不但不容易治療，還會影響家人的生活。

其次，做為醫療者，除了要能做好診斷，供給所需的藥物治療以外，也要施與所需的心理諮詢。除了對個案本身以外，也要幫助其周圍的家人或照護者。有一點要提醒的是，老人若有比較嚴重的毛病，特別是由器質性的原因而發生的部分，就特別需要跟其家人做實際的討論，準備面對各種可能發生的情況，協助家人能隨實際情況而做適當的適應。

第三，個案家人所需要的諮詢，往往是對病情的了解、如何照顧病人的要領，以及因家人患病而連帶產生的內疚感等，因此應協助家人減少因所需的照顧而來的過分負擔與疲勞。當個案的痊癒希望不大，病情逐漸惡化時，則需幫助家人能適當地放棄自行照顧的想法，而能與個案做脫離或告別的心理準備也是很重要的。

總而言之，諮詢工作要有比較多支持性、指導性，而且比較保守性的進行。

【老人故事】

老年失智症與腦部運動

　　俗稱老年失智症的阿茲海默症，科學家經過多年的實證研究，可望有解決的對策。早期對於阿茲海默症的原因並不完全了解，而西方醫學所提供的藥物僅是減緩病症的發展，並不能完全治癒，而且副作用可能還多於阿茲海默症所帶來的身體不適。在 2012 年初，美國的一組研究人員，以一種新藥注射於白老鼠身上，結果可以顯著的增強白老鼠的記憶力，並且可以有效的消除阿茲海默症的病因。對於研究團隊最大的鼓舞是他們已被美國食品暨藥物管理局（FDA）允許，可以使用在人體身上做進一步的臨床實驗。

　　在醫學上，可以研究出解藥，但是老年人對於阿茲海默症真的只能坐以待「藥」？在先前的研究中都指出，腦部的細胞也跟我們的肌肉一樣，如果不去鍛鍊它，就會轉為肥肉；雖然腦細胞不會變成肥肉，可是腦神經細胞的連接路徑會消失，使得阿茲海默症的患者對於短期記憶特別容易忘記。所以幾年前，一家日本的電動玩具公司，就開發出腦力訓練的軟體，鼓勵老年人利用這個軟體，每天讓自己的腦細胞做「運動」。所以我們要多鼓勵老年人，除了鍛鍊身體以外，不要忘了大腦也需要動一動，絕對不要讓大腦休息太久，要讓它愈來愈靈光，除了避免得到阿茲海默症，也可以讓自己的晚年變得更有意義，因為有記憶的人生，才是最完美的人生。

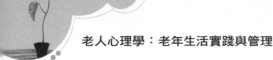

【心理測驗】

心理健康

在討論過上述三個老人問題個案之後，可以下列題目檢驗您的心理是否健康。請對下列各題作出「是」或「否」的回答。

【　】 1. 每當考試或提問時，會緊張得出汗。

【　】 2. 看見不熟悉的人會手足無措。

【　】 3. 心裡緊張時，頭腦會不清醒。

【　】 4. 常因處境艱難而沮喪氣餒。

【　】 5. 身體經常會發抖。

【　】 6. 會因突然的聲響而跳起來，全身發抖。

【　】 7. 別人做錯了事，自己也會感到不安。

【　】 8. 經常做惡夢。

【　】 9. 經常有恐怖的景象浮現在眼前。

【　】10. 經常會發生膽怯和害怕。

【　】11. 常常會突然間出冷汗。

【　】12. 常常稍不如意就會怒氣沖沖。

【　】13. 當被別人批評時就會暴跳如雷。

【　】14. 他人請求幫助時，會感到不耐煩。

【　】15. 做任何事都鬆鬆垮垮，沒有條理。

【　】16. 你的脾氣暴躁焦急。

【　】17. 一點也不能寬容他人，甚至對自己的朋友也是這樣。

【　】18. 你被別人認為是個愛挑剔的人。

【　】19. 你總是會被別人誤解。

【　】20. 常常猶豫不決，下不了決心。

【　】21. 經常把別人交辦的事搞錯。

【　】22. 會因不愉快的事纏身，一直憂憂鬱鬱，解脫不開。

【　】23. 有些奇怪的念頭老是浮現腦海，自己雖知其無聊，卻又無法擺脫。

【　】24. 儘管四周的人在快樂地取鬧，自己卻覺得孤獨。

【　】25. 常常自言自語或獨自發笑。

【　】26. 總覺得父母或朋友對自己缺少愛。

【　】27. 你的情緒極其不穩定，很善變。

【　】28. 常有生不如死的想法或感覺。

【　】29. 半夜裡經常聽到聲響，難以入睡。

【　】30. 你是一個感情很容易衝動的人。

評分規則：每題回答「是」記 1 分，回答「否」記 0 分。各題得分相加，統計總分。

你的總分：

0～5 分：可算是一般正常的人。

6～15 分：你的精神有些疲倦了，最好能合理安排學習，勞逸結合，讓精神得到鬆弛。

16～30 分：你的心理極其不健康，有必要請精神科醫生或心理治療專家給與指導或診治，相信你會很快從煩惱不安中走出來的。

思考問題

1. 若遇到衰老孤獨且有聽力問題的個案，可以運用的諮詢原則有哪些？

2. 若遇到長輩聽力有問題，與他（她）說話時，要注意哪些事項？

3. 若遇到退休後適應不良的老人，可以運用的諮詢原則有哪些？

4. 家人獨自照顧失智症長輩，可能遭遇到哪些問題或困難？

5. 若遇到老年失智症個案，可以運用的諮詢原則有哪些？

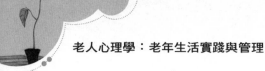

第二篇

應用篇

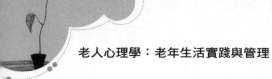

第四章

自我認知與生活適應

　　本章的主要目的是討論本書第二篇應用篇的第一部分「自我認知與生活適應」，第二部分是「記憶經歷與經驗分享」（第五章），第三部分是「壓力適應與情緒管理」（第六章），第四部分是「人際溝通與家庭關係」（第七章），第五部分是「滿足需要與生活動力」（第八章），第六部分是「智力變化與終身學習」（第九章），第七部分是「性、婚姻與親密關係」（第十章）。本章規劃為三節：第一節「自我認知與生活態度」，第二節「老人的認知表現」，第三節「建立自信與自尊的生活」。

　　第一節「自我認知與生活態度」將探討三項議題：(1)何謂自我認知；(2)認知結構與作用；(3)自我概念與生活態度。在第一項「何謂自我認知」中，將討論：認知意義、認知過程、認知模式等三個項目；在第二項「認知結構與作用」中，將討論：認知結構、認知作用等兩個項目；在第三項「自我概念與生活態度」中，將討論：自我意識和生活型態、自我意識與自我感覺等兩個項目。

　　第二節「老人的認知表現」將探討三項議題：(1)觀察能力；(2)判斷能力；(3)決策能力。在第一項「觀察能力」中，將討論：觀察的意義、培養觀察力等兩個項目；在第二項「判斷能力」中，將討論：判斷力的意義、增強觀察力等兩個項目；在第三項「決策能力」中，將討論：決策能力問題、加強決策能力等兩個項目。

　　第三節「建立自信與自尊的生活」將探討三項議題：(1)自信和自尊；(2)提升自信；(3)樹立自信策略。在第一項「自信和自尊」中，將討論：瑞琳的故事、自信的層面、自尊心的來源、自尊心的價值等四個項目；在第二項

「提升自信」中，將討論：自信從何而來、自信並非單一、外表可能誤導、信心源於行動、人們接受你的判斷等五個項目；在第三項「樹立自信策略」中，將討論：練習開始、迂迴路線、儘管犯錯然後放下、限制自責與善待自己等四個項目。

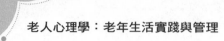

第一節　自我認知與生活態度

本節將探討三項議題：(1)何謂自我認知；(2)認知結構與作用；(3)自我概念與生活態度。

壹、何謂自我認知

認知或認識（cognition）在心理學中是指，透過形成概念、知覺、判斷或想像等心理活動來獲取知識的過程，即以個人思維進行訊息處理（information processing）的心理功能。認知過程可以是自然的或人造的、有意識的或無意識的，因此，麻醉學、神經科學、心理學、哲學、系統學（Systemics），以及計算機科學等，在分析認知時，其分析的聚焦點以及脈絡都是不同的。

何謂自我認知的探討包括：認知意義、認知過程、認知模式等三個項目。

一、認知意義

認知有廣義與狹義兩種涵義。廣義的認知與認識是相同的概念，是人腦反映客觀事物的特性與聯繫，並揭露事物對人的意義與作用的心理活動。現代認知心理學強調認知的結構意義，認為認知係以個人已有的知識結構來接納新知識，新知識為舊知識結構所吸收，舊知識結構又從中得到改造與發展。

　　狹義的認知是指記憶過程中的一個環節,又稱為「再認」,係指過去感知過的事物在重新出現時仍能認識,例如:認出過去見過的人、記過的外語單字,或認出走過的地方等。認知與回憶不同,回憶是過去感知過的事物不在眼前,而能在頭腦中重現出來;認知是指過去感知過的事物重新出現後,而能再認出來。一般來說,認知要比回憶容易一些,認知過程的速度和準確性與主客觀的條件有關,例如:對熟悉的事物容易正確而迅速地認知。認知的難易與年齡也有關,特別是老年人的記憶衰退,認知能力就會比較差;也與過去感知過的事物,在當前呈現環境的連結或關聯性有關,例如:對過去發生事件(如車禍場景或人物)的印象是否深刻,與當前的情況能否引起聯想或回憶有密切的關係。

二、認知過程

　　認知過程(cognitive process)即是傳統心理學所稱的認識過程,是人腦透過知覺、記憶、思維等形式,反映客觀事物的特性、聯繫或關係的心理過程。對認知過程的心理機制歷來有不同的解釋,瑞士心理學家皮亞傑(Jean Piaget, 1896-1980)認為,認知過程是透過原有的認知結構對刺激物進行同化、順應,而達到平衡的過程。現代認知心理學主要是以訊息加工的觀點來解釋認知過程,認為認知過程就是訊息的接受、編碼、儲存、提取和使用的過程。

　　一般會把這一個過程概括為由四種成分所組成的模式,亦即:感知系統、記憶系統、控制系統和反應系統。感知系統接受由環境提供的訊息,即首先會把刺激的基本特徵抽取出來加以組合;記憶系統是對輸入訊息的編碼、儲存和提取活動;控制系統決定目標的先後順序,監督當前目標的執行狀況;反應系統則控制訊息的輸出。這個認知過程並不是按上述順序單方向進行的,各種成分之間存在著不同方式的相互作用,以保證對訊息的加工、輸出和反饋,溝通人與環境之間的聯繫。

三、認知模式

認知模式（cognitive style）又稱為認識模式，係指個人在訊息加工過程中，表現在認知組織和認知功能方面持久一貫的特有風格。它既包括個人知覺、記憶、思維等認知過程方面的差異，又包括個人態度、動機等人格形成和認知能力與認知功能方面的差異。個人的認知風格主要表現在以下十個方面：

1. 場景依存性與場景獨立性。
2. 分析性與非分析性。
3. 概念化傾向程度。
4. 對認知域寬窄的選擇。
5. 對認可與非現實體驗的排斥性。
6. 複雜認知與簡約認知。
7. 記憶過程中訊息的整合與分化。
8. 掃描與聚焦。
9. 冒險與保守。
10. 解決問題的阻礙與暢通。

由於個人的認知風格不同，教學中有效的學習指導方法也應有所不同。

貳、認知結構與作用

認知結構是指，個人在感知及理解客觀現實的基礎上，在頭腦裡形成的一種心理結構。它係由個人過去的知識經驗所組成。認知結構與作用的探討包括：認知結構、認知作用等兩個項目。

一、認知結構

在認知過程中，新的感知與已形成的認知結構會發生相互作用，從而影

響對當前事物的認識。皮亞傑認為，它是主體認知活動的產物；布魯納（Jerome S. Bruner, 1915- ）把它叫作「再現表象」（representation），它包含有「動作」、「映像」和「符號」等三種形式。當代認知心理學傾向於把它的主要成分，看作是「一套感知類目」或「知覺範疇」、「比較抽象的概念」與「主觀臆測或意象」。在學習中，一個新的觀念、新的訊息或經驗，不是被現有的認知結構所同化，就是改進現有的認知結構，或是接納新的經驗而產生新的認知結構。

發生認識論可說是關於認知結構的發展理論，該理論認為，認識（知識）從內容到形式都表現為一種結構，而這種結構是逐步建構起來的。結構論與構造論是發生認識論不可缺少的兩個方面，二者是一致的。如果「沒有結構的發生」，那就是機械論和經驗論，例如：各種形式的行為主義；而「沒有發生的結構」則是先驗論和預成論，例如：完形（Gestalt）結構。皮亞傑把結構理解為一個動態的轉換體系，而不是某種靜止的畫面，因此離開構造論的結構論將是一種「沒有結構的結構」。

二、認知作用

構造過程展現了思維發展的辯證本質。皮亞傑的構造論包含下列兩個重要思想：

第一，任何發展水準的認識，將要求在這一水準之前（過去）已經獲得的東西參與（現在）其中。如果（現在）實際是在（過去）基礎上的重構或是$x-1$的重構，那麼我們只能通過$x-1$的知識去說明x，即知識的構造「不存在絕對的開始」。

第二，任何水準的認識（知識）體系，只是一種暫時的平衡；它向著新的可能性開放，表現出更高水準的發展趨勢。因此，他把人類的認識系統比作其高度在不斷增加的螺旋體，他以內化與外化的雙向構造來解釋所有知識的獲得機制。認識既不單純起源於主體，也不單純起源於客體，只可能起源於兩者相互作用的活動之中。隨著活動的發展，主客體開始分化，原來互不

相關、孤立存在的動作結構，沿著內、外相反的方向發展，分別聯合成為主體動作統一的內部結構和客體之間的外部結構。他把前者稱為內部協調或內部構造，把後者稱為外部協調或外部構造，兩者合稱為雙向構造。內化的發展導致主體思維形式和認知結構的進化，它的原始素材是主體動作協調中的邏輯數學經驗。外化的發展導致思維內容的演化，而外化的構造把客體的物理經驗組織起來，從而建立起客體之間相互聯繫的結構，進而形成廣義的物理知識。

雙向構造有不同的水平。就外化來說，從對感知運動階段的穩定性客體之認識，到形式運算階段物理規律的概括成功，都是外化構造的產物。至於內化，從感知運動時，內部動作的協調（其中蘊含動作邏輯）到形式運算的運算邏輯結構之形成，均應歸功於內化構造的建樹。內、外化構造既相區別又相聯繫，它們是同步發展的，雙向構造描繪了知識發展的動態過程，它們統一於主客體相互作用的活動。主體只有憑藉自身現有的認知結構去同化，改造外界的刺激，才能覺察這些刺激中所包含的客觀屬性。

參、自我概念與生活態度

在此舉一研究為例，某個實驗計畫中養老院老年人所見到的日常生活態度和老年人之間的關聯性。在 101 名老年人當中，對老年人意識有自我感覺者和無自我感覺者的數字，分別是 79 名和 22 名。作為日常生活態度而提出來的，有現在生活型態、幸福度、未來願望、長壽願望。作為探討老年人意識本身的線索之一，還與衰退的自我感覺有關。茲將研究的結果揭示如下。

一、自我意識和生活型態

研究者將老年人對「現在最高興的事是什麼？」、「什麼是你生活中的樂趣？」之問題的回答內容加以分類，共分為三種生活型，分別表示了對老年人意識有無自我感覺者比例：屬於能動生活型的，包括回答能照顧他人、

能讀書和做點手工藝，能主動地要求做點什麼的人；屬於被動生活型的，包括回答看電視、聽廣播，或接受來者會面等帶有被動性質事情的人；屬於無能力生活型的，包括回答像吃飯、洗澡等日常生活能做到最低限度的人，或者回答什麼也不能做的人。在能動生活型的老年人中，對老年人意識無自我感覺者占三分之一，這種比例依照被動生活型、無能力生活型的順序而減少。

（一）老年人意識和幸福度

　　接著是對「現在你幸福嗎？」的回答結果，和對老年人意識有無自我感覺之間的關聯。在回答「幸福」的人當中，對老年人意識無自我感覺者占四分之一。在回答「不能說是幸福」的 16 名當中，對老年人意識無自我感覺者僅僅一人，只占了 6.25 ％。

（二）老年人意識和未來願望

　　此問題所表示的是對老年人意識有無自我感覺和未來願望的關聯。對「今後你想做什麼？」、「今後你想怎樣生活？」等問題的回答結果，按其內容分成三種類型：屬於維持現狀型的人，是回答願意在可能的範圍內，繼續做現在的愛好和手工的人；屬於過去追憶型的人，懷念過去自己所做過的事和自己過去的情況，而現在只沉浸於「現在自己也能做該多好啊」這種回憶之中；屬於願望否定型的人，所做的回答是：「沒有自己願意做的事」，「什麼也不能做」等；屬於現狀維持型的人當中，對老年人意識無自我感覺者約占三分之一，這種比例是按過去追憶型、願望否定型的順序而遞減，這是和老年人意識與現在生活型的對應中所見到的傾向相類似的。

（三）老年人意識和長壽願望

　　根據「你想活到 100 歲嗎？」、「想活到多大歲數呢？」這樣的問題所做的回答加以整理，有的回答願活到 100 歲，有的回答還要多活幾年，做這

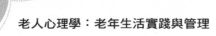

樣回答的都算有長壽願望的人。還有人回答：「不願意再多活了」，「這已
經可以啦」，「願意早點死」等，做這樣回答的人都算是沒有長壽願望的
人。把這些結果歸納起來，表示了對老年人意識有無自我感覺的關聯性。在
對老年人意識有自我感覺者當中，有長壽願望的人占半數以上，可是在對老
年人意識無自我感覺者當中，長壽願望的比例減少為 36.4 ％。

二、自我意識與自我感覺

（一）與衰退感覺的關聯

根據「最近，你有衰弱的感覺嗎？」這樣的問題，把做出有某些精神
上、身體上衰弱的回答者，算做是有衰弱的自我感覺者，把其他做出沒有衰
弱的回答者，算做是沒有衰弱的自我感覺者，以此把他們分成兩類。在對老
年人意識有自我感覺者當中，伴有某些衰退感的人約占四分之三這樣相當的
多數，在對老年人意識無自我感覺者中，訴說自己身心衰退者約占半數。

（二）與生活態度的關聯

把對老年人意識有無自我感覺，與日常生活態度互相對應地比較一下，
從其結果可以推斷出在兩者之間是存在著一定的關聯傾向，即對老年人意識
的自我感覺和：(1)對日常現實的生活積極性之喪失；(2)對現實生活的幸福感
之低落；(3)對未來志向性的減少；(4)長壽願望即對生存的固執傾向之加強等
種種對應，是眾所周知的。

這些關聯傾向，雖然不能說明對老年人意識的自我感覺之有無，和日常
生活態度方式之間的某種因果關係，但如果依據從自我概念的變化這一點來
說明老年心理的立場，大膽地解釋這些關聯傾向的話，就可能是如下所考慮
的情況。

亦即，人增強了「自己上年紀了」這一印象的同時，也就是說，作為老

年人的自我概念，即有了老年人意識的強烈自我感覺的同時，一般對日常生活就會失去積極性，對每天生活的充分滿足感的體驗也會逐漸減少，對未來也不抱有希望和夢想，只是對生存有一種強烈的留戀；而且可以說，在日常生活態度上的這種消極傾向，也就使老年人意識的自我感覺更加強化。

但是，對老年人意識和衰退的自我感覺互相比較的結果，即使在對老年人意識無自我感覺這一組當中，也表現出有半數以上的人伴隨著某種衰退的自我感覺。它暗示著，在對老年人意識無自我感覺的人裡，也有可能包括了自覺到老年人意識，而又想否定此一事實的人。當然，衰退的自我感覺直接和老年人意識的自我感覺結合起來這樣簡單的想法，未免有些草率。若這樣設想，這裡所表示作為老年人的自我概念，即老年人意識與日常生活態度之間的一定關聯傾向。為了給它更積極的意義，那麼在這裡所用的對老年人意識有無自我感覺的這種二分法本身，在自我概念研究中給與一定位置，是有希望能進一步探討和明確的。這件事就其構成應該不會有太大問題，在考慮老年人意識的自我感覺時，這種自我感覺的必然性或強度，儘管考慮到每個人都有相當的差異，也應該是容易理解的。

思考問題

1. 認知的廣義與狹義兩種涵義分別是什麼？請說明之。
2. 認知過程概括是由哪四種成分所組成的模式？
3. 從認知模式的觀點，個人的認知風格主要表現在哪些方面？
4. 從老年人的自我意識來看，可分為哪三種生活型態？
5. 老年人所意識的自我感覺與生活態度之關聯包括哪四項？

第二節　老人的認知表現

本節將探討三項議題：(1)觀察能力；(2)判斷能力；(3)決策能力。

壹、觀察能力

觀察能力的探討包括：觀察的意義、培養觀察力等兩個項目。

一、觀察的意義

（一）觀察與知覺

觀察，是人類知覺的一種特殊形式。知覺由於其有意性不同，常常會有不同的效果，例如：到郊外風景區登山野營，有些老年人雖然看到了山上的花草樹木，聽到了林中的鳥語蟬鳴，但由於他們沒有留意到周圍事物的特點，因而所得到的不過是一種籠統的印象；而另一些對植物學有興趣的老年人，即能細心察看到山中植物的分布，注意比較植物根、莖、葉、花等形態上的異同，並發現山上樹木的葉子「向陽的一面又厚又密，背陽的一面又薄又稀」，可見他們的感知活動是經過組織的，是有選擇性的。我們把這種有目的、有組織、持久的知覺活動，叫做觀察。而觀察力則是指那種能迅速地覺察出事物的那些不十分顯著的部分，然而卻是非常重要的方面和特徵的能力。

（二）觀察與知識

觀察力是人認識世界、增長知識的重要途徑。進化論者達爾文（Charles R. Darwin, 1809-1882）在他的自傳裡說：「我既沒有突出的理解力，也沒有

過人的機智。只是在察覺那些稍縱即逝的事物，並對其進行精細觀察的能力上，我可能在眾人之上。」不少科學家（如牛頓、愛迪生、愛因斯坦等）都從培養觀察能力入手，由此打開科學的大門。居禮夫人（Maria Skłodowska-Curie, 1867-1934）的女兒則把觀察譽為學者的第一美德。蘇聯教育家贊科夫（Леонид Владимирович Занков, 1901-1977）也說：「對一個有觀察力的教師來說，學生的歡樂、興奮、驚奇、疑惑、恐懼、窘困和其他內心活動的最細微表現，都逃不過他的眼睛。一個教師如果對這些表現視若無睹，他就很難成為學生的良師益友。再說別的職業吧，藝術家、作家、工人、工程師、演員等，都是多麼需要觀察力，而且是需要敏銳的觀察力啊！」可以這樣說，觀察是智慧的窗口、思維的觸角、認識世界的途徑、檢驗理論的手段、踏進科學宮殿的起點。

（三）學習的重要前提

　　觀察力是老年人成功完成學習任務的重要前提。無論是語文、數學等學科的學習，還是畫圖、音樂等活動的順利完成，都有賴於良好的觀察力。觀察力強的老年人，平時積累了豐富、有典型意義的感性材料，就會形成正確的概括，逐步形成思維。相反的，一個觀察力差的老年人，對周圍的事物抱著淡漠的態度，他們每天也在「看」，但是什麼也沒有「看見」，長期下來，就會成為一個頭腦貧乏、知識淺薄的人，哪裡談得上思維的發展。觀察有利於創造精神的養成，觀察活動是直接面向生動的外部世界，因而它最能激發老年人對事物內部奧秘探求的慾望。透過觀察，老年人從大自然、從社會中發現了新的事物，發現了用過去所學的知識不能解釋的現象，這將有利於打破以往狹隘的經驗所造成的固定心態，培養對客觀事物的獨立探索精神。另外，從觀察中所了解的事物之間的種種外部聯繫，運用自己的直覺、猜測，也可以對自己尚無法解決的問題，提出大膽的假設，做出嘗試性的回答。

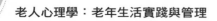

二、培養觀察力

人的觀察力有著明顯的差異，這種差異包括觀察的目的性、精確性、全面性等幾個方面，它並不是先天注定的，而是在後天學習和生活過程中逐漸形成的。為了發展觀察力，就必須長期地、反覆地練習觀察。那麼，該如何培養觀察力呢？

（一）培養觀察的優秀品質

在學習活動過程中，明確觀察的目的性，把握觀察的對象、要求、方法和步驟，使觀察具有條理性，能綜觀全局，有條不紊地進行觀察。同時，要力求理解所觀察的內容，在觀察活動中，能敏銳地發現一般人所不容易發現或容易忽略的東西。同時，既要注意搜索哪些預期的事物，還要注意觀察哪些意外的情況。我們需要把觀察力的各種優秀品質結合起來，使自己能按照預定的目標，去獲得系統的、理解的、深刻的、真實可靠的感性知識。

（二）保持積極的觀察態度

觀察態度愈積極，觀察效果愈好。要理解人，就要觀察人；要學會觀察人，就要有滿腔的熱情，要有將心比心的積極態度，否則就不能找到理解人和幫助人的鑰匙。我們只要有積極的學習態度，那麼在大自然中和課堂裡的萬千事物，就會是一本寬廣無邊的「活書」，處處有數學、哲學、物理、化學等知識，處處有使我們驚訝和值得思考的奧秘。反之，如果沒有學習精神和積極進取的精神，對一切就會視若無睹、充耳不聞，觀察力勢必陷於遲鈍。

（三）要有明確的觀察目的

觀察是一種有目的的感知活動，人的周圍環境是複雜而千變萬化的，人就要能從周圍環境中，優先地分出感知的對象，目的性愈強，感知愈清晰。

當老年人明瞭觀察目的後，才能使自己的注意力集中在所要觀察的對象上，才能針對地進行細緻的觀察，才能對觀察的對象有清晰的感知，使自己的注意力集中在所要觀察的主要對象上，爭取得到好的觀察效果。如果漫無目的地瀏覽一番，東張西望、心不在焉，就必然會降低學習效果。只有明確觀察目的，竭力去捕捉新鮮事物，那麼就一定能發展觀察力。

（四）觀察與言語活動相結合

言語活動的參加可以大幅提高觀察的質量，這是因為觀察的目的、任務總是用言語來表述的，言語有利於將你的注意力長時間地穩定在觀察的客體上。在觀察過程中，對觀察對象作言語描述，可以使人對事物的認識更加準確和清楚，例如：某個老年人在描繪他所觀察的鳥類標本時發現：「脖子上的白色逐漸變成淺灰色，而背部是墨綠色的」，可以促進他對標本鳥羽毛色調的觀察。

（五）增加效果

首先，培養濃厚的觀察興趣。把廣闊的興趣和中心興趣結合起來，形成濃厚的觀察興趣，這是增強觀察力的重要條件。因為興趣可以增強求知慾，提高觀察的敏銳性。

第二，擬定周密的觀察計畫。為了保證觀察活動有系統、有步驟地進行，需要擬定周密的觀察計畫：明確觀察的對象、任務和要求、步驟及方法。計畫可以是書面的，也可以是表象的形式保留在頭腦中，則視情況而定。

第三，堅持寫觀察記錄或觀察日記。寫觀察記錄或觀察日記對於培養自己的思維能力、語言表達能力、發展智力都是有實際作用的，同時還可培養持之以恆的學習精神。

第四，善於運用書中的知識去觀察。為什麼有很多人讀了書不會用呢？培根（Francis Bacon, 1561-1626）說：「書並不以用處告人，用書之智不在

書中，而在書外，全憑觀察得之。」所以，應學會靈活運用書中的知識，去細緻、深入地觀察客觀事物。

貳、判斷能力

判斷能力的探討包括：判斷力的意義、增強判斷力等二個項目。

一、判斷力的意義

生活中常常可以看到人的判斷力之水準差異非常明顯：有些人的判斷力十分準確；有的人卻常常判斷錯誤，充滿偏見。判斷力是對事物屬性及其事物之間的關係作出反映之能力。良好的判斷力跟一個人具有豐富的經驗，對概念及概念間關係的正確把握有密切的關係，也就是說，良好的判斷力是可以培養的，關鍵在於仔細地觀察、明智地把握，以及謹慎地推理。通常，人們對事物的判斷往往帶有個人色彩和偏見，如根據某個人做出的某一舉動就判斷出此人的為人，這是不正確的。

在學習中對解題思路的推理過程，若受到定論的影響，也必然找不到最佳的解題方式。判斷需要對問題的認真分析、概括，然後得出結論。判斷力在一個人的生活、學習中，有著極其重要的作用，所以我們應盡力培養這種能力。

二、增強判斷力

學習是從不完全的知到比較完全的知，逐步地掌握自然現象和社會現象的產生和發展規律的過程。我們的學習是從感性認識開始，並以感知為基礎的，而觀察是感知的一種特殊形式，是一種高級形態的感知。偉大的生理學家巴甫洛夫（Иван Петрович Павлов, 1849-1936）給自己立了一條座右銘──「觀察、觀察、再觀察」。俗話說：「處處留心皆學問」，只有留心去耳聞、去目睹，即留心去感知、去觀察，才能獲得大量的訊息，為理解事物

的本質和規律，提供豐富的感性材料。「耳聰」、「目明」，才能聰明而有智慧。研究顯示，在人腦獲得的訊息中，80％以上是透過視、聽得來的。

　　17世紀捷克教育家誇美紐斯（John A. Comenius, 1592-1670）說：「人們是在感知覺的基礎上認識現實世界的。」只有透過觀察掌握了一定的感性材料，才能根據這些材料得出正確的概念、判斷和推理，進而昇華到理論。增強觀察力，對於學習差的老年人來說就更為重要了。蘇聯教育家贊可夫認為：學生學習成績落後的原因縱然是複雜的，但普遍的特點之一是觀察力差。可見，老年人在日常學習、生活中，注意觀察力的培養是很有必要的。那麼，該如何培養判斷力呢？

（一）掌握豐富的知識經驗

　　由於抽象思維在學習過程中，具有指導作用，所以掌握豐富的知識經驗，對提高觀察力、判斷力有著極其重要的功能。有了豐富的知識經驗，就能做到「一望而知」、「一看就懂」，或者一看就能夠發現值得深思的問題。判斷，往往是與自己已有的知識經驗相聯繫的，所謂「仁者見仁，智者見智」，就含有這種意思。反之，對某一方面知識一無所知的人，必然會對有關現象「視而不見，聽而不聞」，會因鑑別能力低，而使判斷產生偏差或疏忽很重要的現象。所以老年人應該更注重知識的積累，把學習當成一件愉快的事情，這樣自然就會吸收很多東西。

（二）仔細分析，明智把握

　　某些人由於個性急躁，做事易衝動，往往不顧後果。有的人聽到有人說某人說他的壞話，就判斷那人不是好人，與自己作對。其實有時候這其中有些東西並不一定屬實，這時就該冷靜分析，勿輕易與人為敵，否則不但對自己不利，而且會影響到與他人的相處。

（三）打破思維中的定論，消除偏見

定論是指，由先前活動造成的一種對當前活動的心理準備狀態，或解決問題的傾向性。定論既有積極作用，也有消極作用。在環境不變的條件下，定論有助於人們應用已掌握的方法迅速地解決問題；但在變化的條件下，會由於某一方法而妨礙人們採用新的解決方法，例如：「腦筋急轉彎」的題目就是為了打破人們常規的思維模式而設計的，如「身分證掉了，要怎麼辦？」很多人可能會緊張的說要去補辦，但其實答案是：「撿起來，就好了」。

參、決策能力

每個人在工作和生活中都不可避免地會遇到要做選擇的時候，簡單的如：今天要穿什麼衣服？在哪兒吃午飯；重要的如：要找一個什麼樣的伴侶？考大學讀什麼科系？。人們在做決定的時候，通常會出現兩種情況：一種是既然做出決定，就按部就班地開始施行；另一種是做了決定之後，還過分擔憂會有什麼不良後果。

一、決策能力問題

一個人在一件事上猶豫不決，往往是表示另有其他的事與此事造成了衝突。換句話說，是選擇造成了一個人的猶豫不決，例如：「到底要穿哪件衣服去赴約」這件事情，有些人是害怕被取笑，經常對最簡單的事也會反覆思索。有些人因為在許多方面都能施展出才華，所以對自己到底要從事什麼職業遲遲無法下決定，無端浪費了許多寶貴時間。

缺乏決斷力的人，遇事總是耗費許多時間和精力去想「該不該這麼做」或「要不要這麼做」。這樣日子一久，人也就會變得愈發優柔寡斷，以致於在瑣碎小事上也不敢直接決定。由於決策和執行決策的能力不強，患得患

失，這些人會因此而處於焦慮狀態，這就是所謂的「當斷不斷，反受其亂」。當需要做出的決策很重大時，其焦慮程序愈高，持續時間更長，對人的身心損害也就更大，而且愈發不易做出清晰正確的決策。長期的高度焦慮易導致焦慮性神經症。同時，優柔寡斷的人因為遇事拿不定主意而喜歡聽取別人的意見，依賴他人；久而久之，就會覺得自己在別人心目中的價值下降，甚至會覺得別人瞧不起他，因此產生強烈的自卑感。這種不良的心理狀態反過來又會加重其決策時的遲疑不決。

二、加強決策能力

為此，優柔寡斷的人應該針對具體原因作相應的調整，說明如下。

（一）知識與辯證

用知識武裝自我，辯證地看待問題。有時，優柔寡斷是由於知識、信息不足引起的。平時如果多留心身邊的各種人、事動態，掌握同一類事件中的不同情況，在選擇時就會比較有目的性，也比較果斷。

（二）信心與決斷

樹立信心，勇於決斷。有些人並不是缺乏解決某些問題的能力，也有足夠的時間可以選擇，但總是瞻前顧後、猶豫不決、舉棋不定，其原因是缺乏自信。因此，要相信自己的能力，在關鍵時刻把握機遇，正確決斷。

（三）面對得失

必要時敢於失去。要明白任何選擇都伴隨著得失，有得必有失，因此不能因為害怕失去而不敢選擇。只有敢於失去，才能真正得到，這才是明智而健康的心理。

（四）從小事入手

從小事入手進行訓練。比如說，決定看哪部電影、寫什麼信、買什麼樣的外套，先給自己定個時限。如看電影的決定要在五分鐘之內做出，寫信最多用一個小時，買外套最多只用兩個小時。其次，要強制自己在某一時限內做出決定，決定好了就不再改變，例如：不要寫了信又撕掉，買了外套又拿去退，或者總覺得自己在某件事上做得太莽撞、不大顧後果等，要知道，這些想法正是造成一個人缺乏主見的關鍵所在。

還有一些值得注意的地方，例如：不要一出錯就懊悔。有些事情做得不好，並非是人們無能所造成的。只要是事出有因，就不要過分自責，以免形成習慣性的自怨自艾，遇事時會更加猶豫不決。不要苛求完美，要求永遠不犯錯誤，正是什麼也做不成的原因。就好比一封信始終不寫，是因為還沒想到完美恰當的措辭，可是萬一永遠也想不出完美的詞句，不就永遠寫不成這封信了嗎？此外，一件事想多了，就會聯想到許多其他問題。有時明明是一件小事，也可能愈看愈嚴重。儘量少模仿他人，遇事自己先有個初步決定，把他人的意見或行為只做為參考，要相信自己做出的決定不比他人差，有了這種信念後，再做最後決定時就會果斷得多。

思考問題

1. 請試著說明學習的重要前提為何？
2. 觀察力每個人都不同，請問要如何培養觀察力？
3. 請問如何增加觀察力的效果？
4. 猶豫不決或缺乏決策能力的人，可能會發生哪些狀況？
5. 優柔寡斷的人可以如何加強決策能力？

第三節　建立自信與自尊的生活

　　本節將探討三項議題：(1)自信和自尊；(2)提升自信；(3)樹立自信策略。本節論述的是一般性原則，同時也適合老人心理學的應用。

壹、自信和自尊

　　自信和自尊的探討包括：瑞琳的故事、自信的層面、自尊心的來源、自尊心的價值等四個項目。

一、瑞琳的故事

　　瑞琳（化名）在大學畢業後就結婚，擔任全職的家庭主婦，養兒育女與照顧公公、婆婆，一轉眼就二十幾年，當老么大學畢業後，就開始嘗試第一次踏出家門尋找屬於自己的天地，以下是屬於她晚年的成長故事。

　　她曾自認為永遠不可能成為一個擁有自信的女人，因為曾經有人對她講過，她根本不具備諸如飄逸的長髮、修長的身材等自信的特質。她更不明白自己和擁有自信的人們之間到底有什麼區別，也不知道為什麼在面對逆境或災禍時，他們可以沉著冷靜地應對，而自己卻一臉茫然。她懷疑自信心是永恆的，因為它是由機會或恆星來主宰的。對她來說，自信意味著個性強烈，而這個特點又建立在天生的本性，或者早期從家庭、學校中得到的鼓勵基礎之上。當下，自己已經是個中年後期的人，看起來好像沒有什麼機會能改變個性，讓自己變得更加自信。她在今後的人生道路上始終要背負著「缺乏自信」這個符號，無論自己做什麼事情，都會因缺乏自信而喪失勇氣，就好像自己因為腿短而矮人一截一樣。她也希望幸運之神能突然降臨（讓她能從內而外徹底改變，或者讓世界上所有一切都處於平等之中），然而，在其內心

深處卻十分清楚明白，自己除了保留永無自信的原樣外，再也沒有其他選擇。

但在和朋友們一起去參加水上休閒旅遊時，瑞琳終於相信自己具備充足的自信心。她並不擅長游泳，只在 14 歲時偶爾被同學拉著去學過如何把頭潛入水中憋氣，但那時候的她不想再繼續學習下去，因為她只想去做那些自己能預知後果、能掌握進度的事情。經過這次旅遊，她不再認為自己在冒險活動中的成敗有多麼重要，她只需要相信自己的能力，只要努力過，成功或失敗都不再重要。

於是，她發現自信心擴展開來了，以前只做自己能做的事情，可是現在卻能夠去學習做自己並不了解的事情，這也正是一個好學校能提供諸多機會的原因。他們果真不虛此行，不僅了解了新的地理環境，而且還發現了內心的自信泉源。以上述的例子延申來看，學校能夠幫忙照顧新生，讓他們參加舞台劇演出、在樂團演奏長號等活動，並能給予孩子們大量犯錯的機會，還能教他們如何改正錯誤。那些臉上寫著失敗的人會學到兩個重要教訓：其一，如何讓自己迅速恢復狀態；其二，一次失敗並非徹底失敗。保護孩子儘量不犯錯誤，並不能幫助他們建立自信，我們應該提供孩子一個足夠安全的環境，允許他們犯錯，並能讓他們從中接受教訓，這樣才能幫助孩子建立起自信心。

二、自信的層面

自信會影響人們的四個生活層面：(1)思想；(2)感受；(3)行為；(4)身體。

缺乏自信心已經深入影響到人們的日常生活中——日常難以被發現的隱蔽習氣和脾性等。無論人們鍾愛做的事情，還是最不期望發生的事情，都會受到缺乏自信的影響。

自信關乎我們對自己能力的認可程度，但是，即便充滿自信的人，也對自己仍不滿足，覺得自己不夠好，根本就沒有什麼大不了的。發現自己的優勢和長處，相信自己能夠處理好未來的任何問題，就會發現自己的價值所

在。因此，樹立自信是人生的一堂必修課，同時也要兼顧樹立自尊的問題。自尊關乎人們自身的價值，以及是否能夠快樂生活。它還關係到當他人漠視你的成就時自身的感受，甚至於關係到你如何評價自己。

沃克（Alice M. Walker, 1944- ）是小說《紫色姐妹花》（*The Color Purple*）的作者，小說主要講述了一個黑人女性——懦弱卑怯的塞莉（Celie），其覺醒與反抗的故事。她了解人們對她的看法：「她很令人討厭，她不是很聰明。」由於經年累月地被丈夫奴役，其內心早已奴性深重，甚至還建議兒子也以父親為榜樣來對待妻子。她常說的話是：「我不知道該如何反抗，我所知道的就是如何活下去。」、「我也不會去反抗，我只按照人們說的去做就行了。」但她應該正確地評價自己，而這就是自尊。

三、自尊心的來源

心理學家曾在 1890 年發表過有關自尊心的看法，意識到自尊心取決於對自身的價值判斷，並不僅僅簡單地關係到自身特質或成就，也無關乎你的身分如何——無論你是個數學家，還是個運動員。心理學家還認識到對自身的價值判斷，不僅與外人對自己的價值判斷有著緊密的聯繫，而且還和某種相應的感受有著重要關聯。

是什麼讓自尊心變成一種捉摸不定的思想？其實是人們的主要感覺。仿佛它提供了一個媒介，透過這個載體，人們才會了解外界事物，就像透過一個有色鏡片，或者自我懷疑等濾鏡來觀察這個世界。毫無疑問的，人們具有的自尊心大小應追溯到童年時期，兒時所享受到的溫暖、親密、持續的愛，能給人們提供一種可以樹立自尊心的情感。它主要來源於適當的成年人（並非一定是完美的人），無論孩子的父母，還是其他成年人，只要能毫無保留地愛他們就行了。然而，並非只有童年時期的環境最重要，成人後的生活經歷，特別是涉及與他人產生和諧關係的經歷，也同樣是獲得自尊心的一個重要來源。因此，那些即使到成人階段仍缺乏自尊心的人，只能在迷宮中徘徊，但是只要他們願意，也能夠採取一些措施，讓自己有所轉變，就像小說

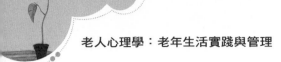

《紫色姐妹花》中的塞莉一樣。

四、自尊心的價值

自尊的概念很難講清楚，因為如果對自我感到非常滿意，就成了驕傲自大，如果對自我極度不滿，又成了貶低自己。如果自尊程度愈高，我們就愈能發掘自身的潛力，獲得成就；倘若自尊程度愈低，我們也就愈發變得羞怯內向，認為自己一無是處，一點價值也沒有。那些總認為自己「無用」之人，常常覺得自己沒有什麼可貢獻的地方，他們壓抑著自我，卻幻想著自我實現。

研究顯示，自尊心較低的孩子們通常都不太努力，也不像其他孩子那樣充滿對成功的期待。在成年人當中，具有絕對強烈自尊心的人，又顯得過分自信，他們通常都具有健康的身體以及良好的社會關係，他們都能積極進取，都能容忍和接受與己不同之觀點。沒有自尊心的人，常常會貶低他人，尤其是與其共事的夥伴，因此常會有「自卑感」：「任何一個我喜歡的人都不喜歡我，因此，他們的確都不值得我喜歡。」

貳、提升自信

提升自信的探討包括：自信從何而來、自信並非單一、外表可能誤導、信心源於行動、人們接受你的判斷等五個項目。

一、自信從何而來

自從與我們相識後，瑞琳開始帶著自信投入到工作中。由於自信是從人體內散發出來，所以無須在言語上強加任何指示給她，因為她會堅持自己的觀點：「這對你來說可能很容易做到，但是我不行。」而瑞琳接受了下面的任務：從其他人的看法和觀點中，找出有關自信的訊息。這個作業之所以對瑞琳有意義，是因為從這裡面可以讓她發現更多自信的性質。不管是兄弟姐

妹，還是在接受護士培訓時認識的朋友，無論和親戚至交，還是和同事、朋友，她都能在溝通交流中認真完成自己的作業。

在和人們的談話中，瑞琳驚訝地發現大家只要一進入這個話題，總會滔滔不絕，而她則放鬆地坐在那裡傾聽著。在交流中，她常會這樣提問：「你怎麼看待自信？」、「自信心從何而來呢？」、「你能想到某些具備充分自信心的人嗎？」、「你如何了解他人是否具有自信心呢？」、「當你和一個完全沒有自信的人聊天時，會有何感受？」、「一個自信的人永遠都會充滿信心嗎？」

每次談話後，瑞琳都會認真做好筆記。她發現下面四個觀點很重要，尤其契合人們對自信心的了解。

二、自信並非單一

自信絕非單獨存在，而是由很多部分來組成。瑞琳在和朋友們討論曾經一起看過的影片時，顯得沒那麼自信，但她可以獨自一人跨越國界去拜訪姨媽；而為了不讓自己迷路，並非因為完全缺乏自信，她也會經常停下來問路。其實，曾經和她溝通過的大多數人，也都曾提起過類似的事情。其中一人認為，她將永遠不能理解自己的稅收表格，並且把拼寫困難當作失敗的原因，但她卻能充滿激情和活力地投入到日常的鍛鍊課程中。瑞琳發現和她溝通過的人中，最具自信的是她表弟——某服裝店的採購員，但是表弟卻認為自己有時也缺乏自信心，特別是在訓練新進員工時，不管成功與否，他都認為自己多少會缺乏自信。他了解自己在工作上很出色，但是卻經過了極其艱辛的努力，從最低階工作開始做起，才達到現在的成就。現在部門裡的新人都有學歷背景，他們講的話都是所謂的專業術語，所以他才會在培訓時感到恐懼，生怕自己顯得不夠專業，對他來說，新進人員都太聰明了。當他無法將常識性的東西，用已經生疏的書面語言來表達時，就會感到特別迷茫。由此，瑞琳得到一個結論：是否充滿自信完全依賴於你在從事什麼工作，給自己貼上沒有自信、無可救藥的標籤，就無法搞清楚自己在何種狀況下充滿自

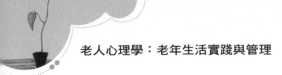

信，何種狀況下缺乏自信了。

三、外表可能誤導

很多人都能充分展現出自己的自信，甚至能夠在某些場合中，藉自信掩蓋其他情緒，彷彿他們了解自己將會犯錯、做錯或出現失誤，但仍然能夠表現出自己具有化腐朽為神奇的能力。瑞琳有個在護士培訓班認識的朋友，在開始學習注射時，她說自己腦子裡想的就是老師教授的內容，以及那些有經驗的人處理危機的方法。為了病人，她把自己的不確定感隱藏起來。當她將精力集中於當下所做的事情時，她發現幾乎沒有什麼餘地能讓自己帶著疑惑進行工作。和瑞琳溝通的人們，幾乎都曾提到過讓他們產生疑惑和不安的事情，由此使瑞琳了解，大多數人都不像外表看起來那麼具有自信。

四、信心源於行動

與瑞琳溝通過的人們都同意，信心來自於做事這個觀點。在你學會騎車或開車之前，一定要先花時間學習如何駕駛，從實踐中才能逐漸積累起信心，這能使你比較容易認識和接受自己能夠完成這項任務。對於初學者來說，犯錯是不可避免的事情。事實上，這也是學習中一個很重要的過程。人人都會犯錯，但如果你讓錯誤來瓦解自己的自信心，它們就會成為人生道路上的一大障礙。我們應該學著忽視這些障礙，或者與那些已經發現自己陷入迷茫混亂之中的人們，一起嘲笑這個大障礙。如果你試圖避免錯誤，那就一定會停下學習的腳步。

五、人們接受你的判斷

瑞琳借了朋友的鋤草機來用，結果卻出現了問題，她感到很沮喪，於是趕緊向朋友道歉：「真抱歉，我實在想不起來怎麼把它弄壞的。」她先假定這是自己的過錯，而朋友也就順勢認定了這個假設，根本不會注意到自己也曾弄壞過的事實。隨後經過檢查才了解，原來是裡面的電線斷了，而且可能

是早就斷了。瑞琳的道歉行為和對自己不當行為的錯誤判斷，導致兩人都犯錯而不自知。她在犯錯之前就已經判定自己有罪了，而朋友也沒有考慮機器損壞的其他原因，就隨著瑞琳的判斷認定是她弄壞的。於是，瑞琳開始反覆思考自己愛道歉的習慣，只要和她有關的糟糕事情，她都認為自己應該負責。

在領悟了上述四個基礎原則之後，我們應該學習如何建立自信心。雖然前面個案的背景非針對老年人，但這些原則更適合老年人的需要。下面將繼續介紹引導策略。

參、樹立自信策略

樹立自信策略的探討包括：練習開始、迂迴路線、儘管犯錯然後放下、限制自責與善待自己等四個項目。

一、練習開始

人們在第一次練習做拋餅時，有可能會掉落在地上，或者弄得支離破碎，特別是老年人，多練習幾次後，最終才能順利完成。將樹立自信當作一種習慣，這就意味著要隨時隨地練習其他五個策略。不要想著只在遭遇困境或障礙時，才去學習樹立自信心；在你輕鬆愉快時，也同樣要樹立自信心。練習得愈多，才能把「有自信」當成一種習慣，才會從內在散發出真正的自信，尤其當需要它時，才會自然流露出來。

凱麗 16 歲時，曾和家人一起到馬來西亞首都吉隆坡旅遊。飛機著陸前十幾分鐘，他們遇到了一場強烈的暴風雨，而飛機又沒有足夠的燃料再飛到其他機場，機長被迫將飛機降落到已經因為被水淹沒而關閉的機場跑道上。消防車呼嘯著沿跑道奔馳，燈光突然熄滅，飛機彷彿失重了一般，機艙裡尖叫聲不絕於耳。此時，凱麗緊緊地抓住座椅扶手，而她的父親則冷靜地坐在位子上繼續看書，完全沉浸在書的內容中，不時地翻閱著；他身上散發出的自

信光芒幾乎照亮了整個機艙，看到他的鎮定，不僅其家人，連周圍的旅客也被感染了。當然，外表的自信沉著也可以幫助他穩定慌亂的內心。其實，他也跟大家一樣，對強烈顛簸的飛機感到擔憂和恐懼，但他可以裝作若無其事一樣，假裝出一副自信的樣子，既能自助，又可以助人，使大家都恢復鎮定與自信。

每當出現沒有自信的局面時（如準備參加面試或準備向老闆做報告），你就要問問自己：「如果我充滿自信的話，會有什麼表現呢？」、「若是某某人，會如何處理這件事呢？」這裡所指的某某人，一定是你認識並了解的人。然後，學著採用那些充滿自信的行為——姿勢、行動、思想等，這樣就會讓自己循序漸進地提升自信心。

二、迂迴路線

當自信行為尚處於剛被發現的階段時，它通常會不時地出現在人們的腦海中。瑪麗就曾遇到過類似情況，她曾閱讀過有關樹立自信和過度自信等方面的書籍。她花了三週時間來提升自己的自信心，以便確定引起周圍朋友的注意。然而，在這三週內，她對周圍人的感受漠不關心，只是一味地關注自己，而且並沒有注意到自己忽視了周圍的人們。當同事們一看到她進門，就會離她而去，各自想著：「天哪，瑪麗又來了！」她當然也了解這種感受，轉而開始難過，不知自己該如何是好。她感到做自己很難，這是一種冒險，而且弊大於利。

因此，多觀察周圍環境，多考慮來自其他人的評論，這也是非常重要的一件事。適應性和自信心是相輔相成的，即使在恰當範圍內，刻板嚴格的方法也會成為一種障礙，因為每個人的情況不盡相同，畢竟要因時、因地、因人而採取不同措施。當你需要採取迂迴戰術時，千萬不要擔心。缺乏自信的人們通常需要事先制定周密、完善的計畫，以避免出現各種突發狀況。但是，人們所猜想的各種狀況又都是虛幻的，害怕犯錯的恐懼心理，反而變成了一股反作用力，使人們的天性受到抑制。

三、儘管犯錯，然後放下

　　沒有自信的人所犯的錯誤，常被認為是無心之過。如果你，特別是老年人，經常未雨綢繆，總在想著：「不要犯一個別人從未犯過的錯誤」，那麼你注定會失敗。重要的事情不在犯錯，或者不會失誤，而是在於是否能夠認識錯誤，並絕對禁止再犯同樣的錯誤。塞繆爾・貝克特說過：「沒關係，再試一次，再失敗一次，失敗是好事情。」

　　我們應該學會從錯誤中吸取教訓，只有那些永遠不思進取的人才會不犯錯誤。眾所周知，失敗乃成功之母。之前，各大報紙曾爭相報導一則震驚世人的新聞：美國總統曾經混淆了巴爾幹半島和波羅的海諸國。他們把總統犯下的這個錯誤歸咎於某種政治上的暗示，但隨後接下來的幾天一直風平浪靜，幾乎看不出總統有何「失誤」的陰影，他依然充滿激情地到處演講、訪問。他已經了解到自己的過失，並且從心裡放下了，繼續按照既定行程。難道人們一定要時時刻刻記著自己的過失而生活嗎？我們一定要學會放下。

四、限制自責與善待自己

　　應用「既成事實」的規則，並且要設置一定的限制。特別是老年人，應該把自己過去的不足、失誤、混亂和內心深處所認為的失敗等全部拋開，杜絕它們對自己的侵蝕，轉而用自我鼓勵的心聲來代替。就彷彿自己擁有一個戰士，而他的職責就是給你帶來鼓勵、勇氣、快樂和幸福，那麼這個戰士會如何在你耳邊吹奏鼓勵之聲、激勵之樂呢？他會給你講些什麼事情來鼓勵你呢？擴大這樣的心聲，你就能清楚地聽到自信，並且感覺到快樂了。

　　善待自己，對老年人來說，是一個非常重要的策略。當今社會中的人們普遍都低估了善待自己的價值，這是一個樹立自信心的關鍵策略。缺乏自信的表現，主要源於給自己過重的壓力，以及不善於犒賞自己，獲取快樂。如果自我加壓的習慣能改變，你就能學會正確善待自己，你的自信就會如雨後春筍般的展現。

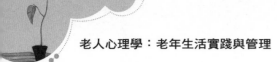

思考問題

1. 從瑞琳的故事裡，讓我們從失敗的人身上學到哪兩個重要的教訓？
2. 自信是從哪四個生活層面來影響人們呢？
3. 自尊心對人們來說有何價值？
4. 人們可以如何提升自信呢？
5. 樹立自信包括哪些策略內容？

第五章

記憶經歷與經驗分享

　　本章的主要目的是討論本書第二篇應用篇的第二部分「記憶經歷與經驗分享」，第一部分是「自我認知與生活適應」（第四章），第三部分是「壓力適應與情緒管理」（第六章），第四部分是「人際溝通與家庭關係」（第七章），第五部分是「滿足需要與生活動力」（第八章），第六部分是「智力變化與終身學習」（第九章），第七部分是「性、婚姻與親密關係」（第十章）。本章規劃為三節：第一節「老人的記憶與記憶力」，第二節「老人的記憶與記憶測驗」，第三節「從記憶經驗記取教訓」。

　　第一節「老人的記憶與記憶力」將探討三項議題：(1)記憶的意義；(2)老人的記憶障礙；(3)加強記憶能力。在第一項「記憶的意義」中，將討論：記憶的作用、記憶與生活、記憶的方法等三個項目；在第二項「老人的記憶障礙」中，將討論：記憶障礙的問題、記憶錯誤的症狀、記憶相關病症等三個項目；在第三項「加強記憶能力」中，將討論：分塊記憶、利用線索、尋找關聯、賦予意義等四個項目。

　　第二節「老人的記憶與記憶測驗」將探討三項議題：(1)記憶與記憶測驗；(2)記憶實驗的維度；(3)評定記憶測驗。在第一項「記憶與記憶測驗」中，將討論：記憶效應、記憶研究等兩個項目；在第二項「記憶實驗的維度」中，將討論：記憶的四個維度、有限的變量等兩個項目；在第三項「評定記憶測驗」中，將討論：外顯記憶與內隱記憶、選擇測驗、編碼與測驗、學習與測驗條件、實驗變量等五個項目。

　　第三節「從記憶經驗記取教訓」將探討三項議題：(1)經驗記憶的意義；(2)失敗與挫折；(3)挫折的效益。在第一項「經驗記憶的意義」中，將討論：

失敗與成功、面對挫折等兩個項目；在第二項「失敗與挫折」中，將討論：失敗的原因、面對挫折的態度等兩個項目；在第三項「挫折的效益」中，將討論：失敗的效益、逆境變成一種祝福等兩個項目。

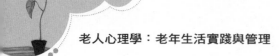

第一節　老人的記憶與記憶能力

本節將探討三項議題：(1)記憶的意義；(2)老人的記憶障礙；(3)加強記憶能力。

壹、記憶的意義

對於記憶豐富但卻將面臨記憶逐漸消失的老年人而言，記憶是非常珍貴的。記憶的意義之探討包括：記憶的作用、記憶與生活、記憶的方法等三個項目。

一、記憶的作用

記憶的內容包括識記、保存、認知和回憶等四個運作過程。記憶是使儲存於腦內的訊息覆蓋於意識中，保存和回憶以往經驗的過程，並且在識記、保存、再現等三個記憶基本過程中發揮作用。換言之，記憶是智慧的倉庫，一個人的覺悟、知識、能力、成就等，都與記憶力密切相關。記憶是學習新知識的準備，我們正是依靠記憶，把學習過的知識累積在自己的頭腦裡，然後才有可能不斷地去學習新的知識。如果邊學邊忘，那麼我們已經學過的知識就等於沒有學。

記憶是思維和想像的基礎。腦子裡若沒有儲備一點知識，我們的大腦就無法進行思維和想像。記憶是應用知識的前提，我們的學習要達到會說、會寫、會算、會做、會用、會創造，有了記憶，才能把學過的知識、技能全部

組合起來，融會貫通、實際應用，甚至創造新的物件。沒有記憶，我們將什麼也不會，永遠是一個無知的人，更談不上應用知識。一個正常的人，只要大腦健全，就有記憶。記憶力的好壞並非是遺傳因素所決定的，它是後天學習中培養起來的。那麼，該從哪些方面培養呢？

二、記憶與生活

在日常生活中，我們感知許多事物，思考各種問題，進行各種活動，當這些事物經驗過後，大部分的具體印象會在頭腦中保留下來，以後在一定的狀況下，它們還會在頭腦中得到重現。這種人腦對其經歷過事物的反映，就是記憶，例如：認字、記片語、記數學公式、背書等，都是記憶現象。

有這樣一個實驗，以國際象棋大師與普通人作為受試者，目的是研究象棋大師是否真有過人的記憶天賦。一盤殘局，二十餘個棋子，象棋大師只須看上一眼，便能夠憑藉記憶，把這盤殘局重新擺好，頂多差一、兩個棋子。普通人若也同樣看兩秒鐘，事後則只能擺出五、六個棋子。因此，我們能否得出以下的結論：象棋大師具有超人的記憶，一個人要想成為象棋大師，必須具備非凡的記憶潛能。為此，心理學家也另做了一個實驗，同樣地擺了一盤象棋，但不是正常對弈之後的殘局，而是一盤亂棋。雖說數量上還是二十餘個棋子，可是擺放無序，完全違背了象棋規則：小卒身居帥位，士、象在界河之外，老帥越過城池……結果，象棋大師看上一眼之後，與普通人一樣，也只能擺出五、六個棋子。於是，心理學家認為，象棋大師並非具有超人的記憶。

那麼，象棋大師為何對殘局能過目不忘呢？這是因為象棋大師對殘局有著比一般人更大的記憶模組。記憶模組就是最小的記憶單位。象棋大師之所以能在自己所專精的領域中，比他人有更大的記憶模組，乃是因為他在此方面有著更多的記憶或經驗的累積，或是更全面的觀察、更深刻的見解，善於抓住各個事物之間的聯繫，善於把各種貌似隨機的東西，組合成一個有機、統一的整體，例如：「將軍抽車」是一步棋，但可能有三、五個棋子組成。

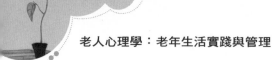

對於象棋大師而言，這只是一個組塊；可是對於普通人來說，則是三、五個組塊。其實，任何人學習任何一種知識都是如此，只是認真鑽研、深刻理解、徹底理解，就會自然擴大記憶模組的容量，使自己的頭腦能夠長期、牢固地儲存起更多的訊息。

三、記憶的方法

記憶的方法之探討包括：適合的記憶方法、目的任務明確、意義識記、機械識記、閱讀與背誦、運用記憶規律等六個項目。

（一）適合的記憶方法

找出適合於自己特點的記憶方法，是非常重要的。有的人在早晨會把昨天學過的內容複習一遍，就能很容易地記住；有的人喜歡邊聽邊寫，就很容易記住；有的人不喜歡在一個非常安靜的地方讀書，而是喜歡邊聽音樂邊讀書，反而能學習得更好……我們需要要從這些因人而異的方式中，找出適合於自己的方式，靈活運用、具體實踐，這是非常重要的。

美國第十六屆總統林肯只念過四個月的小學，當過工人與小販，但卻憑著好學與意志力考上律師，當選國會議員，最後被選為總統。他的記憶力非常好，所學到的知識都是透過自我學習的方式。林肯有一個習慣，每當他坐在椅子上讀書時，都要採用同一種姿勢：把腳放到桌上或者放在窗台上，並使身體向後仰著，他認為這樣有助於記憶。他在自學時所學到的知識，幫助他後來當上律師、國會議員、總統。所以，你也可選擇出適合自己的記憶方式。

（二）目的任務明確

目的任務愈明確，識記的效果愈好。熟記是在初步識記的基礎上發展起來的，其特點在於對知識的保持比較精確、牢固。明確熟記的目的，就能對識記材料進行選擇和定向，熟記目的愈具體，效果愈好。如果熟記的目的是

要背誦課文、定義、公式，那就要運用複習的方式；如果目的是要求應用教材，那就要建立意義聯繫，理解定義、公式。熟記任務是實現熟記目的的一系列具體要求，例如：熟記的時間、內容、步驟等，與目的相關的具體要求愈明確，熟記效果就愈好。

（三）意義識記

在記憶的過程中，要充分依靠意義識記。所謂意義識記，是依靠事物之間的必然的、本質的聯繫來進行識記。理解是意義識記的關鍵。意義識記的重要性，不僅在識記效果方面，更重要的還在於意義識記所儲存的知識最有用處。這是因為在進行意義識記時，我們會運用已有的知識去消化新知識，使新舊知識互相作用而融合成一體。這樣一來，我們就能更深刻地認識它、接受它和應用它。而理解是經過思維去發現事物的必然聯繫。

（四）機械識記

在記憶的過程中，要多以科學運用機械識記。機械式記憶在學習生活中仍然有其特殊地位，因為在我們的生活中常會碰到許多無意義的資料和暫時不理解的內容，它們卻又無法利用已有的知識聯繫起來，在這種情況下，只好用機械識記法去牢記它們。但抽象的概念、公式、法則、格言等，當然在理解意義之後，還是需要重複識記才能變成自己的知識。集中注意力是科學運用機械識記的心理條件。俗話說：世上無難事，只怕有心人。學習經驗證明，集中注意閱讀課文兩遍，比不注意去閱讀課文十次的記憶效果更好。

（五）閱讀與背誦

閱讀與背誦一起結合進行，效果更好。我們在學習時，把閱讀與背誦相結合進行記憶，就叫做嘗試背誦記憶法。我們在記憶內容時，如果開始就試著背誦，那麼記憶效果就能提高，例如：有十六個無意義音節，讓受試者識記九分鐘後立刻回憶，全部時間只讀不背者，能回憶 35%；五分之一的時間

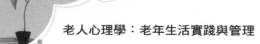

用於嘗試背誦者，能回憶 50%；五分之四的時間用於嘗試背誦者，能回憶 74%。由此可見，用於嘗試背誦的時間相對增多到80%，記憶效果就會更好。

為了提高效率，在剛能正確背誦時不要停止練習，繼續再學習幾次，此稱之為過度學習。心理實驗證明，過度學習在 50～100%時的效果比較滿意。如果過度學習超過 100%時，其效果反而會逐漸降低，這可能是因為過度學習會引起腦的疲勞和心理厭煩感所致。

（六）運用記憶規律

在記憶的過程中，要運用記憶規律，提高識記保持率。每次記憶內容的數量與識記保持率成反比，即每次記得多，忘得也快。每次記憶內容的數量與識記時間和次數成正比，也就是說，內容多，平均用來識記的時間或誦讀的次數也就多，所以每次應少記，積少成多。在考試期間，由於內容多，應當有計畫地適當增加複習時間。複習是強化知識、防止遺忘、實現知識保持的基本途徑，可以溫故而知新。對學習、工作與生活有重要意義的內容，使我們感到興趣，並符合需要的內容，識記保持率就高，內容難度大的保持率低，內容難度小的保持率高。因此，複習時應科學分配時間和精力。內容的首尾部分容易記住，不易遺忘，而中間部分則易忘記。所以，根據以上規律對保持記憶是有好處的。

記憶是腦的功能，是過去經驗在人腦中的反映，勤於用腦的人，其注意力、記憶力、思維力、想像力都較強，學習成績也較好。但是用腦過度，會使腦神經疲勞、注意力不集中、記憶力下降、思維活動遲鈍，更有甚者是頭昏腦脹、神經衰弱；因此，要讓大腦適度休息，就要講究科學用腦。

貳、老人的記憶障礙

記憶是非常基本的精神功能，它能使我們認識自己、認識世界，因為認識本身就是透過與過去的經驗對比分析形成的，而過去經驗的保留就是記

憶。記憶包括識記、保存、認知和回憶等四個過程，記憶障礙可以在四個過程中的不同部分發生，但一般都會同時受損，只是嚴重程度不同而已。記憶障礙大致可以分為兩個方面：一是記憶量方面；二是記憶質方面。

記憶是使儲存於腦內的訊息覆蓋於意識中，保存和回憶以往經驗的過程。在識記、保存、再現等三個記憶基本過程中會出現減弱、抑制和破壞，不能重現痕跡，此稱為記憶障礙。記憶的前提是要有一個清晰的感覺和認知，通常稱為識記。識記時注意力是否集中、有無識記對象的基本知識等，均影響到識記的功能。情緒對記憶的影響也十分明顯，特別關心的事情容易記住，例如：父母、丈夫或太太的生日、中秋節、春節等重大節日比較容易記住，就是因為這些日子帶有情感色彩。

一、記憶障礙的問題

老人基本的記憶障礙通常分為遺忘和記憶錯誤兩大類：遺忘是由於識記過程障礙或腦器質性病變，而影響到保存過程所致；記憶錯誤則是由於再現的失真而引起。對於很久以前發生的事情和體驗，甚至不引人注意的小事卻能記憶猶新，連細節都沒有遺漏，此稱為病理性記憶增強。對於以往的重大事件，尤其是與自己切身利益相關的事情難以回顧，即使提醒過後，瞬間又忘卻，此稱為記憶衰退。記憶增強或記憶衰退均屬於記憶障礙。

二、記憶錯誤的症狀

各種原因引起的腦功能及腦器質性損害，可能會出現潛隱記憶、似曾相識感、舊事如新症、重演性記憶錯誤等記憶障礙。其原理與遺傳因素、基礎腦結構的損害，以及腦缺氧等有關，常見於癲癇性精神障礙、功能性精神病、腦器質性精神障礙，以及感染中毒性精神病等。

（一）潛隱記憶

潛隱記憶是指，個案對於不同來源的記憶混淆不清、相互顛倒，把自己

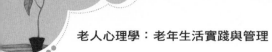
過去看過的或聽到的，或是在自己夢中體驗過的事物之回憶，誤認為是自己實際體驗過的事物。潛隱記憶可分為兩種情況：

其一，把別人經歷過的事，回憶成是患者本人實際發生過的事。

其二，把實際上患者本人經歷過的事，回憶成是聽到或曾經看到，或談論過的事。

（二）似曾相識感

似曾相識感是指，患者在經歷完全陌生的事物時，有一種過去曾親身經歷過的感覺，又稱為熟悉感。正常人有時候可能也會有這種感覺，但很快就會意識到這是自己感受或記憶方面的錯誤，但精神病患者則會堅持認為自己確實是經歷過的。

（三）舊事如新症

舊事如新症是指，患者對過去經歷過的事情，在重新經歷時，卻是完全陌生的感覺，又稱為陌生感，此可以是人格解體和現實症狀的組成部分。

（四）重演性記憶錯誤

重演性記憶錯誤是指，患者對於某一段時間的生活經歷感覺到似曾發生，就像重演的一樣。

三、記憶的相關病症

老年人記憶的相關病症探討包括：癲癇性精神障礙、人格解體神經症、腦器質性精神病、精神分裂症等四個項目。

（一）癲癇性精神障礙

癲癇性精神障礙的其中一種是認知障礙為主的發作，主要表現為記憶和觀念發作。記憶障礙發作表現為自我意識障礙和回憶錯誤，患者有健忘、似

曾相識、似曾經歷、往事如新，以及未曾經歷等症狀，在發作中對過去的體驗不能回憶，但發作之後可以回想起來，也可能有失掉親近感和非真實感等人格解體症狀。在癲癇的夢幻狀態下，患者會表現出周圍日常人物都如初次見面、熟悉的生活環境如初臨的異地，完全變得不熟悉，並可能出現充滿幻覺、妄想體驗的夢幻世界。

（二）人格解體神經症

人格解體神經症患者會急性發病，會突然感到周圍物體的大小、形體和顏色發生了改變，感到世界顯得新奇、特殊、陌生，好像自己在夢裡一樣，有的人還可能表現出過去所熟悉的東西變得陌生了。當患者出現這種情況時，會有不同程度的焦慮或恐懼。

（三）腦器質性精神病

腦器質性精神病是由各種原因導致的腦器質性疾病，所出現的嚴重記憶障礙，均會出現陌生感、熟悉感等，但一般都有其獨特的病史及身體和神經系統的特徵，還可能有腦波圖的異常症狀等。

（四）精神分裂症

精神分裂症的早期表現為感知覺障礙，患者可能出現特殊的不適感和頭部重壓感，在身體感覺與體形感覺障礙的基礎上，會出現窺鏡症狀。感知綜合障礙較多見，少數病人會出現似曾相識和非真實感，他們認為世界不是真的，有一種陌生感，而一般都會有身分障礙；除此之外，還有其他的思維、情感方面的障礙。

參、加強記憶能力

俗語說：「老人像孩子」，這句話對老年人的學習而言，確實有效，因

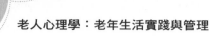

為幼兒大腦的記憶資料很少，需要不斷地透過學習來補充，以便隨時得以應用；而老年人的情況則是類似，由於機能老化，導致記憶衰退，同樣需要隨時補充。在這個背景下，教育心理學家研究：如何幫助老年人發揮本身的輔助記憶功能，以便增強自主性的生活能力。在此，我們建議可以透過開發大腦本身的記憶功能來改善記憶力。

「天道酬勤，熟能生巧」，這是我們在學習中應該遵守的一條重要原則。這條原則提醒和告誡我們，學習的效果與我們在學習上所付出的努力和花費的時間是成正比的。在保證充分的學習時間基礎上，運用有效的學習方法和記憶策略，不僅可以大大縮短學習時間，還可以充分體會到學習的樂趣。其實，一個人，特別是老年人記憶能力的好壞，在很大程度上受到心態的影響，特別是受到內心焦慮程度的影響。假如顧慮太多，就很難再集中注意力、專心學習了。因此，提高學習效率的首要前提，就是要克服焦慮、集中精神，並需要做到放鬆心態、氣定神閒。

針對老年人的增強記憶能力，特別推薦「組織方法」提供參考。組織包括四種方法，這些方法的運用都可以很好地改善老年人的記憶力，它們分別是：分塊記憶、利用線索、尋找關聯、賦予意義。

一、分塊記憶

為了增加大腦的「儲存量」，提高大腦記憶的強度，在記憶時，最好將大量訊息分成若干小塊，以便記憶。事實上，我們在購物的時候，就可能已經在使用這種方法了，例如：你總共打算買五十件商品，但是在沒有購物清單的情況下，一下子要記住這麼多商品名稱，並不是一件特別容易的事情。但是，我們可以根據超市裡不同的購物區，按順序進行採購，例如：水果區、蔬菜區、肉類區、魚類區、奶製品區、日用品區、飲料區、化妝品區等；如此一來，就不容易忘記購買需要的物品了。超市裡的這種分區擺設法，和人們在購物時採用的分類選購法，適用於各種各樣的情況，例如：在大型展覽館舉辦電腦資訊展，各廠商均會分區展覽：軟體與硬體、桌上型與

Notebook 電腦、網路與通訊等。

二、利用線索

　　上述購物的方法，除了顯示出分塊記憶的優勢以外，同時還顯示出尋找、使用線索的重要性，它同樣也可以幫助我們記憶有用的訊息，例如：我們可以把水果當作一條線索，在選購各種商品的過程中，當我們走到水果區的時候，就會想起自己購買水果的內容，在這條線索的提示下，我們就會再進一步挑選各種各樣的水果。水果是一種外部線索，是一種來自於外界的提示物，假如沒有這種外部線索的話，我們也可以自己設想一條線索，並將其儲存到大腦中，例如：我們要為自己準備第二天的午飯，需要用到五種食材，那麼你就可以把這五種食材作為一條線索記住；假如你只準備了四種製作材料，在大腦中已經儲存的線索提示下，自然而然就會想起來還有一種食材沒有準備好，進一步就可以想起第五種食材。

三、尋找關聯

　　假如我們能夠把新訊息和已知訊息聯繫起來，找到它們之間的關聯點，就可以將新訊息進一步地整理，將其加工成更容易被自己接受的形式，之後再另行記憶，例如：在學習法文「美麗」（beau）這個單字的時候，如果你能把它與自己學過的英文單字（beautiful）結合起來，經過比對發現，法文「美麗」一字與英文單字「beautiful」在拼寫上存在著相似點，那麼，在已知英文單字的幫助之下，就可以更快牢記法文「beau」這個單字了。

　　在記憶新認識的朋友姓名時，這種尋找關聯的方法也很有效。如果能把剛剛認識的人與已經認識的人聯繫在一起進行記憶，例如：「小黃與我的老朋友老王一起來參加晚會」，那就可以更快、更牢固地記住這位新認識的朋友。由此可見，我們應該可以把自己已經了解和掌握的知識或者訊息視為一個基礎和框架，就像蓋房子之前所打下的地基一樣，在此基礎上，不斷地吸收新訊息、掌握新知識；地基打得愈深，房子就可以建得愈高、愈穩固。同

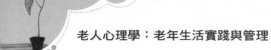

樣的道理，知識儲備就愈豐富，也就可以更多、更快、更牢固地掌握新知
識。隨著新知識的逐漸積累，我們要學習的東西會愈來愈快，也會愈來愈
多。

四、賦予意義

比起那些空洞無味的學習內容來說，假如我們所要學習的內容很有意思
或趣味，或者對我們來說比較有用，那對這些自己感興趣的內容學習起來就
會比較容易，掌握的程度也會比較深。那麼該如何才能使學習變得有意思和
有意義呢？其實有很多方法可供選擇和使用，例如：我們可以結合個人原有
的知識和生活經驗去學習新知識——「我以前使用過變速桿，這次使用的這
種變速桿與先前使用過的那種略有不同，這種變速桿的回復裝置是自下而上
的，不再是自上而下的了」、「設定報時器的方法比開啟定時器的方法更簡
單，不需要再按啟動開關，只要直接設定一下時間就可以了」，此外，我們
還可以透過尋找新舊知識或新舊工作之間的聯繫，使自己的學習或工作變得
更加有意思——「要想使用瓦斯爐，必須首先打開瓦斯的總閥門」、「為了
及時保存工作成果，在對舊文件進行整理以後，應該及時地把整理好的文件
再複印一份以便存檔，並且把沒用的文件及時處理掉」。

【個案研究】

法國葡萄酒

接下來讓我們看看「組織方法」是如何被實際運用到具體的學習和工作
中，如何幫助大腦加強記憶！例如：我們想了解法國葡萄酒（或者其他產
品），而且為此還特別買了一本介紹各種法國葡萄酒的書。回顧、總結完所
有關於酒的知識以後，就可以大致了解整本書的主要內容了。通讀全書的過
程也是對原有知識進行調整、補充和重組的過程，例如：在瀏覽全書的主要
內容以後，我們就能夠把各種不同的葡萄酒（產品）按照不同的標準進行分

類。重新組織原有知識，可以促進我們學習新知識。

1.進行知識重組以後，就能夠確定三條評葡萄酒的標準（如葡萄酒的顏色、葡萄酒的甜度，以及葡萄酒的起泡程度）。由於每種葡萄酒都可以從這三個方面進行描述，因此這三條標準能夠很容易地被記住，並且我們也能確定這三條評葡萄酒的標準也都是十分有意義的。

2.由於三條標準反映了各類葡萄酒的通性，因此我們就可以按照這些標準，將葡萄酒劃分為不同的種類，例如：如果按照葡萄酒的顏色進行劃分，就可以把葡萄酒按照紅、白、玫瑰紅、黃褐等四種顏色加以歸類。我們還可以把四種顏色作為自己進一步記憶各類葡萄酒的線索。

3.在進行知識重組的過程中，我們會使用分塊記憶的方法：在各個評葡萄酒標準的各種葡萄酒就已經說明本身的意義。但如果要一下子記住十種葡萄酒，就很可能會感到為難；但如果把這十種葡萄酒分成三大記憶分塊（三個評葡萄酒的標準），每個記憶分塊僅僅包含三至四條訊息或特點的話，我們就可以比較輕鬆地記住這十種葡萄酒了。

記憶是有效生活管理的另一個關鍵性能力。事實證明，兒童的學習效率與效果要比老年人好，這是因為兒童的記憶能力比老人強。

思考問題

1. 記憶的內容包括哪四個運作過程？
2. 討論記憶的方法包括哪六項？
3. 老人基本的記憶障礙通常分為哪兩大類，請分別描述之。
4. 常見的老年人記憶相關病症包括哪些項目？
5. 針對增強老年人的記憶能力，可運用「組織方法」提供參考，它包括哪四種運用方法？

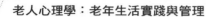

第二節　老人的記憶與記憶測驗

本節將探討三項議題：(1)記憶與記憶測驗；(2)記憶實驗的維度；(3)評定記憶測驗。

記憶是非常基本的精神功能，在前一節中已經討論過它的功能與運作方式：它能使我們認識自己、認識世界，因為認識本身就是透過與過去的經驗對比分析形成的，而過去的經驗保留就是記憶。本節就是在這個基礎上來討論老人記憶與記憶測驗。

壹、記憶與記憶測驗

記憶與記憶測驗的探討包括：記憶效應、記憶研究等兩個項目。

一、記憶效應

記憶效應大致分為兩個方面：一是記憶量方面；二是記憶質方面。由於每一個老人的記憶裡所儲存的「數量」差異，導致需要回憶應用之時，效應不同。這是因為教育背景、工作與生活經驗造成個人的儲存「數量」之差異。

其次，由於每一個老人的心理與生理健康狀況程度不一樣，也會造成回憶「品質」效應的差異。記憶的品質可以分為以下四個特點來討論：

1. 準確：如電話號碼或門牌號碼，如果記錯了，就會撥錯電話或找不到正確地址。
2. 速度：短時間內，若得到較多的訊息，但無法快速記下來，會讓訊息變成沒有用處。
3. 持久：雖然已記得某些事情，但是經過一段時間之後，就想不起來。

4. 應用：已記得的訊息，但是沒有經過適當的組織，結果在需要這項資料時，無法透過思緒在腦海中呈現這個記憶內容。

二、記憶研究

　　一項人類記憶的研究通常包括至少兩個不同的階段：學習階段和測驗階段。在學習階段中，向人們呈現一些事件或學習材料，而在測驗階段裡，採用某種方法詢問他們關於先前所經歷事件的記憶。在記憶的自然主義研究中，有時會要求人們回憶他們早期的生活事件，例如：關於童年最早能提取的記憶，或者關於高中階段同班同學的記憶。

　　有關於童年記憶的準確性，並無法檢驗（提及到的事件是否確實在早期生活中發生過？或者，是否是後來由父母敘述的一段經歷？）但高中時期的回憶，則可以用年鑑之類的紀錄加以核對。然而，一般說來，實驗心理學家喜歡在實驗室呈現材料，控制實驗的學習階段。

貳、記憶實驗的維度

　　在記憶實驗中，維度類似於測量長度的尺規，是一個不可缺的關鍵工具。記憶實驗的維度之探討包括：記憶的四個維度、有限的變量等兩個項目。

一、記憶的四個維度

　　詹金斯（Jenkins, 1979）提供了一種很好的方式來思考人類記憶的實驗。他指出，記憶的研究者在進行實驗時，必須在四個維度上進行選擇，無論哪個特定維度是否為研究者感興趣的。這四個維度是：

1. 受試者或受測量者的類型。
2. 實驗中使用的材料。

3. 定向任務（the orienting tasks）（或受試者接受測驗的情景特徵）。

4. 測量保持的測驗類型。

將這四種因素置於一平面，並考慮它是一個四面體（儘管在一張兩維的紙上，很難得到其視像），其基本論點是對人類記憶的所有實驗都涉及此四維空間。以下介紹一項專家進行的實驗，該實驗的受試者是高中學生，材料是分類的單字表，在學習或編碼階段向受試者說：要進行有意學習的指導語，意思是注意呈現的單詞，因為後面要進行測驗他們對單詞的記憶。因此，這三個因素全都保持恆定。第四個因素即測驗類型，是研究者感興趣的自變量。接下來，一些人被試做自由回憶測驗，而另一些人則做線索回憶測驗。做線索回憶的受試者可回憶出更多的字詞。

二、有限的變量

詹金斯（1979）的四面體說明了，任何實驗都只創建出某些有限的變量，或因素，或興趣；並且，該實驗還是在其他變量或因素保持恆定的情況下進行的。這種立場可稱之為背景論（contextualism），每一項實驗結果都是鑲嵌在保持恆定的其他因素所組成的背景之中。讚賞這種觀點自然得提出一些總是銘記在心的問題，例如：

1. 如果其他維度得到了控制，那麼由一特定實驗獲得的發現仍能成立嗎？

2. 在目前的案例中，如果使用了不同類型的受試者，或是不同的材料，或在編碼前給予不同的指導語，那麼線索回憶仍優於自由回憶嗎？

沒有所需要的研究項目，不可能有事先的答案，不過研究者常常隱約地假定，他們在特定有限的實驗條件下獲得的結果，將概括地應用於其他條件。有時後來的研究證明這種假定是對的，但常常是後來的研究將證明某些振奮人心的發現只在狹小的範圍內成立。該發現在理論與實踐中仍然是備受關注的，但它的普遍性不大。

詹金斯的模型提供了一個有用的方式，可用來考察記憶的主要發現。我

們將依次考慮四個因素中的每一個，並討論曾被控制的某些變量。我們將描述某些已被證明對記憶的大多數測驗，如對回憶和再認有很大影響的一些變量。然而，我們的概括化必須有一個條件：即所有其他因素保持恆定。這就是在大多數情形下，概括化是成立的，但是常常有可能操縱其餘三個維度的一些因素，至少會影響實驗效果的幅度。在某些情形中，實驗效果可能會被消除，或在另一些情況中，可能會出現反轉。

參、評定記憶測驗

在探討記憶實驗的維度之後，我們將進行評定記憶測驗，其內容包括：外顯記憶與內隱記憶、選擇測驗、編碼與測驗、學習與測驗條件、實驗變量等五個項目。

一、外顯記憶與內隱記憶

過去一個世紀以來，有許多研究用過很多標準的實驗室模式來評定記憶，我們可以籠統地將這些實驗歸類為外顯記憶測驗和內隱記憶測驗。顧名思義，外顯記憶測驗就是直接或間接詢問過去經驗的測驗，例如：要求受試者回憶剛剛在一次實驗中看到的一系列圖片，或者回憶他們的高中同學，或者他們昨天見到的人，這些都是外顯記憶的測驗。

內隱記憶測驗同樣也在測量過去經驗的效果，但是這些效果是透過將過去經驗間接地轉化為現在的行為而獲得的，在此一過程中，沒有任何從過去經驗中進行提取的指示，例如：我們昨天在一本書中讀到「明察秋毫」這個詞，今天在向朋友描述一個聰明的熟人時，在交談中敘述她明察秋毫。如果我們過去從未用過這個詞，今天會使用它，大概有可能是因為昨天讀到過；因此，我們就可以說，昨天讀到這個詞，今天就可以去用它。內隱記憶測驗就是用來測驗這類速成灌輸記憶的測驗，而會比上述例子中的測量方法正式一些。

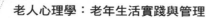

　　我們先考慮記憶中的外顯測量，然後再來看內隱測量。外顯測量捕捉的是我們對過去的有意識之回憶。在20世紀中，大多數有關記憶的實驗工作用的都是外顯測量。如果向人們呈現一個二十個詞的字表，然後請他們用任意的順序把它們回憶出來，這種任務就是自由回憶；如果要求他們必須嚴格地按照呈現時的順序進行回憶，這種任務就是系列回憶；上述這二者都是對保持的外顯測量。讓人們學習一些詞對（例如：鋼琴－麵包），然後呈現詞對中的一個詞，請他們來回憶另外一個。其中給予受試者以類別名稱（例如：鳥），作為對回憶這個詞表中與他們一起呈現的詞（例如：老鷹、鸚鵡）之輔助，線索也可以是在將要學習的材料中，未包括進去的，例如：「大象」這個詞在詞表中呈現過，「獠牙」即可作為那個項目額外的提取線索而呈現。

二、選擇測驗

　　通常，研究會請人們學習一些材料（如一百張圖片），然後進行測驗。給他們已學過的圖片和大量的其他圖片，要求他們辨別哪些是他們剛才見到過的。當他們一張一張地看學過的和未學過的圖片，並讓他們判斷是（或舊的）和不是（或新的），這種測驗方式就叫做自由選擇（或是／否）再認測驗，受試者對每個項目都做選擇（是／否或舊的／新的）。迫選再認測驗是向受試者同時呈現一個學過的項目和一個或多個未學過的項目，請他們從中選出那唯一學過的項目。自由選擇再認測驗非常類似於教育評定中使用的是非題，而迫選再認測驗則類似於多重選擇題。

　　在對人類記憶進行研究的大部分歷史時間裡，人們選擇了方便的測驗方式，並使用它來研究記憶問題。研究者的畢生可能是從事包含在自由回憶或再認中的心理過程等一些問題，其中暗含的假設是「記憶就是記憶」，所有的測驗都揭示同樣的過程，但其中一些測驗（如再認）比另外一些測驗（如自由回憶）更加敏感。測驗模式被看作是其他科學家所謂的製劑：一旦有人發展出一種敏感的任務或製劑，它就會被再三使用。儘管此一研究策略有助

於我們在有限的問題情境內，達到對問題深層次的理解，但從長遠來看，它可能是誤導的，原因在於這些測驗並不是等價的，而且他們所測量的並不是同一件「事物」（如記憶痕跡的強度）；常常是，相同的變量，在各種記憶測量中可以顯現出不同的效果。以語言中，單字出現頻率的效果為例，正如上面所指出的，當其他特徵（如詞類、長度等）保持恆定時，高頻率詞比低頻率詞更容易被回憶起來。我們可能會嘗試用這樣的說法來解釋，即高頻率詞比低頻率詞製造了更強的記憶痕跡。然而，當我們採用再認測量時，又變成低頻率詞比高頻率詞再認得更好。對其他變量來說，可能影響回憶，但不影響再認；因此，不能認為回憶與再認所測量的是具有不同敏感程度的「同樣的記憶」。

三、編碼與測驗

在考察記憶中，編碼和測驗之間的關係有一個有用的觀點，即傳輸適當加工說（transfer appropriate processing）（Bransford, Franks, Morris, & Stein, 1979）。通常，當測驗所要求的過程，在某種程度上與對此一材料編碼時所用的過程相匹配時，測驗成績會更好，例如：在斯坦（Stein, 1978）的一個實驗中，受試者學習像「knIfe」（刀子）這樣的一些字詞，要求他們回答以下兩個問題之一。在一種情況下，問題涉及一些視覺特徵（這個字詞中是否包含了一個大寫的字母 I），而另一類問題則要求受試者考慮字詞的意義，例如：「——是否有一個鋼刃？」當問題鼓勵受試者進行有關意義的加工時，再認成績會更好。但是，斯坦的實驗運用了兩類不同的再認任務，其中之一是標準的迫選測驗，要求受試者從未學過的字詞中挑出學過的字詞〔例如：trUck（樹幹）、knIfe（刀子）、relAy（接力），和 sCene（風景）〕。以前的任務在此一測驗中被重複出來，與要求受試者判斷字母的條件相比，語義編碼情境產生了更好的再認效果。

但是，在另一個再認任務中，檢驗受試者對剛才見過的視覺呈現的字詞之再認能力。現在測驗包括一種迫選法，例如：呈現 kNife、knIfe、kniFe、

knifE，而要求受試者從中挑選哪一種是剛才見過的字詞。這個再認測驗的結果與標準測驗的結果恰好相反，在編碼階段，如果受試者的注意力被字詞的外形所吸引，成績反而會更好，儘管受試者採用同樣的方式加工了同樣的字詞，測驗都揭示出編碼經驗的不同方面。如果先前注意的，是字詞的可見特徵，那麼可見特徵的再認成績，即會遠高於先前注意意義的情境；如果先前注意的是字詞的意義，則基於意義的再認成績，則要好於先前注意字形的情境。此一結果模式是傳輸適當加工說的例證。

　　如前所述，內隱記憶測驗是間接地測量保持，典型的這類測驗在學習階段類似於外顯記憶測驗。通常，在有意或無意的學習條件下，給受試者一些字詞或圖片。但是，測驗都與外顯記憶十分不同，因為並不要求受試者去回憶過去的事情；相反的，給予他們的是表面上與實驗中先前事件無關的另一任務，例如：受試者看到了 elephant（大象）、accordion（手風琴）和 thimble（頂針）這些字詞的表，在實驗系列的稍後某個時候，告訴他們下一個任務是用頭腦中第一個出現的字詞，將不完整的詞補全。此任務的一個版本叫做「字詞的填充」，向受試者呈現一個字詞的頭三個字母，要求他們說出頭腦中第一個出現的字詞。其中的一些字詞與先前學過的字詞相對應（例如：ele＿，acc＿，thi＿），很多其他的字詞則無聯繫。此一任務的另外一種版本叫做「字詞片斷填充」，呈現給受試者的是字詞的片斷形式，例如：e＿e＿h＿n＿，要求他們猜出這是一個什麼字詞。同樣的，其中一些是受試者曾經學習過的字詞，而另外一些未學過。在這兩種任務中，幾百個實驗的結果都顯示，受試者更能填補出那些剛才學習過的詞或詞的片斷，例如：假設沒有學過大象這個字詞，正確填補這個字詞片斷的可能性是 30%，而如果學過這個字詞，填補率可能是 60%，這 30%的增加量歸因於做好了準備，對這個字詞先前的學習，使得對填補這個字詞有了準備。

四、學習與測驗條件

　　當學習條件和測驗條件相匹配時，對項目的回憶最好，這是傳輸適當加

工說的一個例證。雖然在一種外顯的、自由回憶測驗中，遺忘症患者的成績劣於控制組，但兩組之間，在內隱的詞彙填充測驗中的成績並沒有差異。心理學家們開始對這種內隱記憶測驗發生興趣，因為用內隱記憶測驗的實驗結果，與外顯測驗的結果十分不同。記憶的內隱測驗揭示了先前經驗對行為的影響，因而能夠反映出記憶的一種類型，但此一記憶類型與外顯記憶測驗（如回憶或再認）所揭示的很不相同，例如：一些腦損傷患者喪失了大部分記憶新訊息的能力，可稱其為順行性遺忘症。他們的遺忘很嚴重，如果給他們一個詞表要他們記憶，在短時間過後，要他們回憶或再認這些字詞，他們甚至可能連曾聽說過的某一個字詞都記不起來，更不用說詞表中的一些特定的字詞了。此類患者的所有外顯記憶測驗的成績都很差。

對於這種遺忘症的自然解釋，是大腦負責編碼和儲存新訊息的中樞損壞了。然而，在 20 世紀 1960 年代，英國心理學家威靈頓和維斯克朗茲（Warrington & Weiskrantz, 1968）卻發現，這種患者在內隱記憶測驗中，表現出極佳的正常準備狀態，而此一發現被重複了很多次。其中一個由格拉夫、斯奎爾和曼德勒（Graf, Squire, & Mandler, 1984）主導實驗中的受試者不是遺忘症患者，就是在年齡和教育水準上與其匹配的正常受試者。當對所有受試者都呈現字詞表，然後給他們再認測驗或詞彙填充測驗後，遺忘症患者在自由回憶測驗的成績比控制組差很多，這一點毫不奇怪。然而，詞彙填充測驗的結果顯示，患者在準備狀態上表現得和控制組受試者一樣好。

對上述這些字詞先前的學習，在這些患者身上的促進作用是正常的，這一點可能是因為顯示訊息的編碼和儲存是完好的。遺忘症患者的困難似乎是在被問到這些訊息時提取的困難，有意識回憶的過程被干擾了。此一結果模式顯示出記憶測量之間存在著分離：對一組任務（外顯記憶任務）的成績受腦損傷的影響很大，但對另一組任務（內隱記憶測驗中的準備狀態）如果不是全無影響的話，也影響很小。此一結果也顯示了在前一部分中概括化的一個例外，即很多個體差異變量會影響實驗中的整體成績水準，但和這些變量並無交互作用。

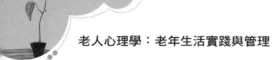

五、實驗變量

很多實驗變量也不同地影響記憶的外顯和內隱測量，例如：在研究時控制學習中有意與無意學習的指導語，對諸如字詞片斷填充和詞幹填充等內隱測驗沒有影響；而對每個項目的學習時間、項目的大量呈現，以及其他因素，如定向任務的類型（從字詞的外觀或意義進行評判）等也無影響。對於內隱記憶測驗中準備狀態的研究，在過去二十年來發展迅速，目前此一領域已有非常充實的文獻資料。在此，我們應該指出，內隱測驗除了字詞片斷填充與詞彙填充以外，還有很多不同的類型，以上的表述對這些測驗是站得住腳的，但對所有的內隱測驗來說卻不一定成立。

在結束這一部分的論述時，我們仍要回到開始的話題：我們不能將記憶當作一個統一體那樣來談論它，有很多測量記憶的辦法，他們揭示了工作中不同的過程和系統。如果將記憶看作只是一種類型，或將其看作是所有情境、任務和人們都具有全面效果的測量，那將會產生誤導。在記憶測量中，特別是針對記憶內容豐富的老年人而言，其間的交互作用或分離是規則而不是特例。

思考問題

1. 記憶的品質可以分為哪四個特點來討論？
2. 記憶效應主要分為兩個方面，請分別說明之。
3. 詹金斯提出了「記憶的四個維度」，是指什麼？
4. 進行評定記憶測驗時，其內容包括哪五項？
5. 何謂外顯記憶與內隱記憶，請分別說明之。

第三節　從記憶經驗記取教訓

　　本節將探討三項議題：(1)經驗記憶的意義；(2)失敗與挫折；(3)挫折的效益。

壹、經驗記憶的意義

　　我們應在挫敗中找尋等值利益的種子，雖然在面對挫折時很難做到這一點，但它卻是成功學中很重要的一部分。

　　失敗和痛苦是上帝和每一種生物溝通，並指出我們錯誤所使用的語言。動物在聽到上帝的這些話時，可能會變得膽怯，致使它們逃避所有可能的威脅。但當我們在聽到上帝的這些話時，應該變得更為謙虛，才可以學到智慧和體諒，應了解開始邁向成功的轉折點，通常是由挫折或失敗所決定的。有了這項認知之後，就不必再將挫折視為失敗，而應把它看成是一個暫時性，且可能會帶來祝福的事件。

一、失敗與成功

　　失敗的經驗是成功的機會，我們都知道此一道理（儘管做起來很難），故失敗的經驗愈豐富，成功的機率愈大。

　　20世紀初，在美國亞歷桑納州有位男子，試圖找尋一座位於茲默斯頓小鎮附近的豐富銀礦礦脈，而努力找尋了幾年。有一次，他在一座小山的側向挖出了大約二百公尺的坑道，但是，這座挖出坑道的銀礦卻早已被挖掘一空了，他不得已只好放棄了計畫，過了不久，這名男子就去世了。經過了十年，某礦業公司買下了茲默斯頓地區的幾處礦區，這家礦業公司重新挖掘了當年被放棄的礦脈，就在距離廢棄坑道一公尺左右的地點，發現了新的豐富

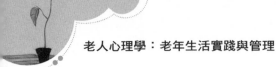

銀礦礦脈；相隔只不過一米，卻相差了幾百萬的美金。樵夫砍伐大樹，縱然砍擊的次數多達一千次，但使大樹倒下去的往往是最後一擊。

有力和無力之區別，勤勞和懶惰之區別，成功和失敗之區別，其間之差異猶如薄紙之隔。在公司內，你可能是一位平凡的業務員，業績始終維持中等程度，不及頂尖優秀業務員的一半；你也許會因此認為，憑自己的能力是絕不可能拉近這麼大的業績距離。但請仔細想一下，業績多你兩倍的業務員，比起你一天八小時的工作時間，難道他工作了二十四小時嗎？那是不可能的。在顧客訪問中，你一天十次，他可能也不過多了你一次而已。而你用了十個小時的心思於工作上的同時，他或許也只不過多用了一個小時。

諸如此類，只要再稍加努力便可得到非凡的成果；但是多數人，卻在自我滿足後，便停滯不前了。其實只要再稍加努力，再多前進一步，便可由庸俗的世界升級到超凡的世界，身價便會快速地提升。拿破崙在擔任革命軍小隊長時，就開始嶄露頭角，而後漸漸掌握法國軍事和政治實權，並發揮靈活的外交手腕，對於確保法國獨立極有貢獻，是法國人民心目中的英雄。最後，他從英雄又晉級為皇帝，更使法國成為歐洲的支配者。表面上看，拿破崙是戰績輝煌的天之驕子，但事實上，他是經歷過無數失敗和挫折之後，以堅強的意志力和無比的勇氣，才得到令人羨慕的成功果實。但是，在征服全歐洲以後，拿破崙曾說了一句有名的話：「莊嚴與滑稽之間只有一步之隔。」這意味著：「自己吃了大敗仗，狼狽地逃走是十分滑稽的舉動，但是不久之後，必然會莊嚴地扳回面子。」

無論如何，失敗與成功只是一線之隔，愛迪生說：「失敗為成功之母。」因此一個人只要有向上的決心，必定能在失敗中尋獲成功的鑰匙；如果就此灰心失意，便永遠嘗不到成功的果實。愛迪生也說：「在我的一生中，以發明電燈的過程最為艱辛和困苦。我不但用很長的時期思考，並試驗世界上所有的物質，研究它們能不能發光。」所以，有些愛開玩笑的朋友就說：「他老是做那些必然會失敗的事，才會嘗遍失敗的滋味。」

邱吉爾進入政治界二十年後，再參加競選時卻落選，原因是他在競選前

夕罹患盲腸炎，疾病在身而無法對競選事務充分作準備。邱吉爾在選舉失敗後開玩笑地說：「我把議會席位、政黨成就和公家飯碗都輸掉，連盲腸也一併丟了。」邱吉爾利用沒有公務纏身的機會，開始寫作和思索，寫下了許多名著，並且積極為下一次再登上政治舞台而熱身。人們就是要不怕困難與失敗，才能成功，因為失敗的經驗愈豐富，成功的機率便會愈大。尤其是年輕人，應該把握黃金歲月，懷抱強烈的目標意識，果敢地前進，才能使生命之樹欣欣向榮。

【老人故事】

記憶力愈好，愈不容易老

　　老人經常會有一種經歷：走到房間角落，摸著頭，然後問自己：「我進來房間是要做什麼？」或是「我進來房間是要拿什麼東西？」這時候，通常會再補一句自我調侃的話：「年紀大了，真是一點用處都沒有！」每一個人開始退化的年齡都有所不同，腦神經會隨著年紀而萎縮，顯現在外表的就是行動遲緩，表現於平常生活的就是記憶力的明顯退化。記憶力愈好，則從事任何一件事，就愈有活力，就不會覺得身分證上的出生日期很遙遠。如果覺得自己的記憶力已經衰退得很嚴重，就會使自己出現自己已經老了的心態，所以要讓自己不容易變老，一定要時時刻刻照顧好自己的記憶能力。

　　要減緩記憶力退化，應該從年輕時就打好基礎。我們都曾聽過，我們的大腦一生當中只大約使用了百分之五至百分之十，這意味著大腦是一個愈用愈靈光的組織，不怕我們去勞煩它，只擔心我們不用它。雖然，大腦只占整個身體不到一成的體積，但是它卻會耗費相當大的整體能量（約六分之一的總能量）。所以要讓大腦的功能愈好，除了常常使用它，也要多補充有助於腦神經細胞的食品或是營養品。而市面上有許多營養食品都號稱有助於大腦，但最好還是經過醫生或專家的推薦。

二、面對挫折

任何成功的人在達到成功之前，沒有不遭遇過失敗的，愛迪生在歷經一萬多次失敗後，才發明了燈泡；而沙克也是在試用了無數介質之後，才培養出小兒麻痺疫苗。

費爾茲和一家獨立商店成立了費爾茲太太糕餅連鎖店，並很迅速地推廣到世界各地。由於業務擴張得太快，致使公司的財務受到拖累，她後來發現自己欠了一大筆債。她認知到，想要擁有並經營所有連鎖店的慾望是太大了點，所以現在已授權給加盟店負責經營，而不再親自參與。此一政策的改變，使她的公司再度獲利，並且出現成長。我們應把挫折視為發現自己思想的特質，以及思想和明確目標之間關係的測試機會。如果我們真能了解這句話，它就能調整對逆境的反應，並且能繼續為目標努力。挫折絕對不等於失敗，除非你自己這麼認為。愛默生說過：

> 「我們的力量來自於我們的軟弱，直到我們被戳、被刺，甚至被傷害到疼痛的程度時，才會喚醒包藏著神秘力量的憤怒。偉大的人物總是願意被當成小人物看待，當他坐在占有優勢的椅子時，會昏昏睡去，當他被搖醒、被折磨、被擊敗時，便有機會可以學習一些東西了；此時他必須運用自己的智慧，發揮他的剛毅精神，他會了解事實真相，從他的無知中學習經驗，治療好他的自負精神病。最後，他會調整自己並且學到真正的技巧。」

然而，挫折並不保證我們會得到完全綻開的利益花朵，它只提供利益的種子，我們必須找出這顆種子，並且以明確的目標給它養分，並栽培它，否則不可能開花結果。上帝正冷眼旁觀那些企圖不勞而獲的人，我們應該感謝自己所犯的錯誤，因為如果沒有和它作戰的經驗，就不可能真正了解它。

貳、失敗與挫折

　　大家都知道，失敗與挫折是因果的關係，非常的密切，然而想要探索兩者之間的關係內容，則需要耐心。失敗與挫折的探討包括：失敗的原因、面對挫折的態度等兩個項目。

一、失敗的原因

　　為了透視目前所面臨的損失，在下面列出了一些最常如此，而且也是最具有破壞性的失敗原因。當我們發現身上曾出現過的任何一種原因時，切勿太過自責，我們應該做的是，下定決心處理這些失敗的原因，而且應該馬上去做！

1. 糊裡糊塗、沒有明確目標地過日子。
2. 愛管他人閒事。
3. 教育程度不夠。
4. 缺乏自律，顯現出沒有節制的飲食和對機會漠不關心的傾向。
5. 缺乏雄心壯志。
6. 因消極思想和不良飲食習慣所造成的疾病。
7. 兒時的不良影響。
8. 缺乏貫徹始終的堅毅精神。
9. 情緒缺乏控制。
10. 有不勞而獲的念頭。
11. 當所有必要的條件都具備時，仍然無法迅速堅定地做決定。
12. 心中懷有七項基本恐懼中的任何一項或幾項：貧窮、批評、疾病、失去愛、年老、失去自由、死亡。
13. 選擇不適當的配偶。
14. 太過謹慎或不夠謹慎。

15. 選擇不適當的職業。

16. 經常虛擲光陰和金錢。

17. 措辭不慎。

18. 缺乏耐性。

19. 無法以和諧的精神和他人合作。

20. 不忠誠。

21. 缺乏洞察力和想像力。

22. 自私而且自負。

23. 有報復慾望。

24. 不願多付出一點點。

上面只列出了部分失敗的原因，我們必須了解的是，失敗的原因並不止這些，而且導致一個人失敗的原因，通常也不止一種。話說有一個律師曾經在芝加哥創辦了一份教導人們成功的雜誌，當時因為沒有足夠的資本創辦這份雜誌，所以就和印刷工廠建立了合夥關係。後來事實證明這是一本成功的雜誌，但是必須花很多的時間在工作上。然而，他卻沒有注意到，他的成功對其他出版商卻造成了威脅，且在他不知情的情況下，一家出版商買走了其他合夥人的股份，並接收了這份雜誌。當時他是以一種感到非常恥辱的心態，離開了那份以愛為出發點的工作。

在上面所列的失敗原因中，有好幾項都是造成他失敗的原因。其中，最大的原因在於，他忽略了以和諧的精神與合夥人合作，常因為一些出版方面的小事而和合夥人爭吵。當機會出現在他面前時，他並沒有掌握它（如果能夠抓住機會的話就能獲利）。他的自私和自負，應該對這些負起責任；而他在業務上不夠謹慎，以及說話語氣太強烈，也都是造成失敗的原因。但是，他從這次的挫敗中，找到了成功的種子，他離開芝加哥前往紐約，在這裡他又創辦了另一份雜誌。為了要達到完全控制業務的目的，他必須激勵其他只出資，但沒有實權的合夥人共同努力。他同樣必須謹慎地擬定營業計畫，因為現在他只能依賴他自己的資源了。

就在不到一年的時間裡，這份雜誌的發行量，比過去那份雜誌多了兩倍。其中一項獲利來源，是他所想出來的一系列函授課程，而這一系列的函授課程，就成了個人成功學的第一筆編纂資料。當他被踢離芝加哥的事業時，曾經一度處於徬徨階段。他可以從此放棄創辦雜誌並接受太太的建議，安穩地從事律師工作。但是，他在失敗中找到了等值利益的種子，而且他培養這粒種子，以圓人生最大的夢想。

二、面對挫折的態度

對於失敗所抱持的心態，是否能夠掌握它具有決定性的影響，我們可以把它看成是一種「失」，但也可以把它看成是一次難得的機會。

在莎士比亞劇中，兇手布魯特斯的一段台詞正好表現出以消極心態面對失敗的情形：

> 在人類的世界裡有一股海潮，
> 當漲潮時，便引領我們獲得幸福；
> 不幸的是，他們的一生都在陰影和痛苦中航行。
> 我們現在就正漂浮在這股海潮上；
> 當它對我們有利時，就應該充分把握機會，
> 否則的話，必將在危險的航行中失敗。

這是一位被判處死刑的人所說的話，他根本不了解引導他人獲得幸福的機會，或海潮絕不只有一個而已。積極心態和上面的情形完全不同，馬倫在他的一篇名為「機會」的詩中就寫道：

> 當我一度敲門而發現你不在家時，
> 他們都說我沒希望了，但是他們錯了；
> 因為我每天都站在你家門口，

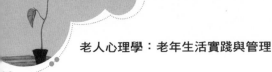

叫你起床並且爭取我希望得到的。

我哭不是因為失去了寶貴的機會，

我流淚不是因為精華歲月已成雲煙；

每天晚上我都燒毀當天的記錄，

當太陽升起時又再度充滿了精神。

像個小孩似的嘲笑已順利完成的光彩，

對消失的歡樂不聞不問；

我的思考力不再讓逝去的歲月重回眼前，

但卻盡情地迎向未來。

　　如果我們發現，在每一次失敗中都有等值利益的種子時，就會接受馬倫對失敗的觀點。記住，「當太陽下山時，每個靈魂都會再度誕生」，而再度誕生就是你把失敗拋諸腦後的機會。恐懼、自我設限以及接受失敗，最後只會像莎士比亞所說的使我們「困在沙洲痛苦之中」，但我們可藉著應用信心、積極的心態和明確目標，來克服這些消極心態。如果把失敗看成是激發以新的信心和堅毅精神重新出發的契機，那成功只不過是時間的問題罷了，而能否做到這一點的關鍵，就是我們的積極心態。

　　記住，積極心態會帶來成功。當和失敗戰鬥時，就是最需要積極心態的時候。當處於逆境時，就必須花數倍的心力，去建立和維持自己的積極心態。同時也應運用對自己的信心以及明確目標，將積極心態化為具體行動。

參、挫折的效益

　　一般人都認為，挫折是由失敗經驗中所承受的負面結果，其實不然，它也具有正面的意義。挫折的效益之探討包括：失敗的效益、將逆境變成一種祝福等兩個項目。

一、失敗的效益

失敗的效益如下：

1. 將失敗顯露出的壞習慣，予以擊敗，以好習慣重新出發。
2. 失敗驅除了傲慢自大，並以謙恭取而代之，而謙恭能得到更和諧的人際關係。
3. 失敗能夠重新檢討在身心方面的資產和能力。
4. 失敗藉著接受更大挑戰的機會，增加意志力。

練健身的人都知道，光只是將槓鈴舉起來是沒有用的，練習者必須在舉起槓鈴之後，以比舉起時慢二倍的速度，將槓鈴放回舉起前的位置，這種訓練稱為「阻抗訓練」，它所需要的力量和控制力，比舉起槓鈴時還要多。失敗就是你的阻抗訓練，當我們再度回到原點時，不妨主動將自己拉回原點，並將注意力集中到拉回原點的過程上。利用此一方法，可使自己再次出發後，能有實質性的進步。

二、將逆境變成一種祝福

約翰在威斯康辛州經營一座農場，當他因為中風而癱瘓時，就是靠著這座農場維持生活。由於他的親戚們都確信他已經沒有希望了，所以就把他搬到床上，並讓他一直躺在那裡。雖然約翰的身體不能動，但是他還是不斷地在動腦筋。忽然間，有一個念頭閃過他的腦海，而這個念頭注定了要補償他不幸的缺憾。

約翰把他的親戚全都召集過來，並要他們在他的農場裡種植穀物，這些穀物將被用作一群豬的飼料，而這群豬將會被屠宰，並且用來製作香腸。數年間，約翰的香腸就被陳列在全國各商店出售，結果約翰和他的親戚們都成了擁有巨額財富的富翁。出現這樣美好結果的原因，就在於約翰的不幸迫使他運用了從來沒有真正運用過的一項資源：思想。他定下了一個明確目標，並且制定了達到此一目標的計畫，他和他的親戚們組成了智囊團，並且以十

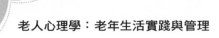

足的信心，共同實現了這個計畫。別忘了，這個計畫是因為約翰中風之後才出現的。

當我們遇到挫折時，切勿浪費時間去計算到底遭受了多少損失；相反的，應該算算看我們能從挫折當中，可以得到多少收穫和資產。我們將會發現，我們所得到的，會比所失去的要多得多。我們也許認為，約翰在發現思想的力量之前，就必然會被病魔打倒，有些人更會說他所得到的補償只是財富，而這和他所失去的行動能力並不等值，但約翰從他的思想力量和他親戚的支持力量，也得到了精神層面的補償。雖然他的成功，並不能使他恢復對身體的控制能力，但卻使他得以掌控自己的命運，而這就是個人成就的最高象徵。他也可以選擇躺在床上度過餘生，每天只為自己和他的親人難過，但是他沒有這樣做，反而帶給他的親人們意想不到的財富。

長期的疾病通常會使我們不再看、也不再聽，我們應該學習去了解發自內心深處的輕聲細語，並分析出導致我們遭到挫折，甚至失敗的原因。愛默生對此事的看法是：

「發燒、肢體殘障、冷酷無情的失望、失去財富、失去朋友，都像是一種無法彌補的損失，但是平靜的歲月卻展現出潛藏在所有事實之下的治療力量。朋友、配偶、兄弟、愛人的死亡，所帶來的似乎是痛擊，但這些痛苦將扮演著導引者的角色，因為它會操縱著你的生活方式，終結幼稚和不成熟，打破一成不變的工作、家族或生活型態，並允許建立對人格成長有所助益的新事物。它允許或強迫形成新的認識，並接受對未來幾年非常重要的新影響因素；在牆崩塌之前，原本應該在陽光下種種花朵，種植那些缺乏伸展空間，而頭上又有太多陽光的花朵，卻種植了一片孟加拉格樹林，它的樹蔭和果實，使四周的鄰人們因而受惠。」

對來日不多的老年人而言，時間對於保存這顆隱藏在挫折當中的等值利

益種子，是非常冷酷無情的，找尋隱藏在新挫折中的那顆種子之最佳時機，就是現在。你也可以再檢查一下過去的挫折，並尋找其中的種子。有的時候，我們會因為挫折感太過強烈，而無法馬上著手去找這顆種子。但是，現在已有了更高的智慧和更多的經驗，足以輕易地從任何挫折中，學習到它所能教導你的東西。

思考問題

1. 請舉出五項會造成個人失敗的原因。
2. 「失敗的經驗是成功的機會」，請舉例說明：歷史上的名人，從失敗中記取教訓而成功的例子。
3. 面對挫折，我們可以有什麼態度？
4. 失敗可能會為人們帶來哪些正面的效益？
5. 請問您：如何將逆境轉變成為一種祝福？

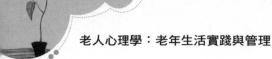

第六章

壓力適應與情緒管理

　　本章的主要目的是討論本書第二篇應用篇的第三部分「壓力適應與情緒管理」，第一部分是「自我認知與生活適應」（第四章），第二部分是「記憶經歷與經驗分享」（第五章），第四部分是「人際溝通與家庭關係」（第七章），第五部分是「滿足需要與生活動力」（第八章），第六部分是「智力變化與終身學習」（第九章），第七部分是「性、婚姻與親密關係」（第十章）。本章規劃為三節：第一節「老人壓力與心理適應」，第二節「老人情緒與情緒控制」，第三節「在適當的壓力中生活」。

　　第一節「老人壓力與心理適應」將探討三項議題：(1)壓力與反應；(2)對壓力的防衛；(3)壓力的適應。在第一項「壓力與反應」中，將討論：何謂壓力、壓力學說、壓力與反應等三個項目；在第二項「對壓力的防衛」中，將討論：生理與心理防衛、尋求自力救助、尋求外力協助等三個項目；在第三項「壓力的適應」中，將討論：適應的概念、適應的層次、諮詢工作的應用等三個項目。

　　第二節「老人情緒與情緒控制」將探討三項議題：(1)情緒問題；(2)情緒控制；(3)做情緒的主人。在第一項「情緒問題」中，將討論：情緒的基本因素、情緒的反應等兩個項目；在第二項「情緒控制」中，將討論：情緒的抗衡力、情緒的調整等兩個項目；在第三項「做情緒的主人」中，將討論：情緒的特徵、戰勝情緒問題、扭轉情緒的妙方、與自己對談、情緒的修煉、幽默與幸福感等六個項目。

　　第三節「在適當的壓力中生活」將探討三項議題：(1)壓力與警告；(2)五個步驟；(3)三R策略。在第一項「壓力與警告」中，將討論：壓力的影響、

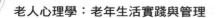

兩項警告等兩個項目；在第二項「五個步驟」中，將討論：觀察情形、從結果思考、減少外部負擔、減少內部負擔、設立健康基礎等五個項目；在第三項「三R策略」中，將討論：休息策略、緩和策略、關係策略等三個項目。

第一節　老人壓力與心理適應

本節將探討三項議題：(1)壓力與反應；(2)對壓力的防衛；(3)壓力的適應。

壹、壓力與反應

壓力在不同的時期和在不同的學科中，有不同的涵義。基本的生理學觀點對壓力定義如下：「壓力在生物學上是指，人體對任何加諸於他的需要所做的直接反應。」其原理就像我們擊打氣球後的反彈一樣。然而，從心理學的觀點來看，壓力則牽涉到比較複雜的主觀與客觀因素。壓力與反應的探討包括：何謂壓力、壓力學說、壓力與反應等三個項目。

一、何謂壓力

壓力是一種跨越人格、文化和時間的全人類體驗，這種體驗貫穿於人的一生。它可以使人產生一系列生理或心理上的反應，導致人體內的環境不平衡，或是內環境與外環境之間的關係破壞，進而引發疾病。某些身心疾病，例如：胃潰瘍和高血壓等，均與壓力密切相關。壓力是生活中的常見事件，一個人一生可能會經歷到無數的壓力。正確地認識壓力，並有效應對壓力，即成為人類生存與生活的必備能力。因此，老人工作者應運用壓力適應理論，觀察和預測個案的心理及生理反應，並採取各種諮詢措施，避免和減輕壓力對個案的影響，以提高其適應能力，協助其維持身心健康。

在生活中，人隨時會受到各種壓力的侵襲，壓力或多或少會降低個人的判斷力、抵抗力和身心健康；若長期處於壓力狀態下，則會引起嚴重的身心疾病。但壓力並非總是有害的，這取決於個人對待壓力的能力，如為了適應工作需要而努力學習，這種壓力反過來就可以促進個人的成長。

二、壓力學說

有關壓力理論，西方學者進行了廣泛的研究，建立了重要的壓力學說。基本的生理學觀點說明了壓力反應的關係，例如：美國精神病專家霍姆斯（Thomas Holmes）與拉希（Richard Rahe）認為，生活上的變化對健康與疾病所造成的影響，即個人在生活變化適應時，需要消耗較多的能量，以維持穩定的狀態；加拿大生物學家漢斯·塞里（Hans H. B. Selye, 1907-1982），發現了壓力與某些疾病密切相關，進一步完備了現代整體觀點的疾病理論。1956 年，塞里的名著《生活的壓力》（*The Stress of Life*）出版，他的一般理論對全世界的壓力研究產生了積極影響。塞里從基本的生理學觀點說明壓力，認為壓力是身體對任何需求做出的非特異性反映，例如：當個人處於緊張、寒冷、感染、創傷等侵害時，身體一定會發出反應，而這些反應是非特異性的。塞里認為，所謂非特異性反應是一種無選擇地影響全部或大部分系統的反應，即整個個體對任何作用於它的特殊因素，所進行直接的適應。

三、壓力與反應

壓力與反應的探討包括：壓力源、壓力反應、壓力反應分期等三個項目。

（一）壓力源

壓力源又稱為應激源或緊張源，是指對個人的適應能力進行挑戰，促使個人產生應激反應的因素。壓力源存在於生活的各個方面，既可能來自個人的內部，也可能來自於外部；既可以是軀體的，也可以是心理的或社會的。

常見的壓力源有：

1. 生理、病理變化：如月經期、孕期，或各種疾病。

2. 心理、社會環境改變：如應對高考、競賽，或社會動盪、戰爭等。

3. 物理、化學、生物因素改變：各種聲、光、放射線的釋放，化學藥品對食物的污染，或各種微生物對人體的侵害。

壓力源可能會引起人的生理和心理反應，但並非所有的壓力源對人體均會產生同樣程度的反應。壓力源的大小取決於同一時期內壓力源的數量、強度、持續時間、個人的承受能力，以及以往的經歷等。壓力源的挑戰在某些情況下是有利的，缺少壓力源的刺激有時會導致個人成長發展的停滯。

（二）壓力反應

壓力反應是指個人受到壓力而產生的反應，一般分為二類：

1. 生理反應：是指生物體對所處環境做出的調整，所引起結構、功能和代償等方面的變化，例如：疼痛的刺激會導致心跳加快、血壓升高、耗氧量增加、免疫能力降低等。

2. 心理反應：是指人的心理、精神與外界環境的適應狀態，例如：重大疾病導致的焦慮、抑鬱、憤怒等心理防衛機制。

在一般的情況下，生理和心理反應經常是同時發生的，因為身心總是持續的相互作用。根據不同情況下，對壓力源和壓力反應的研究指出：

1. 多種壓力源可以引起同一種壓力反應，例如：大多數疾病雖各有特徵，但都會出現疲乏、失眠、食慾不振等共同現象。

2. 人們對同一壓力源的反應也可能是不同的。

3. 大多數人都能設法避免外傷、疼痛、太高溫度或過低溫度等一般性的壓力源。

4. 對極端的壓力源，例如：災難性事件等，大部分人的反應方式是類似的。

5. 壓力反應的強度和持續時間，取決於以往的經歷、社會交往、該情境

對個人的意義等。

（三）壓力反應分期

塞里透過大量的觀察發現：不論任何因素在侵犯個體的恆定調節系統時，都會引起一定的反應，但任何刺激都無法產生完全特異的反應，只是產生相同的反應群，此即為全身反應綜合症（general adaptation syndrome），並可分為全身適應綜合症和局部適應綜合症。其發展階段為：

1. 警告期：是指應激源作用於身體的直接反應，表現為體重減輕、腎上腺皮質增大、淋巴組織增大、激素分泌增加。如果應激源太強，最終會導致死亡。

2. 抵抗期：是指個體內部動員起來，應付應激源的中期表現。此時，個體處於壓力的適應階段，適應成功則體重恢復正常，腎上腺皮質、淋巴組織恢復正常，激素分泌保持穩定，否則將進入衰竭期。

3. 衰竭期：是指個體面對的應激源強烈或長期存在時，體內適應性資源耗盡，抵抗力下降的反應，其表現為體重減輕，腎上腺、淋巴腺增大，其功能逐漸走向衰竭，最後導致全身衰竭而危及生命。

綜上所述，當個體感受到壓力因素後，如果適應能力不能維持內環境的穩定，則將導致疾病。這種適應的失敗，與以往消極的經歷、對人際關係的不切實際之觀念，以及大腦對壓力信號做出的消極解釋等有關。

貳、壓力的防衛

每個人對壓力所做出的反應是不同的，其中反應形態決定於個人對壓力的感知，以及個人的應對能力和條件。也就是說，儘管壓力源的強弱和大小不同，但它對個人的影響，視個人對應激源的感受性和易損性而定。在一般的情況下，自然防衛能力較強的人，對多數的壓力源可以不介意，甚至認為是適當的；反之，自然防衛能力較弱的人，當受到的壓力較嚴重時，就會生

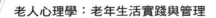

病。因此，人們為了提高自己對壓力的防衛能力，於是藉由學習，建立起一些新的防衛技能，以主動應對壓力的挑戰。

一、生理與心理防衛

　　生理防衛包括：遺傳素質、一般身體狀況、營養狀況、免疫功能等，例如：完整的皮膚和健全的免疫系統可以保護我們免受病毒和細菌的侵襲；相反的，營養不良者即使受到輕傷，也會很容易感染疾病。

　　心理防衛是指，心理上對壓力做出適當反應的過程。人們常常在潛意識的狀態下，運用一種或多種心理防衛機制，以舒緩緊張，例如：當個人聽說自己身患絕症時，可能會表現出憤怒、否認或是不能接受的態度。這些偏激的心理防衛，如運用得當，則有益於心理情緒；但如運用不當，必將導致不良的防衛後果。心理上的防衛能力決定於過去的經驗、受教育程度、支持系統（社會關係網）、智力、生存能力、經濟狀況，以及堅強程度（承受程度）。在經濟社會裡，競爭機制激勵適者生存，意志堅強的人堅信人生是有意義的、人是可以改變環境的、變化是一種挑戰，這種人在任何困境下都能知難而進、盡快適應。

二、尋求自力救助

　　當個人處於壓力源較強，而第一線防衛能力相對較弱時，就會出現一些身心壓力反應，若反應嚴重，就必須進行自力救助，來應付和控制壓力反應，以減少疾病的發生。以下四種自力救助的方法可以自救，也可以幫助他人適應壓力。

（一）正確對待問題

　　我們首先應弄清楚問題的來源，然後採取相應的辦法處理。通常可以用提問的方式對自己進行評估，以便找出壓力源，例如：我們可以這樣問自己：是否得到足夠的休息和精神上的鬆弛？是否擔心有可能患病了？是否在

工作、學習、家庭各方面對你的要求過高？是否人際關係處理不當？是否有麻煩的事不能解決？生活是否在短期內出現了許多變化？如果在上述問題中，有一項正是目前面臨的問題，就應該針對問題採取應對措施。在應對措施當中，可以是改變環境，或改變自己對環境的感受，例如：學生覺得課業負擔太重，老師就應該減少大量重複的作業內容，以緩解學生的身心壓力。總而言之，要盡快找出壓力源，並及時處理，以促進身心健康。

（二）正確對待情感

當人們遭到壓力後，其情緒表現為焦慮、沮喪、生氣、恐懼等。我們應對情感方面的問題進行自我評估，並關注這些情感問題發生的原因，伴隨哪些生理反應，例如：腹痛、心悸、哭泣、失眠等。當上述問題明確後，重要的是要接受它，而不能迴避，例如：找朋友交談，宣洩自身的情感，適當地運用心理防衛機制來處理好自己的情緒。

（三）利用可能得到的支援

當個人處於壓力時，一個強而有力的支持性人物或家庭可以幫助其度過難關，例如：某個人由於疾病感到焦慮時，若能找一個與其有共同語言，並能設身處地為其設想的朋友交談，是很有益處的。在一般情況下，社會支持網中的重要成員可以是父母、配偶、子女或好友等。事實證明，社會支持網能緩解壓力帶來的負面影響，並減少身心疾病，延長壽命。

（四）減少壓力的生理影響

當個人身體狀況欠佳時，對壓力源的抵抗力也會下降，容易遭受嚴重壓力反應的傷害。而當個人身體狀況良好時，就能抵抗壓力源的侵犯，減少或緩解壓力反應的發生。因此，人們必須提高保健意識，例如：改善營養狀況、控制吸菸、喝酒等，都有助於第一線的防衛。另外，減少或緩解壓力的方法還有很多種，例如：傳統的氣功療法、放鬆訓練、健身操、散步，以及

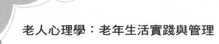

一些娛樂活動等。

三、尋求外力協助

當個人患有身心疾病時，就必須及時尋找醫護人員的幫助，由醫護人員對其提供針對性的治療和諮詢，例如：心理療法、藥物療法、手術療法等，並對其進行必要的健康教育、衛生宣導，以提高患者的適應能力，促進康復。第三線防衛至關重要，如防衛得當，求助者會早日痊癒；如果防衛不當，就會加重病情或拖延為慢性疾病；如防衛失效，嚴重者會危及生命。

參、壓力的適應

個人對壓力的反應是直接的，是必然的，也是必要的。壓力的適應之探討包括：適應的概念、適應的層次、諮詢工作的應用等三個項目。

一、適應的概念

適應是應對的最終目的，是生物體調整自己適應環境的能力，或促使生物體更能適於生存的過程。個人的適應是指，針對各種變化和壓力的調整，以應付及防禦壓力，使個人趨於相對穩定和平衡狀態。

對壓力的反應和適應因人而異，且與人的生物節奏有關，例如：每天晨間內分泌最旺盛，白晝逐漸減少，夜間更少，因而夜間的適應能力最差。如有突然的、強烈的或幾個壓力並存時，可能會導致嚴重的壓力反應。因此，老人工作者應正確地評估個案對內外環境變化可能產生的壓力反應，以幫助求助者增強適應能力。塞里對適應的描述如下：適應最大的能力，就是使任何複雜的生活都變為可能。它是人們體內環境恆定的基礎，也是對抗壓力的基礎。而適應的能力，很可能就是最明顯的生命特徵。

二、適應的層次

　　人類的適應過程比其他一切生物都更加複雜，因為它包含的不只是單純的生物過程，而是在軀體、智力和情緒等方面都要對壓力做出反應。人類的適應可分為以下四個層次。

（一）生理層次

　　生理適應是指，當外界對人體的需求增加或改變時，會在人體內發生反應，例如：一個經常從事文職工作的人突然改為體力勞動，開始時會感到肌肉酸痛、心跳加快，但堅持一段時間後，這些感覺就會逐漸消失，這是由於體內的器官慢慢地增加了強度和功效，適應了體力勞動對身體所增加的需求。

（二）心理層次

　　心理適應是指，當人們受到心理壓力時，會不斷調整自己的態度去認識和處理情況，以求心理平衡，例如：人們常在潛意識的狀態下，運用某些心理防衛機制，以緩解情緒緊張。

（三）社會文化層次

　　社會適應是指，調整個人行為，使之與各種不同群體（如家庭、專業集體、社會集體等）的信念、習俗及規範相協調，例如：一個剛成立的公司集團，只有各成員之間相互適應，才能順利開展工作。

（四）技術層次

　　技術適應是指，人們利用掌握的各種技術，來改變或控制周圍環境中的許多壓力源。然而，現代技術又無奈地產生了不少新的壓力源，例如：水和空氣污染等，這又需要人們不斷地研究和改進來加以適應。

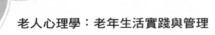

三、諮詢工作的應用

即便是身體健康的人，當其面對強大的壓力源時，也會因適應不良而引起疾病；若是身體有病的人，又面臨更大的壓力源，就會更難適應，進而加重病情。這時候，諮詢人員需要有較強的責任心，去幫助個案減少壓力反映，以維持身心平衡。

（一）與諮詢工作有關的壓力源

在一般情況下，諮詢人員為個案提供的專業性幫助，有利於其康復。但如果稍有不慎，就會給他們帶來壓力源，例如：

1. 老人工作者不全面了解個案的需要（生理的、心理的、社會的方面等）。
2. 老人工作者的能力較差，無法即時發現個案的病情變化而即時處置。
3. 老人工作者忽略了環境對個案的刺激，例如：噪音、光線、溫度的不適應。
4. 由於諮詢工作忙碌而忽視承諾，以致於影響與個案之間的相互信任。
5. 諮詢工作中未能得到個案家屬的配合。

（二）幫助個案適應壓力

諮詢人員應幫助個案正確評估其所受壓力的程度、時間、過去的忍受力大小，以及社會的支持等，幫助其分析具體情況，並找出壓力源，且調整環境，消除不良因素，使其儘快適應新環境，協助個案適應實際健康狀況，幫助其有效應對可能出現的心理問題，例如：協助個案建立良好的人際關係，並取得家屬的配合，使其早日康復。

1. 協助個案適應環境：老人工作者應為個案創造一個整潔、安靜、舒適、安全的環境，使其消除由於陌生和孤獨帶來的心理壓力。
2. 協助個案適應其角色：老人工作者對個案要表示接納、尊重、關心和

愛護，並應主動了解不同病情、不同生活背景的個案之心理和生理感受，給予恰當的心理疏導；讓其參與治療和諮詢計畫，以減輕顧慮，主動配合；對恢復期的個案，要避免其角色行為強化，啟發其對生活和工作的興趣，逐漸適應心理的需要。

3. 協助個案保持良好的自我形象：老人工作者應尊重個案，協助其保持整潔的外表，改善其自我形象，適當照顧個案原來的生活習慣和愛好，使其獲得自尊和自信。

4. 協助個案建立良好的人際關係：老人工作者應鼓勵個案與朋友或鄰居融洽相處，並動員家庭及社會支持系統的關心和幫助，使其感受到周圍人對他的關懷和愛護，促進其身心健康的恢復。

　　諮詢人員良好的職業道德及素質修養，對個案的角色適應至關重要，也就是說，諮詢人員的言行如果是積極的，則兩者關係和諧，能協助個案戰勝壓力源，有利於個案的康復；但如果諮詢人員的行為是消極的，則會使彼此的關係緊張，導致增加壓力源，反而加重個案的病情。

思考問題

1. 何謂壓力？
2. 人們常見的壓力源有哪些？
3. 面對壓力源有哪四種自力救助方法，可以幫助他人適應壓力？
4. 人類的適應可以分為哪四個層次？
5. 諮詢人員可以如何幫助個案適應壓力？

第二節　老人情緒與情緒控制

本節將探討三項議題：(1)情緒問題；(2)情緒控制；(3)做情緒的主人。

壹、情緒問題

　　情緒是個人對事物態度體驗的反應。人們對周圍的事物、他人和自己的行為，常常抱著不同的態度。有一些現象使人愉快，另一些現象使人悲哀，有一些現象使人憤怒，另一些現象使人恐懼，而愉快、悲哀、憤怒、恐懼等，都是常見的情緒體驗。對年老的人來說，由於他們累積了許多經驗，他們的情緒反應自然會比年輕人更深刻，因此，也更為重要。

　　人們形成的否定情緒和情感往往只是短暫的，痛苦一陣子以後，強烈的體驗會隨著刺激的消失而消失；或者緊張的情緒雖然持續相當時日，但到了最後，問題終究得到解決，需要得到滿足，伴隨而來的是輕鬆的體驗。然而，如果由困難和挫折引起的焦慮、緊張和憂愁長期存在，使人惶惶不可終日，由情緒引起的生理變化也久久不能復原，其結果會如何呢？情緒的長期壓抑對個人健康有很大的影響，影響程度因人而異，有的人可以忍受長期的挫折，緊張的情緒有時只能影響他們的生活品質，但很難損害其身體健康；但有的人忍受了長期緊張之後，心理上的痛苦就會轉化為身體上的疾病。

　　情緒的長期緊張和焦慮，往往會降低人體抵抗病毒的能力，也會引發某些疾病。這一點對老年人更為重要，特別是氣憤和懊惱的情緒是引起許多身心性疾病的主要原因。俗語說：「笑一笑，百病除」，生動地說明了情緒與健康的關係。

一、情緒的基本因素

在人類情緒的基本因素中，情緒與人的基本需要相聯繫，是不學而能為的，通常還與緊張性有相關。茲以下列四種加以說明。

（一）快樂

快樂是個人達到目的，緊張解除後的情緒體驗。如經過積極準備，獲得巨大成功後，常常會有快樂的情緒，例如：經過長期辛苦地訓練，在田徑比賽中得到冠軍。而快樂的程度取決於目的的重要性和目的達到的意外程度，如果追求的目的非常重要，並且達到目的後，帶有突然性也會引起異常的歡樂，否則只能引起很小的滿意，一般會把快樂的程度分為：滿意、愉快、異常的歡樂、狂喜。

（二）憤怒

憤怒是個人目的不能達到，或一再受到妨礙而逐漸累積起緊張所產生的情緒，例如：幼兒的目的性行動受到阻撓或威脅時，就會引起憤怒情緒。一般會把憤怒的程度分為：輕微的不滿、生氣、惱怒、大怒、暴怒。值得注意的事，對老年人來說，憤怒比快樂情緒更為常見，其影響力也更為強烈。

（三）恐懼

恐懼是個人企圖擺脫、逃避某種情境，而又無能為力時所產生的情緒，例如：在遇到地震時，人們無力應付，往往會恐懼萬分，其引起恐懼的關鍵因素是由於人缺乏處理可怕情境的能力。此外，熟悉的環境發生了意想不到的變化，也會引起人的恐懼情緒。

（四）悲哀

悲哀是個人在失去所盼望的、所追求的東西或有價值的東西時所引起的

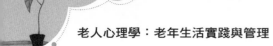

情緒，例如：考試失敗時，由悲哀所帶來的緊張釋放而產生哭泣，但哭泣一般不超過15分鐘，在這段時間內完全能夠減輕過度的緊張。哭泣之後會使人精力衰竭，甚至會神智不清，最後則會使人感到輕鬆。悲哀取決於失去事物的價值，失去的東西價值愈大者，所引起的悲哀也愈強烈；失去的東西價值愈小者，所引起的悲哀也愈微弱。一般會把悲哀的程度分為：遺憾、失望、難過、悲傷、悲痛。

二、情緒的反應

針對上列不同情緒的反應，除了快樂之外都是屬於消極性的情緒，而悲哀就像是痛苦的表現形式。情緒反應，從心理學的觀點來看，牽涉到下列三種反應層次。

（一）心境

心境是微弱、持久，具有沉浸性的情緒狀態，例如：得意、憂慮、焦慮等。心境與激情不同，它比較微弱，如餘波盪漾，它的發生通常會維持較長時間，少則幾天、幾月，長則數年。在客觀環境方面，影響心境持續時間的因素主要是事件的重要性，事件對個人愈具重大意義，所引起的心境就愈能持久。個性特徵也會影響心境的持續時間，性格外向的人，不良心境持續的時間比較短；性格內向的人，對同一事件所引起的心境持續時間就會長一些，因為他們通常會耿耿於懷、鬱鬱寡歡。

心境也是一種非定向的彌漫性情緒體驗，它並不是對某一事物的特定體驗，就好像在人的心理活動上形成一種淡薄的背景，它是一種帶渲染性的情緒狀態。當人處於某種心境時，他往往會以同樣的情緒狀態看待一切事物。良好的心境使人對許多事物產生喜愛的情緒，甚至會覺得花草樹木都在微笑和點頭，所謂「人逢喜事精神爽」，這種愉快情緒會在相當長的一段時間裡影響著人的行為，似乎所有的事物都染上了快樂的情緒。而不良的心境則會使人感到愁雲慘霧。

（二）激情

激情是猛烈爆發而短暫的情緒狀態，例如：狂喜、暴怒等。激情通常是由特定的對象所引起，指向性比較明顯。激情有激動性和衝動性，並且具有強烈的力量，其發作的時間較短，便迅速弱化或消失。引起激情的原因很多，一個人生活中具有重要意義的事務可以引起激情，例如：重大成功後的狂喜、慘遭失敗後的沮喪等。對立情緒的衝突，或過度的抑制和興奮也都容易引起激情，例如：對某種痛苦忍耐過久，壓抑過度就容易爆發出來，而導致激情狀態。

激情是由對人具有重大意義的強烈刺激所引起的，它往往伴隨著個體內部器官的劇烈變化和明顯的表情動作，例如：人在狂喜狀態中，會出現語言或行為上的失態；在憤怒激情中，則會暴跳如雷、口不擇言、拍桌大叫等。在激情狀態時，人的認識活動範圍會縮小，控制力會減弱，對自身行為的後果常常無法做出適當的判斷。然而，激情可以在其發生前加以控制，並可以預防激情的發生。動用自己的意志力，轉移注意力，以減弱爆發的程度，也可以在激情即將發作時，做一種機械動作（例如：順著數字大小默唸、舌頭在嘴巴裡打捲等）以延緩激情發作的時間。此外，加強對激情發作的後果體認，充分了解其可能造成的不良後果，也有利於控制激情；不過，最根本的還是要提高自己的思想覺悟和道德修養。激情有雙重作用，積極的激情推動人的活動，成為行為的巨大動力；消極的激情則會產生不良後果。

（三）應激

應激（刺激反應）是在出乎意料的緊急情況下所引起的情緒狀態，例如：司機在駕駛過程中出現危險情境的時刻，或是遇到地震、火警等時刻，都會使人發生應激狀態。應激被認為是一種緊張而帶有不愉快的情緒，其與其他情緒相結合，可以形成各種複合性的情緒，例如：與痛苦、懼怕、失望等情緒相結合後，表現為抑鬱性緊張；與恐懼、厭惡、惱怒等情緒相結合

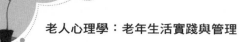

後，表現為焦慮性緊張等。

引起應激的原因有非常多樣的，但它們通常不能直接引起個人的應激。研究顯示，在刺激與應激之間還有許多中間因素，例如：生活經驗、應付能力、個性特點、健康狀況、認知評價、理想和信念、社會支持等。產生應激狀態的認知原因有：個人已有的知識經驗，與當前所面臨的任務要求不相一致，或者是新情境的要求是過去從未經歷過的時候，就會導致應激狀態；而個人已有的知識經驗使人對當前的境遇感到無能為力時，也會導致應激狀態。

個人，特別是老年人，若長期處於應激狀態下，對其健康不利，甚至會有危險。加拿大生理學家謝爾耶等人的研究顯示，長期處於應激狀態，會擊潰一個人的生物化學保護機制，使抵抗力降低，容易生病，易引起「一般適應綜合症」。

貳、情緒控制

情緒控制是生活管理的重要關鍵工作之一。這個工作牽涉到兩個層面：情緒的抗衡力與情緒的調整。情緒控制的探討即包括：情緒的抗衡力、情緒的調整等兩個項目。

一、情緒的抗衡力

人生在世，面對的誘惑實在太多了。我們在小的時候遇到的誘惑，多少還帶有一點單純和稚嫩。而到了青春期，由於性腺功能逐漸顯現，性激素的分泌會透過反饋而增強下丘腦部位的興奮性，使之與大腦皮層原有的調節控制情緒之功能發生一時的矛盾，這樣就極容易導致情感的搖擺不定，或是被「激怒」，再加上這個變化萬千、非常複雜的世界所影響，誘惑對青少年的侵蝕也是無所不在的。雖然如此，我們必須清醒地認識，誘惑會使人成為奴隸，它是一股足以葬送所有判斷力的巨大力量；是一個明知會斷送自己，卻

似乎難以抗拒地要走向它的無底深淵。的確，誘惑會讓人如痴如醉，但是，因誘惑而產生的願望，不僅可以激發無比的奮鬥勇氣與毅力，亦可使人墮落。

　　人由於受到不同的思想觀念支配，其反應的敏感度也不一樣，在面對誘惑時，就會採取不同的態度。有了正確的、合乎社會發展與文明進步的人生觀念，在各種誘惑面前就會朝著美好的誘惑去努力，最終取得成功。但是，有些青少年朋友的自制力和判斷力都比較低，很容易受到錯誤觀念的支配，在面對各種誘惑時，就會被那些低級的、卑鄙的誘惑綁手綁腳，最終被人拖下水，而擔誤了自己的前程。那麼，該如何增強對誘惑的抵抗力呢？

二、情緒的調整

　　個人在面對各種情緒刺激，必須做有效的反應，這就要從情緒的調整著手。以下提供六項建議，說明如下。

（一）修改拖延的壞毛病

　　那些對誘惑抵抗力比較差的人，都有一個壞毛病，那就是喜歡拖延。無論做什麼事，總是會這樣為自己辯護：「這項工作我目前做起來困難重重，但是到明天或未來某個時間去做，也許就會輕鬆些。」但是等到明天來臨，又會用同樣的理由來拖延，例如：把設定在學校裡完成的功課帶回家做，等回家後又把該做的功課留到學校再做，自己一次又一次制訂了學習計畫，可是一拖再拖，最後都夭折了。正是這種自欺欺人的拖延行為從中作怪，使我們的計畫總是遲遲不能兌現。我們應該改掉這種習慣，今天的事情今天做，凡是決定要做的事，應該立刻付諸行動。

（二）吸取經驗教訓

　　我們不必沉溺於後悔之中，重要的是要吸取經驗教訓。在生命的歷程之中，很少有人一生一帆風順，免不了要遭遇各種的挫折、失敗。在體驗痛苦

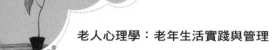

之餘，人們往往會產生退卻的行為，有的人能正確對待挫折與失敗，吸取教訓、振作精神，接受新的生活挑戰；有的人則不然，在遭受打擊之後，總難以擺脫陰影的糾纏，長期處於懊悔之中，做什麼事都覺得自己有過失和錯誤，從而喪失自信心，產生自卑感。

當面臨決定的時刻，我們可能會無所適從。對自己想做的事，遲疑不決、憂心忡忡、患得患失，生怕出現新的差錯。其實，這種心理最要不得，要知道：不踏出第一步，永遠不知道會不會成功抵達目的地；重要的是能在失敗中吸取教訓、總結經驗，不要期望事事一帆風順、十全十美。

（三）謹慎擇友

我們在選擇交友的過程中，一定要謹慎對待。大學生和中學生喜歡交朋友、注重友情，這對身心都是有益的。然而，由於社會環境的影響和青少年的一些心理弱點，有些學生會結交一些不好的朋友，以為大家一起做壞事就沒有錯，以致於做出犯規或犯法的行為。交上這樣的朋友，會毀掉我們的一輩子。交友要交一些作風正派、品行端正的朋友，跟著好人學好人，跟著壞人變壞人。俗話說得好：「行成於思毀於隨。」同樣地，老年人也應該找尋志同道合、見識淵博的朋友，才可以讓自己的老年生活充滿陽光與快樂，也才不致於到老了，仍然像年輕不懂事的年輕人，做出會讓自己與家人後悔的事。

（四）堅強的意志

堅強的意志是我們走向成功的基石。人們常說，堅強的意志是成功的階梯，為了實現既定目標，要有堅忍不拔的精神。只有具備了堅強的意志，才能建立人生成功最有價值的品格。要想達到目標，不能單憑興趣，而必須有全力以赴的意志。我們或許遭遇到一時的失敗，卻可能為我們提供日後取得更大成功的經驗。有的人很想把某件事有始有終地做完，但往往因為懼怕困難和失敗而放棄。對於意志力不強的人，在確定自己某一階段的奮鬥目標

時，一定要堅持從實際出發、由易入難的原則。

　　正如美國學者米切爾‧柯達所說：「以完成一些事情來開始每天的工作是十分重要的，不管這些事情多麼微小，它會給人們一種獲得成功和有目的的感覺。」可見，正是這些生活、學習中的小事，讓我們感受到了喜悅，同時也培養了意志。老年人為了健康與長壽，也需要對自己身體的營養與體能，做最適當的堅持，才不會為了享受優渥的生活，而放棄養生的運動，或為了口腹之慾，而吃了會增加身體負擔的食物。

（五）理智的堤防

　　生活之路不可能筆直平坦，人生際遇不如意的事，也在所難免，然而感情衝動時，卻容易讓許多人走了錯路。在許多時候，理智之堤之所以擋不住波濤洶湧的感情之水，往往在於「築堤人」對決堤的危害認識不足，於是，偏激、暴躁、容易感情用事等，常會給我們帶來許多不必要的麻煩。所以千萬要克制衝動、三思而後行，用理智戰勝衝動，以客觀、堅強、獨立的態度處理當前問題，切勿操之過急，一定要知道「欲速則不達」的道理。

　　所謂自制力是指，一個人控制和調節自己思想、感情、舉止行為的能力。老年人由於比較不注意生活資訊，常常是歹徒詐騙的對象，誠如所謂「沒有天上掉下來的禮物」，詐騙的起因通常源自貪心或懼怕，應該用自己豐富的經驗，再加上支持系統的幫助，用理智戰勝歹徒的技倆。

參、做情緒的主人

　　誰能把自己的感覺和情緒掌握在手中，誰就能與成功握手成為朋友。這對年老者而言，具有雙重意義：其一，經驗的優勢：由於經驗豐富，比年輕人更容易體會到情緒問題；其二，觀念的固執由於經年累月養成的觀念，一時難以改變。

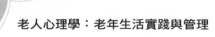

一、情緒的特徵

要成為情緒的主人，需要先了解情緒的特徵。心理學家發現並描寫了人類三種不同的情緒基本特徵：注意型、被征服型、接納型。

（一）注意型

這種類型的女性比男性多，通常會時時察覺自己的心情，並且不斷地修煉，以處理自己的感覺生活。對於自己情緒的明瞭，可以支持其他的個性特徵；這種人是自主的，而且知道自己的極限。這對老年人來說，其難度比較高，因為一位已經脫離工作職場多年的人，自然不會太介意他人的看法與反應。

（二）被征服型

被征服型的人經常會覺得被自己的情緒所征服，或是陷入情緒深淵中，而感到無助，因此，他們會被突發的、強烈的心情轉變所擊倒。由於他們並未特別注意自己的感覺而迷失其中，他們並不採取任何行動以抗拒惡劣的心情，因為他們相信，那對他們的感覺生活不會有任何的影響。由於老年人通常對自己所擁有的「身價」逐年降低，因此，在老年人中，被征服的比率較年輕人為高，

（三）接納型

這種類型的個人對自己的感覺大多很清楚，他們也傾向於接受自己的心情，且察覺之後並不試著去改變。接納型又可分為兩種不同的典型：一種大多心情很好，而且很少有什麼動機想要去思索自己的心；另一種則被惡劣的心情所擊倒，雖然深受其苦，可是卻還是接受了它，例如：憂鬱的老年人，甘於與其處境妥協。

二、戰勝情緒問題

　　人類和自己的情緒打交道是一種全天候的活動，因為許多事（連在休閒期間所做的事）都會左右我們的心情。在社交生活中，自我平靜下來的藝術，是一種最重要的心理能力。社會心理學家和情緒研究者漢納羅樂・韋伯指出了與情緒的克服和調整關係密切的四個領域。

（一）自我平靜的調整

　　包含調整主觀的感受、感覺壓力的調整、心理衝動的調整、認知評價的調整，以及行為動力的調整。

（二）情況或是問題的調整

　　對情緒負擔沉重的情況，不是改變它，就是自己要能適應，如此才有可能重造以往的狀況。

（三）自我調整

　　包含遭受到傷害的自我評價，或是受到攻擊的自我防禦概念；保護並防禦自我評價的感覺和自我概念，或是提升自我評價的感覺以及擴展自我概念。

（四）相互作用的調整

　　給予回應並回應你的感覺，告知相關的自我想像；或對相互作用提出疑問。

三、扭轉情緒的妙方

　　運動和音樂是扭轉情緒的妙方。當情緒不好的時候，應該嘗試做運動放鬆一下筋骨，這是因為運動的結果對一向沒有運動習慣的現代人，會有意想

不到的正面效果。美國加州大學心理學家們的報告顯示，運動乃是去除煩惱和惡劣心情的最好方法。經常用來抗拒壓力和低潮的看電視行為，其實一點幫助也沒有，反而會使得心情更糟糕。與活力充沛的運動相比，其他日常用於管理壓力的王牌，像嗜好、寫文章、閱讀或是逛街採購等，其效果都相形見絀。

研究顯示，除了運動性的活動外，首推音樂為個人心情管理的良好方法。不管是聽莫札特或是民謠、聲樂還是流行音樂，只要是能使自己平靜下來就行，這是因為音樂會使許多事物變得美好。

四、與自己對談

如果有人常自己和自己談話，他人就會覺得那個人可能有點不太正常。其實，自我交談是一種管理心情的有效方式，也是一種塑造好心情的技術。我們的行為和感覺經常是由一種內心的對話所營造，只不過我們自己沒有察覺罷了。在壓力大的狀況中，負面的想法就會浮現，例如：「這一定不會成功的」、「一定不可能的」。有意識地正面自我交談，像是「你一定辦得到」之類的自我交談，可與負面的想法相對抗。最好的方法是將與自己對談的過程，用錄音或錄影的方式記錄下來，做為以後改進的參考。

五、情緒的修煉

壓力管理是情緒的修煉。情緒健康心理學發現，今日情緒上最有明智的行為，都是以聰明地和壓力打交道作為前提。壓力會對身體機能產生負面的影響，將會減弱免疫系統，結果是睡不安穩、胃有毛病、血壓過高、肌肉緊繃、過敏、心情沮喪，最糟糕的是會造成心肌梗塞、精力耗盡或是嚴重的心理疾病。

現代壓力醫學的神奇咒語叫做平衡，在緊張和恢復之間，找到毫無壓力的健康尺度是很重要的。為了情緒的健康，人類也需要壓力，以及有意義的任務、挑戰和目標。耗盡精力、令人生病的惡性壓力和正面的良性壓力並不

相同。在良性壓力中，體驗到的是幸福滿足的愉快感覺。了解自己情緒的能源收支情況，和由放鬆、休閒、冷靜到再獲得力量的能力，是很重要的內容。

六、幽默與幸福感

俗語說：「笑一笑，百病除」。現代心理學證明這是有道理的，因為懂得自嘲的人，對其心理的感覺和整體的健康皆有正面的作用。適時的幽默和微笑，可以解除挫折感，並且釋放壓力。笑能促進呼吸和血液循環，並會抑止壓力荷爾蒙的製造。那些有良好幽默感的人容易克服壓力，一般都活得比較健康。

幽默感可以緩解人際間的衝突，解除彼此間的對立。幽默感不會造成任何損失，不會傷害任何人、事，尤其不會阻礙自己的熱情參與。愈來愈多的心理治療師發現，笑和幽默乃是健康的泉源。在現代社會中，人的個性發展和展現的方式愈來愈重要，我們應學會在生活中將自己的情緒處理得更好，使自己的社會關係更加滿意。長久以來，情緒預兆就和現代心理衛生密切相關，現代心理學牽涉到生活的每個層面：身體的健美、心理的負荷力、敏捷的思想、滿意的社會關係、正面的工作調整，以及環境的協調等。

幸福似乎是人類生活中最大的財富，對老年人而言更為重要。對幸福和快樂的追求，是人生的基本權利和主要活動。如何發現自己的幸福，以及各種情況下的幸福感覺，又是另一個問題了。對擁有幸福感的人進行分析發現，他們對世界的看法總抱持樂觀態度，自我意識單純，懂得和他人開放並友善地來往。

思考問題

1. 人類情緒的基本因素包括哪四種？
2. 人類有哪三種不同的情緒基本特徵？

3. 從心理學的觀點，情緒反應牽涉到哪三種反應層次？

4. 個人常面對各種情緒刺激，為有效的反應，請說明六項情緒調整的建議？

5. 情緒的克服和調整關係密切，可以從哪四個領域來戰勝情緒的問題。

第三節　在適當的壓力中生活

本節將探討三項議題：(1)壓力與警告；(2)五個步驟；(3)三 R 策略。

壹、壓力與警告

壓力對個人而言，會產生不同的作用，其中最直接的是警告作用。壓力與警告的探討包括：壓力的影響、兩項警告等兩個項目。

一、壓力的影響

在前面兩節已經針對壓力問題做過詳細解釋，在這裡我們摘要下列七個項目，說明壓力的影響有哪些項目。

（一）影響記憶力和注意力

壓力會影響記憶力和注意力。把事情寫下來，就可以從這種多餘的緊張中解脫出來，例如：寫在日記裡、寫在桌曆上或者記在筆記本中。

（二）阻礙計畫和決策

壓力易使人們很難制訂計畫並做出決定，所以每天都替自己制訂計畫的時間（最好作為晨起的第一件事情）。

（三）造成疲勞

壓力會讓你感到疲勞。給自己恰當的休息，例如：進餐、吃點心、做運動或者讓自己度個週末假期。

（四）降低復健速度

壓力會降低康復速度，而且降低對疾病的抵抗力，最好學會在完全筋疲力竭之前就停下來，並進行有規律的運動，保持飲食平衡。

（五）緊張壓迫

壓力會讓人感到有種緊迫感，要好好思考一下如何將這種緊迫感驅除。

（六）逃避困難

壓力會誘惑人們去逃避困難或者推遲解決，因此困難就不能得到相應解決。相反的，嘗試去面對它們，在一般情況下，最好先做那些最不願意去做的，或者是最困難的任務。

（七）降低效率

壓力會降低效率，可以透過回想或者寫日記等方法，發現自己利用時間的方式：你利用時間的方式與你重視的事情和目標互相一致嗎？

二、兩項警告

大部分受壓力之苦的人，特別是有經驗的老年人，都能很合理地對付自己背負的壓力，而且很多人都成功了。如果我們能及早發現問題，以自己特有的方式處理，很可能會取得良好效果，因為你可能已經計畫這些策略很久了。但是，要牢記以下兩個警告。

（一）有效期間

確保你使用的解決辦法不但長期有效，在短期內也能產生作用，例如：由於外界對老王的要求不斷增加，他的酒量也就愈來愈好。喝酒能讓他放鬆，因為他發現喝酒能讓自己有精力擔負起其他責任，還能幫助他更鎮定地處理棘手的關係。但是，壓力依然存在，而且他發現舉起酒杯的間隔愈來愈短了。由於愈來愈頻繁地喝酒，而變得脾氣火爆，睡眠品質也欠佳。他愈覺得有壓力，就愈想喝酒。這種表面上的解決辦法變成了他的另一個問題。所以不能用短期有效的方法，來解決長期性的問題。

（二）小心咖啡因

咖啡因，包括尼古丁（香菸）能夠讓你興奮，另一方面也能破壞正在從事的工作，例如：小惠為了要完成自己的份內職責，必須得加倍努力，於是留給自己的時間就寥寥無幾。她強迫自己藉著喝茶、喝咖啡，或吃些點心，或趁孩子參加游泳課時，和朋友喝咖啡聊天等休息時間，暫時離開那個充滿壓力的工作環境。但是她開始罹患了緊張性頭痛，而且很難入睡。當她降低了每日攝入含咖啡因的飲料（包括茶、可樂與咖啡）的數量後，她決定每天下午過了六點鐘後就不再飲用含咖啡因飲料，慢慢地，她感覺到自己的健康狀況有所改變了。

貳、五個步驟

如何面對壓力？當你不能控制自己的壓力時，可以按照下面五個步驟進行改變：觀察情形、從結果思考、減少外部負擔、減少內部負擔、設立健康基礎。

一、觀察情形

當你感到有壓力的時候，愈是強迫自己努力進取，就愈不可能成功，因為更加努力的嘗試，無形中增加的壓力也造成了效率降低。試著不去努力也有可能增加緊張，反而更達不到預期目標。

因此，第一步是最困難的：找一個時間放下手頭所有的事情，讓自己冷靜思考。當壓力堆積到一定程度時，極需要給自己留下喘息的空間。不論感覺到的是何種壓力，給自己一點整理的時間，好好利用這段時間，因為它能幫助我們將事情安排地井然有序，並且還能為下一個步驟做好計畫。如果可以的話，讓自己稍稍休息一下，同時評估自己的壓力。再者，要思考生活中的四個主要方面：工作、娛樂、健康以及人際關係（既包括家庭，也包括朋友），對你來說，這些方面是否都同等重要？有沒有重要級別的劃分？

問問自己：在哪個方面花費的時間和精力最多？是否將大部分時間，用在相對重要的事情上？如果同樣重視生活中各個方面的話，那麼將自己所有的時間和精力都傾注在一個方面，例如：工作或者家庭，就會讓你產生壓力感。

二、從結果思考

壓力感讓人們很難從優先順序來考慮最重要的事情。的確，要選擇下一步該做什麼，通常會變得十分隨意，於是就會發現自己幾乎不假思索地，就從手邊的事情開始做起，並且還一直在擔心沒有足夠的時間去做其他事。如果我們已經很清楚自己需要優先考慮的事情，就會發現自己比較能夠中斷這個過程，去做一些使生活更輕鬆、更和諧的指導性計畫，例如：老王學會了如何即時停下工作，靠打網球、和朋友一起吃飯來放鬆自己；小惠學著如何更加合理地分配家務事，並參加了一個夜校進修，她想找一份更有意義的工作。

使用時間管理的優先順序來安排自己的工作和生活，這樣就比較能夠做

出決定，例如：怎樣度過晚間時光，以及如何轉換目前工作。如果知道對自己來說「至關重要」的是什麼，當壓力堆積到較高的層面時，適當的停損才是明智之舉。然後就可以考慮，例如：是不是有其他人願意從事你放棄做的那項任務。

接著，要將優先考慮做的事情付諸行動。目前所討論的觀點都很容易理解，但是很難落實到實際行動中。一旦考慮到那些基本因素，和自己的優先選擇順序，就能從解決壓力問題開始做起。我們應牢記自己認為最重要的事情和最有優先權的事情，這樣才會讓所有的一切都變得簡單。

三、減少外部負擔

壓力是逐漸積累的，因此，當發生很難處理的大問題（例如：有人生病或交通堵塞）的時候，可以先著手去解決小問題（例如：收拾房間或回覆信件）。辨明身上擔負的所有壓力，再小的壓力，也值得人們去重視。而在這些壓力中，有哪些是我們能夠減輕的呢？

四、減少內部負擔

壓力既來自內部又來自外部。對於我們每個人來說，壓力是由我們看待世界的方式，或者由我們的態度來決定的。我們的許多觀念都起源於童年時代的經歷，毋庸置疑，有一些觀念則是從權威人物那裡吸取來的，尤其是從父母或者類似父母的長輩，以及教師那裡，獲得了他們的人生經驗和教訓。其他的觀念則來自於我們自己的經歷，例如：來自於與有競爭力的兄弟姐妹一起成長的經歷。這些早期的經歷，可能在很大程度上，決定了我們是否被一種想要取悅對方的願望，或者想取勝的願望所驅使，或者還是受到其他因素所驅使。所有這些不同的驅動力或是強烈的慾望，都對引發壓力感產生了影響。

那些以事業成功與否，來定義人生成功與否的男人們，在失業的時候會感到特別有壓力；那些從小就認為照顧孩子和家庭是女人天職的婦女們，當

被要求兼顧事業和家務時，就會感到特別有壓力。壓力本身並沒有正確或錯誤之分，但是它們可以或多或少地對人本身產生一些作用。任何沒有幫助作用的觀念都會製造麻煩，而且還會增加我們的負擔；有助益的觀念則能幫助我們擺脫壓力，因此，人人都應該檢查一下自己的觀念，並且尋我產生更少壓力的生活方式。

五、設立健康基礎

感到有壓力是一種危險的信號，是我們正在接近本身資源臨界點的一種信號。壓力有害身體健康，而且還是持續低效率和不良人際關係的誘因。當我們處於壓力之中時，就會忽略了自身的健康，還會致使人際關係處於不斷增加的緊張狀態中，這樣只會建立起一個惡性循環，因為身體健康狀況不佳與糟糕的人際關係，反而又給我們增添了壓力。因此，人們不僅要直接關注自己的壓力，還要照顧好自己的健康與人際關係，兩者皆具有同等重要性。

規律性是關鍵，你需要有規律的飲食，還要有具規律性的鍛鍊要一直這樣，而不僅僅是在年輕的時候才這樣。要是你感覺到了有壓力，現在就應該透過保持健康來提高耐力。

老王經常不吃早飯就離開家了，他也經常不吃午飯或者在路上隨便買一個三明治或漢堡充飢，在覺得精神不佳時，就吃點餅乾、巧克力和咖啡之類的垃圾食品。小惠則會儘量按時進餐，並且給全家人提供豐富多樣和營養均衡的飲食，但在用餐時間，她常常起來替孩子拿取食物，因為她總是把自己的需要放在最後，而孩子們也就逐漸養成了習慣，任由母親來伺候，她幾乎已經不知道坐在椅子上舒舒服服地吃完一頓飯的感覺是什麼。「適當地」用餐並不僅僅是指吃恰當的食物，而且意味著要以正確的方式吃。恰當地吃飯既能幫助小惠和老王更好地應對他們充滿壓力的生活，並且還能鼓勵小惠的孩子們照顧好自己的身體，這對小惠來說都是特別的需要。

同樣的想法也適用於定期鍛鍊，即使是每天十分鐘的日常鍛鍊也會產生不同效果，例如：多走路，減少以車代步。最理想的狀況是，每週至少進行

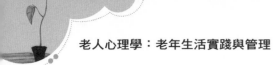

一個小時的鍛鍊，逐漸增強體力。要好好利用鍛鍊時間，即使在最初感覺太疲勞了，而懶得去做時，也一定要堅持。也許會讓我們感到吃驚的是，在承受壓力的時候，進行鍛鍊會讓我們更加精力充沛而不是疲憊不堪，而且通常會讓我們更有能量。當然，鍛鍊也改進了身體的健康狀況，但是它還代表著觀念上的重要轉變，我們已學會了照顧自己，不再忽視自己的健康。

參、三 R 策略

三 R 是指：休息（Rest）、緩和（Relax）和關係（Relationship）。承受壓力自身也增加了壓力，為了避免深陷其中，而可能導致更高壓力的惡性循環中，你需要休息，以便於恢復能量；緩和，給你自己提供樂趣和滿足感；提升人脈關係，以作為提供支持、拓展視野和娛樂的資源。

一、休息策略

壓力是與緊張情緒和睡眠品質緊密相連的。壓力使人們很難不去理會，也不太容易讓人休息。高品質的休息可以使人恢復好心情，並且發揮更高的效率。因此，固定規律性的休息時間，既要學會不去想，也要學會徹底地休息。在工作間隙可以進行短暫休息的方法，例如：泡個澡、和朋友喝茶、喝咖啡或閒聊、放鬆休息半個小時。休息也包含長時間的放鬆，例如：為期一週的休假、和家人（除非家庭也是一種壓力來源）外出一天、度過一個輕鬆愉快的週末等。

休息的意思是不工作，而不是在沙發上一邊聽音樂一邊工作；休息也並非指什麼都不做。如果什麼事情都不做，幾乎所有人都會覺得很不自在，除了在極短的時間內或者極少情況中，例如：躺在浴缸裡的時候。倘若在感到有壓力時什麼也不做，那將會使我們覺得更難熬，煩心的事會一件接著一件地湧上心頭，在剛剛空閒下來的時候，又準備開始引起注意力。

二、緩和策略

　　緩和讓你感覺更舒服些，或者說更有成就感、更滿足、更感興趣，讓你更樂於了解外部世界，不再把自己關在自己的煩惱世界中。緩和活動種類繁多，但通常都不是安靜的，雖然可能會對人們有技能的要求，甚至會令人疲憊不堪（例如：踢足球或打網球、為朋友們烹飪等），但它們是樂趣與滿足感的一種來源，而且是一個拓展技能的機會。如果這些活動真正帶有娛樂性，它們就應該與你的日常工作、生活和壓力來源有所不同。如果大部分壓力來自於工作，那麼週末在家享受烹飪的樂趣就是緩和性的活動，但如果不喜歡烹飪或者不擅長烹飪，那麼烹飪也會成為一種壓力來源。

　　業餘嗜好通常是緩和性的。嗜好通常能引發人們的興趣，也能結交到志趣相投者（例如：養狗者、園藝愛好者、橋牌愛好者等），要使業餘嗜好發揮積極作用，就應該讓它們遠離麻煩和衝突。人人都需要有緩和活動，它們可以是有創造性的，也可以是靜思冥想的；可以是群體的，也可以是單獨的。

三、關係策略

　　關係問題是壓力的一種常見來源。你可能會與家庭成員、同事、朋友之間產生各種各樣的關係問題，處於壓力下的人們，可能會變得易怒，並且可能會與自己最親近的人，或自己能尋求到支持與安慰的人爭執。壓力很容易就能影響到人際關係：對一種關係的失望、難過或者憤怒，也許會增加負擔，但如果將自己與其他人隔離，此時就會失去恢復的主要來源。

　　跟其他人討論如何應對自己的壓力，那麼收穫遠遠要比損失多得多，因為，儘管每個人針對壓力的反應不同，但對抗壓力或者釋放壓力的過程都是一樣的。如果負擔一直在不斷增加，每個人最終都會面對它們，而在尋找解決辦法的時候，都會發現「三個臭皮匠，勝過一個諸葛亮」的道理，例如：當助手遲到時，老王對他發了一頓脾氣，在雙方爭吵過後，老王驚訝地發

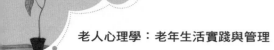

現，助手由於沒能擁有更多的職責，而感到無聊和挫敗。在驚恐感與解脫感的複雜情緒中，老王終於卸下了一部分自己背負著的重擔。分擔重負的方式包括分派任務、向密友吐露心聲，或者請求他人把自己從困境中解脫出來。

　　與其他人的良好關係也是快樂的一個重要來源，它們是我們感到壓力的一種資源，但也是一種未被充分利用的資源：因為有些關係導致了問題的產生，因為壓力能吸收所有的能量，或者因為一種自然但卻沒有幫助的沉默寡言，和不情願談論困難的態度。此外，當我們感覺自己有壓力的時候，常常透過「對他人發洩」等行為來緩解自己，但卻絲毫未注意到已經使關係處於緊張狀態中。為了能有建設性地利用親密關係，應仔細思考誰可能會給你支持。提供支持和幫助的人可能是你的親密朋友，也可能是不熟悉的陌生人。然後思考一下，我們是不是已經清楚地對他們解釋了自己的感覺，以及正在承受的壓力。你是否曾期待他們會做出什麼反應或採取什麼行動？最後，在承擔壓力這個事實時，是不是意味著，我們曾經對那些親密的人特別地容易動怒呢？如果我們曾經這樣對待他們，那麼，快向他們道歉，並且解釋清楚自己惱怒的原因，並非因為他們本身，而是因為我們感受到了壓力，這種作法也許對解決關係緊張很有幫助。

　　當緊張上升時，大部分的人會更加需要人際關係的支持，因此，要考慮如何照顧好自己的人際關係，如何能使雙方都能從良好的人脈關係中獲益。不要冒著讓他人不高興和破壞關係的風險，來發洩自己鬱積的感情，這是一個很重要的建議。對經驗豐富的老年人而言，可以選擇透過其他方式來發洩自己承受的壓力，例如：出去跑步、重擊枕頭，或者將挫敗和生氣的感覺寫在紙上。確保自己不間斷地從事自己喜歡與身邊人一起做的事情，這樣不但能幫助我們減少壓力感，還能幫助我們在和諧的工作秩序中，保持良好的人際關係。

思考問題

1. 壓力可能會對個人造成哪些影響？

2. 當個人不能控制自己的壓力時，可以按照哪五個步驟來面對壓力？

3. 在運用有效的壓力處理策略時，還要注意哪兩個警告？

4. 個人為了避免處於高壓的循環當中，可以運用「三 R 策略」，請說明何謂「三 R 策略」。

5. 請描述哪些人際關係也可能導致壓力來源？

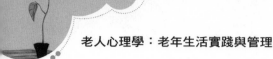

第七章

人際溝通與家庭關係

本章的主要目的是討論本書第二篇應用篇的第四部分「人際溝通與家庭關係」，第一部分是「自我認知與生活適應」（第四章），第二部分是「記憶經歷與經驗分享」（第五章），第三部分是「壓力適應與情緒管理」（第六章），第五部分是「滿足需要與生活動力」（第八章），第六部分是「智力變化與終身學習」（第九章），第七部分是「性、婚姻與親密關係」（第十章）。本章規劃為三節：第一節「人際溝通的基礎」，第二節「老人的家庭關係」，第三節「家庭問題溝通」。

第一節「人際溝通的基礎」將探討三項議題：(1)何謂溝通；(2)溝通的障礙；(3)溝通技巧訓練。在第一項「何謂溝通」中，將討論：溝通的意義、溝通的分類、溝通的網絡、溝通的過程等四個項目；在第二項「溝通的障礙」中，將討論：溝通障礙的背景、個人溝通障礙、環境溝通障礙、語義溝通障礙等四個項目；在第三項「溝通技巧訓練」中，將討論：選擇適當的話題、針對心理說話、注意說話技巧等三個項目。

第二節「老人的家庭關係」將探討三項議題：(1)老年人的生活；(2)家庭關係的調整；(3)家庭調色盤。在第一項「老年人的生活」中，將討論：活動不參與、活動理論、個人因素、家庭角色等四個項目；在第二項「家庭關係的調整」中，將討論：橫向親子關係、親子關係倒轉、過來人經驗、家庭生活調整等四個項目；在第三項「家庭調色盤」中，將討論：親愛氣氛、共同時間、情感支持、家庭民主等四個項目。

第三節「家庭問題溝通」將探討三項議題：(1)影響溝通的因素；(2)家庭問題；(3)家庭溝通。在第一項「影響溝通的因素」中，將討論：個人因素、

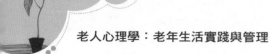

環境因素等兩個項目；在第二項「家庭問題」中，將討論：家庭類別、老人家庭、問題所在等三個項目；在第三項「家庭溝通」中，將討論：個人溝通、婚姻諮詢、團體輔導等三個項目。

 ## 第一節　人際溝通的基礎

本節將探討三項議題：(1)何謂溝通；(2)溝通的障礙；(3)溝通技巧訓練。

壹、何謂溝通

溝通是人與人之間交換訊息的過程，這種交流主要是透過語言和文字等來實現的，人的心理因素、知識、經驗、政治觀點等，對能否達到溝通目的具有重要關鍵。何謂溝通的探討包括：溝通的意義、溝通的分類、溝通的網絡、溝通的過程等四個項目。

一、溝通的意義

溝通（communication）的英文涵義很廣，目前尚無統一的譯法，其核心內容就是訊息交流。通訊工具之間的訊息交流，可譯為「通訊」，這是通訊技術科學所研究的問題。人與機器之間的訊息交流，是工程心理學研究的問題。利用報刊雜誌、電台、電視等媒介，有系統地將大量消息、知識、觀念傳送給廣大群眾，叫做「傳播」，這是大眾傳播學所研究的問題。在組織內人與人之間的訊息交流，稱之為「溝通」或「意見溝通」。人與人之間的溝通，係指兩人以上他們之間經由溝通過程，交換資料、訊息、觀點、意見、情感和態度，以達到共同的了解、信任與互相合作之目的。這種交流主要是透過語言和文字等來實現的，人的心理因素、知識、經驗、政治觀點等，對能否達到溝通目的具有重要關鍵。

20 世紀 1950 年代，人際溝通和大眾溝通兩方面學者，修正了原先簡單的「傳者－傳遞管道－訊息－受者」的模式。這些改變考慮到人類溝通的幾個重要方面：一是要更充分體現回饋的產生，而且把它作為一個基本的要素；二是應強調溝通過程最基本的交互特性。到了 1960～1970 年代，溝通研究及有關模式建立的興趣焦點，已從尋求對整個溝通過程的一般理解，逐漸轉向研究此過程的各個具體方面。

二、溝通的分類

從溝通關係上來看，可將溝通分類如下。

（一）溝通中心

溝通中心分為有溝通中心和無溝通中心。一個組織的人員在進行溝通時需透過某人，則此人即為溝通中心，凡採用獨斷領導方式的組織，多屬此溝通關係。而一個組織的人員進行溝通時，並無溝通中心存在，即稱之為無溝通中心，凡採用放任領導方式的組織，多屬此種溝通關係。

（二）溝通方向

溝通方向分為單向溝通與雙向溝通。一方只是發送訊息，另一方只是接受訊息，而不回饋訊息，稱為單向溝通；雙方可相互地發送訊息和接受訊息的溝通，稱為雙向溝通，一方發送訊息後，會聽取接受訊息一方對訊息的回饋意見，此種發送及回饋的方式可能會進行多次，直至雙方有共同的了解為止。

（三）溝通形式

溝通形式分為正式溝通與非正式溝通。透過組織系統的管道進行訊息傳遞和交流，叫做正式溝通，例如：上行溝通和下行溝通等；在正式溝通管道之外進行的訊息傳遞和交流，即為非正式溝通。

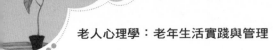

（四）溝通接觸

溝通接觸分為直接溝通與間接溝通。溝通的雙方直接面對面地進行訊息交流，稱為直接溝通，而經由第三者的溝通，稱為間接溝通。

（五）溝通型態

溝通型態分為定型溝通與不定型溝通。有一定範圍和形式的溝通，稱為定型溝通；反之，則為不定型溝通。

三、溝通的網絡

溝通網絡常是指在組織管理上的應用，而組織內的溝通網絡，可分為下列五種：

1. 各級主管人員之間的溝通：這種溝通主要採用會議彙報的方式進行。
2. 下行溝通：是指透過組織的各級層次，將組織的目標、計畫、方針、政策、要求、規章制度，以及組織現狀等逐級向下傳達。
3. 上行溝通：是指下級人員的意見逐級向上反映的溝通。
4. 平行溝通：是指組織內平行部門人員之間的溝通，其作用是要增進不同部門之間的相互了解，減少部門間的矛盾和衝突。
5. 業務部門與職能部門的溝通：若兩者有充分的溝通，則可分擔組織主管的責任，使主管有較多時間集中於考慮組織上更重要的問題。

四、溝通的過程

溝通過程是指訊息傳遞，它是一個運動過程，無論何種訊息的傳遞都要涉及三個基本因素：傳者、訊息和受者，這三者相連構成溝通的基本過程。看起來，這與貨物運輸頗為相似，但卻有很大區別：其一，訊息傳、受雙方皆為具有主觀能動性的人；其二，所傳送的訊息經常不等於所接受的訊息

（而貨物運輸如無意外，一般則是運送出什麼，對方便收到什麼）。因傳、受雙方總存在著歷史背景、文化程度、經驗範圍、立場觀點等方面的差異，他們不可能對同一訊息做出完全相同的理解，因而他們所能分享的訊息是有限的。訊息溝通過程是一個複雜的過程，總括說來，可分為兩類：一類是傳統的線性模式，即將溝通過程確定為傳者為起點，經過媒介，以受者為終點的單向、直線運動；另一類是新型控制論模式，其核心是在溝通過程中建立「回饋系統」，即不僅要求傳者把訊息單向傳給受者，而且要把受者的反應透過種種途徑接收回來。

貳、溝通的障礙

溝通是人與人之間發生相互聯繫的最主要形式。人醒著的時候，有大約70%的時間，都花在溝通過程中。與他人交談、讀書看報、上課、聽廣播、看電視、遨遊網路等，都是在進行溝通。溝通的廣度和方便程度，是生活品質的重要指標。在現代生活中，交通和通訊的發達，都不斷地改善著人們的溝通狀況，而最重要的是，溝通的改善為人們的交往也提供了更多的便利條件。

在溝通中常常會產生障礙，其原因包括下列六項：

1. 語言表達得不確切。
2. 空間距離的障礙。
3. 溝通網絡不當。
4. 地位不同。
5. 知識水準不等。
6. 心理因素所引起的障礙，例如：在人格、態度、思想、觀念等方面的差異，這是溝通障礙中的最主要因素。

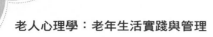

一、溝通障礙的背景

溝通是人際交往的途徑，換言之，溝通障礙也是由於其背景、狀況與過程中發生了問題，包括以下幾個方面。

（一）觀念問題

溝通使人們的觀念、情感和思想能夠進行交換。任何一個人所掌握的知識、技能，其直接經驗都是有限的。人想要適應無窮無盡、不斷變化的外部世界，就必須憑藉著溝通來獲得他人的寶貴經驗，溝通使他們在思想觀念上變得更寬廣，在情感上變得更豐富。這個世界上最美的東西，就是人與人之間的情感聯結，而人與人之間的情感聯結就是透過人際溝通來實現的。同樣，溝通的過程使積極的情感體驗加深，使消極的情感體驗減弱。溝通的過程，使人生真正變得豐富多彩，使人的有限生命擁有無限的寬廣空間。

（二）聯繫問題

溝通有助於建立和維持人與人之間的相互聯繫。我們每個人都能夠體驗到，溝通在建立和維持人際關係中的重要作用。當我們與久別的朋友互無書信往來的時候，會發現彼此之間正逐漸互相遠離。到了多年之後的重逢，彼此才發現都有了太多的變化，也因此了解到彼此已經不再可能成為朋友了。這種時間與空間上的距離，使我們減少了與朋友溝通的機會，若再加上不善於溝通，則會使我們苦惱在得不到朋友的同時，也正逐漸失去彼此已擁有的友情。

不善於溝通的人，有意無意間會使自己失去與人溝通的機會，此時也許正為缺乏人際關係、缺乏朋友而苦惱。實際上，我們有很多和他人溝通的機會，只是有時沒有抓住機會，沒有主動去發現交往的對象，或者是根本就忽略了溝通的重要性。人與人之間建立溝通和進行交往的可能性，遠比我們想像的要大得多。

讓我們做一個小實驗。假設在一個大城市中，隨便找一個人為目標，請人轉交給他一封信。這封信必須透過相互熟悉的人轉交，直到由那個目標熟悉的人轉交給他本人。請想一想，從自己開始，要經過多少次兩兩相互熟悉的人作媒介，才能將自己與這個純粹隨機選擇的目標聯繫在一起呢？一千次？五百次？心理學家米爾格拉姆經過研究證實，在一個超過二百萬人的群體中，只需二到十次的轉手，信件就可以交到收信人手中，而最少只需兩次。其實，世界就是這麼小！只要做個有心人，掌握一定的技巧，就不難做到與他人進行良好的溝通。

（三）認識問題

溝通有助於認識自我、認識他人。當人在與他人的溝通過程中，理解了他人，也認識了他人眼中的自己。人透過溝通，體驗到他人的存在，並將自己與他人進行比較，從而透過這種參照的作用來認識自我。若沒有溝通，沒有交往，人永遠無法認識他人，也無法真正了解自己。

二、溝通障礙的類型

溝通障礙有三種類型：個人溝通障礙、環境溝通障礙和語義溝通障礙，說明如下。

（一）個人溝通障礙

個人溝通障礙是指，由於人的感情、價值觀，或者不好的傾聽習慣而產生的溝通障礙，另外還包括人們在教育程度、種族、性別等因素的溝通障礙。個人溝通障礙常常與人們之間的心理距離（一種感情上的距離）有關，如果一個人對另一個人的說話方式很反感，就會擴大兩個人之間的心理距離。在幾乎所有的溝通中，感情就像是知覺的過濾器，看到的與聽到的實際上都是感情上願意接受的東西，所以溝通實際上是由期望所引導的。另外，人們所溝通的實際上是對客觀事實的解釋，而不是客觀事實的本身。如果溝

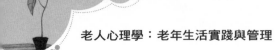

通雙方的知覺比較近似，溝通就會比較有效，簡單的說，就是我們與知心朋友非常容易溝通，反之與不熟悉的人溝通，就需要更多的技巧與耐心。

（二）環境溝通障礙

環境溝通障礙或是物理溝通障礙是指，在人們溝通的環境中存在的障礙。一個典型的環境溝通障礙，是突然出現的干擾噪音蓋過了說話的聲音；而其他的環境溝通障礙，包括人和人之間的距離，例如：牆或干擾無線電信號的靜電。當環境溝通障礙出現時，人們通常會意識到，並採取措施予以補救。環境溝通障礙要轉換為積極的因素，可以透過生態控制，由傳遞者使環境發生改變，進而影響接收方的感受和行為。比如說，整潔的環境、開放式的辦公環境等，都會影響溝通。

溝通雙方要維繫適當的物理距離，這種對空間分離的研究被稱為心距學，它探討文化內部及不同文化之間，有關人際空間的不同行為與感受。了解和觀察有關各類不同關係（如親密關係、朋友關係、工作關係或陌生人等）的普遍作法是十分重要的，而這些習慣必然也反映了文化之間的差異。因此，訊息傳遞者應當了解文化規範以及接收方的偏好，並努力理解去適應它們。

（三）語義溝通障礙

語義學是有關語言涵義的科學，幾乎所有的溝通都是符號的溝通，是透過使用有特定涵義的符號（如文字、圖畫和動作）來實現的，這些符號必須能被接收者解碼和解釋。語義溝通障礙是指，由於人們溝通所使用的符號自身的局限性而產生的溝通障礙。符號通常都有多種涵義，人們在溝通時需要從中選擇一種涵義，有時若選擇了錯誤的涵義，從而導致誤解，這樣很可能會導致感情障礙，使溝通更加困難。

溝通雙方不僅要能夠理解對方語言的字面涵義，還必須在特定的情境下，理解詞句以及它們被表達的方式（如語音、語調以及相應的非語義姿

勢）。在全球經濟國際化之下，對所有敏感的管理者在跨文化溝通時，需要克服語義溝通障礙所帶來的狀況。當我們依據自己的假設而不是依據客觀事實來解釋一個符號時，即是在進行某種推斷，而推斷是大多數溝通必不可少的，無法避免它的存在，因為我們不可能等到所有的溝通內容都是事實時才接受它。但是，推斷可能會造成對訊息的錯誤理解，此時必須特別注意，對其進行仔細的評估。一旦產生懷疑，就要及時查證，以蒐集更多的訊息。

參、溝通技巧訓練

從某種意義上來講，喜歡與人交談是心理健康的表現。透過談話可以表達出自己的喜怒哀樂，降低內心的壓力。交談可以彼此交流看法，傳遞訊息，也可以在溝通中求得主觀世界與客觀世界的平衡。人到了有話無處講的時候，就容易產生悲觀、失望等不良情緒。在人際交往中，人人都希望有一副好口才，但好口才並不只意味著滔滔不絕、唇槍舌劍，因為，能言並不等於會言。那麼，如何才稱得上會言呢？

一、選擇適當的話題

選擇合適的話題，可以從兩方面來探討：話題背景、話題場合。

（一）話題背景

首先，要考慮對方是否樂於接受。由於性別、年齡、職業、文化層次的不同，其思想水準、性格特徵、審美情趣，以及接受、理解語言的能力也會不同，自然地，在交際中對所感興趣的話題也不會相同。因此，在交際中要儘量選擇對方感興趣和熟悉的話題，例如：青年人對前途、愛情等話題較感興趣，而老年人對身體健康的話題較感興趣。

（二）話題場合

其次，要根據不同的場合選擇話題。交際者要學會入境隨俗，力求言談話題及其表達形式與所在場合的氣氛相協調。悲慟的場合，要把令人高興的話題藏在心裡；輕鬆的場合，話題自然可以開放些；正規的場合，話題則要注意尊重典雅。一定要認清哪些話題適宜大庭廣眾下提及，哪些話題只能在小家庭中談論，否則只會引起他人的反感。最後，要善於把話題引到自己想談論的問題上。

二、針對心理說話

有效的人際溝通需要遵守兩項原則：根據他人的潛在心理說話、避免不該說的話。

（一）根據他人的潛在心理說話

在與人交談時，要注意揣摩對象的心裡在想什麼。如果我們說的話與對方心理相吻合，受話人就樂於接受；反之，所說的話對方就會排斥，例如：某位同學拿著不及格的考卷在沉思，此時若和他談一些關於這次考試的話題，對方可能會覺得感興趣；但如果和他談一些自己將要去旅遊的計畫，對方可能會討厭你的談話。

（二）避免不該說的話

每個人都有一些不願公開的秘密，尊重他人的隱私，是尊重他人人格的表現。所以，當在與他人交談時，切勿魯莽地隨意提及他人的隱私，這樣一來，他人就會願意與我們多交談。相反的，若不顧他人保留隱私的心理需要，盲目觸及對方的禁忌，一定會影響彼此的交談效果，並有可能引起對方的極度討厭。另外，最好不要主動提及他人的傷心事。與人談話，要留意他人的情緒，話題不要隨意觸及對方的「情感禁區」，例如：某位同學的父母

離異，這給他的心靈帶來創傷，在與之交談時，對方又不願主動提及此事，此時最好迴避這類話題。當他人在生活中遇到某些不盡如人意的事時，在與之交談時，就應該主動迴避這些令人尷尬的話題，例如：對方沒有考上高考，就不該不顧對方的感受輕易提及某人已考上高考的事。總之，交談要避人所忌，不要令交談的雙方陷入難堪的境地。

三、注意說話技巧

我們每個人都渴望自己善於購物，能用最少的錢買到最有價值物品，因為這是精明能幹的一種表現，例如：我們買了一套電腦，市場行情要賣二萬元左右，而我們卻只花了一萬八千元，當向同學展示此電腦的性能、速度的時候，如果有人說：「恐怕要值二萬二千元吧，因為我在網站商店看到同樣規格的電腦，就是這個價格。」想必你的感覺一定良好；但如果某位同學說：「這電腦花一萬五千元買的吧，電腦現在都很便宜的。」想必我們一定不開心，覺得對方不識貨。但千萬不能過於高估，恐有虛假之意。每個人都希望自己年輕，尤其是老年人，如果你對老年人在稱呼時，既有尊重，又能夠讓對方覺得年輕，老年人一定會很高興，例如：不要在稱呼時加一個「老」字，直接稱呼為「先生」、「小姐」或「太太」較好。

（一）設身處地

說話要設身處地，有些事情，從不同的角度看，就有不同的理解。人與人之間的交往，之所以容易出現矛盾紛擾，而且一時難以化解，主要是因為沒有站在他人的角度。如果讓自己進入對方的角色，或把自己置身於對方的情境，就會有另一番感受，例如：當他人遇到挫折，情緒低落的時候，人們都喜歡去替對方出主意，告訴對方應該如何去做，好像以成功者自居，無形中就把對方當成了無能和失敗的人。因此，當他人失意時，最好不要談論自己的高見，而應該去理解、去支持、去鼓勵，使對方從失意中走出來，重整旗鼓、再展鴻圖。所以，與人交談，不妨把自己置於對方的立場來著想。

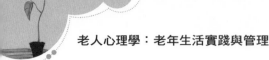

（二）注意語氣

說話多用商量的語氣。和對方商量某件事，客觀上就是讓對方參與了研究和討論，這不僅表示是基本的信任，還有邀請對方參加討論、決策的意思。這樣一來，對方也就會不自覺地把自己的見解，以參與者的語氣表達出來。因此，用商量的語氣說話是增進理解的妙方，例如：「請您幫我一個忙，可以嗎？」

（三）說話時機

不該說的時候不要說。在交談中，有時是「此時無聲勝有聲」。保持沉默也能傳遞特定的訊息，有些時候甚至比有聲語言更有力量，或更得體，例如：不速之客久坐不肯離去，你又無時間與之閒聊，你可以沉默，對他的說話不予回答，相信他一定會很快意識到，並自行告退。

思考問題

1. 溝通的形式可分為正式溝通與非正式溝通，請分別說明之。
2. 組織管理上的溝通網絡，可分為哪五種？
3. 溝通過程是指訊息傳遞的過程，它涉及哪三個基本因素？
4. 在溝通中常常會產生障礙，其原因包括哪六項？
5. 溝通技巧訓練可以從哪些方面著手？

第二節　老人的家庭關係

本節將探討三項議題：(1)老年人的生活；(2)家庭關係的調整；(3)家庭調

色盤。

壹、老年人的生活

到目前為止，我們的討論都以老年的個人為主，而在這一章中，會將注意力集中在老年人如何在社區與家庭中生活，特別是如何選擇與他人互動的生活方式。

一、活動不參與

有許多研究指出，許多老年人的生活是在準備死亡，並提出所謂的「不參與理論」（disengagement theory）。該理論提到，當老年人的年齡愈大，他們與外界的互動愈少，有一部分是因為他們對於外界愈來愈沒有感覺。社會層次的原因是因為失去配偶與朋友，使他們與外界社會的接觸變得更少；再加上退休後，遠離工作，增加了他們與人群的距離。此理論似乎意味著老年人藉著切斷與外界的接觸，而接近死亡。有些批評者認為，這個理論過於強調老年人的被動角色，不過這種說法的原意，應該是指老年人「相對於」成年者對於世界的不參與，而並非指老年人對於環境的完全不參與。研究發現，社會對於老年人的期待，是希望他們能與成年人相聯繫，但是事實上卻不然，因此老年人被視為是偏離正常，且不健康的一個族群。

此理論並非要侮蔑人的晚年，而是提出一個有關正常老年人認同自我隔離的事實，而且衰老的過程中這是自然，而非偏差的經驗。許多研究均以隱居及孤獨、無人可以信任等狀況，定義不參與的老年人，結果發現這些老年人在經濟上有相當的困難。最近又有研究發現，經濟愈拮据的老年人，其孤立的狀況愈嚴重，這與不同的族群也有關係，例如：非洲裔的美國人比歐洲裔的美國人來得貧窮，因此，與社會脫節的情況跟他們的生活狀況有關，不見得與年齡有關。在一個長期追蹤的研究就指出，這些孤立的行為在進入老年期前，就已經出現了，因此它可能是人格的特質、生活事件影響的結果，

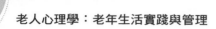

而並非是一個普遍的現象，也不是年齡的影響。另外一個批評是，不參與現象在發展中國家是很少出現的，因為老年人在社區的活動仍然是很活躍的。

二、活動理論

針對「不參與理論」，另有學者提出「活動理論」（activity theory）。該理論指出，最好的政策是鼓勵老年人主動參與社區與家庭活動，當老年人儘量保持主動時，他們對生活的滿意度會上升，並且增加他們的社會網絡與支持系統，該系統的豐富將能減緩他們在認知功能下降的可能性，因此，鼓勵老年人參與社區活動對他們是有幫助的。然而，實施活動理論也遇到了一些困難，有的社工人員以「為他們好」為理由，強迫老年人參與社區活動，例如：一起開車去玩，但這對老人家而言似乎不是一件愉快的事情；同樣的，無法有效率的執行社會活動與老年人的健康情況有關，因此，最後能參與社區活動的老年人，都是那些相對而言比較健康的老年人。實際研究老人生活報告指出，健康因素並非絕對的優先，因為老年人最期待的還是單獨活動。

三、個人因素

最近的研究認為，不論是不參與理論或是活動理論，它們可能都描述了對於某些老年人最佳的生活策略，但不是對於所有的老年人，因為這其中還涉及到不同的因素，例如：經濟狀況（提供活動所需的費用）、健康狀況（可以參與郊外的活動或需要體力的活動），以及人格類型（內向的人也許會討厭參與活動）。就某種程度而言，成年早期的生活會決定老年時的生活；在一項長期追蹤的研究中就發現，40歲時所從事有目的之活動，可以預測其在80歲時的活動量。此外，不參與社區活動的老年人似乎與其罹病的程度有關，因此，老年人的退縮及不參與，也許是早期健康出現警訊的信號。

四、家庭角色

對大多數的人而言，都會想要結合不參與理論及活動理論這兩者的好處。在研究家庭關係時，就發現許多西方的國家，有80%的老年人會選擇居住在靠近兒女約三十分鐘左右的路程處，因為一方面可以獨立生活，保有自己的隱私權利，另一方面也可以適度參與家庭活動。對老年人而言，家庭生活有相當多的好處，例如：前面所提到的經濟問題，家庭成員可以協助分擔。不過，家庭成員在長期來看是支持系統，但是就緊急性的危機問題，有時候家庭系統反而是另一個壓力的來源，因為當年長者面臨危機時，會期待家庭成員能給予支持及得到安慰，不過常常令他們失望，因為他們的期待是「非現實的」，而且超過實際家庭成員所能給予的。有研究指出，當危機出現時，反而會破壞家庭的和諧，因為家庭成員均認為，壓力令他們無法有適當的因應。

（一）家庭評估模式

有學者專家提出了家庭評估的方法，稱為「雙重ABCX模式」（ABCX model）：A代表引發危機的事件，B代表家庭可以得到的資源，C代表家庭成員所知覺到的危機事件，而X是知覺到的壓力，變項A、B、C將會決定整體及老年人所經歷到的壓力。另有一個相似的理論是：事件—壓力源—評估—緩衝因素—結果，在這個評估過程中，事件就是危機，壓力源是指事件所造成的負向效果，而評估是指家庭成員所能控制該事件的感受程度，緩衝因素是指可以得到的協助及照顧的技巧，結果是指整個過程後家庭成員所感受的壓力，及對家庭情境所造成的改變。

（二）老年人生活自主

以上兩個處理危機的模式，都有許多的研究分別探討其不同的階段，並發現照顧及適應是兩大最主要的壓力，而照顧的責任往往是年老者的配偶及

其子女，而這些照顧者大部分處於中年或老年階段，他們的健康問題也日益備受重視。在過去一百年來，西方國家超過 60 歲以上的老年人急遽增加，而同時，由於許多原因造成嬰兒出生率的下降，也就是說，現在的老年人比起過去的年代（約有 80%的老年人與自己的兒子或女兒同住），有愈來愈少的機會可以從自己的家人得到支持。然而，這是不是表示老年人的處境愈來愈不好呢？答案應該是否定的。

　　首先，因為居住環境的改善及退休贍養費的制度，使得老年人愈來愈能夠自給自足；其次，三代同堂的家庭在 20 世紀初期的歐洲就已經漸漸變少，在過去的年代還存有黃金年齡，在黃金年齡時會受到牧師的照顧關懷，而現在卻較少有此現象。

（三）小家庭

　　除此之外，小家庭（核心家庭）所知覺到的家庭親密感較高。研究指出，小家庭的成員評估家庭的親密感受較高，也較少問題。有趣的是，在相同的家庭中，老年人認為家中的關係出現的問題較少，而年輕人認為較多，這可能是因為在小家庭中每個人的責任感較重，在自然的情況下，家庭成員年紀愈大，其感受到的責任愈少，所以所知覺到的問題就愈小，不過這只是部分的猜測。此外，也有家庭是沒有生養小孩的，他們缺乏與下一代之間的溝通和交流，此時，老年人有較高的心理壓力是不可避免的。不過，這也視情況而定，例如：男性如果沒有配偶，其孤獨與憂鬱指數較高，而男性如果有配偶，則沒有此現象。

　　家庭的社會階級與家庭的支持系統有關，研究發現，與勞動階級相比較，中產階級老年人與其他家庭成員的住家距離比較遠，英國的研究發現是因為中產階級可以使用電話或郵遞等現代資源維繫家庭的溝通，而勞動階級相對缺乏這些機會。但是，儘管如此，這兩種社會階級在評估自己與其他家庭成員的親密程度時，並沒有差異。

貳、家庭關係的調整

針對上述的家庭與社區生活背景，老年人需要對自己家庭的各種關係隨時調整適應，特別是跟子女的關係。隨著家庭關係的發展，年歲的增長，到了老年期以後，自己與成人子女的關係也要有所調整。

一、建立橫向親子關係

進入老年的父母，照理其子女都已經進入成人的階段，多半都已經結婚成家，在職業方面已經很順利，有了基本的經濟能力，並且能夠很活躍地從事於社會上的各種活動。由於他們已經是比較成熟的大人，因此年老的父母要脫離過去年長的角色，逐漸放棄上下的「縱」向關係，改而跟自己的成人子女建立大人與大人之間的「橫」向關係；也就是說，要能幾乎以同輩般的相互來往，尊重彼此的想法與意見，而不要像過去子女小時候的，仍然繼續要教訓他們，要求他們服從，最好能相互交換意見，相互關照，相互分享快樂，排除以家長壓迫下一代的姿態與角色。特別是在科學與技術很發達，社會變化很大的現實社會裡，很多事情都要靠年輕子女的幫忙去學習，去適應現代的生活。

二、親子關係倒轉

等到老年人的年歲增加，其子女多半都已經進入壯年期，或甚至到了中年期。相對的，老年期的父母都已經進入退休的階段，有些事情要開始讓自己的子女或是孫子女來照顧自己，必要時，還得替自己做重要的決定。換句話說，年老父母跟成年子女的關係需要逐漸的改變，而發生親子關係的「倒轉」，特別是到了年邁的階段，可能要成人的子女來照顧年老的父母。隨著這種親子關係角色與職務上的對調，可能會引起一些心理上的適應問題，例如：做父母的，在經濟、生活各方面或許要依賴子女；也得多少聽他們的意

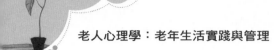
見，甚至受子女的管制。特別是到了老年的階段，假如思考與判斷力不如從前，對自己的生活照顧有點困難時，就要接受子女的意見：決定住在哪裡，如何支配經濟的問題，要不要請人來幫忙家事等，都要靠中年子女的指示或建議，在這樣的情況裡，如何仍然保持長者的尊嚴，但又去接受晚輩的協助，是很微妙的心理適應。可是有些老年人認為，憑自己的身心情況，有時非完全依靠自己的子女來處理或決定不可，特別是在自己的各項判斷漸有困難時，要趁還沒失智之前，做出必須的決定與適應，儘早簽署生命遺囑，在法律上讓自己所選定的子女來替自己做重要的決定。

三、提供過來人經驗

雖然隨著老年人的身心情況不同，可能需要依賴自己的子女，可是這並不意味著老年人就得進入完全無用的人生階段。他們還是可以善用過去的人生經驗，以「過來人」的角色隨時幫助壯年子女，幫助他們補充人生的生活知識，幫助年輕人預測人生過程裡的各種突發狀況，並做適當且及時的準備，最起碼也可幫助他們如何準備步入中老年階段，以及日後的老年階段。幫助他們體會婚姻的重要、家庭的重要、人際關係的重要、待人接物的一般原則、人生的要領等，補足他們所缺少的人生經驗與知識。

四、家庭生活調整

到了老年時期，在家庭生活方面也要考慮到如何去調整與適應，例如：由於夫妻關係在老年階段的變化，即性格上的固定及成型，夫妻生活也可能需要做若干的調節與適應。夫婦要了解的基本觀念是：夫妻生活不一定要總是雙雙對對一起過，除了超過大半的基本夫婦生活以外，要容許部分的各自生活活動，分別各自去從事自己喜歡的活動或興趣，而這樣的適應與調整，在老夫妻的生活階段裡，對某些夫婦說來變得特別的需要。特別是可以開始訓練將來萬一哪一方先去世時，留下來的配偶可以開始過自己的單身生活，不致墮入慌張失落而不知所措的困難階段。

　　跟子女或孫子的關係也是如此。在工業化、都市化的現代生活環境裡，幾乎無法擁有過去傳統三代同堂的「理想」家庭生活，也甚至無法經營所謂的基本家庭——與自己已婚的子女生活在一起。許多老人要自己生活，跟自己老伴相處在一起；萬一配偶去世，就只好自己單獨生活，頂多跟子女住在臨近的地方。再加上前面所談論的，親子關係的倒轉與調節，會過著很不易想像的家庭生活。如何去預料、準備並去接受，是現代老人的共同心理課題。

參、家庭調色盤

　　家庭既然是以親密關係為核心的團體，家庭活動則是愛的調色盤。每個家庭都是一個調色盤，家庭裡的每個成員都有自己的個性，有紅色，有綠色，也有黃色和紫色……每一種顏色都光彩奪目、閃亮生輝。但是在現實生活中，我們會把每一種顏色重新組合，卻發現他們居然立即失色，失去了昔日的光彩，而經過精心的重組、整合後，卻又能調出更好的顏色，散發出更加絢爛多姿的光彩。其中的秘密神力就是「愛」。愛的力量能讓你把生活調得更加豐富多彩，但是在現實生活裡，我們卻發現在現代家庭中，這種愛的力量是缺乏的……「我想我不夠愛你，所以會一敗塗地，我失去了我不夠愛的你」，沒有愛的家也是不溫馨的，彷彿失去了顏色一樣。

一、親愛氣氛

　　人生最大的快樂是擁有一個充滿愛的家庭，每個孩子的健康成長、父母事業的成功，都離不開一個溫馨的家庭。家庭並不是物質的堆積地，它也是人類靈魂的棲息所，因為每個人對物質的需求畢竟是有限的，但人文關懷、精神的追求對家庭的每個人來說，卻是無限的。每個家庭在提升物質生活水準的同時，愈來愈需要得到人文精神關懷。個人文化的培養薰陶離不開學習，而學習又離不開家庭的文化環境。有位教育家曾經說過：「家庭裡別的

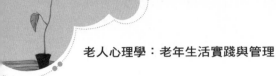

可以少一點，但不能沒有書。」而部分現代家庭卻有個怪現象，不買能增進課外知識的課外讀物，家中只有教科書、參考書。

一個孩子在成長過程中，同時需要三個世界的豐富和成熟：生活世界、知識世界和心靈世界，而要使這三個世界得到充分的灌溉，就離不開廣泛而有意義的閱讀和學習。閱讀不該僅僅是為了考高分，為了考試的教育。家庭教育實際上是親子相互溝通、交流、共同學習、互動共進、傳遞愛的過程。身為祖父母輩的老年人，面對這個需求，你們能夠無動於衷嗎？

二、共同時間

社會進步，時代發展，競爭愈演愈烈，現代生活的節奏急劇加快。我們每個人都在與時間賽跑，時間就是我們的生命；為了忙著拚命賺錢，忙著升遷的競爭，忙著各類應酬，為了使自己的步伐與時代前進的腳步一致，我們奔跑，分秒必爭，跑得大汗淋漓。我們捨不得將時間花在孩子身上，藉口工作忙，試圖以金錢來彌補自己在孩子身上的時間缺席，甚至在一個星期裡竟然沒有時間與孩子一起學習、一起活動，沒有共同時間，便無法傾聽孩子的心聲，無法了解孩子的心理需求，更不會欣賞孩子成長的腳步，當然也無法隨時了解孩子前進的方向。其實，父母對子女愛的元素是什麼？其實是共同時間。有了共同時間，親子之間才有可能相互溝通、相互傾聽、相互理解、共同學習、共同活動，親子之情才有可能透過肢體語言彼此交流，親子之情才能成為相互欣賞、相互激勵、相互期待和感謝的話語。有了共同的時間，才有可能尋找親子之間學習興趣的共同集合點和學習內容的集合點。然而在現代家庭中，我們卻很難得看到父母與子女一起享受生活，一起學習。

三、情感支持

當前，家庭面臨最大的威脅是家庭的穩定性愈來愈受到挑戰。離婚率逐年上升，單親家庭的比例日益增加，夫妻感情、父母子女情感等相互支持力量的缺乏，是現代家庭危機的重要方面。當今的孩子，愈來愈孤獨了，因為

他們缺少愛的力量，缺少父母可以拍拍他的肩，撫摸他的頭，以讚賞的目光對孩子說：「表現得真好！」

家庭的情感支持是家庭穩固的基礎，是家庭生活幸福美滿的源泉，是孩子健康成長的陽光。這種情感支持是雙向的、互動的，父母應該成為孩子的情感支持者，孩子同樣也是父母的情感支持者。只要擁有家庭中人與人之間的情感支持，家就會產生凝聚力，就會產生堅不可摧的力量，使家庭中的每個成員把握競爭的優勢，與社會和諧同步，與時俱進。

四、家庭民主

父母是權威的象徵，使人不敢冒犯，父母的威權甚至會壟斷孩子的學習權和生活權。但為什麼家庭悲劇有時會發生？其根源也許在於家庭中缺少平等性。家庭中的每一個角色不是裁判，不是警察，而是共同成長的朋友。父母對孩子的成長不能有太多的個人干涉，要給孩子充分的自由時間，和可能的策劃與決斷權。在自由的空氣裡成長的人心智會比較健全，身心才能夠得到健康的發展。在這種背景下，許多祖父輩的老年人不是扮演裁判者，就是旁觀者角色，而非和解者或支持者的角色，這實在值得深思。

現代的家庭生活非常多元，但是在人際交流中卻喪失了五顏六色的多采多姿，因為他們之間缺少了愛；缺少了愛的元素，生活就會在平凡中失去了意義，人會變得世俗、蒼老，甚至可惡。當我們懂得現代家庭必備哪些愛的元素，才能奏出一曲和諧、溫馨、幸福的旋律，才能抒發出人生最美的音樂。

思考問題

1. 何謂「不參與理論」（disengagement theory）？
2. 何謂「雙重 ABCX 模式」（ABCX model）？
3. 何謂「活動理論」（activity theory）？

4. 老年期以後，有哪些家庭關係需要調整？

5. 每個家庭都像是個調色盤，有哪些方面需要調色呢？

第三節　家庭問題溝通

本節將探討三項議題：(1)影響溝通的因素；(2)家庭問題；(3)家庭溝通。

壹、影響溝通的因素

人際溝通的成功或失敗當然牽涉到許多因素。以下討論影響溝通的因素：個人因素、環境因素等兩個項目。

一、個人因素

個人因素的個人，是指訊息的發出者和接收者。

1. 身體情況：任何一方有身體不適，如疲勞、疼痛或失語、耳聾等，都會影響溝通效果。

2. 情緒狀態：雙方或一方處於情緒不佳時，如興奮、發怒、焦慮、悲哀等情況，就會影響交流的效果。

3. 知識水準：雙方的文化程度不同或個人經歷不同，對事物的理解也會不同。

4. 社會背景：不同的社會階層、職業、種族的人，由於生活、習慣的不同，表達其思想、感情和意見的方式也會不一樣，會造成許多誤解。

二、環境因素

環境因素包括：物理環境、社會環境等兩個項目。

1. 物理環境：主要是指環境的舒適度，包括溫度、濕度、光線、通風、噪音等。吵雜聲的干擾、光線昏暗、室溫過高或過低、難聞的氣味等，會使溝通者精神渙散、注意力不集中；而簡單、莊重的環境布置和氣氛，有利於集中注意力，能進行正式而嚴肅的會談，但也會使溝通者感到緊張、壓抑而詞不達意；色彩活潑的環境布置，可使溝通者放鬆、愉快，有利於暢所欲言。

2. 社會環境：主要是指環境的隱秘性和安全性。當溝通內容涉及個人隱私時，若缺乏隱私條件，或有其他無關的人員在場，便會使溝通者產生顧忌，無法暢談。

貳、家庭問題

在探討影響溝通的因素之後，我們要進行家庭問題的討論。家庭問題的探討包括：家庭類別、老人家庭、問題所在等三個項目。

一、家庭類別

從家庭問題諮詢的角度來說，要施行家庭問題諮詢的家庭對象，基本上有下列三大類：

第一類是有幼小孩子的家庭，其輔導的重心常是幫助年輕父母如何養育幼小的孩子，包括父母之間如何協調與合作等。

第二類是有青少年的家庭，其輔導的方向是如何改善中年父母與年輕子女的溝通與關係，包括如何管教青少年的問題，其焦點是放在父母與年輕人雙方面的親子關係。

第三類是有老年人的家庭，其輔導的範圍包括成人的子女及年老的父

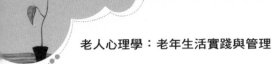

母，輔導的著眼點是子女方面的部分，但其出發點是協助年老衰退的父母。有時在這個階段的家庭裡，最常見的問題是牽涉到對孫子女的養育與管教問題，而發生祖父母跟父母輩的矛盾與不諒解，且通常是祖父母過於寵愛孫子女，使身為做父母者不能好好管教自己的孩子。針對這樣的家庭問題，如何劃清輩份的不同角色與職責，同時如何互補，共同以一致的步伐與原則來養育孫子女，就變成是輔導的重心。

二、老人家庭

一般說來，假如老人們所面對的問題是跟家庭人際關係有直接的關係，就得考慮是否採用家庭輔導，即包含老人及他們的成人子女來參加家庭會談，可是以這樣的方式來進行家庭問題諮詢時，要注意下列幾樣事情。

（一）調節影響力

首先，應調節成人子女的影響力。要了解這樣的家庭會談裡，包含著成人子女的家庭成員，而他們會很強烈地左右家庭的關係，也會明顯的影響家庭會談的進行。這跟年紀輕而子女小的家庭成員，有全然不同的家庭結構及來往關係。輔導者要隨時注意年老者是否需要特別保護，是否需要幫助表達意見，是否要協助表現該有的角色等，免得受成人子女的強烈干涉或影響。

（二）老人的表現

其次，要判斷年老父母的表現。反過來，有時一些老人倚老賣老，對成人子女有許多要求，或者依賴子女太多，讓子女負擔過重，不知如何是好，又沒有人可以商量或傾訴。遇到這樣的情形時，輔導者就要站在子女的立場向年老父母商量，減少子女的負擔。有些時候，問題是發生在年老父母對自己的子女過分關心，從小就一直很關心與保護，雖然子女已經長到成人階段，還是不放心，心理上無法讓子女變成大人，在這個情況下，不但影響老人也影響到子女。對這樣的情形，需要特別幫助年老父母對子女的情結。總

之，如何協助上下兩代的溝通、調節兩代的關係，是家庭輔導的重點。

三、問題所在

在此，我們要檢視三項家庭問題之所在：檢驗孝道觀念、溝通角色、困難與矛盾。

（一）檢驗孝道觀念

首先，檢驗並糾正「孝」的觀念與期待。特別是對有年老父母的家庭施行輔導時，需要注意觀察家人各個成員及兩代對「孝」的觀念之看法與期待，因為常常為了這個傳統的觀念與要求，而發生家庭裡的矛盾，特別是牽涉到年老父母與「孝道」的觀念問題。

健康的「孝」之觀念是：年輕的子女要對自己的父母尊敬與孝順，而年紀大的父母相對的，對自己年紀小的孩子要關心、體貼與照顧。因此是雙方面的關係，是維持家庭的基本綱要。可是許多人卻把它扭曲，變成是單方面的要求，只期待晚輩要無條件地順從並對待父母好，而遺忘了父母對子女要負責管教與養育，也要盡力去保持雙向性的良好關係。在這樣的情況下，有些年老父母對自己子女有許多的要求與期待，例如：要求子女服侍與照顧，在得不到這樣的情形時就很不滿意而且傷心。如何調和兩代間的關係，隨著年歲的變更而去適應，是現代家庭的課題，也是家庭輔導裡需要常去處理的一項工作。

（二）溝通角色

其次，應積極充當溝通與調停的角色。由於年輕的一輩跟年老的一輩往往有溝通上的困難、見解上的不同，再加上情感上的情結，會發生一些磨擦或矛盾，例如：老年人認為子女是小孩，就是不懂事，而不願聽取成人子女的好意見；或者年輕人懼怕父母的權威而迴避，不敢提出建議；或者被過去的親子間情結，難做比較客觀的提議或決定，對問題不能好好處理。

面對這種情況，諮詢人員可以比較積極地幫助家人溝通，相互協調，並主動地提出可以解決問題的方向。雖然這些提出的意見，可能就是父母或子女原來的建議，可是經由諮詢人員說出來，就比較覺得是客觀、專業性，而比較容易被老人家去考慮，可以照顧到年老父母的面子問題。為了這樣的情況，諮詢人員要細心去探取各個家人的想法與意見，並幫忙他們從中選出比較妥當的辦法，例如：是否跟兒子住或跟女兒住的問題，並不是跟誰住的單純問題，還會牽涉到兒子與女兒間的兄妹或姊弟情感，也得考慮媳婦與女婿的反應與意見，是個比較複雜的問題。假如由諮詢人員綜合大家的意見而代為表達，對每個人都比較好交代。因為這就好像是專業性的知識與經驗的抉擇，而且比較是中立性，而不傷害任何人的感情關係。

（三）困難與矛盾

第三，應面對現實的困難與矛盾。在家庭輔導時，可以應付有關單純的人際關係與心理問題，但是有時候會牽涉到現實的問題，而變成很棘手的情況，讓諮詢人員難於插手，例如：有關年老父母的離婚或再婚問題，包括隨著續弦或改嫁而來的親子情感問題，特別是有關財產的分配而來的矛盾等問題。

要注意，問題有時候會超出諮詢的範圍，必須慎重考慮是否能幫忙，這些是包含年老父母在內的家庭輔導時，常會有意想不到的狀況，一般說來，諮詢的著眼點是對各種事情的看法、態度，與處理問題的方式之糾正，而各種事情包羅萬象、範圍很大，包含各種實際事情，也包括因金錢而帶來的心理困擾，可是對金錢財產的處理，就得分開，由個案自行做決定，諮詢人員千萬不要加入意見，否則不但會超出諮詢的範圍，有時還得牽涉到法律上的問題，可能會召來多餘的麻煩。

參、家庭溝通

家庭溝通的成功是發揮家庭功能的關鍵。家庭溝通的探討包括：個人溝通、婚姻諮詢、團體輔導等三個項目。

一、個人溝通

個人溝通牽涉到三個項目：溝通關係、態度關係、代溝問題。

（一）溝通關係

在家庭或團體中，兩個人的關係好不好，要先看他們的溝通是互補的或是交錯的。一位幼稚園老師，正高聲的叫罵喧嘩吵鬧的小朋友。她嚴肅的臉龐，配上尖銳的聲音，手臂揮舞在空中。突然行動電話鈴聲響起，她接起了電話，聽到了男朋友的聲音，突然間她的姿態、音調和表情開始改變。她的聲音變得柔和，緊張的雙臂也慢慢地放下來。另外，有兩個工人正在爭論工作上的問題，他們的爭吵非常激烈，突然間他們聽到一個痛苦的尖叫聲，緊接著是一連串破碎的玻璃聲，於是他們馬上不吵了，憤怒的表情也消失了。其中一人忙著去看發生了什麼事，另一人則去叫救護車。

為什麼這位老師和這兩個工人會產生這樣的變化呢？原來每個人的人格裡都有三種自我狀態。當一個人改變了他的自我狀態，他表現出來的行為也就不一樣，這三種自我狀態分別是「父母」、「成人」和「兒童」。每個人在與人交往的時候，背後都有這三種「抽象人」。如果是以「父母」的姿態出現，可能表現出批評的態度或是關懷的口吻；如果是以「兒童」的姿態出現，則可能表現出任性的、依賴的一面，當然也可能是直覺的，有創造力的一面；如果是以「成人」的姿態出現，便可能與人就事論事，而不含情緒的色彩。

既然人與人之間的交往，每個人都可能以不同的「姿態」出現，那麼怎

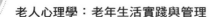

麼樣的交往方式，也就是雙方應採取什麼樣的姿態，才容易產生良好的社交關係呢？也許從實際的例子中，比較容易看出什麼樣的溝通方式較好。就以夫婦之間的關係來說，有些做丈夫的在家裡常常以「強者」的身分出現，太太將菜端上餐桌，他就開始批評，不是太鹹，便是太淡。這時候，如果太太接受批評而以「弱者」的姿態應對，而說：「唉呀！對不起，下次不會了。」像這樣的溝通方式，一位是以「父母、強者」的姿態出現，而另一位則以「兒童、弱者」的姿態回應之，便是一種「互補」的溝通，因此這兩人是可以相處得很好。

（二）態度關係

然而，人與人之間的交往，他人的反應並不一定能如我們所預期的，例如：有時候我們以「強者」的姿態出現，希望對方以「弱者」的姿態回應，但沒想到對方也以「強者」的姿態出現，反而把我們當做「弱者」看待。這種對方的反應，並不如我們所預期的，便容易產生所謂的「交錯」溝通。就拿夫妻關係來說，做丈夫的可能認為自己應該是一家之主，他是茶壺，別人是裝茶水的茶杯；沒想到做太太的也認為她才是「一家之主」，於是「一山不容二虎」，兩人溝通時便很可能「都想做主」，這就是一種交錯溝通的情形。

交錯溝通的情形不只是存在於夫妻之間，只要是與人交往時，他人的反應不是我們所預期的，便可能發生「交錯」的情形。在家庭中，父母與孩子間就有時會有交錯溝通的情形，例如：孩子向父親說：「爸爸，你看考大學時，我考哪一組比較好？」父親卻回答說：「告訴你多少次了，要考自然組，你要當醫生，現在還問這些幹什麼？」像這樣的交談便是一種交錯溝通。孩子是以「成人」的姿態出現，想要就事論事，向父親提出疑問，希望能獲得建議。沒想到父親卻以「父母」的姿態出現，非但沒有給予「答案」，反而訓誡他一番。

（三）代溝問題

從這個例子來看，就會發現，平常我們所謂的「代溝」，有時並不是因為兩代間年齡的差距，而是溝通時的方式採用了「交錯」溝通的緣故！有時候做父母的也會埋怨說：「現在的年輕人很不能體諒做父母的苦心。」例如：有一位母親向讀大學的兒子問：「我真不懂，為什麼你那麼喜歡搖滾樂，我很想知道。」做兒子的卻回答：「唉！你這個老古板，反正跟妳說了，妳也不會懂。」這種情形也是「交錯」溝通的狀況。這位母親是理智的以「成人」的姿態出現，想要了解兒子的喜好，未料兒子卻以「父母」的批評姿態出現，認為母親是「無知的小孩」。這兩人之間的溝通便是「交錯」形態了。

從前面這些例子可以看出，人際交往貴在能互相滿足，雙方的預期能互相的配合。如果我「批評」時，你「接受」；我客觀的詢問時，你提供資料；我撒嬌，你貼心，這樣便是一種「互補」的溝通。在這樣的關係下，雙方能感到滿足，就會是比較好的溝通方式。如果我批評時，你也批評；我客觀詢問時，你卻撒嬌；或者我撒嬌時，你卻提供客觀資料等，這便像「搭錯了線」，兩人之間不能互相滿足，是「交錯」的往來。所以兩個人間的關係好不好，便要看看他們溝通的方式是「互補」的或是「交錯」的。

二、婚姻諮詢

有時老年人的心情問題牽涉到老夫老妻的婚姻問題，必要時還要施行婚姻諮詢。對老年夫婦施行婚姻諮詢時，在觀念上要了解的是老年夫婦的婚姻關係在本質上的演變。

（一）心理需要

首先，跟年輕夫婦有所不同，對年輕夫婦說來，感情比較豐富且強烈，只是比較缺少彼此間的了解，諮詢的要點主要在幫助他們多溝通，經由溝通

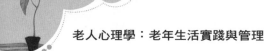
來了解彼此的心理需要，並增加彼此的相互適應與協調。可是對老年夫妻來說，他們已經共同生活好幾十年，對彼此的性格與行為都已經很了解，對彼此的心思都可以推測與把握，其主要重心，是在如何幫助他們去適應因隨年歲的增加，而新面對的心理上或生活上的問題。再者，年輕夫婦之間，性生活很活躍，可以依靠性生理的需要與滿足來維持夫婦關係，俗語說：「床頭吵，床尾和」，即暗示著只要兩人親熱後，情緒上的矛盾也就容易化解而消除。可是對年老夫妻來說，隨其年歲的增長，對性的要求也就逐漸減少。因此，夫妻間的情感就主要靠著兩人精神上的依靠與聯繫，再加上長年累積而樹立的結合與聯盟關係。因此，在婚姻諮詢上就得依靠這些因素。

（二）本質問題

對老年夫妻施與諮詢時，就不能要求他們夫婦做很強烈巨大的改變，只能提議做適當的調節。一對夫婦已經累積了數十年的夫妻關係與相處模式，假如能改變，早就改變了，而不能改變的，也就難於改變。因此，諮詢的要點並不在於要求他們如何改變，而在彼此的溝通與了解，減少彼此間的誤會，並增加他們對老年夫婦必須知道的知識，以及如何去適應年老的夫妻生活階段，假如有些問題是新的困難，就要考慮如何去處理，研究是否有去除問題的可能性，例如：對身體的變化而帶來的夫妻關係之變化，性生活的變化與調節等，諮詢人員可以比較積極地幫助他們年老夫妻相互了解，並從中尋找解決的辦法。

三、團體輔導

多利用群體活動性的團體輔導。在老人住院的老年病房、收容老人的療養院，甚至於社區裡的老人俱樂部，都可以施行群體性的輔導活動，這是一種包含多樣效果的輔導方式。對生活空虛、人際來往缺乏的老年人來說，別說是接受團體的輔導，只要能參與群體的活動，就會有很大的諮詢作用。一群老年人一起做活動，不管是娛樂、運動或工作，只要能跟他人相處，有人

可談話，感到能被他人接受，過生活還有樂趣，對他們來說就可受惠不少。在方法上，最好能讓互相認識的老朋友在一起最好，但若不可能時，也可以找年齡相當，文化水準與生活背景相配的老人在一起，就可增加發生相互活動的可能性。假如有男女兩性在一起，更可以提高彼此相處的興趣，可是要小心的是，在實際情況裡，有時很難找到合得來的同伴，容易發生排斥、歧視、嫉妒等複雜的心理現象，並沒有想像得很單純。

群體活動的內容可以包羅萬象，帶有娛樂性的活動、心靈性的活動都可以。最好是他們都熟悉的活動，例如：唱他們從前聽過的老歌，談過去都記得的往事，跳他們所跳過的舞等，都會讓他們喜歡與享受。假如是身體的活動，就不要太劇烈。除了一起參與活動以外，也可以參與輔導的節目，談談大家共同所關心的事情，討論大家都有興趣的問題，並且相互闡述彼此的心得與適應的辦法，這是很有幫助的。此時，輔導者的任務是提供所需的知識或資料，並鼓勵大家參與活動。假如年紀大的人，其腦力功能有缺陷時，其團體活動的水準就要適當的調節，不能要求許多輔導性的交談，而比較要注重活動性的諮詢。到了這個階段的老人，往往會恢復到年幼時的社會化行為，即表現出「平行性的遊戲」，也就是說，幾個老人在一起，不見得會相互合作而玩遊戲，而是自己玩自己的，只是數人一起玩就會是這樣的情況。對於這樣的老人，只要讓他們一起做身體的運動，玩些很簡單的遊戲，也就足夠達成活動的效果了

總之，群體性活動的內容可以有很多種，隨群體的興趣與需要而可以調節，且最好時時更換，讓老年人可以參與各種不同性質的活動，提高他們的興趣，也可以配合他們的需要和能力。

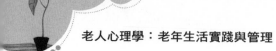

思考問題

1. 請描述影響溝通的個人因素與環境因素之內涵。
2. 要施行家庭問題諮詢的家庭對象有哪三大類？
3. 假若參加家庭諮詢的對象，包含老人及他們的成人子女，有哪些事項需要注意？
4. 每個人的人格裡都有哪三種自我狀態？
5. 請舉例說明何謂「交錯溝通」。

第八章

滿足需要與生活動力

　　本章的主要目的是討論本書第二篇應用篇的第五部分「滿足需要與生活動力」，第一部分是「自我認知與生活適應」（第四章），第二部分是「記憶經歷與經驗分享」（第五章），第三部分是「壓力適應與情緒管理」（第六章），第四部分是「人際溝通與家庭關係」（第七章），第六部分是「智力變化與終身學習」（第九章），第七部分是「性、婚姻與親密關係」（第十章）。本章規劃為三節：第一節「老人需要的基礎」，第二節「老人對需要的追求」，第三節「滿足老人需求的助力」。

　　第一節「老人需要的基礎」將探討三項議題：(1)需要的背景；(2)需要的內容；(3)影響需要的因素。在第一項「需要的背景」中，將討論：基本需要、需要理論化、老人特殊需要等三個項目；在第二項「需要的內容」中，將討論：基本需要層次、層次論的特點與規律等兩個項目；在第三項「影響需要的因素」中，將討論：生理與心理因素、環境與社會因素、個人因素等三個項目。

　　第二節「老人對需要的追求」將探討三項議題：(1)需要的條件特徵；(2)基本層次需要；(3)進階層次需要。在第一項「需要的條件與特徵」中，將討論：社會條件、動機的層次、滿足的基礎等三個項目；在第二項「基本層次需要」中，將討論：生理的需要、安全的需要等兩個項目；在第三項「進階層次需要」中，將討論：歸屬與愛的需要、尊嚴的需要、自我實現的需要等三個項目。

　　第三節「滿足老人需求的助力」將探討三項議題：(1)需要與健康；(2)生存與需求慾望；(3)滿足需要的助力。在第一項「需要與健康」中，將討論：

需要的動機、挫折有礙健康等兩個項目；在第二項「生存與需求慾望」中，將討論：目的與手段、滿足與目的、慾望的對立、無休止慾望等四個項目；在第三項「滿足需要的助力」中，將討論：滿足老人的需要、老人工作者或家屬的應用、滿足需要的方法等三個項目。

第一節　老人需要的基礎

本節將探討三項議題：(1)需要的背景；(2)需要的內容；(3)影響需要的因素。

壹、需要的背景

需要是個人對生理和社會要求的反應，因此個人具有生物屬性，又具有社會屬性。需要的背景之探討包括：基本需要、需要理論化、老人特殊需要等三個項目。

一、基本需要

人類為了生存和發展，必須滿足其基本需要。當個體的基本需要得到滿足時，則處於相對平衡的狀態，這種平衡狀態有助於個體保持健康。人是一個生物個體，為了生存、生長和發展，必須滿足一些基本的需要，例如：食物、休息、睡眠、情愛、交往等，當人的這些需要得到滿足時，就處於一種相對平衡的健康狀態，反之則可能陷入緊張、焦慮、憤怒等情緒中，進而會影響個體的生理功能，甚至導致疾病。每個人都有一些基本的需要，包括：生理、心理和社會等三方面。

二、需要理論化

人們為了更清楚地解釋和說明人類的行為及其動機，許多學者試圖將人的需要昇華為理論。在老人工作者或家屬工作中，常用的需要理論是馬斯洛的人類基本需要理論。馬斯洛（Abraham H. Maslow, 1908-1970），美國學者，是當代最著名的心理學家，享有「人本心理學之父」之稱號。他於1940年代提出了人的基本需要層次論，在社會心理學界產生了廣泛的影響，並為老人工作者或家屬理論和實踐奠定了重要基礎。他認為，人有許多基本需要，這些需要具有：「缺乏它引起疾病；有了它免於疾病；恢復它治癒疾病」的特點，這些基本需要是人類所共有的。

三、老人特殊需要

老年人與年輕人及中年人的需要有所不同，有其不同階段之特殊需要。這些特殊需要的背景包括下列六個項目。

（一）生理及功能的老化

老年期最大的特點是行動不便，需要醫生及他人照料。不論年輕時期的健康狀況如何，到了老年期，體力會漸漸衰退，疾病增加，聽力、視力均會減退。但這些不是無法適應或克服，例如：能裝戴助聽器、配戴眼鏡、加強照明度等，或改變自己的嗜好（如飲食方面）、興趣來適應生理的變化。

（二）收入的減少

退休後的老年人依賴退休金或終身俸生活，由於生活指數上漲，必須精打細算，甚至日常生活都會成為壓力，做兒女的在這方面應敏銳察覺長輩的需要。

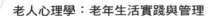

（三）社會及家庭地位的改變

老年人感到光輝的日子過去了。過去地位愈高、愈受奉承的人，退休後愈不曉得該如何做。若再加上親朋好友一個個離去，會更感到孤獨、不安。

（四）個性保守固執

老年期的人其個性通常比較保守固執，主見較強，不太願意改變，容易灰心（力不從心）、不願活動、無精打采、依賴性增加、愛發牢騷（因身體不適、身體不自由，生活孤單）、不易信任人、吝嗇（財力不足）。當然，不是每個人都一樣，這些特性會因為每個人的過去生活經歷而異。

（五）閒暇時間增加

退休後的老人，由於閒暇時間增加，也會造成時間安排的問題。過去忙碌，現在較有空，就可以參與更多的活動。

（六）生命永恆追求的需要

對生命的意義、將來往哪裡去、死亡是什麼、永生等問題，老年人需要更清楚的了解。這個議題在第十三章中，會有更進一步的討論。

由上看來，當一個人進入老年期時，可能要面對三惡，即貧困（不足）、孤獨（重新面對單身生活），以及不健康（體弱、生病）的狀態。

貳、需要的內容

前面討論過，需要是個人對生理和社會要求的反應，個人具有生物屬性，又具有社會屬性，人類為了生存和發展，必須滿足其需要。需要的內容之探討包括：基本需要層次、層次論的特點與規律等兩個項目。

一、基本需要層次

　　馬斯洛將人的基本需要，按其重要性與發生的先後順序列成五個層次，並用「金字塔」的形狀加以描述，而形成「人類基本需要層次理論」（Hierarchy of Human Basic Theory），如下圖所示。

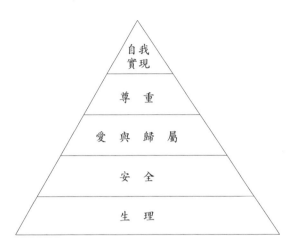

（一）生理需要

　　這是人類生存的最基本需要，它包括對陽光、空氣、水分、食物、排泄、休息、睡眠、避免疼痛等需要，如果這些需要發生了變化，需要的反應會直接發生在生理上。在考慮各種需要時，應首先考慮生理需要；生理需要應排在所有需要之前，因為缺乏這個基本需要，人類便無法生存，例如：減輕疼痛很重要，如果疼痛得很厲害，一個人便無法休息、睡眠，無法思考其他事情，故生理需要是需要層次中最底層的需要。在一般情況下，一般成人都能自己滿足自己的生理需要，但對於老人、幼兒、殘疾或病患來說，通常不能完全由自己滿足，而老人則應由老人工作者或家屬照顧其生理需要。

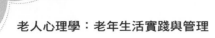

（二）安全需要

當生理需要得到滿足時，安全需要便愈加強烈。安全需要包括生理安全和心理安全等兩個部分，前者是指，個體需要處於生理上的安全狀態，需要受到保護，避免身體上的傷害；後者是指，個體需要有一種心理上的安全感，希望得到他人的信任，並避免恐懼、焦慮和憂鬱等不良情緒。在一般情況下，人們希望有熟悉的生活和工作環境，在心理上才會有安全感。人需要一個安全、有秩序、可預知、有組織的環境，不被意外、危險的事情所困擾，例如：生活穩定、有保障、受保護、避免危險與恐懼。除此之外，人需要感受到自己是安全的、不受傷害等。

（三）愛與歸屬的需要

這是指個體需要去愛別人和被別人愛，希望被他人或集體接納，以建立良好的人際關係，否則個體會產生孤獨、自卑和挫折感，甚至絕望。個體希望和周圍的人們友好相處，成為群體的一員，希望得到他人的信任和友愛關係。如果沒有愛的接觸或情緒的連結，即使生理與安全上的需要均已獲得滿足，仍不會有良好的成長。基於此，馬斯洛發現：一個人潛在的生長和發展能力，會因為缺乏愛而受阻。

（四）尊重的需要

個體既希望自己擁有自尊，視自己為一個有價值的人，又同時希望被他人尊敬，得到他人的肯定、認同與重視。尊重的需要對促進健康，尤其是心理健康非常重要。

（五）自我實現的需要

這是需要的最高層次，是指個體的潛能得到充分發揮，實現自己在工作及生活上的願望，並能從中得到滿足。當所有低層次的需要都得到滿足後，

才能達到此境界。

　　以上各層次的需要從低到高，一個層次的需要相對地滿足了，就會向高一層次的需要發展，愈到上層，滿足的百分比愈少。但程序不是完全固定的，在同一時期內，幾種需要可以同時存在，各層次的需要會相互依賴與重疊。高層次的需要發展後，低層次的需要依然存在，只是對行為影響的比重減低而已，在每一時期內總有一種需要處於支配的地位。在馬斯洛提出「人類基本需要層次理論」幾年之後，理察・凱利希（Richard Kalish）將此一理論加以修改，在生理和安全需要之間增加了一個層次——即性、活動、探險、操縱、好奇心等刺激的需要。

二、層次論的特點與規律

　　層次論的特點與規律之探討包括：需要層次論的特點、需要層次論的規律等兩個項目。

（一）需要層次論的特點

1. 需要理論中的各種需要，是人類的普遍需要。
2. 生理需要是基礎，也是最重要的，只有當生理需要得到滿足後，才能考慮其他需要。
3. 有些需要需立即和持續滿足（例如：空氣），而有的需要則可暫緩（例如：休息），不過最終這些需要還是要得到滿足。

（二）需要層次論的規律

1. 在一般情況下，當一個層次的需要被滿足後，更高一層的需要才會出現，並愈來愈明顯。
2. 各層次之間會相互聯繫、相互影響。
3. 隨著個體需要層次的向上移動，各種需要的意義將因人而異，並受個體的個人信仰、社會文化背景和身心發展情況等影響。

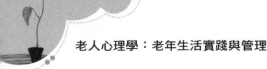

4. 層次愈高的需要，其滿足的方式愈有差異，例如：人們對飲食、飲水的滿足方式基本相似，但實現自我價值的方式卻因人而異。

參、影響需要的因素

人類基本需要的滿足程度與健康狀況密切相關。如果人的基本需要不能得到滿足，就會直接或間接影響其生理功能，甚至造成疾病，因此，了解阻礙老人的基本需要滿足的因素是非常必要的，許多因素均可在不同程度上影響其需要的滿足。影響需要的因素可以分為以下三大類，說明如下。

一、生理與心理因素

影響需要的首要因素是生理與心理因素。

（一）生理因素

生理因素包括各種疾病、疲勞、疼痛與生理殘障等，這些均可導致若干需要無法滿足，例如：腦出血的老人常出現頭痛、噁心、嘔吐、部分癱瘓、失語等，而影響了空氣、營養、休息、安全、活動、溝通等基本需要的滿足，長期治療又會進一步影響其自尊和自我實現需要的滿足。

（二）心理因素

心理因素包括焦慮、興奮、害怕等，均可影響人體需要的滿足，例如：過度的焦慮會引起食慾下降、失眠、注意力不集中，進一步又會影響其營養的攝取、工作學習的效率等，使其基本需要無法得到充分的滿足。

二、環境與社會因素

影響需要的第二個因素為環境與社會因素。

（一）環境因素

環境因素包括陌生的環境、光線和溫度不適宜、通風不良、噪音、環境污染嚴重等，均會造成身體的不適而影響需要的滿足，例如：住在加護病房的老人，會由於病房的通宵照明、醫療儀器的聲音、治療和操作的干擾等，而無法好好地休息與睡眠。

（二）社會因素

社會因素包括緊張的人際關係、缺乏有效的溝通技巧、社交能力差，或群體壓力過大等，容易影響愛與歸屬的需要及尊重需要的滿足。此外，社會的風俗與群體的習慣也會有影響，例如：一個迷信的人生病後，很可能會先去求神問卜，而不去看醫生，這樣一來，疾病可能會因此被延誤治療而影響身體需要的滿足。

三、個人因素

影響需要的第三個因素是個人因素，包括：個人特質因素、個人認知因素等兩個項目。

（一）個人特質因素

個人特質因素包括個人的習慣、信仰、價值觀和生活經歷，都會影響一個人需要的滿足，例如：一個長期偏食者，可能會影響其身體對營養需求的滿足；再如：一個安於現狀、不思進取的人，會影響其自我實現的需要得到滿足。

（二）個人認知因素

個人認知因素是指認知障礙和知識缺乏，包括缺乏相關知識、資料或訊息，均會影響人們正確的認識、識別自我需要，以及選擇滿足需要的途徑和

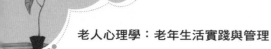

手段。個人的認知能力較低時，會影響有關訊息的接受、理解和應用；同時，如果衛生保健工作者未能提供充足、有效的訊息和知識，也會使老人工作者或家屬處於知識缺乏的狀態，進而影響其基本需要的滿足，例如：一個營養知識缺乏的老人無法正確選擇有利於自身的健康食品。

【老人故事】

老年人口快速速增加 2025 年將達二成

根據行政院新聞局在 2011 年 12 月 29 日的公告指出，衛生署報告，我國老年人口比率推估於 2017 年將超過 14%，而成為「高齡社會」，到了 2025 年更將達到 20%，而成為「超高齡社會」（super aged society）。所以為了因應未來人口老化的趨勢，並營造高齡友善的健康環境，衛生署已展開全球第一個由政府全面推動執行高齡友善健康照護機構認證，並積極參與世界衛生組織等相關國際會議及活動。另外，衛生署為了使長壽能具備健康、參與和安全，已持續推動健康老化相關措施，藉以提高每一位老年人的生活品質。衛生署更結合內政部的社區照顧關懷據點，進一步推動老人健康促進服務，醫療院所結合比率由 2010 年 26% 大幅成長至 2011 年的 72.4%；衛生署於 2010 年整合 WHO 高齡友善照護三大原則以及 WHO 的健康促進醫院標準，訂出符合我國國情，並且涵蓋管理政策、溝通與服務、物理環境、照護流程等四大領域的高齡友善照護標準，讓各健康照護機構及早邁向高齡友善、支持、尊重與可近的療癒環境。

思考問題

1. 請說明老年期的特殊需要包括哪六個項目。

2. 何謂馬斯洛的「人類基本需要層次理論」？

3. 需要層次論的規律包括哪些內容？

4. 影響需要的因素可以分為哪三大類？

5. 影響需要的個人因素包括哪些？

 第二節　老人對需要的追求

本節將探討三項議題：(1)需要的條件與特徵；(2)基本層次需要；(3)進階層次需要。人類為了滿足生存及發展，產生了各式各樣的需要模式。這些需要模式被認為是按照不同的層次，由最底層往上發展，上述在第一節已經討論過，本節將根據「老人對需要的追求」之主題，擴大說明。

壹、需要的條件與特徵

有關各層次需要的關係，馬斯洛認為，人類生活動機的主要原理，乃是基本需要按照優先次序或力量的強弱分級，其主要動力的原則是健康人的優先需要一經滿足，相對弱勢的需要便會出現。生理需要在尚未得到滿足時，會主宰個體，同時迫使所有能力為其服務，並組織它們，以使服務達到最高效率。相對的，滿足平息了這些需要，使更上階層的需要得以出現；後者繼而主宰、組織這個個體，結果，剛從飢餓的困境中逃出來的個體，繼而又為安全需要所困擾。

上述原則也同樣適用於愛與歸屬、尊重、自我實現層次的需要。需要的條件與特徵之探討包括：社會條件、動機的層次、滿足的基礎等三個項目。

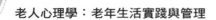

一、社會條件

　　馬斯洛認為，與個人動機有著密切關係的是社會環境或社會條件。在滿足基本需要的各個先決條件中，馬斯洛舉出了一些條件：言論自由，在不損害他人的前提下可以隨心所欲，捍衛自由、正義、誠實、公平及秩序。一旦危及這些先決條件，人們就會做出類似基本需要受到威脅時的那種反應。用馬斯洛的話來說，這些先決條件本身並不是目的，但因為它們和其本身就是目的之基本需要，有著密切的聯繫，以致於這些條件也幾乎成了目的。人們會保衛這些條件，因為沒有了它們，基本需要的滿足就無從談起，或至少受到了嚴重的威脅。

　　曾經有一段時間，馬斯洛一直意識到他的動機理論還有不足之處。他覺得動機理論似乎無法解釋：既然整個人類是趨向於發展的，為什麼還有那麼多人無法發揮他們的潛力？後來，他的思想有了突破，他引入了挑戰（刺激）這一個外部環境的附加前提條件，進而認為，人類似乎有點自相矛盾，既有惰性傾向，同時又有運動、發展的傾向。他解釋說明，這部分是由於生理的原因：人需要休息或恢復，但這同時也是一種心理反應：人需要聚集能量。

二、動機的層次

　　馬斯洛指出，動機的層次發展原理只是一般的模式。在實際生活中，動機的層次發展並不是固定不變的，例外情況是很常見的，例如：在有些人身上，尊重就似乎比愛更重要；而另一些顯然是天生具有創造力的人，儘管缺乏基本需要的滿足，他們仍積極投身於創造活動。高層次的需要不是偶爾在基本需要的滿足後出現，而是在強迫、有意剝奪、放棄或壓抑基本需要及其滿足後出現（如禁欲主義）。富有理想和崇高價值的人，為追求某個理想或價值可以放棄一切，他們是堅強的個體，對於不同意見或者對立觀點都能夠泰然處之，他們能夠抗拒公眾輿論的潮流，能夠為堅持真理而付出個人的巨

大代價。

　　一個長期失業、多年來心裡只想著溫飽的人，可能會失去或者減少對高層次需要的慾望；心理狀態異常者對愛和友情的需要顯然完全受到挫折，以致於他們給予並接受愛與友情的慾望也都喪失殆盡。當然，歷史上也有許多人完全無視於自己的基本需要，而成了某種理想的殉道者。有幸生於能滿足人們基本需要環境中的人，會使自己的性格發展得非常一致，以致於他們能在相當長的時期中，忍受這些需要的喪失或挫折。在人的早年生活中，尤其是在出生後的最初兩年裡，滿足他們的這些需要是很重要的。正如馬斯洛所說：幼年時期就得到安全感、變得堅強的人，在以後的生活中無論遇到何種威脅，他們通常都能保持安全感和堅強性格。

三、滿足的基礎

　　馬斯洛還提醒人們，不要過於拘泥地理解各層次需要的順序。我們絕不能以為只有當人們對食物的慾望得到完全的滿足後，才會出現對安全的需要；或者，只有充分滿足了對安全的需要後，才會滋生出對愛與歸屬的需要。我們這個社會中有很多人，他們的絕大多數基本需要都只能部分地得到滿足，但仍有幾種基本需要還沒有得到滿足。正是這些尚未得到滿足的需要，會強烈地影響人的行為，一旦某個需要得到了滿足，那麼它就不能影響一個人的動機。一種需要一旦得到滿足，它就不再成為需要。

　　人們可能意識到，也可能意識不到他們的基本需要。普通人意識不到的時候多於意識到的時候，儘管在合適的技術和成熟的人之幫助下，他們也可能會變得略有所知。行為是很多驅動力作用的結果，它可能是幾種基本需要綜合作用的結果，也可能是個人的習慣、過去的經歷和能力，以及外部環境作用的結果。

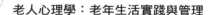

貳、基本層次需要

基本層次需要的探討包括：生理需要、安全需要等兩個項目。

一、生理需要

馬斯洛認為，人的需要中最基本、最強烈、最明顯的，就是對生存的需要（Physiological need）。人們需要食物、飲料、住所、性交、睡眠和氧氣。一個缺少食物、自尊和愛的人，會首先要求食物；只要此一需要還未得到滿足，他就會無視或掩蓋其他的需要。整個身體將被生理需要所主宰，其人生觀也會呈現變化的趨勢。馬斯洛指出，如果一個人極度飢餓，那麼除了食物外，他對其他東西會毫無興趣。他夢見的是食物、記憶的是食物、想到的是食物，他只對食物發生感情，只感覺得到食物，而且也只需要食物。

馬斯洛認為，對這種人來說，似乎能確保他一生衣食無憂，那他就會感到絕對幸福，並且不再有任何其他奢望。生活本身的意義就是吃，其他諸如自由、愛、與人交往、哲學等，都被視為無用的奢侈品，因為它們並不能被當作食物來填飽肚子。馬斯洛說，我們可以根據人類的需要列出一張很長的生理需要單子，但這可能沒多大意義。舉個例子來說，我們可以證明有多少不同的感官快樂，例如：品嚐、嗅聞、撫摸等，這些都可以涵蓋在影響人類行為的生理需要中。另外，儘管生理需要比其他高層次的需要更容易分割和確定，但它們不應該被當作互不相關的孤立現象來對待，例如：一個自以為飢餓的人，實際上很可能缺乏愛、安全感或其他的東西；反之，有些人試圖用吸菸或喝水等其他行為來克服飢餓。

在馬斯洛看來，上述情況雖然是真實的，但卻不是普遍的。在正常運行的和平社會中，經常處於危機狀態中的極度飢餓是極為罕見的。當一個人說：「我餓了。」他常常是在感受食慾而不是飢餓。對文明社會中的多數人來說，這些需要都已得到相當的滿足。要是麵包很多，而一個人的肚子卻已

經飽了，那會發生什麼事呢？馬斯洛自己回答道：其他（高層次的）需要就立刻出現，而且主宰生物體的是它們，而不是生理上的飢餓。而當這些需要也得到了滿足，新的（更高層次）的需要就又會出現，以此類推。

我們所說的人類基本需要，組織在一個有相對優勢關係的等級體系中，就是這個意思。馬斯洛堅決主張，人的一生實際上都處在不斷追求之中，人是一個不斷有所需要的動物，幾乎很少達到完全滿足的狀態。一個慾望得到了滿足之後，另一個慾望就會立刻產生。馬斯洛指出，生理需要雖是基本的，卻不是人類唯一的需要。對人來說，較高層次的需要才是更重要的需要，才能給人們持久而真正的快樂。

二、安全需要

馬斯洛指出，如果生理需要相對充分地獲得了滿足，接著就會出現一種新的需要，即安全需要（Safety need）。安全需要的直接涵義是避免危險和生活有保障，引申的涵義包括：職業的穩定、一定的積蓄、社會的安定，以及國際的和平等。當這種需要未能得到相應滿足時，它就會對個體的行為起支配作用，使行為的目標統統指向安全。處於這種狀態下的人，可能僅僅為安全而活著。

由於在健康、正常的成人身上，安全需要一般都能得到滿足，所以觀察兒童或罹患精神疾病的成人，就最有助於理解這種需要。兒童心理學家和教師發現，兒童需要一個可以預料的世界，他們喜歡公平及一定的規律，當缺乏這些因素時，他們就會變得焦慮不安。他們喜歡的是一定限度內的自由，而不是放任自由。按照馬斯洛的觀點，這一點事實上對發展兒童的適應性是很有必要的。不安的或罹患精神疾病的人，行動起來很像不安的兒童；馬斯洛指出，這樣的人做起事來總好像大難臨頭似的，總像在應付一件緊急事件，一個患有精神疾病的老人好像總害怕被處罰似地行事……。不安的人對秩序與穩定有一種迫切需要，他會盡量避免奇怪或不測之事。當然，健康者也會尋求秩序和穩定，但並不像對於精神疾病患者那樣，似乎是面臨生死攸

關的大事。

參、進階層次需要

進階層次需要的探討包括：愛與歸屬需要、尊重需要、自我實現需要等三個項目。

一、愛與歸屬需要

當一個人的生理需要與安全需要都得到滿足之後，愛、感情和歸屬的需要（Belongingness and love need）就會產生，並且作為新的中心，重複著前面描述的整個環節。處於此一需要階層的人，會把友愛看得非常可貴，希望能擁有幸福美滿的家庭，渴望得到社會與團體的認同、接受，並與同事建立良好和諧的人際關係。如果此一需要得不到滿足，個體就會產生強烈的孤獨感、異化感、疏離感，產生極其痛苦的體驗。馬斯洛說，有這種需求的人會開始追求與他人建立友情，在自己的團體裡求得一席之地，會為了達到這個目標不遺餘力，也會把這個看得高於一切，甚至會忘了當初他飢腸轆轆時，曾把愛當作不切實際或不重要的東西，並嗤之以鼻的經驗。

馬斯洛特別強調，要將愛與性區別開來。他指出，性可以作為一種純粹的生理需要來研究，因為一般的性行為是由多方面決定的，它不僅僅出於性的需要，也出於其他需要，其中主要是由愛和感情所決定。他提到，愛的需要既包括給予他人的愛，也包括接受他人的愛。他認為，弗洛伊德把愛情說成來自性慾是個極大的錯誤。當然，犯這種錯誤的，不止是弗洛伊德一人，但弗洛伊德卻可以說是西方文明中此觀點最有影響的代表。弗洛伊德各種理論中最廣泛地被人接受的就是：「溫情即是目的受抑制的性慾。」馬斯洛發現，心理學對愛的研究少得驚人。人們有理由指望那些嚴肅地討論家庭、婚姻、性生活的作者，會把愛作為他們這個任務的一個適當的，甚至基本的部分。

馬斯洛發現，缺乏愛就會抑制成長和潛力的發展。他提到：「愛的飢餓是一種缺乏症，就像缺乏鹽或缺少維生素一樣。」我們需要碘和維生素 C，這點對每個人來說都是無庸置疑的。但重要的是，我們需要愛的證據與此完全是屬於同一類型的。馬斯洛說，愛是一種兩個人間健康的、親密的關係，它包括了互相信賴；在這樣一種關係中，兩個人會拋棄恐懼，不再戒備，當其中一方害怕他的弱點和缺點會被發現時，愛常常就受到傷害了。我們必須懂得愛，我們必須能愛、創造愛、預測愛，否則，整個世界就會陷於敵意和猜忌之中。

二、尊重需要

當上述三方面的需要獲得滿足之後，尊重或尊嚴的需要（Esteem need）就會產生，並支配人的生活。它包括自尊、自重和來自他人的敬重，例如：希望自己能夠勝任所擔負的工作，並能有所成就和建樹，希望得到他人和社會的高度評價，獲得一定的名譽和成績等。馬斯洛指出，自尊包括對獲得信心、能力、本領、成就、獨立和自由等的願望；來自他人的尊重包括威望、承認、接受、關心、地位、名譽和賞識等。

他認為，尊重需要的滿足將產生自信、有價值、有能力和天生我才必有用等的感受；反之，此一需要一旦受到挫折，就會產生自卑、弱小及無能的感覺，並進而產生補償或精神病傾向。馬斯洛認為，最穩定和最健康的自尊，是建立在來自他人的尊敬之上，而不是建立在外在的名譽、聲望，以及無根據的奉承之上。

三、自我實現需要

馬斯洛指出，當上述所有需要都獲得滿足之後，動機的發展就會進入到最高層次自我實現需要（Self-actualization need）。關於此一需要的內涵，馬斯洛認為可以歸納為：人對於自我發揮和完成的慾望，也就是一種使自己的潛力得以實現的傾向。這種傾向可以解釋成一個人想要變得愈來愈像人的本

來模樣，實現人的全部潛能之慾望。換句話說，一位作曲家必須作曲、一位畫家必須繪畫、一位詩人必須寫詩，否則他們始終無法平靜。一個人能夠成為什麼，他就必須成為什麼，必須忠於其自己的本性。此一需要就可以稱為自我實現需要。

馬斯洛發現，當一個人對愛和尊重的需要得到合理滿足之後，自我實現的需要就出現。當然，每個人滿足自我實現需要的方式是不大相同的，有的人可能想由此成為一位受學生愛戴的老師，有的人可能想要經營跨國的大企業，還有的人可能想在繪畫或音樂創作上有所表現。在此一需要層次上，個體間的差異是很大的。

馬斯洛晚年的時候，對上述五個需要理論進行了部分調整，他說當其他需要都已經得到滿足時，自我實現需要並不一定已經滿足，亦不一定會有所發展。

思考問題

1. 探討需要的條件與特徵時，包括哪三個項目？
2. 有關安全需要，包括直接涵義與引申涵義，請分別說明之。
3. 有關人們尊重或尊嚴的需要，請舉例說明之。
4. 馬斯洛特別強調要將愛與性區別開來，請說明他的觀點為何？
5. 馬斯洛到了晚年的時候，對於需要理論進行了哪些部分的調整？

第三節　滿足老人需要的助力

本節將探討三項議題：(1)需要與健康；(2)生存與需求慾望；(3)滿足需要的助力。

在本章第一節指出：人類為了生存和發展，必須滿足其基本需要。當個體的基本需要得到滿足時，則處於相對的平衡狀態，這種平衡狀態有助於個體保持健康。然而，人類在不同的階段與情況會反應出不同的需求，因此就產生了許多需求上的問題。老人工作者或家屬為了更有效的協助老年人，必須要正視需要問題的諮詢課題。

壹、需要與健康

需要與身心健康的關係是諮詢問題的關鍵。習慣是滿足需要的行為方式，嗜好則是一種特殊的習慣。需要、習慣、嗜好與人的身體健康、疾病關係很大。如何處理人的需要、習慣與嗜好，對於保護人的心理健康十分重要。

一、需要的動機

人的行為是動機引起的，而人的動機又產生於需要。人的需要是多種多樣的，通常心理學將其分為兩大類：一類是維持人的生命需要，如對水分、食物、空氣的需要等，稱為生理需要；另一類是社會性的需要，如需要互相交往、需要知識等。社會性需要是人在生活實踐中形成的，可以分為兩種：一種是物質需要，如對汽車、房屋的需要；另一種是精神的需要，如對藝術文化的需要。

動機是激發人去行動的主觀動力，是個體發動和維持行動的一種心理狀態。人的活動都是由一定的動機所引起，並且指向一定的目的。人的動機根據動機的社會意義，可以分為高尚的、正確的動機，以及庸俗的、不正確的動機。動機一旦形成，就會使個體的行動表現出積極的態度、濃厚的興趣、注意力的集中，以及較高的智力效應。動機在從事達到目標的過程中，若受到干擾與阻力，達不到目標而遭到挫折時，人們就會感到沮喪、失意、挫敗、煩惱。不能正確對待挫折，或者挫折過大，可能會產生心理上的困擾，

使人心理痛苦、情緒混亂、行為偏差，甚至導致疾病。

二、挫折有礙健康

人的一生會經常遇到挫折，而每個人對挫折容忍力有很大的差異。有的人面對挫折挑戰時，堅韌不拔，進一步能激發心理能力；有的人則會悲觀失望、精神崩潰。心理學家把能承受挫折打擊的能力稱為「挫折容忍力」。挫折容忍力強的人，遭到挫折時仍能保持心理健康，仍能發揮自己良好的適應能力；挫折容忍力弱的人，經不起挫折對心理上的打擊，就可能會造成行為失常或心理疾病；因此，挫折容忍力是保護人的心理健康之第一道防線。嚴重的挫折在一定條件下，對某些人能夠產生影響身心健康的心理反應，例如：憤怒的攻擊、不安、壓抑、屈從等。攻擊可表現為：反唇相譏、怒目相視等；攻擊是由於缺乏意識的導向，因此使行為失去控制；不安會表現為情緒不穩定、心神不定，可能會引起頭痛、頭昏、心悸、臉色蒼白等生理上的反應；壓抑會降低人的身心工作能力，在長期地壓抑下，情緒會導致疾病；屈從可使人自暴自棄、得過且過，影響心理功能的正常發揮，不利於心理健康。

【老人故事】

想要長壽 從「心」想起

如果覺得自己身體健康、對生命懷抱希望的人會比較長壽。瑞士蘇黎世大學（University of Zurich）的一項研究，自 1970 年代開始調查訪問八千位年輕人，請這些人描述自己的身體健康情況，並替自己的健康狀況評定分級，分別有相當健康、健康、普通和差等四個層級，並且持續進行追蹤記錄。

經過了 30 年，這項研究的統計發現，年輕時自認身體狀況不佳的女性，死亡率是自認為健康女性的 1.9 倍；而年輕時表示自己不健康的男性，死亡

率是表示自己健康男性的 3.3 倍。也就是說，表示自己身體狀況不佳的人，比自己認為身體健康的人來得短命。所以正確積極的生活觀，是影響壽命長短的關鍵。

貳、生存與需求慾望

人類為了生存和發展，必須滿足各種需要，這是指生存與需要的慾望。探討這個問題，將包括：目的與手段、滿足與目的、慾望的對立、無休止慾望等四個項目。

一、目的與手段

只要我們對平時生活中的種種慾望進行分析，將不難發現各種慾望之間有一個共同的特點：它們通常是達到目的的手段，而不是目的本身，例如：我們需要錢，目的是為了買一輛汽車，原因是鄰居買了一輛汽車，而我們又不願意低人一等，所以我們也需要一輛；這樣一來，我們就可以維護自尊心，並且得到他人的愛和尊重。

馬斯洛指出，當分析一個有意識的慾望時，我們往往可以究其根源，即追溯該人的其他更基本的目的。也就是說，我們面臨一個與心理病理學中的症狀作用十分相似的狀況，這些症狀的重要性並不在於它們本身，而在於它們最終意味著什麼，或者在於它們最終的目標或結果是什麼，在於它們要做什麼或者它們的作用可能是什麼。在一天中，數千次地出現在我們意識中的特定慾望，比它們本身重要的是，它們所代表的東西、所導致的後果，以及其最終意義。

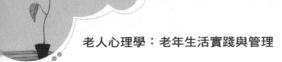

二、滿足與目的

如果再深入分析，我們還可以總結出一個特點，慾望總是最終導向一些我們不能再追究的目標或者需要，而導致一些需要的滿足。這些需要滿足的本身似乎就是目的，不必再進一步證明或者辯護。在一般人身上，這些需要的特點是無法經常直接看到的，但經常是繁雜的、有意識慾望的概念引申，也就是說，動機的研究在某種程度上，必須是人類的終極目的、慾望或需要的研究，而這些事實意味著更合理的動機理論之又一個必要性。既然這些目的在意識中不易直接見到，我們就不得不需要立即解決無意識動機的問題。僅僅仔細研究有意識動機的生活，常常會遺漏許多與有意識中看到的東西同等重要或更重要的東西。精神分析學反覆論證過，一個有意識的慾望與其下面潛藏的最終無意識目標之間的關係，是完全直接的，所以我們可以認為，無意識生活是合理動機理論中不可缺少的一部分。

馬斯洛指出，充足的人類學證據證明，全人類的基本慾望或最終慾望不完全像他們有意識的日常慾望那樣各不相同，其主要原因在於兩種不同的文化中，能提供兩種完全不同的方法來滿足基本特定的慾望。以自尊心為例，在一個社會裡，一個人靠成為體育健將以滿足其自尊心，而在另一個社會中，卻要靠當一個偉大的醫生、英勇的軍人，或者是一個擁有億萬財富的人等來滿足慾望。

因此，如果我們要從根本上考慮問題，或許可以這樣認為，這個人想要成為醫生的慾望與那個人想要成為軍人的慾望，有著同樣的原動力和根本目的。這樣一來，我們就可以斷定，把這兩個看起來完全無關的有意識慾望歸於同一範疇，而不是根據單純的行為將它們劃分為不同範疇，這將會有益於心理學家的分析。很顯然的，目標本身遠比通向這些目標的每一個路徑更具有普遍性，原因很簡單，這些路徑並不會受到特定的文化所制約。

三、慾望的對立

　　另一類同樣可以證明這一點的證據是，人們發現一個單一的精神病理學症狀，可以同時代表幾種不同的，甚至是相對立的慾望。單純根據行為方式來考慮有意識的願望或表面症狀，意味著我們武斷地拒絕了完整地理解個人行為和動機狀態的可能性。因此，我們要特別指出的是，若一個行為或者是有意識的願望只有一個動機，那是不尋常的、非普遍性的。

　　從某種角度來講，個體的任何一個事態本身，幾乎就是一個促動狀態。如果我們說一個人失戀了，這是指什麼呢？靜態心理學可以很容易地解答這個問題，但是動態心理學會以豐富的經驗，論證這句話所表達出的相當多涵義，這種感情會同時在整個個體的肉體和精神兩方面引起反應，例如：失戀還意味著疲憊、緊張和不愉快，而且除了當時與個體其餘部分的關係之外，這樣的狀態不可避免地會導致許多其他情況的發生：重新贏得感情的強烈慾望、各種形式的自衛努力，以及其他種種的努力等。因此，很明顯的，我們要想解釋「此人失戀了」這句話所隱含的狀態，就必須加上許許多多的描述，來說明此人由於失戀而遭遇了什麼事情，換句話說，失戀的感情本身就是一個促動狀態。

　　馬斯洛指出，目前流行關於動機的概念，一般是出於這樣一種假設：促動狀態是一個行為特殊的、與眾不同的狀態，與個體內發生的其他情況界限分明。然而，合理動機的理論設想卻是一切個體狀態的普通特點，即動機是連續不斷的、無休止的、起伏的，同時也是極為複雜的狀態。馬斯洛指出，事實上對於大多數正常人來說，其全部的基本需要都能部分地得到滿足時，生命才會存在，也才有自我實現的基礎，而且這種基礎是相對的。如果這種基礎比較高層次，那麼，他的生存需要的層次也會較高，自我實現的機會也會較多。同時，又都在某種程度上有所缺憾，只有具備某種缺憾（當然這種缺憾是相對的，沒有固定的），才會不斷去追求，不斷達到自我實現的境地。優勢需要滿足後，再出現新的需要，是一種緩慢地、從無逐漸變為有的

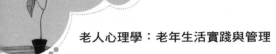

過程，而不是突然從天而降的。人就是由這種低層次需要發展到高層次需要，而逐漸獲得昇華和發展的。

在此，馬斯洛有系統地解釋了一個積極的動機理論。這種理論符合已知的、臨床的、觀察的、經驗的事實。這是一個系統的理論，一般不能單純理解，而是要有一定的發展層次。於是，馬斯洛指出，雖然生存需要沒有等級之分，但它卻是有相對之分。一種生存狀態，對於某些人是滿足的，但對於另一些人來說卻是遠遠不夠的，這就要取決於生存的慾望了。一般來說，只要滿足了最基本的生存需要，一般人都能生存，但一般人都不會感到這種需要就滿足了。只有這樣，人類才會發展。

四、無休止慾望

馬斯洛指出，無休止的需要是人的特性，但並非所有的需要都會得到滿足，只有極少數會達到完全滿足的狀態。一個慾望滿足後，另一個會迅速出現並取代它的位置，當這個部分被滿足了，還會有一個站到突出位置上來。人總是在希望著什麼，這是貫穿人整個一生的特點。這樣，我們就有必要研究所有動機之間的關係，同時，如果我們要使研究取得廣泛的成果，就必須放棄孤立的動機單位。內驅力或慾望的出現所激起的行動，以及因目的物的獲得而引起的滿足，全部加在一起，僅僅給我們提供了一個由動機所構成的總體合成物的、人為的、孤立的、單一的例子。這種動機的出現，實際上總是取決於整個個體所可能具有的其他所有動機的滿足或非滿足狀態。

需要某種東西本身，就說明了已經存在著其他需要的滿足。假如大部分時間我們都飢腸轆轆，假如我們不斷地為乾渴所困擾，假如我們一直面臨迫在眉睫的災難威脅，或者假如所有人都恨我們，那麼我們就不必去工作、去做科學研究、打掃環境，或者旅行遊玩。

動機理論的創立者們注意到以下兩個事實：一是，除了以相對地或漸進的方式外，人類從不會感到滿足；二是，需要似乎按某種優勢等級自動排列。這兩個事實卻從未給予過合理的重視。透過對精神病理學的研究，馬斯

洛了解到一個有意識的慾望或一個有動機的行為之特性，這種特性與慾望及文化的特性同出一源，那就是這個慾望或行為可能有一種渠道的作用，透過這個渠道，其他慾望便得以表現。

例如：眾所周知，性行為與有意識的性慾所隱含的、無意識的目的，可能是極為複雜的。其實，在某些社會中，男子的性慾可能是確立自己男子自信的慾望，而在其他社會裡，性慾則可能代表了吸引注意力的慾望，或者是對於友誼、親密感、安全感、愛的慾望，或者這些慾望的任何組合。在潛意識裡，所有這些人的性慾可能有著相同的內容，而且他們可能都會錯誤地認為自己追求的僅僅是性滿足。但是，最重要的是我們已經知道這是錯誤的，而且我們也懂得，認真對待這個性慾和性行為其根本上所代表的東西，並不是這個人在意識中認為它們所代表的東西，對於理解人是有益的，這既適用於預備行為，也適用於完成行為。

參、滿足需要的助力

老人工作者或家屬的功能應要滿足老人的需要，所以基本需要理論已被老人工作者或家屬工作者廣泛地應用於老人工作或家屬工作的各個領域。一方面，可以界定老人工作者或家屬的工作範圍和任務；另一方面，可以為老人工作者或家屬識別老人和其他服務對象的需要提供了一個框架，指導老人工作者或家屬評估老人未被滿足的需要，對老人工作者或家屬提供更好的措施。因此，馬斯洛的需要理論認為，人類不僅有生理需要，而且還有心理、社會、精神、文化和人生價值實現的需要，此一觀點恰好與整體老人工作者或家屬思想相一致，因此，需要理論被廣泛地應用在老人工作者或家屬的工作中。

一、滿足老人需要

在健康狀態下，老人能夠自己滿足各類需要，但當健康出現問題時，有

些基本需要就無法運用自己的能力來滿足。老人工作者或家屬應找出服務對象未滿足的需要，及需要提供幫助和解決的問題有哪些，以制定和實施相應的措施，幫助服務對象滿足其需要，恢復身體的平衡和穩定。老人可能出現的未被滿足之需要如下。

（一）生理需要

生理需要包括：氧氣、水、營養、體溫、排泄、休息和睡眠，以及避免疼痛等需要。

（二）刺激需要

老人在患病的急性期，對刺激的需要往往不明顯，在急性期過後則會逐漸明顯。長期單調的生活不但會引起情緒低落和體力衰竭，智力也會受到影響。所以，老人工作者或家屬應注意滿足老人的刺激需要，美化環境，及時做好健康教育，鼓勵老人和周圍的人保持溝通，安排適當的娛樂。

（三）安全需要

老人在患病時，其安全感會大大降低，感到生命沒有保障，孤獨無助，甚至認為沒有人關心；有時候，老人的聽力較差，或者理解醫學或醫藥的程度，不像年輕人吸收新知識比較沒有障礙，所以會擔心得不到良好的治療，對各種治療和檢查常有質疑，對醫護人員不信任，擔心經濟問題等。老人工作者或家屬應採取相應措施來避免老人身體的損傷，防止發生各種意外，例如：避免墜床、保持室內安靜、避免噪音、嚴格執行無菌操作、防止交叉感染、預防各種併發症等。另外，還要幫助老人避免心理威脅，做好醫院環境介紹和健康教育，講解疾病的發展、康復、預防措施和出院之後的自我照護，以增強老人的信心和安全感，取得老人對醫護人員的信任。

（四）愛與歸屬需要

老人在患病後，常常會感到無助、沒有安全感，因此愛與歸屬的需要就會變得更加強烈。老人希望能夠得到親屬、朋友以及周圍人們的關心、理解和支持，所以老人工作者或家屬應該幫助老人建立良好的人際關係，歡迎親屬探視，並鼓勵親屬參與老人工作者或家屬照護程序的進行，幫助老人與老人之間的溝通和建立他們之間的友誼。老人只有在獲得安全感和歸屬感後，才能真正完全接受老人工作者或家屬的照顧。

（五）尊重需要

人在愛與歸屬的需要得到滿足後，應需受到尊敬和重視，而這兩者又是相關的。老人工作者或家屬應充分尊重老人，在與老人的交往中要主動介紹自己，禮貌的稱呼他們，重視並聽取其的意見，讓老人從事能力所及的事情，使其感到自身的價值所在。同時，還要尊重老人的隱私、為老人保密，尊重老人的習慣、價值觀、信仰等。

（六）自我實現需要

自我實現需要的產生和滿足程度是因人而異的。老人工作者或家屬的功能是確實保證低層次需要的滿足，為自我實現需要的滿足創造條件。老人工作者或家屬應鼓勵老人表達自己的個性和追求，幫助他們認識自己的能力和條件，在適當的條件下，為達到自我實現而努力。

二、老人工作者或家屬的應用

首先，在老人工作者或家屬實踐中，應該要把老人的各種需要，看成一個整體，在滿足低層次需要的同時應考慮高層次的需要，不能把各層次的需要分開來看待。同時，儘管每個人都有共同的基本需要，但滿足的方式不能千篇一律，因為同一個人在不同的生命階段，對需要的滿足也有所不同，所

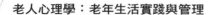

以老人工作者或家屬應把滿足老人獨特的需要，視為重點。

其次，應仔細領悟和理解老人的言行，並預測老人尚未表達的需要，盡力協助解決，防止問題發生，例如：老人對疾病治療產生疑慮，是安全需要的體現；老人想家、想孩子，是愛與歸屬需要的體現；老人擔心因住院而影響工作或升遷，是自我實現需要的體現。

第三，按照基本需要層次，識別老人問題的輕重緩急，以便在制定計畫時，妥善排列先後順序。一般來講，愈是排在前面的需要就愈重要，愈要及早地給予滿足。

三、滿足需要的方法

老人工作者或家屬幫助老人滿足基本需要的途徑，可採取以下三種形式。

（一）協助老人滿足需要

對於部分只能自行滿足基本需要的老人，老人工作者或家屬應鼓勵其完成能力所及的活動，幫助其發揮最大的潛能，進而達到最佳狀態。

（二）直接滿足老人的需要

對於完全無法自行滿足基本需要的老人，老人工作者或家屬應直接採取相關措施，以滿足其生理和心理的需要。

（三）進行教育

對於基本能滿足自身需要，但還存在某些因素影響其需要得到滿足的老人，應透過各種宣導形式為其提供相關知識，消除影響需要得到滿足的因素，避免不必要問題的發生。無論老人工作者或家屬透過哪種方式滿足老人的需要，其最終目標都是希望他們能獨立滿足自我需要。

思考問題

1. 人的行為是動機引起的，而人的動機又產生於需要，心理學將人的需要分為哪兩類？
2. 挫折有礙健康，可能會造成個體哪些心理反應？
3. 老人可能出現的未被滿足之需要包括哪些？
4. 動機理論注意到哪兩個事實？
5. 幫助老人滿足基本需要有哪三種方法？

第九章

智力變化與終身學習

　　本章的主要目的是討論本書第二篇應用篇的第六部分「智力變化與終身學習」，第一部分是「自我認知與生活適應」（第四章），第二部分是「記憶經歷與經驗分享」（第五章），第三部分是「壓力適應與情緒管理」（第六章），第四部分是「人際溝通與家庭關係」（第七章），第五部分是「滿足需要與生活動力」（第八章），第七部分是「性、婚姻與親密關係」（第十章）。本章規劃為三節：第一節「老年期的智力變化」，第二節「掌握有效的學習方法」，第三節「學習生活技能」。

　　第一節「老年期的智力變化」將探討三項議題：(1)智力的定義；(2)智力的表現；(3)年齡增長和智力。在第一項「智力的定義」中，將討論：智力的觀念、抽象思維、適應能力、學習能力、頓悟能力等五個項目；在第二項「智力的表現」中，將討論：智力觀的基礎、發展性智力觀、因素分析智力觀等三個項目；在第三項「年齡增長和智力」中，將討論：智力與年齡、老年人的智力、智力曲線、智力的影響因素等四個項目。

　　第二節「掌握有效的學習方法」將探討三項議題：(1)有效的學習方法；(2)檢驗學習方式；(3)加強學習動機。在第一項「有效的學習方法」中，將討論：知識類型學習、記憶類型學習、評價學習等三個項目；在第二項「檢驗學習方式」中，將討論：計畫性、注意力、預習與複習、感官記憶等四個項目；在第三項「加強學習動機」中，將討論：學習動機、學習目的、強化動機、個性與氣氛等四個項目。

　　第三節「學習生活技能」將探討三項議題：(1)人際關係技能；(2)社會生活技能；(3)經濟與休閒生活。在第一項「人際關係技能」中，將討論：學會

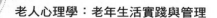

傾聽、誠實坦白、堅持關鍵點、掌握抱怨和批評、肢體語言、學習拒絕等六個項目；在第二項「社會生活技能」中，將討論：角色特徵、權利與義務等兩個項目；在第三項「經濟與休閒生活」中，將討論：經濟生活、休閒生活等兩個項目。

第一節　老年期的智力變化

本節將探討三項議題：(1)智力的定義；(2)智力的表現；(3)年齡增長和智力。

科學與心理學專家們一直深切關心智力及其測定手段的智力測驗，其結果使人們對於一個人從兒童時期到成年時期的智力問題有了新的認識，對其作用也逐漸地更加明確。可是，大部分研究都是關於從發展初期到成熟期的階段，有關老年期的智力，甚至連其測定手段，幾乎都是處於尚未開發的狀態。到了老年期，和兒童期一樣，不是簡單地從成熟期遞減而來的成人，而是一個具有統一性和完整結構的時期。本節為了研究的目的，擬就具有獨立結構的老年期智力做一番探討。

壹、智力的定義

在進行考察老年人的智力特徵之前，首先來談談現代心理學對智力是如何下定義，而又是怎樣理解的，此涉及幾個具代表性的定義及智力觀念。

一、智力的觀念

智力測驗的創始人是有名的比納（Alfred Binet, 1857-1911），他亦是一位著名的與創造性有密切關係的靈感（inspiration）研究者。眾所周知，他是透過這些研究，把智力分成下列三種思考作用：

第一，是在解決問題上始終保持一定方向的思考作用。

第二，是理解和洞察事物的本質，找出新的解決方法之作用。

第三，是關於問題解決的正確與否之自我評價作用。

比納的定義，今天看來包含著相當廣泛的心理功能，例如：就「對解決問題始終保持定向的思考作用」這點來說，與其說是純粹的智力，應該說是屬於動機和意志領域的問題。自我評價作用也未必只依靠智慧作用，也有性格傾向等問題參與的餘地。可是，以比納的定義整體來說，的確是把智力考慮為對問題狀況的適應能力，這一點還可以認為是一種卓見。在比納之後，發表了許多有關智力測驗和智力定義的文獻，目前已有一百五十多種定義。筆者就其中幾種提出來討論，說明如下。

二、抽象思維

第一種的定義為「抽象思維」。第一個以智商（intelligence quotient, IQ）表示測驗結果的推孟（Lewis M. Terman, 1877-1956），對智力下的定義是：「操作符號、言語的抽象思維」，這和提倡智力群因素論的瑟斯頓（Louis L. Thurstone, 1887-1955），基本上是持同樣的觀點。這雖是極明確的定義，但對沒有抽象思維的動物和幼兒的「思考」來說，又該如何理解呢？如果使用這個定義是無法回答的，因此就不能說是一個完美的定義。

三、適應能力

第二種的定義為「適應能力」。當前被最廣泛使用的智力測驗之一的「魏氏成人智力量表」（Wechsler Adult-Intelligence Scale, WAIS）編製者魏克斯勒（David Wechsler, 1896-1981），對智力下的定義是：「有目的的活動，合理的思考，有效的處理環境的綜合性、整體性的能力」，把智力的本質看成是適應環境的能力。這個定義基本上和比納的觀點是相同的，是最正統、最有總括性的定義。但如前所述，「真正智力」的作用是何領域的功能？這不是也包含著智力以外的功能嗎？所以，這個界限還是不清楚的。

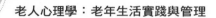

四、學習能力

第三種的定義為「學習能力」。蓋茨（A. L. Gates）和迪爾邦（W. F. De-arbone）把智力看成「學習的能力」，認為智力是「透過經驗去獲得的能力」。的確，作為智力的功能，不能忽視學習，可是這一點只強調了智力的吸收，而關於「獲得的知識怎樣使用」方面根本沒有涉及。

五、頓悟能力

第四種的定義為「頓悟（insight）能力」。用類人猿做智慧測驗的著名完形（Gestalt）心理學派之柯勒（Wolfgang Köhler, 1887-1967），把智力的本質看成是頓悟。與靈感有著近緣關係的頓悟，的確被認為是智力的重要因素。問題的解決缺少它，往往是不可能的，因此也是適應上不可或缺的重要條件。可是把智力只限於這一點，是不充分的，也有必要提及記憶、知覺、言語、數的操作等因素。只強調頓悟，將會像本文後面要提到的斯皮爾曼（Charles E. Spearman, 1863-1945）之二因素論，只強調 g 因素，不涉及 s 因素的存在，不能全面地看待智力。

如上所述，各家的智力定義是各種各樣的，當前還不能取得充分一致的見解。在心理學中，有著較長研究史的智力，處在這種狀態中，可以認為有幾種理由：其一，各研究者把智力看做什麼，如何理解智力存在著差異，這種差異可能是由於所謂的各種智力觀念的差異而造成；其二，有人把適應過程本身視為智力，有人把為適應所獲得的手段、工具、方法看成智力的本質作用，還有人把知覺的豐富性當成智力，甚至有人主張對智力要導入發展的觀點。結果，從各種不同的立場，就下了各種不同的定義。因此，波林（Edwin G. Boring, 1886-1968）提出了「所謂智力即透過智力測驗所測定的東西」的這種操作主義（operationism）的定義。這個問題不僅限於智力、性格、人格和發展等，在心理學上許多構成概念的定義和概念規定，或多或少都可以看出在某種意義上是不能迴避的「不得已」現象。

貳、智力的表現

以下要從各種智力觀念中，談論幾個有代表性的智力觀點。智力的表現之探討包括：智力觀的基礎、發展性智力觀、因素分析智力觀等三個項目。

一、智力觀的基礎

談論老年期的智力，就得從個體的兒童期開始，因為它是人生的起步，而老年期則是人生的終點。兒童不是成人的雛形，可以說是具有一種獨自為整合性的智慧世界。有一種觀點認為，可以從兒童獨自的智慧世界，向成人的智慧世界發展過程中，來探索智力的本質。後面提到的皮亞傑（Jean Piaget, 1896-1980）等人，可以說是「站在發展立場上的智力觀念」之代表。

與此觀點不同的，還有一種從對成人智力的分析中，探尋智力本質的立場。站在這個立場的研究者，一般是試圖透過智力測驗的施行，對其結果進行因素分析（factor analysis），來發現智力的構成因素，所以被稱為「站在因素分析立場的智力觀念」。智力觀念大致可以劃分為兩種情況，說明如下。

二、發展性智力觀

首先討論站在發展立場上的智力觀念，持這種立場的有研究者哈洛（H. F. Harlow），他從系統產生的觀點來探索智力的本質，而提出學習定勢（learning set）的智力發展觀。哈洛給受試動物（猿）312個辨別題，看到了動物隨著問題的解決，達到能很快解決問題的事實，這說明了猿如何學會學習（learning to learn）的原因，因此將這種情況稱做學習定勢，在此探索了智力作用的本質。此後，海斯（K. J. Hayes）等人和科克（M. B. Koch）等人又重複了這樣的試驗，看到了隨著智力年齡（mental age，簡稱智齡）的增長，學習定勢（learning set）的形成進行得更快。

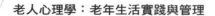

心理學家柯勒（Köhler）在特納里夫島所進行的類人猿智力測試，乃是眾所周知的。他給黑猩猩各種各樣的課題，以研究其解決的方法。黑猩猩為了取下高架上掛著的香蕉，把幾個箱子堆疊起來當作階梯，諸如此類的方法表現了製作工具的極高度智慧活動。但這並不是從一開始就表現出的活動，而是經過相當的嘗試錯誤後突然出現的，柯勒把它稱為「頓悟」，他認為只有這一點才構成智力的本質。除了上述那種試圖在動物行為中尋求智力本質的研究之外，還有人對幼兒和兒童進行了智力的研究。

瑞士的著名發展心理學家皮亞傑（Piaget），把發展視為由一定的結構出發，達到下一個更穩定結構的變化。他把這種結構叫做「基模」（Scheme），這種基模不是固定不變的，而是變動的，例如：幼兒吃東西時，最初是什麼東西都往嘴裡放；在這裡的行為基模是，只要手碰到的就放進嘴裡，不管什麼東西都吃。可是，此一基模並非固定不變的，過不了多久，就會發展成為新的基模，能夠吃的東西他吃，不能吃的東西他不拿。這樣的基模建立和變化就是發展。

行為與基模的建立和變化主要有關的作用，即是皮亞傑所提出的同化（assimilation）和順應（accommodation）等兩個概念。所謂同化，就是把外界的東西攝取於自身之中的作用；而所謂順應，就是改變自身使之符合於外界的作用，二者都是動態的。透過這種同化與順應，使基模得以建立和變化。這兩個概念在皮亞傑的發展理論中具有基礎的立場，並被認為這兩個重要概念是智力本質的作用。

三、因素分析智力觀

其次討論站在因素分析立場的智力觀念。作為因素分析的智力觀念，有斯皮爾曼（Spearman）的二因素論、瑟斯頓（Thurstone）的群因素論、卡特爾（B. B. Cattell）的流動智力和結晶智力論、阜南（Philip E. Vernon, 1905-1987）的層次群因素論、吉爾福特（Joy P. Guilford, 1897-1987）的立體模型論等。

（一）斯皮爾曼的二因素論

斯皮爾曼的二因素論（two factor theory），是在其求出各種各樣的成就測驗和心理檢查之間的相關係數時，發現了其中按一定順序排列的秩序性。這個秩序的一定相關行列，用一種因素幾乎全能說明，因此他把這種因素叫做一般智力因素（g因素＝general factor）。可是另一方面，各個測驗只用g因素也不能完全說明，便認為還有另外固有的因素，因此把這種因素叫做特殊因素（s因素＝specific factor）。在空間知覺與思考等，g因素具有的作用較大，而運動速度和自由聯想等，s因素的作用較大。

（二）瑟斯頓的群因素論

美國派排斥英國派承認 g 因素的思想，他們只用群因素（s 因素系統化了的東西）來說明智力，其代表即瑟斯頓的群因素論（multiple factor theory）。他對中學生、大學生都做了各種智力測驗，從兩方面抽出了七種共同因素，把這些看作是智力的構成要素，即：言語因素（Verbal）、言語流暢性（Word Fluency）、空間因素（Spatial）、計數因素（Numerical）、記憶因素（Memory）、歸納推理因素（Inductive Reasoning），以及知覺因素（Perceptual）。

（三）卡特爾的流動與結晶智力論

卡特爾把流動智力（gf ＝ fluid general ability）和結晶智力（gc ＝ crystallized general ability）區別開，以作為智力的二級因素。在流動智力中，包含有瑟斯頓的「言語流暢性」和「空間因素」，被認為主要是「在新的適應場合發生作用」，強烈地受著個體生理生物學的條件所制約。結晶智力包括瑟斯頓的「言語因素」、「計數因素」，以及「歸納推理因素」等，是經驗結果所彙集起來的東西，所以被認為主要是「在要求嚴密判斷的認知場合發生作用」，因而這種智力觀受到文化條件的強烈制約。

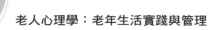

（四）阜南的層次群因素論

　　阜南發展了斯皮爾曼的二因素論，而提出層次群因素論（hierarchical group factor theory）。在所有測驗中，有共同的一般因素（g），其下還有兩個主要的群因素（major group factor），其中一個是用 Vied 表示的言語、數量、教育的因素（verbal-numerical-education factor），還有一個是用 Kim 表示的實際、機械、空間、身體的因素（practical-mechanical-spatial-factor），然後在這兩個主要的群因素之下，還分有小群因素（minor group factor），進而在其下面還有特殊因素（s）。阜南此一學說，在今日作為智力因素結構的想法最為有力，可是有沒有必要把因素分得那麼細，關於這一點至今還存在著意見上的分歧。事實上，阜南本人也認為，小群因素以下沒有必要再細分了。

（五）吉爾福特的立體模型論

　　以往這種從因素分析的觀點來探索智力的方法，只不過是分析所有已知的測驗結果，所以吉爾福特索性用演繹法創造了一種模型，係透過實證性的測驗結果之要素分析，使其完成此一模型。他的模型不是有關智力（intelligence）的模型，而是有關智慧（intellect）的模型。可是他所說的智慧，完全沒有思辨性的意思，而是指智力和創造性而言。

　　智慧所展現的部分分成記憶和思考等兩大類，思考又分成認知能力、評價能力、生產能力（產生新的訊息能力）等三類。其中生產能力還可以分為集中思維能力（達到唯一正確解決的集中性思考能力）和分散思維能力（按照思考方法，達到各種各樣解決寬廣幅度的思考能力）。認知、記憶、集中思維、分散思維及評價是智慧的基本作用（操作），而智慧所處理的對象內容有四個，即：圖形、符號、言語、行為。從另一個觀點來觀察智慧「產物」，可以看出它包括著單元、分類、關係、組織、轉換、涵義等六個類別。

參、年齡增長和智力

　　從發展性的觀點來看，年齡增長與智力有著必然的關係，同時也有偶然的關係。年齡增長和智力的探討包括：智力與年齡、老年人的智力、智力曲線、智力的影響因素等四個項目。

一、智力與年齡

　　幼兒和成年人的比較，是處在智慧能力的低水準上，即便在言語的使用上，幾乎涉及數的操作、抽象能力和推理等所有方面，這些都是成年人較為優秀。假使用此同樣的事例來考慮老年人時，將會如何呢？一旦人上了年紀，常常被視為，甚至自己也認為是「老糊塗」，可是，我們不能因此說「老年人頭腦不好」。一般人都會同意：在整體的意義上，一隻狗和一隻貓，是不能進行比較的，雖然，它們的腳的數目和跑的速度是可以比較的；但畢竟貓和狗是異質的東西，是不能夠進行整體比較的。我們不能因此說老人或幼兒頭腦不好的理由之一，就是任何人都知道的——異質事物不能比較的原則。所謂質上的差別，若用我們經常使用的術語，來說明兒童或老年人與成年人在智力表現上來做比較，也就是因為「結構」不同，並不適合做比較。

　　既然不能用比較的方式來說明與老年人的智力有關的表現問題，研究這方面的專家們為了解釋老年人的「糊塗」現象，把衰退導致「糊塗」的過程理解為「衰退過程」，而這裡就隱藏著一般的老年觀。也就是說，老年人比成年人在智力上是低下的、「老糊塗」的或是更加衰退的；也就是認為，從達到頂點的成年人智力，進行遞減而得出老年人的智力。這種看法，是強調老年人智力「量的」差別。如果從強調質的差別之觀點來看，絕不會得出「老糊塗」、「衰退」的結論。

　　老年人的智力結構和成年人的智力結構是異質的東西，這方面更明確的

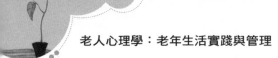

證據，此時尚未被提出來，可是卻有暗示這方面的一些研究，例如：荒井等人於研究老年人的僵硬性（rigidity）時，進行了柯察爾特測驗、內田·克拉佩林精神作業測驗、桐原·道尼氣質檢查、鏡像描寫等測驗，結果顯示：「老年人缺少柔性，因僵硬性，對於一定的操作更容易受其影響而評判事物，不能進行正確的判斷」。透過直接的智力測驗不能測出智力的僵硬性，但可看出智慧不能靈活的僵硬思考，這可以認為是一種間接的證據。青年人，在個人之間的差別上也有僵硬性的問題，但在老年人當中，卻是個普遍的問題。這一點可以暗示老年人的智力和其他年齡階段的相比是異質性的。

二、老年人的智力

作為老年人用的智力測驗而編製的「長谷川式老人智力測驗量表」和「慈惠醫大式精神老化強度測驗」，在定向（orientation）的調查問題上增加了部分測驗。在青年智力測驗當中，沒有檢查定向這一問題，但在老年人測驗中這一項就需要了，理由（後面還會說明）是因為在鑑別老人失智症時，定向能力的健全與否是極其重要的一點。在青年人的整套測驗中，沒有加上定向測驗本身，可以標示為老年人智力結構是異質的此一事實。如上所述，老年人的智力結構，不能以成年期為依據往後類推，也不是量上的「衰退過程」，應該看成是個「變化過程」，更可以理解為一個「生長過程」。

三、智力曲線

上述事實顯示，為了畫出老年人的智力曲線，必須制定和依據老人用的智力測驗。但是，如上所述，因測驗編製得太少，如今還達不到此一階段，所以，在這裡要引用一些已往的研究報告。瓊斯（H. E. Jones）和康拉特（H. S. Conrad）兩人對 10 到 60 歲的 1,191 人進行了陸軍α檢查，得出的結果顯示，智力分（T得分）到 16 歲左右幾乎是直線上升，而後是緩慢上升，從 19 歲開始下降，之後到 60 歲，大致按一定的比例繼續下降。C. C. 米勒（C. C. Miles）和 W. R. 米勒（W. R. Miles）對 7 到 92 歲的一組人進行了智力測驗，

其結果顯示，智力發展曲線於 18 歲達到頂點，其後便緩慢下降，80 歲以上便急劇下降。

魏克斯勒（Wechsler）也對 60 歲以上的老年人施行了「魏氏成人智力量表」（WAIS）的測試，同樣判定隨著年齡的增加而智力得分下降的趨勢。用「長谷川式老人智力測驗量表」，以 65 到 90 歲的老年人為對象，繪製了智力曲線，其曲線不是單調地降低，在 70 歲初期和 80 歲期間，出現了高原現象（Plateau）。從以上各種研究所得出的結論，都是「老年人智力下降」。可是這一點，正如上述所說的，是量上的比較，是以與成人智力同質的假定為依據而得出的結論，所以還不能說明這是老年人智力的「真相」。

根據克隆巴赫（L. J. Cronbach）、謝耶（K. W. Schaie）和斯特羅瑟（C. R. Strother）的研究而制定的橫向研究與縱向研究之結果，在縱向研究的資料方面，言語因素（V）和計數因素（N）在 60 歲以前的曲線是繼續上升的，空間因素（S）在 60 歲左右大致呈現高原狀態，推理因素（R）在 40 歲前是上升的，其後是緩慢下降，此與橫向研究的資料是顯著不同的，智力不是以同樣方式下降。如從各種因素分別來看，各種因素都有其不同的變化過程，有的因素幾乎不受年齡增長的影響。在魏克斯勒（Wechsler）的研究中，也舉出未必是強烈受年齡增長影響的因素（例如：一般性知識）。從這些結果來看，量的獲取方法，的確只能說是「下降」，可是在其中也有未必呈現下降的因素，特別的是，在縱向的研究上，更明確地暗示了這種可能性。

四、智力的影響因素

智力測驗的結果，受其施行條件的影響很大，特別對老年人來說更是如此。我們舉出下列幾點來看：

1. 有時間限制的測驗是不適合的。
2. 反映視聽覺障礙的測驗也不好。
3. 需要長時間的測驗也不可以。
4. 對測驗的動機激發是非常重要的。

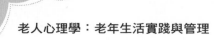

不考慮這些，只以測驗結果來陳述老年人的智力下降狀況，是極其危險的。另外，還可以考慮如下老年人獨特之「智力的影響因素」。

（一）性別差異

在老年人智力的研究中，有幾個關於明顯的性別差異報告，其研究結果可看出，青年期的男女之間從未有過差異，但為何在老年期表現出明顯的差異呢？其理由是不清楚的。作為一種推測，其可能反映了社會文化的地位差異、社會作用的差異、學歷差異等；但是，作為一種疾病的「老年失智症」，其女性出現率較高，而這不能不考慮是否為生物學上的差異。

（二）學歷差異

學歷較差當然不能直接解釋為智力較差的因素，但作為整體來看，學歷和智慧得分之間，可以看到有相當高的相關性。筆者等人在對100歲的高齡者研究中，也存在著同樣的傾向，學歷愈高的人，智力測驗得分也愈高。

（三）身體條件

身體的好壞，特別是在青年期，會明顯反映在智力的得分上。筆者曾參加了對華府Goodwin養老院的老年人心理調查，其結果正是這樣如實地反映著。身體一般狀態不好的老年人，比健康老年人的智力得分低，在所謂的「臥床不起」之老年人當中，還有相當數量的失智老人。

（四）職業差異

從事的職業和智力之間，存在著一定的關係。在上述的100歲老年人當中，曾從事管理職業的人比沒有從事這類職業的老年人，有意義地呈現出高的智力得分。可是這種職業的差別，不能說是老年人特有的差別，在日本版本的「魏氏成人智力量表」（WAIS）中，也有按職業區別的IQ計算標準。

如上所述，影響老年人智力的因素是非常多種的。除此之外，家族關

係、設備和住宅等，被青年人認為是影響相對較小的因素，可是對老年人來說，往住是很大的智力影響因素。這些研究，對今後老年人的智力研究來說，被認為是不可缺少的部分。

思考問題

1. 智力分成哪三種思考作用？
2. 何謂斯皮爾曼的二因素論？
3. 群因素論將哪七種共同因素看作是智力的構成要素？
4. 智力測驗的結果，不適用於老人，可能是受到哪些施行條件的影響？
5. 影響老年人的智力因素有哪些？

第二節　掌握有效的學習方式

　　本節將探討三項議題：(1)有效的學習方法；(2)檢驗學習方式；(3)加強學習動機。

壹、有效的學習方法

　　掌握學習方式包括兩個重要課題：學習方式、學習效果。要掌握有效的學習方式，必須先了解我們的學習方式，然後檢驗這些學習方式的效果，因此，學習方式與學習效果之間關係密切。學習方式就是對於學習現場中所顯示的訊息進行接收和處理的方法，而接受和處理外界刺激訊息的方式、方法與效果因人而異，更會因年齡不同而有差別。對於生活在訊息快速發展與變化時代中的老年人而言，尋找適合自己的學習方式，至為重要。

　　你了解自己的學習方式嗎？透過以下的具體分析，將有助於你的了解，並改進自己的學習方式，以取得更好的學習效果。學習方式對於學習效果來說有著非常重要的影響，一個人要改進自己的學習方法，找到最經濟有效的學習方式，就必須對於各種學習方式的特點有較為清楚的認識。學習方式一般分為兩大類型：

1. 知識類型：是指以知識取向的學習，這種知識性的學習以認識新事物為主，同時也包括事物間的整合與應用。
2. 記憶類型：是指學習以記憶為主的知識，例如：數目及算術，也包括歷史及地理。

一、知識類型的學習

　　知識類型中又有下列兩種型態：衝動性及熟慮性。衝動性的知識類型學習，主要是建立在好奇心理的基礎上，例如：幼童對身邊的事物滿懷好奇，他們總是問：「這是什麼？」、「這是為什麼？」熟慮性的知識類型學習，則主要以求得整合性或因果性的答案為主。

（一）衝動性學習

　　衝動性的知識類型學習之特徵包括下列十點：

1. 隨年齡的增長而減少。
2. 隨年齡的增長，反應時間變長，錯誤變少。
3. 入學以後，反應時間變長，錯誤則減少。
4. 錯誤愈多，智能愈低。
5. 觀察行為中沒有組織，對不同部分特別注意。
6. 解決問題時，無效行為多，但擴散性思維成績較好。
7. 不受失敗的影響，對任何課題都不以自己無能而不安。
8. 不能保持注意力。

9. 呈現外向型，即對成功和失敗，比較不考慮自己的責任。

10. 學業成績差，易留級，有社交障礙和情緒障礙。

（二）熟慮性學習

熟慮性學習對刺激做出反應的時間較長，但錯誤較少，而衝動性則相反，對刺激可立刻進行反應，但錯誤較多；介於兩者之間的則為中間型。熟慮型學習的特徵包括下列十點：

1. 隨年齡增長而增加。

2. 在幼兒時，做出反應的時間隨時間愈長，錯誤也愈少。

3. 在智能測驗中，錯誤愈少，智能則愈高。與操作性智能關係較大。

4. 在觀察行為中，表現有組織地進行。

5. 解決問題、記憶、迷津（走迷宮）的概念強，解決問題沒有多餘動作。

6. 言語使用較成熟，較能自我控制。

7. 對錯誤感到不安，對任務完成的質量感到不放心。

8. 能夠持續地保持注意力。

9. 呈現內向型，比較在意成功和失敗。

10. 學習成績較好，社交障礙和情緒障礙較少。

二、記憶類型的學習

記憶類型的學習又分為視覺型、中間型和聽覺型等三種。視覺型學習方式的特點是對寫在紙張上的東西，看過或讀過之後就容易記住，這種類型的人能夠在眼前浮現出各種事物，例如：某個東西、某本書的第幾頁、第幾行都能浮現出來。學習時對圖表、表格等容易記住。

聽覺型的學習方式是耳朵聽到的東西（如聽人講課、讀書等）容易記住，這種類型的人大多與運動型記憶聯繫在一起，記憶東西時要發出聲音來，一看到文字就感覺聽到文字的讀音。如果不允許讀出聲音，就會感到困

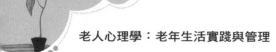

難。這類型的人對書中的圖表比較不易記得或學習。

三、評價學習

在學習之後，我們要客觀地評價自己學習方式的效果。任何一種學習方式都不是完美無缺的，同一種學習方式在不同的個體身上會產生不同的效果。在學習中，不同的學習材料所需要的學習方式也不相同。另外，在實際的學習活動中，哪怕是一個較為簡單的問題解決、知識接受、概念形成等，往往都是幾種學習方式共同使用的結果。所以，應該學會客觀地評價自己現有的學習方式，結合自己的實際情形，找出其優點和不足之處，揚長補短，提高學習效率。

（一）適合的方式

首先，我們要知道現有的學習方式是在平常的學習活動中逐漸養成的，既與自己的個性特點有關，也與所學課程的特點，以及教師、同學的影響有關，所以要認知到自己的學習方式不是先天固有的，也不是一成不變的。另外，要學會透過全面分析自身特點、教師授課方式、所學知識等因素，客觀地認識和評價自己現有的學習方式。唯有這樣，才能隨著所學課程的變化及學習環境的改變，來不斷地調整和改進自己的學習方式。

（二）克服弱點

其次，我們要克服衝動性學習方式的弱點，保持冷靜沉著。假如你是典型的衝動性學習方式的人，就應該在認識自身學習方式不足之處的基礎上，有意識地去加以克服和改進。在學習和考試中，時常提醒自己不要衝動，要冷靜地思考，儘量少犯錯誤；也可以求助同學或師長，經常提醒和幫助自己，或者透過座右銘等暗示法、自我強迫延期法、反應遲後報酬法等，使自己逐步學會克制自己的衝動。

我們要學會深入觀察、認真思考，分析事物的構成成分，找到其內在的

微妙聯繫，這樣久而久之就會自然地克服掉衝動性學習方式的不足，使自己的學習速度和品質得到提高。

（三）謹小慎微

第三，我們要克服瞻前顧後、謹小慎微的弱點。熟慮性的學習方式有其優點，但也有其不足，如果你是典型的熟慮性學習方式的人，應該警示自己，熟慮不等於瞻前顧後、優柔寡斷。在學習和考試中都有時間限制，要培養理智果斷、敏捷果敢的品質，更要注重學習質量，又兼顧學習效率。

（四）培養多重感官

第四，要培養多重感官、多重方式接受和加工訊息的品質。不管是聽覺型記憶學習方式，還是視覺型記憶學習方式，都是學習中不可缺少的，不同學科的知識對兩種記憶的依賴程度不同。在當今的知識爆炸時代，必須學會以多感官、多方式地接受和加工訊息。假如你是典型的聽覺型記憶類型學習方式的人，最好在視覺型記憶類型學習方式上刻意培養；相反的，假如你是典型的視覺型記憶類型學習方式的人，在充分發揮其優勢的同時，也應該隨時培養聽覺型記憶類型的學習方式。

貳、檢驗學習方式

我們學習的方法是否正確？這個問題關係到學習的效果，值得重視。掌握科學的方法是學習成功的必要條件。科學家愛因斯坦（Albert Einstein, 1879-1955）在給一個青年人回答成功的秘訣時，曾列出了這樣一個公式：

$$A = X + Y + Z$$

他解釋說，A 代表成功，X 代表勤奮工作，Y 代表方法正確，Z 代表少說空話。也就是說，光有勤奮與不說空話，並不一定就能取得事業的成功，

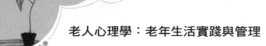

而科學的學習方法也是通向成功的主要關鍵。下面介紹幾種學習方法。

一、計畫性

首先，我們的學習要有計畫性，制定學習計畫是科學利用時間、提高學習效率的保證。

值得注意的是，學習計畫不要排得太滿，要安排學習的空檔。另外，要有適當的休閒或休息，才能真正地提高學習效率，每天也一定要抽出時間進行體能鍛鍊。計畫一旦制定，就必須嚴格執行，否則計畫也不過是一張白紙。

二、注意力

第二，要培養自己的注意力。科學研究顯示，保持穩定的注意力是提高效率的基礎，注意力的分散是降低效率的原因。與注意力穩定相對的是分心，即注意力的分散。在日常生活中，造成分心的原因有很多，例如：無關刺激的干擾、單調乏味的長期作用、情緒性因素的影響、身體疲勞、疾病等。所以，在學習時，不要養成一邊學習、一邊做其他事的習慣。

雖然在某種情況下，例如：進行那些操作性的簡單重複勞動時，放一些適合勞動節奏的輕鬆音樂，的確可以提高效率，但對於必須高度集中精力的腦力勞動，這種作法則會產生不良的反作用。另外，也要注意營養和運動，保持身體的健康，避免焦慮、抑鬱等不良情緒，避免單調或是重複刺激，都對防止注意力的分散很有用。

三、預習與複習

第三，要做好預習與複習工作。預習可以把還未學習的內容與已知的學問做一個連接，如果發現特別需要了解的重點，可以提出問題來請教別人。

孔子曰：「溫故而知新。」只有複習才能減少遺忘。根據著名的心理學家艾賓浩斯（Hermann Ebbinghaus, 1850-1909）對記憶規律的研究發現，遺

忘發生在記憶之後很短的一段時間內，因此，複習一定要及時。複習的方法有很多種，只要有利於理解和記憶的都可以，例如：回憶、畫圖表、複述等。老年人的記憶力通常都會比年輕時候來得衰退，為了要達到終生學習的目標，持續良好的學習方式是很重要的。

四、感官記憶

第四，要掌握科學的記憶法。在記憶時要充分動用各種感官，把眼、耳、口、手都協同起來；要把識記和試圖回憶結合起來，邊記邊試圖回憶對記憶效果很有好處；運用聯想，尤其是記憶一些內容抽象和沒有內在聯繫的材料時，要盡可能把它們與已經熟悉的事物結合起來，輔以人為的意義加以聯繫；過度學習，在剛剛會背某篇文章時，千萬不要停下來，而是要繼續重複幾次，這樣的遺忘率才會更低。

此外，要尋找適合自己的學習方法。外向型的人最大的缺點是缺少計畫性，他們的學習往往隨著情緒的波動而變化，忽冷忽熱、忽緊忽鬆，有時也會編一個學習計畫，但又不能認真地去執行。所以，外向型的人要編製一個合理的學習計畫，最重要的是訂一個能力所及、確能實現的計畫。讀書計畫一旦制訂，就要試行一個階段，直到習慣為止，以後就不要隨意改變。另外，外向型的人之優點是善於在集體小組裡學習，但學習者的學習，原則上是一個人獨自進行，若有機會在一起切磋也不錯，但一定要注意彼此遵守學習紀律。

內向型的人最大的優點是情緒穩定、善於思考，而且善於編製計畫，但他們有過分因循守舊的傾向，喜歡空想而白白浪費時間。內向型的人應當學會抓住主要重點，有系統地學習，並應注意的是要去除自己的自卑感，因為自卑感對學習效率有很大的負面作用。因此，內向型的人要充分發揮自己的優勢，提高自信心，對不喜歡的學科，不要灰心，更不要逃避，而是應下定決心把學習精神與方法貫徹執行，光是苦惱和焦慮是無濟於事的。

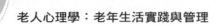
參、加強學習動機

學習動機是直接推動學習的內部動因。學習動機的實質是學習需要，這種需要是社會、學校、家庭的影響，在學習者頭腦中的反映。學習動機具有引發學習行為的激勵作用，驅使學習者採取一系列的學習行為，而進行學習。學習動機能將學習者的行為引導至一定的學習目標，並避免、忽視那些不利於學習動機的行為，直到既定的目標實現。學習動機還具有維持或加強學習活動的作用，如果學習動機強度小，易造成學習者學習的半途而廢或是效果不佳。正因為學習動機有如此重要的功能，所以它不但是影響學習效率的重要變數，而且還是學校教育的重要目標之一。

一、學習動機

根據心理學工作者對 10,059 名青少年學習者的調查，在各類學校中，各年級男女學習者的學習動機有四種類型：

1. 學習動機不太明確者，占 15%。

2. 學習只是為了履行社會義務者，占 18%。

3. 學習是為了個人前途者，占 23%。

4. 學習是為了國家和集體利益者，占 44%。

老年人終身學習者的學習動機複雜且多樣，可以從不同的角度加以分類：按學習動機的內容、性質，可分為正確動機和錯誤動機；按學習動機的動力來源，可分為外部動機和內部動機；按學習動機與學習活動的關係，可分為直接動機與間接動機；按學習動機的地位、作用，可分為主導動機與次要動機；按需要的種類，可分為成就動機、尊重動機、交往動機等。那麼，應該如何培養和激發學習動機呢？

二、明確學習的目的和意義

培根說過：「知識就是力量」，有了知識，才能擔當起建設社會主義的重任。作為一名終身學習者，必須明確學習的社會意義和個人意義。學習使人獲得新的知識經驗，人們在獲得和應用新經驗時，能擴展、完善原有的認知結構，重新塑造個性，使內心發生量和質的變化，並達到新的水準。此時，我們就應該懂得自己的義務、責任，促使自己對缺乏興趣的學習任務，也要努力去完成。同時，要把當前的學習與未來理想與實際應用聯繫起來，以激發自己的求知慾。

中等難度的學習目標是指，學習者透過努力可以實現的目標。太容易的目標不能滿足自己的成就感，不足以激發動機，而難以實現的目標，也容易使自己洩氣、推諉。而中等難度的學習目標，經過努力可以實現，使自己能從中體驗到成就感，進而導致學習興趣的產生，激發學習動機。

三、強化學習動機

美國學者布克與諾維爾的實驗，證明了反饋的重要作用。他們令兩組受試者以最快的速度與正確性來做同樣的練習（如減法、乘法、寫字母、找出課文中的外國字等），連續試驗 75 次，每次 30 秒鐘。在前 50 次的練習中，對甲組增加三項誘因：(1)知道每次試驗的分數；(2)試驗期間不斷予以鼓勵，督促他們努力去做；(3)把所犯錯誤加以分析。但對乙組則無這些指示。在練習 50 次以後，兩組指示對換，對乙組也增加上述三項誘因的指示，甲組則取消這些誘因。結果顯示，在前 50 次練習中，甲組成績比乙組好；在後 25 次練習中，甲組的成績變差了，乙組成績則明顯上升。透過反饋，學習者看到自己在學習上的進步，已有的學習態度和方式得到肯定，激起進一步學好的願望；而適當的缺點與不定的反饋，使學習者從中明確自己的不足之處，進而受到鞭策。反饋的方式，可以直接由教師提供，也可以由學習者透過自我檢查、自我評價來進行。

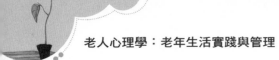

　　學習動機與學習效果是有區別的，兩者並不是互相對應的關係，同樣的，學習動機可以導致不同的學習效果，而不同的學習動機可以取得相同的學習效果。同時，學習動機與學習效果又是緊密聯繫、互為因果的，學習動機是影響學習效果的重要變數，學習動機制約著學習效果。一般來說，學習動機正確、強烈，專注於學習活動本身，則學習效果好，成績佳。但並不是動機愈強、效果愈佳，研究顯示，若任務難度適中，則中等強度的學習動機易導致最佳的學習效率。學習動機對學習效果的影響也不是絕對的，也有動機強烈但短期內學習效果差，或學習動機不強卻學習成績好的情況。這是因為動機對效果的影響要透過學習者的知識技能基礎、學習能力、學習習慣等中介的作用。但另一方面，這些技能、習慣的改善，同樣離不開良好的學習動機之支持，所以，學習動機貫穿於學習活動的整個過程，對學習效果有重要的影響。

四、培養獨立進取的個性與良好的團體學習氣氛

　　學習動機與獨立進取的個性是密不可分的，個性是獨立進取還是被動退縮，與動機水準的關係密切；因此，上進心強不強對學習影響很大。上進心強、抱負水準高，將持續地推動學習活動高效率地進行，而良好的學習效果，又給學習動機帶來自我強化的作用；反之，缺乏上進心且抱負水準低，只能使學習處於被動狀態，甚至惡性循環。

　　良好的團體學習氣氛對其成員的學習動機、個性，皆有重要影響。個人的行為在相當大的程度上，取決於團體的要求和期望，個人的學習動機由於想要得到團體的重視而受到激發，學習效率也可因此而提高。所以，努力形成一個相互競爭又相互理解和支持的團體學習氣氛，對培養和激發良好的學習動機有著積極的作用。

思考問題

1. 學習方式一般分為哪兩大類型？
2. 知識類型中有衝動性及熟慮性型態，請分別說明之。
3. 要如何客觀地評價自己學習方式的效果呢？
4. 請說明有哪些科學的學習方法？
5. 有哪些培養和激發學習動機的方法？

第三節　學習生活技能

　　本節將探討三項議題：(1)人際關係技能；(2)社會生活技能；(3)經濟與休閒生活。

壹、人際關係技能

　　以下針對老年人終身學習的需要提供建言，而這個需要將以生活技能的「重建」為主。由於退休後的學習是以有效的生活技能為主，以便調整與適應新的生活。態度和技能是相結合的，有時專注於提高技能可幫助我們轉變態度，但有時先轉變態度，則更容易幫助我們提高技能，例如：有人鼓勵我們學習法語，而當學好了法語後，又能深入理解和喜歡法國人。實際上，自信也可被看作是一種語言，或者一個工具，它能促進溝通和理解。語言涉及各種層面，且具有諸多不同技巧，其用處也極其廣泛。以下將介紹能夠樹立自信的六個技能。

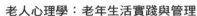

一、學會傾聽

想想那些帶有侵略性格之人的行為，他們不會考慮他人的思想和需求，只是狂放不羈地按照自己的想法做事。這樣的人不但無法成功地主宰他人，反而讓自己處於劣勢中，且極易受到外界的攻擊。仔細傾聽他人的談話，意味著不能三心二意，而應全神貫注地專心理解其話語之意義。一個好的傾聽者不僅能全面理解說話者的意思，還能從中體會出說話者的感受和心情，因此應經常確定自己的猜測是否準確：「看起來你很擔心……」或者「聽起來很受刺激……」。

二、誠實坦白

心裡想什麼就說出什麼，這樣一來是對自己的公平，「我想在今晚六點鐘左右回家」這樣的表達並非自私的表現，而是平靜地講出自己的想法，尤其在希望得到這樣的結果時，一定要堅持自我，沒有必要含糊地繞圈子表達自己，也沒有必要靦腆害羞或侷促不安。當然，人們都有權利表達自己的願望和需求，也都希望自己的觀點和主張受到應有的尊重；那麼，我們就應該以相同方式尊重對方。假如自己想和某人談論一直困擾自己的問題，且十分想從對方那裡得到幫助，但是卻很難開口提出自己的困難和需要，例如：「我需要你的幫助來做決定」、「我需要發洩」、「我需要一個擁抱」、「我需要有一點私人空間，討論一下週末的安排」……。

承認自己的真實感受，不要認為這是自私行為。如果感覺到有壓力，那就是真實的感受，沒有必要欺瞞自己不應該感到有壓力，承認並接受自我的感受，如此才能正確表達，或者恰當處理。對其他人來說也是一樣，他們也有自身的感受，也有權利擁有自我的感受、認識自我的感受、接受自我的感受，但是，他們沒有權利以反對的理由去蔑視你的感受。因此，任何一種感受都應該被我們承認並接受，然而，不要混淆了感受和隨之而產生的信心。如果感到愚蠢，那便是真實的感受，但這並不等於我們就是愚蠢的。

三、堅持關鍵點

英國著名的哲學家安東尼‧弗魯（Antony G. N. Flew, 1923-2010）曾經談論過「十漏斗論」，該理論是說很多人意圖是把很多薄弱的論點放在一起，希望能變成一個說服力強的論點，然而其目的永遠可能也達不到。人們想得到的僅僅是一個滴水不漏的「桶」，而非十個「會漏的斗」。在現實中，很多的有漏論點實際上都削弱了無漏論點的力量，而那些有漏論點也使爭論轉成了詭辯，而非辯論。想像一下，在即將到來的這個週末，有朋友邀請你參加一個聚會，但假定你從明天開始要出差兩個星期，那麼週末肯定不在本地，而你僅簡單地回答自己因為不在本地，而不能接受這個邀請，那麼這就是一個不能參加聚會的理由，而且是一個完全具有說服力的理由。

現在，我們再來想像一下，當你被邀請參加一個聚會，但是在那個週末你還有很多其他事情要做，實際上你可以去參加聚會，但是你心裡面又不想去。於是，你開始尋找藉口：你並不能十分確定自己要做什麼；你必須在白天早點出門，但是又不能確定晚上是否能準時回來；因為第二天要早起，所以不想在前一天晚上太晚睡覺；你感覺不太舒服，好像要感冒似的，又不想把病傳染給其他人。所有這些藉口都非無堅不摧，都是有破綻的。如果你不能確定自己將要做什麼，那為什麼不去參加這個聚會呢？你可以第二天晚一點起床，或者提前離開聚會。

最合理、最有說服力的回答，是直接且簡單的：「謝謝你的邀請，但是我還有很多其他重要事情要做。」這樣一來，就不會給他人留有任何反駁餘地或是想像空間，因為你已經明確回答了自己的決定，也提出了一個簡單直接的理由。如果這個答案不能被接受，那就再次重複同樣的回答，或許使用上次說過的話，或者稍稍轉變一下不同的詞語，來說明同一個答案：「不行，恐怕我去不了」、「對不起，我實在太忙了」、「儘管我也很想去，但實在是脫不開身」。針對各種不同情況，不一樣的回答，可以同樣奏效。

學會堅持己見，按照自己的節奏運行，就要採用那些無懈可擊的論點和

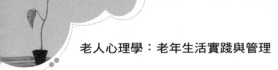

理由。認真思考每一種情況，你可以寫下自己的觀點，或者尋找某個朋友進行試驗，或者請求某個朋友按照既定的情境進行彩排。對於特別困難的事情，如指出某人工作中的不足，或者需要覆核帳單等情況，這些方法尤其實用。

四、掌握抱怨和批評

無論是在怨氣中強烈爆發出的惡言惡語：「你太有針對性了」、「你真沒用」、「你永遠也不可能達成⋯⋯」，還是私底下默默地怨恨、憤怒和責備，批評和抱怨都可促使感情高漲。怒火中燒地爆發出來或者暗自生悶氣都是不好的兩個極端，會使人進退兩難，而平等的對待他人與自己，則能幫助你走出這個混亂的局面。

首先，在批評和人格詆毀中做出決定，是很重要的一件事。每個人都有可能做錯事，有可能犯錯，有可能冒犯他人，有可能不假思索或粗魯地行事，但這些都屬於特定類型的行為，是由某種特殊情況激發起來的。從這些行為上得到某種結論是毫無意義的事情（或者因此把某人貼上「壞人」的標籤），同樣的，也不要從某些助人為樂的行為上，妄下定論。若能正確地接受優點和缺點，既不誇大其詞，也不捨本逐末，那麼就不會輕易地做出錯誤的譴責了。下面介紹三個不同策略，幫助大家應付外界的批評：

1. 拒絕被貼上標籤：如果有人這樣批評你：「你實在太富有邏輯性了，哪怕十秒鐘，你都不會讓簡單的想法在頭腦中停留」，那麼，你應該如此回答：「有時我的語言是很有邏輯性，但我認為那樣做十分有意義」。

2. 贊同批評並適當道歉：若有人批評：「你又遲到了」，那麼你應該回答：「是的，我很抱歉，最近一直很趕時間」。

3. 要求澄清事實：若有人批評：「你頭腦不清、糊裡糊塗、沒有條理」，那麼你應該如此回答：「你有什麼理由這樣講？」或者「對你有何妨礙？」或是「你想讓我弄清楚什麼呢？」

當情況出現偏差，而你需要投訴或抱怨時，下面三個過程可能會對你有所幫助：

第一步是給問題下定義：如「昨晚你放的音樂讓我失眠了」、「我今年沒有得到加薪」、「這個訂單不完整」、「你給我的票是錯的」。一般規則：簡單描述，但是意思清楚明白，不要猜測他人的態度或動機，堅持事實真相。

第二步是陳述自己的感受或觀點：如「真讓人頭疼」、「我感到很抑鬱」、「我想肯定是什麼地方出錯了」。一般規則：僅僅說明自己的感受和觀點，注意不要誇大其詞。保持低調，不要譴責或羞辱他人。記住只關注「我」，而非「你」。

第三步是詳細說明自己的需求：如「請在午夜後，將聲音關小點」、「你能告訴我為什麼嗎」、「我需要在週三前，知道您的回答」。一般規則：一次針對一個人，清楚提出明確的改變，以便其他人能合理地進行改變。

無論提出批評和抱怨，還是接受到批評和抱怨，都僅止於此，這樣才有利於我們恢復平靜。當感情變得激烈起來時，我們的雙眼會被蒙蔽，無視於其他人，並且扭曲正常的觀點和主張。魯莽地做事，說些讓自己將來感到後悔的話，將使矛盾衝突升高。如果你的請求被忽略了，或者有人無緣無故地對你生氣或批評，你一定會對其行為感到抑鬱、煩悶或憤怒，此時，在做出某種反應之前，一定要讓自己先平靜下來。

五、藉用肢體語言展現自信

自信之行為是生理層面上的問題，利用肢體語言可展現出你的自信程度，人們可從姿勢、眼神、語調、手勢、動作、臉部表情，以及與他人保持距離的遠近等來觀察。下面的練習有助於提高你對這些特點的認識，但並無唯一正確之法。練習的目的在於幫助你多考慮自己發出的相關信號，以及從他人處獲得的相關信號。大致上，自信的行為包括保持誠信正直的自我，以

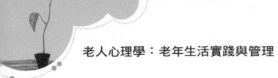

開放的眼光看待眾人，既不阿諛諂媚，也不排斥異己。

練習 1：想想你所認識的人之中最具自信的人（並非具侵略型行為之人）。站起來，模仿他或她的走路姿勢，從房間這邊走向另一邊。如果有機會，仔細觀察這種讓人感到自信的行為。你注意到了什麼特點？

練習 2：重複練習，這次以考慮被動型的行為和侵略型的行為，誇大其中的區別，例如：當感到情緒消極時，人們會避免眼神接觸；當情緒激動時，人們又會目不轉睛地凝視。在與熟知的朋友談話中，練習每一種行為的類型，並觀察其反應。詢問其是否注意到了其中的區別？然後，看看自己是否能夠找到一個合適的折衷方案，也就是找到合適的平衡。你能認清自己的肢體語言嗎？你想改變自己的某部分肢體語言以展現自信嗎？若是想的話，請明確找出具體部位，盡可能常常練習。

六、學習拒絕

當有人要求我們為其做事時，大多數的人會迫於壓力而勉強答應，這種壓力正是與我們的正確判斷相違逆而產生的。為何如此？其中可能有三個理由：

1. 我們大概沒有搞清楚自己的優先選擇次序。

2. 如果我們拒絕的話，害怕他人不高興或認為我們不好。

3. 如果對方是朋友，應允就可令其快樂和高興。

遇到上述的情況，我們應先明確優先次序。每當你答應某件事時，必定會拒絕其他的事情，即使你的生活不那麼緊張忙碌，也是如此。所以，我們應該只對那些自己真正想做的事情說「OK」，不要因為某些理由，而茫然應允不應該做的事，例如：只為了取悅提出要求的人而答應，或者為了展現自己的重要性而答應。當你欣然答應時，就應該確認那是自己真正想做的事情，是可以放棄其他一切事務優先選擇的事情。比較而言，你所應允去做的事情，應該是對你來說十分重要的事情。由於你不準備放棄其他一些對你來說也很重要的事情，或者由於你更喜歡做當前的事情，所以你也可以拒絕額

外的要求，例如：你想在週日從繁雜的工作中解脫出來，就可以完全拒絕鄰居需要幫忙的請求。

　　對自己公平些，在自己的願望、需求和其他人的願望、需求間，尋找平衡點。學會說「不」，並非是冷漠無情，而是將自己的需求和他人的需求看得同等重要。如果有人請求你去做某件事，而你又不希望這樣做，那就需要委婉地拒絕。你沒有必要也沒有義務為此而多做解釋，因為任何人都有拒絕的權利。然而，人們發現如果在沒有強烈的壓力、任何勸說、任何對峙和不安或驚慌下，拒絕他人的請求是一件很容易的事情，即使有些人認為拒絕他人是一件很難做到的事情。因此，委婉拒絕需要一些策略，這主要來自於你的公平意識。

　　下面幾個拒絕方法既能讓你輕鬆說出口，又易被他人所接受：

＊清楚地表達出你對他人賞識的感謝：「非常感謝您能對我提出這個請求」、「您太好了」、「我真的非常感謝您來問我」。

＊認識到其他人的優先次序和希望：「我了解這對您來說非常重要」、「我理解其中的困難，但是……」。

＊提出拒絕的明確理由：「我已經承諾別人要去……」、「我的時間不足以來……」、「我不了解」。

＊幫助他人解決困難，你可以給求助者提供建議，例如：他們還可以尋找某人的幫助等。此舉的目的是站在對方立場確切考慮問題，希望能找到有效解決途徑，而不是「事不關己」。

＊隔夜法則。不要輕易承諾或拒絕，至少要給自己留一夜考慮的時間。這樣一來，你才能充分考慮其重要性，以及是否應該排在自己最優先完成的次序表前面，才能最終確定是否答應幫忙。這個法則將會為你減少很多不必要的遺憾。用一夜的時間來考慮，足以讓你全面了解問題。

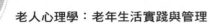

貳、社會生活技能

關於老年人的社會生活，前面討論過社會變動對老人生活帶來的影響，並從動態上討論了有關今後的事，在此把著眼點放在當前老年人現在生活實況，並說明其特徵，明確其社會學的背景。

一、角色特徵

我們一直都用「老者」這一術語，在某些場合是指 65 歲以上的人，還有的場合是指高齡者，不過在此主要是指退休者。因為老年人與青年人之間，最明確的社會學上之差異，要看其是否以職業生活為中心（或其配偶有職業）。老年人角色的首要特色，便是在他們生活中的主要部分，不是為了生活而謀職。因此，許多人完全失去了從年輕時就一直做的職業上角色，或者此一角色成為他們生活中極其輕微的一部分。可是在台灣，由農業或其他私營企業為中心的時代而直接走過來的老年人，在他們中間，有職率比歐美要高得多。根據埃德曼・帕爾莫（Erdman Palmore）的觀察來看，以台灣和美國來比較，65 歲以上的老年人有職率，台灣男女都比美國高一倍左右。可是以美國 1930 年的數字和台灣 1965 年的數字比較，幾乎相同，僅從此一情況來說，不能認為台灣的老年人和美國是同樣有著低的有職率，但說接近這種狀態是不會錯的。

角色的第二個變化，是對子女的各種照顧扶養義務之解除。在台灣，和兒子、媳婦同住，以致於照顧孫子的老人，還是相當多。在退休之前，子女雖已成家立業，但仍經常需要父母的幫助。父母一旦退休後，理論上，子女應該轉變成為照顧老人的角色，但是這種變化，會因為每個家庭的經濟狀況而有所不同。有好的退休規劃之老年人，甚至不希望年輕人的照顧或扶養；而只希望「養兒防老」的人，如果兒女的經濟情況不佳，或工作地點與父母住處不同，就算兒女有心孝順雙親，也經常是力不從心。

　　老年者角色變化的第三方面，即是老年者一旦失去配偶，成為鰥夫或寡婦。從年輕時的戀愛、結婚、生兒育女，一直到兒女成家立業，夫婦都是一起承擔起這些家業；但是，突然失去配偶，本來任何事：打拚事業、旅遊、置產或房屋的布置裝潢等，都是二人一起做決定，也一起去完成，一下子失去了商量的對象，一同度過的喜怒哀樂的情景不再，表面上的孤單身影，加上內心的思念與懷舊，會讓獨留人間的人，特別需要親人與朋友的陪伴與關懷。

二、權利與義務

　　老年人的角色從社會學來說，應理解為處在特定社會地位的人所具有的權利和義務。這一點，和青年期、壯年期的人們有著非常不同的特徵。和歐美各國比較，台灣老年人的社會角色，有一個非常突出的特徵，就是台灣的老年人大約有 75% 和成年子女同居，因此和歐美完全脫離子女而獨立生活的老年人角色來說，是很不相同的。關於這一點，國際上還沒有能夠提出來並值得信賴的比對研究。在權利與義務方面，台灣和歐美之間的內容有很大不同的這一點，則是明確的。

參、經濟與休閒生活

　　經濟與老年人的休閒生活是兩項重要的負相關議題：退休老人的休閒時間愈來愈多，相反的，經濟來源或收入卻愈來愈少，這個問題值得重視。

一、經濟生活

　　離開職業的老年人，其收入當然大幅度減少，甚至是沒有。在年金制度尚未完善的台灣，像這樣沒有收入，或者收入非常微薄的老年人是非常多的，例如：對「將來不依靠子女也能生活嗎？」的回答，在 60 歲的人當中，回答「能生活」的人，只占 30～40%；但是回答「能夠生活」的 52%，是依

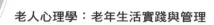

靠企業、勞動的收入；除此之外（這裡主要是對退休者的生活所進行的考察），估計實際能夠生活的人是很少的；而回答「不能夠生活」的大部分人，有90%是把希望寄託在子女或親戚身上。但在歐美，因為年金制度已經很普遍，必須依靠子女、親戚的人數比台灣少得多。台灣的老年人認為生活必須依靠子女，且認為依靠子女是理所當然的事，這是台灣老年人的一大特徵。這種實際情況和這種想法，預料在年金制度得到普及以後，會有相當大的變化。

二、休閒生活

把老年人限定於退休的人來考慮的話，那麼和人生其他時期的成年人不同，他們的生活主要目標是閒暇。但是，日語的閒暇和英語的Leisure通常的理解未必是同樣的意思。日語的閒暇，具有「剩餘時間」、「沒有應做事情的時間」之意思很強；而英語的Leisure，一般是自我發展，或者是為了得到自我滿足的「活動」之意思很強。可是，老年人的時間可以不必用於勞動，即有很多的「剩餘時間」，這是理所當然的。

台灣現在的老年人，大部分都為了照顧家庭，在其青、壯年期都是刻苦耐勞、拚命工作的，其中很多人除了工作以外，其他什麼也不關心。因此，進入老年期後，作為生活的支柱、家庭的責任、角色縮小或者完全喪失的時候，無事可做的人很多。其實，這種情況不僅在台灣，在歐美各國也可以說是相當普遍的。在未成為老年人之前，最好先培養退休後的興趣與嗜好。其實在台灣，有很多適合老年人的閒暇活動，例如：到公園散步或聊天、種植盆栽、唱歌、閱讀書籍、當志工服務社會等。

思考問題

1. 幫助個人樹立自信有哪六個技能？
2. 應付外界的批評有哪三個策略？
3. 個人可以透過哪些練習，藉用肢體語言來展現自信呢？
4. 哪些理由會讓我們迫於壓力而勉強答應他人的要求呢？
5. 請舉例說明，有哪些拒絕他人的方法？

第十章

性、婚姻與親密關係

　　本章的主要目的是討論本書第二篇應用篇的第七部分「性、婚姻與親密關係」，第一部分是「自我認知與生活適應」（第四章），第二部分是「記憶經歷與經驗分享」（第五章），第三部分是「壓力適應與情緒管理」（第六章），第四部分是「人際溝通與家庭關係」（第七章），第五部分是「滿足需要與生活動力」（第八章），第六部分是「智力變化與終身學習」（第九章）。本章規劃為三節：第一節「老年期的性議題」，第二節「老年的婚姻生活」，第三節「老年人的親密關係」。

　　第一節「老年期的性議題」將探討三項議題：(1)老年期的性行為；(2)老化與性功能；(3)年齡增加與性行為。在第一項「老年期的性行為」中，將討論：性問題禁區、性行為心理等兩個項目；在第二項「老化與性功能」中，將討論：男性性功能、女性性功能等兩個項目；在第三項「年齡增加與性行為」中，將討論：學者觀點、研究報告、老年期婚姻等三個項目。

　　第二節「老年的婚姻生活」將探討三項議題：(1)老年婚姻議題；(2)婚姻危險問題；(3)老年婚姻與性。在第一項「老年婚姻議題」中，將討論：婚姻問題、面對婚姻問題等兩個項目；在第二項「婚姻危險問題」中，將討論：婚姻危險期、掌握婚姻問題等兩個項目；在第三項「老年婚姻與性」中，將討論：婚姻滿意度、老年與性生活、婚外情心理等三個項目。

　　第三節「老年人的親密關係」將探討三項議題：(1)婚姻與親密關係；(2)發展親密關係；(3)親密關係遊戲。在第一項「婚姻與親密關係」中，將討論：親密的意義、親密關係、婚姻親密關係等三個項目；在第二項「發展親密關係」中，將討論：家庭親密關係、夫妻親密關係等兩個項目；在第三項

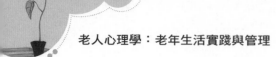

「親密關係的遊戲」中，將討論：親密遊戲的意義、建設性的親密遊戲、破壞性的親密遊戲、親密遊戲的重點等四個項目。

第一節　老年期的性議題

本節將探討三項議題：(1)老年期的性行為；(2)老化與性功能；(3)年齡增加與性行為。

壹、老年期的性行為

隨著壽命的延長，老年人與整個社會的關注，不僅是要達到長壽的要求，而且要關注於老年人生活質量上的提高，老年社會的對策重點要放在不斷地改善經濟、醫療、住宅及休閒生活等多方面的福利。近年來，在老年學的廣闊領域中，有關老化的研究也漸漸興盛起來，在可展望的未來中取得了一定成果。但在有關老年的研究領域內，至今尚無明顯進展的，是本節所要討論的，有關老年人的性問題。

一、性問題禁區

一般來說，「性」本身就是社會上，特別是東方社會的研究禁區，難以成為研究和調查的主流對象，對老年人的「性」此一課題更抱持著否定的看法，對迄今為止的研究者來說，還是持續遭遇拒絕或者是視而不見的課題。在本書的撰寫過程中，曾經在三個社區老人團體中，用無記名問卷的方式調查過 150 名成員：關於老年期的性以及死亡議題是否該列入書中討論，結果有 72%的老人支持討論性議題，而死亡議題的支持度則高達 85%。

由於近年來對性科學的認識，以金賽（Alfred C. Kinsey, 1894-1956）博士的調查報告問世以來，開始了一系列的相關研究，在被封鎖的禁區中，才

露出了一點光明。但與青春期和成年期的性問題相比較，其成果甚少，並且多只限於對一部分老年人的調查報告之整理。確實，進入老年期後，可以看到身體各部分有各種功能的降低和對社會的作用有些改變，但不可把老年期的性視為單純的生理性功能低下，也不能視為是社會的禁區。人類的性本來就不是單純生理上的衝動，它涉及到心理、社會等各方面的諸多因素，因為性行為本身是人們的愛與生活的源泉。所以對老年期的性予以考察，並進行科學的研究是今後的一個課題。

二、性行為心理

伴隨老化而來的性功能衰退，導致了各式各樣的心理反應，例如：心理的男性化或失去女性化、男子具有女性傾向、女子具有男性姿態，以及各種中性化的趨向。在這個過程中，易產生過度的不安與絕望的複雜心理反應，甚至有時候會產生慢性憂鬱症和頑固性神經症，其原因之一就是缺乏老年期的性知識，以及錯誤的思考方法。性功能是隨著年齡的增加而有衰退傾向，但不會完全喪失，而且對性的慾望與興趣能維持到相當高的年齡，是老年期精神生活的一個重要部分。

有關老年期的性問題，社會上普遍是持消極的或否定的態度，曾經有這樣一個心理因素，就是把性問題只狹隘地考慮為性交行為，而不理解它其實是一個廣義的心理—性行為（psycho-sexual behavior），問題不正是如此嗎？筆者於1978～1980年在美國華府地區 Goodwin House 安養院實習期間，曾協助過一項對住在安養院的老年人進行精神健康方面的調查研究，該研究為「高齡生活豐盛計畫」（Senior Life Enrichment Project, SLEP），係由聯邦政府所資助。記得有一對新結婚的老年夫婦所說過的話，印象非常深刻：

　　　你們年輕人會把我們上了年紀者的再婚情況誤解為好色，我們
　　對此感到非常困惑。我們為了解除老來的寂寞而結婚，有了相互依
　　靠的對象，這樣就可以避免依靠他人（包括子女）來照料，給他們

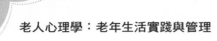

添麻煩。

有關對老年人的性錯誤認識，是從老年期結婚生活的適應上、診斷上的問題、老年人的再婚，以及從已達老年的老年人之自我形象（self-image）上所發展而來的，然而這種錯誤認知需要重新面對與修正，而這正是本章所要討論的主要目的。因為，隨著老年人口的增加，在有可能從質量上改善老年期生活的現在，可以說正確認識老年期的性問題是很重要的。

貳、老化與性功能

老化與性功能的議題主要是以生物性基礎來進行討論，內容包括：男性性功能、女性性功能等兩個項目。

一、男性性功能

關於老年期的男性性功能問題之探討，包括：功能變化、時間延長等兩個項目。

（一）功能變化

老化導致男性睪丸功能的變化，它的功能在 25 歲左右達到最高峰，之後逐漸減退。製造精子的能力明顯減退，男性激素、睪丸素的分泌功能更早就發生減退。同時，隨著年齡的增加，局部性的血管淤積過程之持續時間也趨於減少。

（二）時間延長

老年男性在進行性行為時，陰莖至完全勃起所需要的時間，隨著年齡增加而延長。一旦勃起後，維持勃起狀態而不射精的時間有增加的傾向。顯然，男性的性反應隨年齡的增加而衰退。然而，即使到了老年期，維持性行

為的重要因素，可以說是要連續地維持其活力，也就是說主要的是維持性功能使之活動，否則將導致衰退。法國生物學家拉馬克提倡「用進廢退」學說，並提到：「器官愈使用就會愈發達，愈不使用就愈容易退化。」在其他方面，老年男子的精子數減少，且與年輕人比較，快感時間短，及至再次射精時的無感覺時間也延長許多。

二、女性性功能

關於老年期的女性性功能問題之探討，包括：功能變化、感受變化等兩個項目。

（一）功能變化

女性卵巢的形態隨著年齡的增加有明顯的變化。首先，卵巢的重量在 10 歲時為 3.3 公克，25 歲時達到最大，為 10.2 公克，此後逐漸縮小，到了 50 歲時約為一半，約 5.8 公克，75 歲為 3.3 公克，是最大時的三分之一。同時，在進入更年期後，繼續從卵巢中分泌黃體酮（又稱孕酮），直到排卵停止為止。在青春期時，排入尿中的黃體酮顯著增加，而到了更年期開始減少。再者，女性進入老年期後，子宮腔的粘膜變薄，長度與寬度減小，隨著老化過程，前庭大腺的分泌過程遲緩，子宮腔的伸縮力也會減低。

（二）感受變化

老年女性在進行性行為時，其敏感的性感受也會隨之降低，甚至完全或部分體驗不到快感的人數比率也持續增加。負面的反應包括：感到子宮腔有熱感及骨盆疼痛，排尿時也有疼痛及熱感。同時，女性的性生活問題絕不是僅限於更年期，也與男性一樣，性功能與感受會隨著年齡增長而弱化，因此，在婚姻生活中必須為維持性功能而要有規律與正確的性行為。

以上所述，主要是根據「高齡生活豐盛計畫」中對 80 名 65～93 歲老年

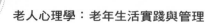

人的調查研究報告。更多的相關資訊可上 Senior Life Enrichment Center 網站查詢。

參、年齡增加與性行為

根據上面討論的背景來看，年齡增加與性行為是負相關的關係，為了檢視這個議題，討論的內容包括：學者觀點、研究報告、老年期婚姻等三個項目。

一、學者觀點

針對年齡增加與性功能問題的學者觀點之探討，包括：弗洛伊德觀點、金賽報告等兩個項目。

（一）弗洛伊德觀點

如前所述，隨著年齡增加，性功能會漸漸減退，但是根據報告，即使已達到相當老年的程度，還是能維持對性的慾望與興趣。弗洛伊德（Sigmund Freud, 1856-1939）指出，性衝動是「生的本能」，性愛的最主要東西，對人格的形成與行為的內化有重要影響。他是最早提出有關幼兒期性愛的人，但他忽略了對有關老年期的性衝動之敘述。弗洛伊德指出，追求性感帶（特別是口唇、肛門、性器官等三者）是性衝動的泉源，隨著從嬰幼兒期到青春期，性衝動的形式也以自戀為對象，發展到以性愛為目的的性生活階段之過程，指出了隨著年齡的變化，性衝動的對象與表現的模式呈現階段性變化。據此，可預想追求歡樂的衝動在所有年齡中，都潛在地存在性衝動的可能。

根據此論點，即使在老年期，也理應存在性衝動，可以認為它與「生的本能」密切相關。與年齡增加相關的性器官功能減退的老年期性衝動，性感帶的目標成為多種形式，能見到性對象的倒錯傾向，也有產生對性的空想與自慰動作，例如：有把性衝動的對象轉向無抵抗力的幼小兒童身上（戀

童），或以窺視年輕人的性行為來獲得自己的性滿足，還常常可以見到以性的空想來解除性的不滿情況。根據調查報告，有61.5%的男性老年人及22.2%的女性老年人，對性的幻想給予了肯定的回答。主要是老年期的性行為與青年期的性生活相比較，可以說有像兩性間的皮膚接觸及性的幻想等，更廣泛的身體的、心理的性活動擴散之傾向。據很多的調查報告可知，老年人的性生活及快感，其頻率與強度通常是減退的，但還是有能力體驗的。

（二）金賽報告

金賽博士調查了約一萬四千人的性生活史，60歲以上受調查者只有106人，70歲以上者則只有18人，因此作為老年人的性調查還不夠充分。據他的調查顯示，性行為最高期是思春期後期（16～20歲），之後就逐漸減退，而且男性的陽萎（勃起困難症）在60歲時有20%，80歲時達到75%。

女性從20到60歲性行為逐漸減退，老年期女性的性行為受到年齡增加的直接影響之觀點，尚缺乏足夠的數據證明。另外，男性的性行為頻率與有無配偶無明顯差別，但女性對有無配偶則有顯著差別。

二、研究報告

針對年齡增加與性功能問題的研究報告之探討，包括：馬斯特斯報告、杜克大學調查等兩個項目。

（一）馬斯特斯報告

在馬斯特斯（Masters）與約翰遜（Johnson）的報告中，他們的調查比金賽報告有為數更多的老年人，報告的一部分與前述相同，老年女性的興奮均會延遲到來，強度也會減低，但有保持達到性感高潮的能力。老年期性行為減退的一個主要原因是單調性，例如：退休以後，與以前定時上班不同，每天長時間與妻子在一起，因此對性的興趣變弱。老年人因不知道勃起需要較長時間此一普通常識，卻認為這是性生活不協調的徵兆，而陷入不安之中，

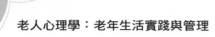

因此逃避性生活。

　　老年人在性行為時，能持續地充分勃起，很少有青年時代早洩的傾向，而不太受射精所左右，可以達到較深的親近感。另外，男子在年輕時有高頻率的性生活史，則在老年期時也多能維持性行為的活力。在女性的情況中，停經是性活動的一個標誌，有人因此而減少此後的性生活，甚至有人停止其性行為，但這是毫無道理的。對女性的性行為來說，有理論認為，應該沒有年齡上的上限，只是因女性要比男性長壽，故多數失去了性生活的機會。多數人認為女性性生活的減少，實際上不一定就是由於停經的原因。

（二）杜克大學調查

　　杜克大學長壽研究所多年來持續對健康老年人追蹤調查，並對同一個人進行延續數年的調查，這是非常難能可貴的。據此調查，在 60 歲以後仍有性行為與性的慾望者並不稀少，但進入老年期後，同年齡的男女有顯著的性別差異。男性老年人的情況，在調查開始時，有 80% 的人對性有興趣，十年後再從這些人的調查來看，這個比率幾乎未變。在心理上有性的興趣之人，與實際上有性行為的人，隨著年齡增加而看到有較大差別。

　　而女性老年人的情況，在調查開始時有性的興趣之人只占全體的三分之一，十年後也未見有變化。另外，在開始時，有性生活者為 20%，十年後也無變化，也就是說，女性對性的興趣與性生活的頻率都是很少，年齡增加並不引起很大變化。該研究者引用金賽博士的報告為例，說明其原因是女性與男性相比較，一般在年齡較低時對性較有興趣。另外，女性的停經是一個明顯的生理現象，在心理上認為這是性行為停止的一個標誌。

　　從這些調查結果來看，可以推斷出老年人的性行為，除了受到生物學的年齡增加之影響外，還強烈地受到社會或文化的影響，從這也能認識到精神因素或心理因素對人類而言，特別是老年人的性行為之重要影響。

三、老年期婚姻

如杜克大學的調查顯示，婚姻狀況對老年期的性生活很有關係，特別是對女性來說，顯示了性生活的頻率有顯著的減少現象。該研究分別調查男、女性在進入老年期後十五年（75 歲）有無配偶的情況，結果顯示，有配偶的男子約有 80%，而女性有配偶的僅為 30%。從與配偶死亡的年齡順序來看，由於女性平均壽命比較長，男女均隨年齡增加出現配偶死亡者增多，而女性更為顯著。這種男女差別在考慮老年期的性問題時，值得列入考慮。總之，從數字來看，在進入老年期後，女性比男性結婚的機會要少得多，這不僅在台灣，而且在世界各國均是如此。由此可見，在老年期時，婚姻提供性機會之重要因素，而在台灣，由於社會與文化因素，可以說對老年期再婚有抑制的傾向。

綜合上面所述，性生活不只是生理上的性行為自身的事，還有安慰與相互照料的精神方面之屬性。有規則的性生活對老年人而言，在生理上的重要性比年輕人為低，但是在心理上則有更重要的影響。因此，社會也應該體認到，圓滿性生活的歡樂對老年人的生活有積極的意義。進入老年期的再婚，其成功的關鍵可列舉如下五點。

（一）婚前充分了解

結婚之前男女雙方應充分了解。在相互交往之初，需努力使對方充分了解自己，這在 30 歲是如此，在 60 歲時也是如此。在老年期結婚時，由於有可能是最後的機會，在外在條件上可能會放寬標準，但在心理上的滿意要求則不能打折扣，以免後悔。當然，老年期的結婚與青年時期的結婚一樣，要有充分時間的相互交往，這才是成功的關鍵。

（二）子女的同意

老年人結婚應徵求自己子女及親友的同意，在子女不同意的情況下，將

引起財產繼承此一問題；而有時也有一些子女期望自己的老父或老母對已故的配偶有不再娶或不再嫁的道德要求，故處於這種情況下的子女們，多數會覺得未盡到自己的能力，而愧對已故的親人，並且產生一種罪責感。

由於老人的結婚，將產生新的家庭成員：新的父親或新的母親。子女在心理上總是對此有所抵觸，因而把老父或老母當作陌生人而躲閃，但是多數到了最後，還是會當作雙親來看待。有關這些問題可以透過家庭調解來解決，若涉及財產問題可找律師，涉及心理問題可與私人顧問或心理學家，有時與精神科醫師商談等來解決，這是很有必要的。

（三）適應關鍵問題

老年人在退休之後，如果進入老年期的適應情況良好的話，老年期的結婚成功率也就較高。有人常常對失去配偶者或獨身生活者提出這樣的忠告——孤單的老人如果與另一位情況相同的人結婚，就比較沒有問題。這在某種情況下也許是如此，然而可能會把問題太過簡化而引起誤解。因為結婚是相互的，平等的人與人關係，而不是為解決心理孤單問題而結婚。因此在考慮老年期的結婚時，重要的是應判斷對方在老年環境中能否適應得很好的問題。

（四）環境換新

老年人再婚時，建議不要住在以前的住宅，而要住在別的場所。根據研究調查顯示，老年人在再婚之際，從與前配偶居住的住宅遷出，而搬往他處常是成功的條件；至少也希望再婚時，能不放置引起回憶已死去配偶的家具和物品會比較好。對於收入減少的老夫婦而言，遷移至全新的住所，在經濟上的確較有困難，至少也應該想辦法使其對過去結婚的回憶，不致妨礙與新配偶的生活。

（五）考慮經濟因素

此外，在老年期結婚時，經濟上要有保障。若對於婚後如何生活，有某種程度的通盤計畫，是成功的主要因素。具體而言，對於老年人的結婚，在社會上的每個人都要從心底表示熱烈的歡迎。

老年期的性行為與性表現，不僅僅是性生活的行為，而是更廣泛的性表現和精神取向的性活動，在老年期的生理問題中，性也是老年生活中的愉快行為，理解這一點是很重要的。老年人在身體方面的功能與心理活動，除了有明顯的個人差異，在性行為上也不例外，而且可見到有更大的個人差異。即使過了 80 歲的老年人，也還有生氣勃勃地對性有興趣的人，也有人在 60 多歲就全然失去興趣，因此，對老年人的性絕不能千篇一律地看待。各種情況和環境，特別是配偶的有無，給性生活帶來很大的影響。在身體健康、過集體生活的老人設施中的老年人之性問題，在福利對策中也會引起各式各樣的問題，期望針對各種狀況有相應的對策，也期待今後在這方面有與現狀相適應的研究。

思考問題

1. 關於老年期的男性性功能問題包括：功能變化、時間延長等兩個項目，請試著描述男性老年人在這兩項變化的內容？
2. 關於老年期的女性性功能問題包括：功能變化、感受變化等兩個項目，請試著描述女性老年人在這兩項變化的內容？
3. 請問女性卵巢的形態隨著年齡的增加，有哪些明顯的變化？
4. 隨著年齡增加，老年男性與老年女性在性行為方面各有什麼變化？
5. 進入老年期的再婚，其成功的關鍵包括哪五點？

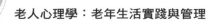

第二節　老年的婚姻生活

本節將探討三項議題：(1)老年婚姻議題；(2)婚姻危險問題；(3)老年婚姻與性。

壹、老年婚姻議題

關於老年婚姻議題在市面上有許多專著、專刊或專文討論，包括東海大學幸福家庭推廣中心出版過許多著作與訓練手冊。本文限於篇幅，僅討論：婚姻問題、面對婚姻問題等兩個項目。

一、婚姻問題

透過調查發現，目前大多數中年人的婚姻順利，所組成的家庭也很美滿，且絕大多數人在二、三十歲時就已經完成了此一使命。中年的婚姻關係經歷了新婚燕爾的狂熱期，情感生活的持續調適期，養兒育女的移情期，終於進入夫妻相互眷戀而親密的深沉期。這種情況大多數都能夠延續到老年期，且夫婦的婚姻關係和睦而穩定，這對老年夫婦的健康和長壽具有積極的作用。相反的，也有一些人到了中年，對於毫無變化的婚姻生活會產生愛情厭倦的心理，夫妻之間吸引力減少，夫妻關係不和諧表現得愈來愈嚴重；思想格格不入，沒有共同情趣，甚至貌合神離、同床異夢，進而分居，終以離婚而恢復單身。

導致中、老年人婚姻不佳的原因是多方面的，有的源於年輕時的戀愛動機，帶有功利性；有的只重外表；有的受到傳統思想的束縛，在愛情和婚姻中附加了條件，諸如父母之命、媒妁之言、門當戶對、利益交換、金錢第一、買賣婚姻等，再加上男女雙方性格、氣質、興趣的差異和複雜的人際關

係之影響；或是人到中年，性魅力逐漸失去，夫妻性生活不和諧等，也會導致愛情和婚姻出現許多難以美滿的情況。

二、面對婚姻問題

夫妻關係不好的危害性極大，容易致使夫妻雙方的身體狀況受到不良情緒的損害，極易遭受疾病的侵擾。家庭內部的不和諧，無休止的爭吵與衝突，使得許多中年夫婦無暇顧及子女的撫養與教育，極不利於孩子的身心健康。那麼，怎樣才能維持美滿的婚姻和理想的家庭呢？

首先，應認真面對婚姻問題。婚姻中最重要的是愛情，愛情是不能附加任何條件的，尊重和友誼是愛情的基礎，只有這樣，才可以使夫妻恩愛，相敬如賓。此外，還要保持婚姻生活的新鮮與活力，防止產生「愛情厭倦」心理。

（一）第一的原則

夫婦應樹立「配偶第一」的原則。處理日常生活中的任何事情，都應優先考慮配偶的正當感情要求，只有把夫妻情感看得重要時，生活中的各方面關係才會平衡。

（二）生活豐富

盡量使家庭生活豐富多彩。可經常舉辦一些諸如慶祝結婚紀念日、生日之類的活動，亦可透過家庭聚餐、野餐、外出旅遊等形式，回憶往事，加深彼此的了解，及時進行愛的滋潤，這會燃起雙方對愛情、對生活的新追求。

（三）讚美對方

不時讚美對方。不要認為配偶的長處是應該具有的，而缺點是不可容忍的，而應使雙方感到對方在生活中占有重要地位，彼此都是對方的精神支柱，都是對方獲得幸福的源泉，因此必須多加珍惜。

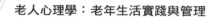

（四）提高修養

努力提高各自在各方面的修養，這是保持吸引力的重要手段。夫妻既是一個共同生活的整體，又是兩個獨立的個體，只有雙方共同提升，才能使婚姻穩固和諧。

（五）培養子女成長

培養子女健康成長，也是使家庭幸福、婚姻美滿的條件。孩子的健康成長一定是父母雙方共同心血的結晶，會讓父母對孩子、對家庭、對自己都產生成就感，進而維繫美滿的婚姻。

貳、婚姻危險問題

在漫長的婚姻生活中，會時常出現一些危險期，在這期間，如果夫妻雙方關係處理不當，就會導致婚姻破裂。婚姻危險問題的探討包括：婚姻危險期、掌握婚姻問題等兩個項目。

一、婚姻危險期

一般來說，婚姻生活中會出現七個危險期，略述如下。

（一）責任焦慮期

責任焦慮期為婚姻生活中七個危險期之首，例如：孩子的出生，此時應該時常互相傳遞敬重與愛慕之情，來鞏固和發展愛情。

（二）厭倦勞動期

厭倦勞動期是婚姻生活中七個危險期之第二個嚴重項目。家務是此一時期前的矛盾焦點，作為妻子，首先要認識到丈夫有願意分擔家務的願望，並

強化他的意願；而作為丈夫，既然認識到有責任分擔家務，那麼就應該在實際生活中承擔起來。

（三）逐漸分離期

逐漸分離期則是婚姻生活中七個危險期之第三個嚴重項目。到了一定時間，夫妻之間會出現所謂的靜默期，相互之間會很少吐露內心的想法和情感，似乎到了無話可說的感覺。此時的男女雙方通常會去找能交談的知己。

（四）七年渴望期

七年渴望期，俗稱為「七年之癢」，此時是離婚率的最高年份。聰明的夫婦往往會在此時重新調整他們的生活，使之內容更豐富、更多彩，至少不要讓親愛關係逐漸消退，甚至走上分離的途徑。

（五）地位較量期

在七年渴望期之後或者同時，會出現所謂的「實力地位較量期」。此時期通常會表現出為錢、為孩子、為性或為姻親而發生爭吵。改善的措施有：彼此互相聽取抱怨；不要把爭論暴露在他人面前，可以在雙方都輕鬆而平靜的時候做多次討論；更不要提出「離婚」二字。

（六）二十年關鍵期

二十年關鍵期這個議題通常比較少被提出來討論，但是它的嚴重性絕對不可忽視。二十年關鍵期實際上也稱為男性的「絕情期」，這是他最需要得到安慰與理解的時候。如果他的妻子不能給他理解和安慰，往往會導致其去尋找另一個女性來得到這些。

（七）老年恐慌期

老年恐慌期雖然被列為婚姻生活中七個危險期的殿後，並不是因為它的

重要性比較低，而是由於許多夫婦難得熬過漫長的婚姻生活風險波浪後，某些夫婦會慢慢失去生活的追求，開始欣賞或抱怨所過的生活。有鑒於此，夫妻雙方應該相互理解和安慰，共同戰勝恐慌期。

常有人說，結婚是愛情的墳墓。有婚姻專家把婚姻比作一座圍城，城外的人想擠進去，城裡的人卻想跑出來。每個人透過自己的戀愛到結婚的親身經歷，確實會有那種認同感。與丈夫（妻子）結婚前的浪漫經歷是美妙而讓人嚮往的，那段日子就像在一個強大的磁場中一樣，雙方總是互相吸引。分離的時候，相思成災；相聚的日子又是那麼柔情蜜意，兩個人總有說不完的話。那個時候，總覺得相聚短暫。然而，婚後隨著時間的延續，那種感覺漸漸褪色了，直到最後，蕩然無存，無話可談，更別說快樂；於是，常會有種想逃出圍城的衝動。上述是夫妻處於靜默期的個案；形成這種原因是彼此過於熟悉對方，而忽視了對方身上的優點，或者因過於了解而不太注意自己的形象，使不良習性流露在對方面前，而漸漸失去新鮮感和神秘感，進而感到無話可談，甚至疏遠對方，並產生厭煩情緒，而想要尋求外遇的衝動。這是夫妻關係出現縫隙的前兆，如果關係處理不當，就可能導致離婚，因此在這個階段，夫妻之間一定要重新給自己定位，並總結為什麼會導致這種「靜默」。然後，在採取措施進行調整後，使夫妻關係重新歸於正常狀態。

二、掌握婚姻問題

面對上述七個婚姻危險期之考驗，應採取哪些措施呢？以下提供八個參考原則：

1. 當你在為自己打算時，必須同時考慮對方的幸福和快樂，並應該時時牢記「夫妻」這個詞。
2. 要公開發表自己的意見時，不能對另一半的任何主張都隨聲附和，但發表不同意見時，要以不傷害對方的自尊心為原則。
3. 要學會容納對方的小缺點。在批評對方前，請先想想自己的缺點。

4. 要給對方充分的空間。不要害怕暫時的離別，離別會使你們的感情更加濃厚。此外，在情緒不佳時，不要提及一些含有刺激性的事情。

5. 夫妻如果發生口角，應控制在家庭內部；要學會讓步，終止口角；讓步的一方實際上是勝利者。如果由不適當的外來因素緩和夫妻矛盾，只會埋下更大的危機。

6. 要做對方最忠實的夥伴。當兩個人在一起時，你的行為必須讓他人知道：你十分愛你的配偶。當你的配偶與異性在一起時，你的行為應該使他明白：你十分信任他。

7. 任何形式的虛偽，即使那是無意識的，都可能使對方陷入疑惑的苦海而難以自拔。

8. 最好制定一個合理而明確的家庭規則，特別是一些令人生厭的，但又必須做的事，例如：家務事需要合理分工。

【老人故事】

國人平均壽命：有偶者比未婚者多活十六年

根據內政部 2012 年 6 月 16 日公布的統計資料顯示，2011 年國民死亡平均年齡約 71 歲，男性死亡者平均年齡為 69.04 歲，女性平均為 74.14 歲，女性平均壽命比男性約多 5 歲。另外一項統計顯示：沒有結婚的人平均壽命為 53.68 歲，有配偶者平均壽命為 70.12 歲，離婚者的平均死亡年齡則為 59.47 歲。這些統計數字代表著，美滿婚姻與配偶的長壽是自己長命百歲的先決條件。國外也有相關研究報告指出，單身者可能比較缺乏他人照顧，而造成不好的心理影響，才會導致平均壽命比較短。

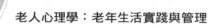

參、老年婚姻與性

老年婚姻與性被認為是老年期問題的禁忌，但是為了滿足許多潛在讀者（筆者問卷調查老人社區的成員以及被筆者徵詢過的人）對本書論題的期待，以下將討論：婚姻滿意度、老年與性生活、婚外情心理等三個項目。

一、婚姻滿意度

根據研究調查顯示，一般中、老年人對婚姻的滿意度及感受到的快樂比年輕人高，但與配偶的互動卻隨著年齡的增加而減少，這可能是由於工作壓力與親職責任的相對減少之故。研究評估 40～50 歲的中年人配偶及 60～70 歲的老年配偶，他們發現老年組對婚姻表現出較多的情緒平穩與較多的愉悅感；相對的，夫妻的不一致性也較少，而且他們的健康情況與中年組一樣。此研究的結果是令人高興的，因為它表示年長者的婚姻生活並不是隨著年齡增加而乏味，也不會因為生活經濟的壓力及過多的情緒而造成婚姻的問題，不過該研究也指出，也許快樂的夫妻原本在年輕時就是快樂的，也許老年組表現的婚姻幸福其實是夫妻之間過去爭吵減少或停止後的結果。

該研究觀察超過七年以上婚姻生活的年長組，與那些經歷婚姻改變（例如：離婚或喪偶）的年長者，評估他們對婚姻的滿意度，基本上的發現是：男性從婚姻生活得到的好處大於女性，也就是說，如果婚姻生活沒有改變，女性對婚姻的滿意度是逐漸下降，而男性則是保持平穩的狀況；該研究指出，在喪失配偶的情況下，對男性與女性都有不好的影響，但是對男性的負面影響多於女性。而在已婚的情況下，男性對婚姻有較高的滿意度，而女性沒有影響，其背後的原因有很多，例如：要視配偶對另一半的依賴程度，有研究發現，男性對於妻子有較多情緒方面的依賴，而妻子則是與她的好友及親近的家庭成員分享自己的情緒。由此可知，如果年長的女性搬家，她們的情緒支持系統將會受到影響。

　　上述的討論都集中在有婚姻關係的配偶，以現在的社會道德，也有許多是同居的兩性關係，因此很容易將婚姻之間的結果類推至同居關係，但是在同居的情況下，男女兩性的滿意度卻不一樣，例如：有研究指出，即使控制了社經地位、健康及社會支持等變項後，同居的男性比起婚姻中的男性有較高的憂鬱指數，因此，不能將婚姻關係與同居關係視為相同的情況加以探討。該研究也進一步指出，婚姻似乎只對男性有幫助，因為在女性，不論是同居或在婚姻中，其憂鬱指數都很高。

二、老年與性生活

　　在媒體節目及電視中，與「性」有關的主角都是年輕人，因此如果老年人提到「性」，似乎是一件不好的、醜陋的事情，就算有些年長者被媒體評選為最性感的代表，也會刻意忽略其年齡，因此年長者無法從日常生活的訊息中，得知有關性生活的相關資訊，即使性生活對年長者而言，是正常且健康的行為。由於媒體對年長者與性生活的負面宣導，所以有些調查顯示，超過 50 歲的人會顯示出對性生活的興趣下降。某些年長者的確會因為喪偶、身體不適而導致失去性生活的機會，所以認為「年長者沒有性生活」的刻板印象，普遍的存在一般人心中。研究調查發現，老年失去性功能後會產生較少的負向影響，也有一部分是由於大家都認為性功能下降是屬於「正常的老化」，但這並不意味著老年人就不能享受性生活，因為失去從性生活中得到愉悅感的機會，與無法享受性生活是不同的。

　　在研究年長者的性生活時，會面臨一些問題，其中之一就是世代效應（cohort effect）。由於年長者的那一代較為保守，並不鼓勵去談論性的議題（當然也缺乏相關的言語），在調查時就發現，愈年輕的受試者，愈多人報告出自己相關的性生活（當然，這些「愈多」就表示參與問卷訪問者，也可能報告出愈多偏誤），顯示傳統調查性生活的方式是沒有效的。因此，老年人的調查發現他們有較少的性生活，這可能並不代表他們的性生活較少，而是因為他們較不願意去談論它。另一個問題是有關性所包含的範圍，假如性

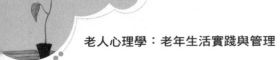

生活的定義只有性交，而不是包含更大的範圍，那麼會發現年長者的性生活頻率將變得更少，值得注意的是，不論年長者所參與的性生活是什麼類型，他們對此所報告出的滿意度都很一致。

進一步在研究方面的問題，是性生活的機會，因為女性的平均壽命高於男性，因此有較多的年長者女性仍然活著，但是這些女性與異性接觸的機會變少了，性生活的停止，並不是出於她們不願意參與或沒有能力，最大的因素是沒有機會。但相對於男性而言，最大的問題是無法勃起與維持長久，以及缺乏性交時的體力。Gibson（1992）發現，約有 10～20% 的年長男性及 35% 的女性沒有性生活，他們都會試圖去尋找性伴侶，即使會冒著某種程度的危險，例如：尋找妓女，而透過這些方式容易感染到疾病，包括愛滋病。筆者在瑞士調查了近八百位超過 45 歲以上的成人，發現他們比年輕族群更容易感染到愛滋病。另外，在「嬰兒潮」（baby boom）的年代，報導中指出，他們有比較多的藥物濫用問題，而且到了年老時也較不願意停止使用藥物。藥物的使用造成他們更容易感染到愛滋病，而且使用藥物的生活型態也會增加危險性行為的發生比率，而年長者感染的機率與年輕族群相同，例如：美國就發現在感染愛滋病的人當中，年齡超過 50 歲的人占 15%。

最後的問題是，醫療與諮詢專業人員，甚至老人本身及其家人，會低估及未處理年長者有關性功能的問題，並且有些人也未意識到他們感染性相關疾病的可能性。一般而言，大多數的年長者其性功能失調的問題，並沒有被醫療人員重視及處理。除了受到體力的限制，年長者的性生活與其成年期的性生活有關，且再次意味著年長者的生活型態是被生命早期所決定。不過，要記住的是，性生活的個別差異相當大。在生命晚期最重要的決定因素是性生活對個體的重要程度，簡單的說，並不能假設有所謂的正確，也不能認為所有正常的老化現象中，對於性活動都是必需的。

三、婚外情心理

家庭是社會的細胞，是維繫夫妻關係的關鍵，是感情和心理的需要，一

旦這個關鍵發生了質的變化，那麼婚姻關係也就失去了存在的價值。導致夫妻產生婚外情的原因，常見的有以下幾個方面。

（一）寂寞心理

由於工作原因或是兩地分居，一些丈夫經常不在妻子身邊。如果這樣的丈夫又缺乏家庭責任心，不關心妻子，不經常聯絡，不表達自己的思念之情，久而久之，必然會使夫妻之間的感情趨向冷淡，使妻子產生寂寞心理，感到沒有精神依託。此時，如果遇上合適的異性，妻子就會喪失抵禦誘惑的能力，導致婚外情的發生。

（二）怨恨心理

性生活是夫妻生活中一項十分重要的內容，伴侶如果因為性功能障礙，或因為追求事業終日忙碌，忽視給予對方溫情，或丈夫在外面貪戀酒色，不能滿足妻子正常的生理需要，久而久之，就會使妻子產生怨恨心理，甚至極有可能「紅杏出牆」。

（三）失落心理

這種心理多見於婚前缺乏了解，例如：一見鍾情，草率成婚；或者是戀愛不久就「生米煮成熟飯」，而「奉子成婚」的情況。婚後長期生活在一起，會逐漸發現對方有很多壞毛病，或生理上有某些缺陷。在這種情況下，容易產生心理上的失落感，進而產生其他想法。

（四）目的心理

有的女子為了某種目的，嫁給並不中意的男人，由於她們與丈夫缺乏感情基礎，一旦目的達到，就會嫌棄丈夫或老或醜，不是以離婚收場，就是另結新歡。

（五）優越心理

有的妻子的學歷比丈夫高，或職位高於丈夫，如果做丈夫的不願積極進取，就容易使妻子覺得丈夫配不上他們。所以各方面條件都比丈夫好的妻子出現婚外情的機率較大，因為在她們周圍一定有比她們丈夫能力更強的男人。

【案例】

美美的故事

婚後已經過了二十年（正在「二十年渴望期」），美美（化名）與丈夫的關係一直很好，而且她曾相信他們是世界上最幸福的一對。然而，有一天，美美無意間發現對自己體貼入微的丈夫，竟然有個「紅顏知己」，而且他們的關係非彼尋常，美美的心一下子就碎了，她怎麼也不明白，他們如此恩愛，丈夫竟然在外面拈花惹草。在痛苦到極點的情形下，美美決定報復丈夫。於是，她開始出入舞廳，與陌生的男人接觸，沒有多久，就與一個40多歲情投意合的文化人，在賓館裡開了房間……。事後，美美又感到後悔不已，但想到丈夫的不忠，她也就平衡了許多。不過這件事後，美美和丈夫的關係就愈來愈緊張，後來不得不離婚。離婚後，美美反思自己，覺得都是自己不對，不應該這麼衝動，但是一切都太晚了，她陷入了孤獨，整日痛苦不堪。

在這個案例中，美美是典型的報復心理。如果美美開始發現丈夫的不忠，不是採取極端行為，而是心平氣和地與丈夫好好地溝通一下，問他究竟如何處理他與第三者的關係，並給丈夫一段考慮的時間，相信以她的通情達理，會讓丈夫做出正確選擇。人非聖賢，孰能無過？原諒別人，就是善待自

己。

　　鑒於上述情況，為了提高婚姻品質，夫妻雙方要了解產生婚外情的種種心理軌跡，加強交流，從自身做起，及時調整夫妻間的感情，使之不斷得到昇華，這樣才能保證家庭的穩定和婚姻的幸福。防止婚外情的兩種方法如下：

1. 防止單調：因為外來刺激的誘惑提供了許多冒險的因素，例如：調情、危險、釋放情慾等。
2. 加強交流：夫妻關係的建立和維持是透過思想感情的交流來實現的，而性生活則是感情交流最主要的一種親密方式。

思考問題

1. 到了中、老年期，要保持婚姻生活的新鮮與活力，防止產生「愛情厭倦」心理，有哪些原則要注意？
2. 一般來說，在婚姻生活中會出現哪七個危險期？
3. 當夫妻的婚姻出現問題時，可運用哪些措施協助度過婚姻的危險期？
4. 請分別描述老年期的男性與女性，對婚姻的滿意度為何。
5. 導致夫妻產生婚外情的原因，常見的有哪幾方面？

第三節　老年人的親密關係

　　本節將探討三項議題：(1)婚姻與親密關係；(2)發展親密關係；(3)親密關係遊戲。

壹、婚姻與親密關係

像愛一樣，親密也是一種難以取得大家共識的觀念。在字面上，容易產生親近和性的聯想，事實上並不只如此。親密是和特定的人才有的親近與溫暖的感覺，是一種進行式的生活過程，其中有許多組成因素。若和人沒有親密關係，則生活必定會無聊、冷清、孤寂，在我們的文化裡，很多人給親密很高的評價。雖然親密不是婚姻關係所必備，但大部分的人結婚是為了尋求並維持親密，可視之為婚姻之回報與益處。

一、親密的意義

親密是心理學家艾立克森（Erik H. Erikson, 1902-1994）有關人類發展八大階段理論中的一項主要因素。艾立克森是佛洛依德的追隨者，但卻超越佛洛依德精神分析理論的命定說。他假設的信念比較樂觀，強調成長與潛能的發揮，不像佛洛依德認為人格在童年早期已大部分建立。艾立克森強力主張，成長乃一輩子─從出生到死亡─的事，甚至年紀大的人也有能力改變生活，如果他們的選擇是要有彈性的話。

艾立克森的理論重心在於精神社會性發展，和佛洛依德強調的性發展不同。對艾立克森而言，每個人要經過八大預定階段才得以完全發展，每一階段發展工作的熟練代表已備妥進入下一個發展階段。某一階段所遭遇的失敗或困難不表示無法繼續到下一階段，只是在下一階段的進步會較困難或緩慢而已。每一人生階段各有其艾立克森所謂的「精神社會性危機」，其他理論家則喜歡稱之為「轉捩點」或「挑戰」。

青少年的精神社會性危機是親密對抗孤單，他們的挑戰是和他人建立一種親近的關係，以克服孤單。艾立克森堅信，人若無法與他人建立親密關係，則經歷寂寞與孤單的機會將會更大。失戀是相當普遍的事，許多人發現失落親密感帶來相當大的痛苦。對某些人而言，追求親密的失敗經驗是如此

地痛苦，導致他們的結論是親密不值得努力，但大部分的人仍繼續不斷在追求。

二、親密關係

人可以有許多不同的方式，在不同的生活領域上感到和某人較親近，包括情緒的親密、知識的親密、社交的親密、玩樂的親密，以及肌膚之親。

（一）親密經驗

親密經驗是指感覺親近，或在某一領域做自我分享的經驗，例如：哲學上深入討論可以是二人知識上的親密經驗，共同成功完成計畫也可以產生情緒上的親密感，最易想到的則是肌膚之親。當然，對親密經驗的感受，人人不盡相同，有人可能在一次人生討論或一次性經驗後，被某人強烈吸引，而另一人卻絲毫不為所動。人們可以用不同的方式和很多不同的人產生親密感。

（二）親密感覺

親密感覺是指在某些方面隨時可分享的親密經驗，而且知道這種分享會繼續持續著。一次和很多人保持親密關係很困難，因為親密關係需要時間經營。試問，你有多少真正很要好的、親密的朋友？一般人恐怕都很少。

根據對夫妻們所做的研究清楚呈現出，沒有哪一種關係可以在任何時間、任何生活領域隨時提供親密關係。「你可以有時取悅人，但不可能隨時取悅所有的人」，愛情關係亦然。一對夫妻或許在很多方面可以互相滿足情緒、知識及性慾，但是其他方面的親密需求，則可能是從關係之外得到滿足。我們不贊成性慾滿足是其中一項，因為外遇會摧毀婚姻關係中所有的親密。但兩個人都可以在工作或其他生活領域中有特別的好友，倘若伴侶的不安全感與嫉妒可以降至最低的話，則這類朋友可增加伴侶所無法給予的一些樂趣，這在婚姻關係中有其正面作用。

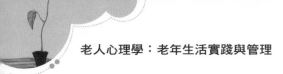

（三）親密與溝通

誠實的溝通為親密之本。若將對某人，甚至對自己的想法和感覺隱藏或壓抑下來，和那人就不覺得親近，然而，這並不表示應該赤裸裸地透露每一個想法和情緒。太過封閉自己，在關係開始時確實有損親密感的發展；但事實的真相若太過殘忍，也有害於已建立的關係。前者的情況有可能是在關係開始之初，我們對另一方開誠布公，而他在這個關係中卻沒有相同程度的誠實，故未回以同樣的分享；後者的情況有可能是關係建立後，對配偶或伴侶之敵意或怒氣，偽裝成「誠實」出現。

然而，恰當的時機、適當的溝通，再加上好的動機，就可以強化關係，使關係更親密。夫妻若想要藉掩飾爭端或逃避問題，來保持關係的和諧穩定，必導致困境，其關鍵在於需藉著勇於面對差異進行協調，而找到解決差異的建設性折衷方法。

三、婚姻親密關係

在傳統文化中，人們因親密需求而尋求婚姻，故婚姻是親密的重要來源。但矛盾的是，雙方常常一結婚後，親密程度就逐漸消逝，甚至完全不存在。有些人因結婚而更親密，但有些人則讓婚姻成為「親密陷阱」，扼殺了兩人努力想要享受的親密感。婚姻一方面以通往幸福之路被頌揚，但另一方面則又被視為衝突之源。

其基本問題在於，婚姻是否在一個永遠不變的基礎上提供親密？答案為有條件的「是」。婚姻能提供親密感，但兩個人必須努力讓它持續發生。在我們的社會裡，婚姻變成了標準的大逃亡：為避免孤單、求親密而躲進婚姻；然後，在感到透不過氣或空虛時，又逃離婚姻，以求自保和自主。

貳、發展親密關係

在婚姻和家庭互動中，夫妻對關係的滿意共有十個項目已被證實具有關鍵性。在這些項目中獲得親密感，則整個關係成功的機會大增。當然，要在所有項目都獲得完全滿足是不可能的，但是，朝著往每項都得到滿意程度的親密這方向努力，則可增加維持良好關係的機會。發展親密關係的探討包括：家庭親密關係、夫妻親密關等兩個項目。

一、家庭親密關係

在一項對 5,039 對夫妻所作的大規模研究中，心理學家賀布萊和歐大衛分析出親密度和婚姻滿意度的關係。每對夫妻都要填一份叫做「強化」的問卷，問卷內容是有關婚姻關係要件的十項問題。計分方式是比較雙方對所有問題的反應，計算出對每類問題意見相同者的百分比，然後平均其結果。得高分者（高百分比的意見一致者）視為高親密度夫妻，分數低者則為低親密度夫妻。

正如所假設的，在高親密度組的得分中，十項有八項明顯高於低親密度組，差異最大的是性關係、溝通和衝突處理等三項。而不同的分析報告一再證實，這三項是維持關係親密的要件。值得注意的是，幾乎所有（80%）低親密組夫妻都曾經考慮離婚。

二、夫妻親密關係

以下是賀布萊和歐大衛所主張的，建立並維持親密關係的十項基本要素。

（一）個性的相投

兩人個性相投對健全的關係十分重要。愈喜歡、愈接受伴侶的特質與習

慣，對關係就愈滿意；反之，愛拖延、脾氣壞、陰鬱沉悶、頑固、嫉妒、占有慾強等特質，是許多不利於關係的負面感覺中之一部分。夫妻們尤其需要明白，這些特質大半是不會因結婚就改變或消失的。

（二）溝通的技巧

好的溝通為親密關係之本。有些人天生較易談到感覺，特別是與關係有關的感覺；有些人卻不是這樣，對這些人而言，甚至連分享最普通的想法和感覺都有困難。發展一套雙方皆滿意的溝通模式，是建立親密關係之關鍵。

（三）解決衝突的技巧

人們對關係中衝突的存在與解決各有不同的態度，有人較開放，有人相信最好不要去談問題，希望它們就此自動消失。關係融洽的夫妻應面對衝突，不逃避問題。

（四）理財的能力

在任何關係中，「錢」都是主要問題。夫妻在收入與支出上的看法若一致，其親密關係也會較強。有些人比較愛花錢，有些人則較節儉，大部分的人介於中間。用錢理念的不同，會導致相當程度的衝突，夫妻雙方一起解決有關個別開戶或一起開戶之類的事是很重要的。

（五）共同的休閒活動

每個人都有不同的休閒方式。若一人想去爬山，另一人卻寧願去看電影，則關係會暗藏不融洽的因子。夫妻必須尋求雙方滿意的解決之道，要找出雖不那麼喜歡卻可行的辦法，例如討論下面這個問題時：「休閒活動應是純屬夫妻兩人的事，或有朋友參加的空間」，兩人的看法如何？共享休閒活動可增強親密度，但也常具有不和諧的因素。

（六）和諧的性關係

　　性是關係品質優劣之指標，通常也是人際關係中，夫妻難以啟齒討論的重要項目。一談及情感和性表達，差異就無可避免。性關係融洽的夫妻能無礙地表達彼此的感情，同時也能互相尊重對方的需要。

（七）教養子女的態度

　　夫妻必須決定要不要有小孩？若要，要幾個？同時也必須決定他們想要如何教養孩子。孩子對婚姻關係的影響，各人有不同的看法。子女、婚姻、工作的優先順序如何安排，也大不相同。差異大的管教技巧、希望傳給孩子的價值觀與目標，這些都可能是夫妻爭執的來源，在這些事情上的看法若能一致，將有益於增進親密度。

（八）與親友的關係

　　在婚姻關係中的姻親、朋友的關係，如果不是優點就是麻煩。親戚關係與友誼的角色，若沒處理好，有可能成為夫妻親密的痛處。好友，特別是夫妻的朋友，應該是有價值的資產。

（九）角色的和諧

　　夫妻對家中誰居領導、家事如何分工的意見是否一致？一旦孩子出生，一方是否要辭職在家照顧孩子？誰負責洗碗、洗衣、打掃？誰負責洗車、整理庭院？諸如此類的項目如欲得到高親密度，關鍵在找出最有利雙方的角色型態是平等分享，還是依循傳統性別差異的家事責任分工？每日生活不易，亟需夫妻在許多事上的意見一致。

（十）共同的價值觀

　　雖然宗教原是為安慰個人、連結家人，但也可以是夫妻間吵架的原因。

有些夫妻的靈性價值觀變一致，這種和諧在他們之間會形成強而有力的結合。在對家庭所做的研究中，宗教和屬靈觀一再被提及，是重要的家庭長處。但對有些夫妻來說，宗教問題卻是長期性、爆炸性爭執的中心所在。

總而言之，親密是要耗費大量時間、精力和努力的過程。一旦得到，仍需很努力地去維持，夫妻必須不斷尋找方法復甦他們的親密關係。墜入愛河容易，永浴愛河則非常難，擁有親密關係並維持，是值得追尋的挑戰。

參、親密關係的遊戲

親密關係的遊戲雖然是針對年輕人設計，但是對其他年齡層的夫婦，當然包括老年人，也有相同的效益。親密關係的遊戲之探討包括：親密遊戲的意義、建設性的親密遊戲、破壞性的親密遊戲、發展親密關係等四個項目。

一、親密遊戲的意義

親密關係中有件很重要的事，即是對想要和不想要的事必須要誠實、乾脆。一方有所要求時，對方可以應允、也可以拒絕。但許多人玩「親密遊戲」，會隱藏其真正想要的想法，企圖操控對方去做他想要的事，或給他所要的東西。這種遊戲短時間內有效，長此以往卻有害親密感與分享的意願，且容易滋生怨恨，關係可能會徹底被破壞。

關於親密遊戲有個普遍流行的想法，就是「競爭性的零分遊戲」。在這遊戲中有一贏者和一輸者，一方贏則另一方輸，所以總分是零。零分遊戲是和兩人互相配合，與雙方皆贏的「合作性遊戲」正好相反。在人際關係中，零分遊戲總是會引起爭端，特別是規則形成，總是同一人贏時，例如：一方可能說錢該怎麼花，應由他做決定，因為是他一個人賺錢的。

為何要玩親密遊戲？這是因為人們有時不確知自己想要什麼，有時不好意思要求，有時害怕被拒絕，有時感覺情況不對勁，而唯一可以解決的方法只有玩個遊戲。由於玩遊戲又常立即見效，於是可以一玩再玩。仔細觀察親

密關係，可看到它和其他的遊戲，諸如下棋、玩牌、踢足球等有相同點：目標、玩者、規則和策略。但是在足球的遊戲中，人人都知道目標為何、誰是球員、遊戲規則、賞罰為何、何時結束、結局如何；而在親密遊戲中，這些因素有很多是看不見，或是模糊的。

二、建設性的親密遊戲

雖然大部分的親密遊戲屬於破壞性，但建設性的親密遊戲則可加強關係。伴侶們通常只注意他們沒有從對方得到的，卻忽略了對方常為他們做的好事，於是就造成惡性循環：一方變得較不願付出，另一方也學著跟進，不久以後就沒有人願意好好地經營彼此的關係。扭轉這種反應的方法就是開始注意積極正面的想法，你能為對方做什麼？對方能為你做什麼？以積極方式給予，較能鼓勵對方，而且直言所需，可以增加獲得的機會。

據心理學家的研究指出，一方為另一方做了些正面的事，對方會在很短的時間內回報。他們發現，在二星期內，若一方為配偶做了十件好事，也會得到對方相同數目的好事回報；反之亦然，惡有惡報，且惡事會自動循環。研究者又做了另一項有趣的實驗：要求伴侶在一星期內，每天按平時讚美配偶的數量加倍讚美配偶。雖然兩人都覺得很彆扭，但他們也發現接受讚美者不僅樂於接受，而且在接下來的幾天內，也會以相同數目的讚美回報對方，這種方法發展出了正面的讚美循環。披頭四（The Beatles）把這個情形形容得更詩意，他們這樣唱：「最後你獲得的愛等於所付出的愛」（And in the end, the love you make is equal to the love you take）。

建設性的親密遊戲會造成良性循環，不像破壞性遊戲會產生惡性循環，而且其目標明確、規則清楚，策略是合作而非競爭的，結局也是互相回報的。研究指出，這種訓練可降低配偶間的操控和競爭。親密伴侶間的建設性親密遊戲尤其好玩，因為你們會有用很多不同的方法彼此回報，也是發展彼此間更多正面感覺的一個方法。

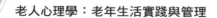

三、破壞性的親密遊戲

許多親密遊戲具破壞性，對這些遊戲加以辨認、分析，可以避免其中的陷阱，以提供良好的基礎，朝向發展正面的、建設性的關係。以下說明兩個破壞性的親密遊戲：「我不管，你決定」和「緊綑著的繩子」。

（一）我不管，你決定

很多時候，我們實在不在乎做了什麼決定，真正想要的只是由對方來做決定。然而，明知如此又怕明白地告訴對方，或自己想做決定，卻希望看起來像是對方做的決定時，這些情況都成了遊戲。

當一方還算確定知道對方會做他想要的決定時，遊戲就由此開始。他常會以這樣的問題開始：「你想在這兒停車吃晚飯嗎？」其實他真正的意思是：「我想在這兒停車吃飯，我希望你知道，而且做這個決定。」但是，一旦對方答應以後，若是菜難吃、服務不佳或價錢太高時，做決定的人可就要負責了。

另一常見的遊戲開場如下例：瑪莉和彼得剛接到一封許久未見面的夫婦朋友寄來的邀請函，他們是彼得的老友，但瑪莉不太喜歡他們，因為他們常爭吵。其對話如下：

> 彼得：這個宴會你想怎麼辦好，要去嗎？
> 瑪莉：我不在乎……（即使她在乎）。
> 彼得：想去看看他們嗎？
> 瑪莉：嗯……這禮拜六沒有更想做的事嗎？
> 彼得：沒有，我想去參加，好嗎？
> 瑪莉：好是好，可是……
> 彼得：確定妳想去？
> 瑪莉：我猜大概是吧。

他們赴宴去了，瑪莉去得有點勉強，也覺得有點不甘心。她原是希望彼得知道她並不想去，然後做出不去的決定。但既不肯明白表達真正的意思，又不積極投入做決定的過程，瑪莉自然無法如願。這是玩遊戲的負面結果之一。

另一項不好的後果可能如下：瑪莉在宴會結束回家後，覺得很不舒服，當彼得想親熱時，她很誠實地說：「今晚我不想。」不知瑪莉在玩遊戲的彼得，會猜想她根本就不想去參加宴會，現在卻用拒絕行房處罰我。因而整晚兩個人都覺得很不愉快。

（二）緊綑著的繩子

親子關係是破壞性親密遊戲的沃土，孩子長大成人後尤其如此。雖然這些遊戲應該玩得很有趣，但他們常常帶著偽裝，所以玩的人通常都不那麼喜歡。即使如此，父母親和成年子女間卻常玩此類遊戲。

放下為人父母的身段很難，雖然很多父母在理智上，會同意下列紀伯倫對孩子的觀點，但要活出他這種哲學仍是很難的：

> 你的孩子不是你的孩子，
> 他們是渴望生命自我的兒女。
> 他們經你而生，
> 但非由你而生。
> 他們雖然與你一起，
> 卻不屬於你……
> 你是弓，弓上的你的孩子像把待發的箭，射手看見無限的路徑
> 上的目標，
> 於是以他的大力將你彎曲，
> 他的箭得以射得快又遠。

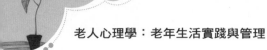

在許多家庭中，父母干涉已婚子女的程度與型態已引起許多問題。一些雙方都同意的平衡是重要的，但要在個人的獨立與和原生家庭的連結中，取得平衡卻有困難。有些父母就是很難接受他們的孩子已長大成人、想要有獨立的生活方式，以及想脫離過去的傳統。

（三）破壞性遊戲的限制

多年來，研究者與家庭治療師設計了許多有用的技巧，來限制家庭中的遊戲，並增進家庭親密度。首先，最重要的是每個人都要知道遊戲的名稱、規則、策略和目標。把檯面下的規則說清楚很有幫助，而認出策略和對策能夠清楚看出遊戲的本質，討論偽裝過的目標讓他們明確清楚，則能限制很多親密遊戲的發生，以下將詳細說明。

四、親密遊戲的重點

親密遊戲有下列四個重點。

（一）認識遊戲名稱

逮到自己或別人在玩親密遊戲是很好玩的事，只要是在好玩又善意的情況下。親密遊戲是某人用來得到某物，而不必直接要求的一種娛樂。你若發現自己或摯愛的人正在玩這種遊戲時，就要設法據實以告，鼓勵對方要誠實坦白，切忌抱怨或諷刺。事實上，關心比「說重話」有效得多。

一旦認出正在玩的遊戲，就可以為它取個好玩又容易記的名字，例如：每個戀愛中的人，對偶爾玩玩「你若真的愛我，就該知道我想要什麼」的遊戲都會有罪惡感。在這遊戲中，要假設對方隨時懂我的心意，若他不懂，必定是不愛我。認出遊戲並為它取名，可降低日後再犯的可能。避免再犯的重要步驟，即是以理性、平靜的態度面對問題。

（二）讓秘密規則顯明

玩遊戲的人很難發現這些徒增困擾的秘密規則，這些規則一旦被揭露，秘密就玩不成了。最常見的規則是：「不要直接要求你想要什麼」，這條規則假設「你若直接要求，就會被拒絕」。但遊戲按此規則一玩，你就會身處困境。為了怕被拒絕，你不直接要求，但由於你不明說，別人必須猜；若猜錯，你就得不到所要的。

直接要求，對方才有機會選擇如何及何時滿足你的需要。這樣一來，對方就會有付諸行動的責任，也會覺得較沒壓力，何況給人所需，別人快樂，自己也快樂。

（三）揭露遊戲策略

靜悄悄、愁眉不展的從爭執中退出，是常見的親密遊戲策略，目的是為了讓爭執中的對方不繼續攻擊。「對手」可能因此採取對策說：「怎麼了，親愛的？」而這安靜、憂鬱的「親愛的」所採取的對策，則是回答：「（歎息）唉！沒什麼。」

揭露這類的遊戲策略是親密關係的重要步驟。它並不容易，正如玩牌或打網球的人常與對手打迷糊仗一樣。揭露遊戲策略有助於建立親密關係。

（四）辨識偽裝的目標

有人喜歡把目標加以偽裝，而不直接要求想要什麼。反問是隱藏的真正意圖，讓對方以為是他在做決定常用的技巧，例如：假設伴侶問：「你不想去看電影嗎？」你可以問他想看什麼電影，以明白他真正的目的。

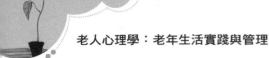

問題討論

1. 在小組討論中，分享你認為友情和愛情的異同。
2. 對你而言，浪漫是什麼？
3. 做個不記名調查：問問朋友或同學有過幾次戀愛經驗？平均數是多少？範圍多大（從最低數到最高數）？
4. 做個簡單的練習：算算你給所愛的人多少負面評語？針對每一負面評語，修改成五個正面說法。這將使大家好過些，關係品質也將獲得改善。當你專注於正面時，會發現負面批評減少了，對彼此的需要也更敏銳，關係滿意度就會增加。
5. 訪問一位離婚或再婚者，請教他／她們經過約會、訂婚、結婚、解除婚約、離婚、再度單身、再婚等這些階段後，對愛情的定義有何改變？請進行 45～60 分鐘的訪問，以便了解婚姻怎麼了？為什麼會這樣？

思考問題

1. 何謂親密關係？請說明夫妻之間的親密關係？
2. 有關親密關係與溝通之間，常會出現哪些狀況？
3. 夫妻之間若要維持親密關係，有哪十項基本要素？
4. 透過遊戲常會容易破壞親密關係，請舉兩個破壞性的親密遊戲。
5. 家庭治療師有時會運用技巧來限制家庭中的遊戲，並增進家庭親密度，請舉例說明可以透過哪些遊戲來發展親密關係。

第三篇

管理篇

第十一章

老人的心理健康管理

　　本章的主要目的是討論本書第三篇管理篇的第一部分「老人的心理健康管理」，第二部分是「老人的生活健康管理」（第十二章），第三部分是「老人的生命健康管理」（第十三章）。本章規劃為三節：第一節「克服心理障礙」，第二節「掌握心理和諧」，第三節「學習放鬆自己」。

　　第一節「克服心理障礙」將探討三項議題：(1)心理障礙問題的背景；(2)一般性心理障礙問題；(3)病態心理障礙問題。在第一項「心理障礙問題的背景」中，將討論：生理機能衰退、生活環境轉變等兩個項目；在第二項「一般性心理障礙問題」中，將討論：產生衰老感、退休綜合症、空巢孤獨感、人老話多、記憶障礙等五個項目；在第三項「病態心理障礙問題」中，將討論：恐病症或疑病症、老年期抑鬱症、老年失智症、老年期幻覺與妄想症、老年神經症等五個項目。

　　第二節「掌握心理和諧」將探討三項議題：(1)心理緊張與疾病；(2)良好心情的健康作用；(3)控制心理緊張。在第一項「心理緊張與疾病」中，將討論：惡性的心理緊張、良性的心理緊張等兩個項目；在第二項「良好心情的健康作用」中，將討論：笑的健康作用、注意心理衛生、保持和諧心境等三個項目；在第三項「控制心理緊張」中，將討論：處理發怒生氣的問題、明確的生活目標、接受目標指引等三個項目。

　　第三節「學習放鬆自己」將探討三項議題：(1)放鬆的重要性；(2)放鬆準備與練習；(3)放鬆的應用與堅持。在第一項「放鬆的重要性」中，將討論：緊張情緒、放鬆心情、放鬆是一種技巧等三個項目；在第二項「放鬆準備與練習」中，將討論：放鬆的準備、放鬆的練習等兩個項目；在第三項「放鬆

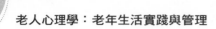

的應用與堅持」中，將討論：放鬆的應用、對放鬆的堅持態度、放鬆擺脫疼痛等三個項目。

 第一節　克服心理障礙

本節將探討三項議題：(1)心理障礙問題的背景；(2)一般性心理障礙問題；(3)病態心理障礙問題。

壹、心理障礙問題的背景

心理障礙問題的背景之探討包括：生理機能衰退、生活環境轉變等兩個項目。

一、生理機能衰退

生理機能衰退，疾病增加，致使心理功能老化。人到了中年，衰退已經漸漸出現；到了老年，衰退現象尤甚。進入老年後，首先是體態和外型的變化：臉上布滿皺紋、頭髮和鬍鬚皆白、落髮加劇、牙齒亦漸脫落，這是因為肝腎功能不足、精血衰耗，不能供給頭髮及皮膚足夠的養分所致；其次，由於內臟器官細胞數量的減少和臟器的萎縮等，會出現腦、消化、內分泌功能等方面的生理機能老化，也易出現骨質疏鬆、腦血管病變、肝病、慢性胃炎等。此外，還會出現全身各種細胞的不斷損失與功能減退，貯備能力降低，相對適應的能力減弱。

這些生理變化，使得感官衰退、智力下降、思維遲緩、學習和創造性能力減退、記憶障礙（對剛發生事件的記憶尤甚）、言語準確性低（不易用精簡的詞句來描述事物）、心理平衡能力減弱、情緒不穩、易傷感、易激怒、憂鬱、悲觀，而感嘆自己大不如前、力不從心等心理老化現象，常有「怎麼

退化這麼嚴重呢」的嘆息。

二、生活環境轉變

退休後，社會職能和生活環境的轉變使老年人的心境面臨著新的情境。老年人離開數十年辛勤工作的環境，往往會產生諸多感慨，「退休綜合症」逐漸出現。他們常因不用工作、生活清閒而感到空虛，能力無處發揮而感到惆悵，因離開了工作夥伴，而形成一種疏離感。老年人的家庭生活環境也發生變化，或子女獨立生活、或喪偶而成鰥夫寡婦、或老年喪子等而產生失落感；也因為行動能力下降、社交圈縮小、失去同伴等，而產生沮喪感。新的生活、新的適應就等著老年人去面對。

由於長期累積的生活與工作習慣，使老年人習以為常的心理十分鞏固，幾十年的社會實踐，也使個性心理特徵更加明顯。他們的興趣、嗜好、脾氣、性格，具有突出的個性化，比中年人更具特點、更加定型。他們總是頑固地堅持自己的觀點、習慣和愛好，不易贊成他人的意見和看法，更無法輕易改變。由於習慣心理、定型個性的影響，而對一切變化和新的事物總是感到不安而極力反對，就算是他人的一份好意也絕不領情，盲目的加以排斥，甚至為了餐點的樣式變換也要反對。由於不自覺地堅持自我中心及自我防衛態度，所以對什麼事都感到懷疑，固執地想保護自己而採取任性的態度和方法，做什麼事都優先考慮自己。有的老年人甚至會由於懷疑而發展成妄想症，總以為他人要謀害自己的生命、奪取錢財，以致於心神不寧，也有人因此變得抑鬱或悲傷，甚至自殺。

人，作為一個生物體，有著不可抗拒的自然規律，衰老幾乎不可避免。但作為老年人，卻極難十分客觀、坦然地接受自我的衰退現象及上述的心理特徵，而可能會有下列幾項心理問題。

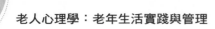
貳、一般性心理障礙問題

一般性心理障礙問題的探討包括：產生衰老感、退休綜合症、空巢孤獨感、人老話多、記憶障礙等五個項目。

一、產生衰老感

衰老感是主觀地覺得「自己已經上了年紀，成為老人了」的心理狀態，即意識到自己老了。首先，是身心狀態的變化，感覺能力的降低，例如：步履緩慢、牙齒脫落、容易疲勞且恢復緩慢、氣力衰弱、性慾減退、食量減少、工作效率低等。其次，是社會環境的改變，例如：退休、子女分居、親友死亡等。另外，別人把自己視為老人，左一聲「老前輩」，右一聲「伯伯」，極易產生遲暮之感，就算自己還不覺得老，也會懷疑自己是否真的老了。衰老感一經產生，就意味著一個人的精神已經老化，容易失去生活的積極性，由此可導致意志消沉、情緒低落，進而加速生理的衰老和心理功能的降低，而導致新的疾病。「怕老，老得更快；怕病，病就愈纏身」，老人一旦產生衰老感，就容易感到力不從心、無力回天了。

二、退休綜合症

「一代新人換舊人」，這是人類歷史發展的客觀規律。當老年人到了適當年齡，就要離開工作崗位，讓位給年輕人，這是十分正常的事。但退休的老人卻由於適應不了所處環境和生活習性的突然改變，往往會出現情緒消沉和偏離常軌的行為，甚至還因此而引發其它疾病，嚴重影響健康。退休後，抑鬱傷感是導致這種綜合症的主要原因，包括有：

  1. 失落感：社交圈的縮小、人際關係的改變、無所事事的清閒、期待與現實的落差，以及遺憾等，都會干擾情緒而影響心理平衡，進而產生失落感。

2. 懷舊：退休後的空閒容易使其沉浸於往事的回憶，並追憶過去的美好時光，但卻易有感於光陰似箭，而產生時不我予的遺憾。久而久之，心情會變得抑鬱或性格孤僻。

3. 寂寞孤獨：退休後遠離同事、朋友，甚至熟人相繼作古，老來失伴，常常會感到淒涼悲切，憂鬱孤獨。

退休綜合症患者，主要表現為坐臥不寧、行為重複、猶豫不決，不知做什麼好，甚至會出現強迫性定向行為，或者是注意力不能集中，做事經常出錯；性情變化明顯，易急躁和發脾氣，對任何事情都不滿意；總是懷舊；易猜疑和產生偏見；情緒憂鬱，失眠、多夢、心悸、偶發性全身燥熱等。

一般而言，事業心強、好勝而善爭辯，嚴謹而偏激、固執的人，其發病率較高；無心理準備而突然退下來的人，其發病率高且症狀偏重；平時活動範圍大而愛好廣泛的人，較少患病。另外，女性較男性適應快，較少出現退休綜合症。

三、空巢孤獨感

人類千百年來一直過著群居生活，是不喜歡孤獨的；尤其是老年人，對於孤獨甚至可能達到恐懼或害怕的程度。專家曾對 13,963 名的城市老人進行調查，發現40%的老人有孤獨、壓抑、有事無人訴說之感。1993 年，上海也曾對 1,446 位老人進行調查，發現42.2%的老人平時僅在家門口活動，66.7%的老人則全年足不出戶。子女遠走高飛，年輕人離開家庭踏上社會，老年人告別社會重返家庭後，顯得「孤苦伶仃」。他們一旦感受到空巢的孤獨，心理或情感的支持系統往往趨於脆弱。若老年患病者，更易對自身的價值表示懷疑、消極、悲觀，甚至產生抑鬱、絕望的情緒，認為自己上了年紀就只能一步步邁向墳墓，嚴重者還會加入老年失智症的行列。

老年人只要心智尚在，是可戰勝「空巢」孤獨感的。首先，應看到社會的進步，新時代的重任應由新一代年輕人去擔當，「尊老愛幼」改為「尊幼愛老」也無妨；其次，可探尋家門內外各種休閒自娛之道，養花逗鳥、走親

訪友等，悠哉悠哉、身心怡然。此外，還可尋覓愛侶，共度人生。

四、人老話多

俗話說：「樹老根多，人老話多。」人上了一定年紀之後，說話往往重複囉唆，喜好憶舊。老年人的語言障礙表現有失語、錯語等不同形式，這多是由神經系統或其他疾病所造成。中醫認為，人的言語形成與心理和生理有密切關係。老年人由於精力不足，許多事情不能直接參與，在解釋老年人適應成功與否的解脫學說中，柯明和馬柯夫曾經說過：「這種人際關係的退縮，增加了他對自己的注意力，由於社會的疏遠，即轉入了一個新的平衡狀態。完全解脫的人，把他的能力完全貫注在自我的內在生活裡，傾注在自己的記憶、幻想以及富有意義的自我形象中。」因此，他們只好藉助話語來表白自己，以求得心理平衡，排除寂寞，也只好藉助嘴巴、重複的語言為手段。老年人言語雜亂，也是思維方式和思維過程某種異常的表現；其津津樂道陳年舊事，炫耀以往的事績，都是為了尋得一種心理上的慰藉，以解脫現實的空虛。所以老年人總顯得那麼囉囉唆唆，無休無止。作為老年人，應盡量克制自己，而作為家中晚輩，應盡量對老年人予以諒解。

五、記憶障礙

在生活中，我們經常聽到老人說：「我的記憶真差，東西放到哪裡，一轉眼就忘了。」老年記憶障礙通常是自然衰老的現象。老人對陳年往事能記憶猶新，而對新近接觸的事物或學習的知識都忘得快，尤其是人名、地名、數字等沒有特殊涵義或難以引起聯想的東西。老年人記憶障礙往往帶來諸多不便，例如：燒開水後，忘了關火；剛介紹過的客人名字，轉眼就叫不出；把門關上後，才想起沒帶鑰匙；老花鏡架在額頭上，還到處找等，這些事情總令老人感到苦惱不安。據統計，70 歲健康老人的腦細胞數量要比 20 歲健康年輕人減少 15%，腦的重量也減輕 8%～9%，周圍神經傳導速度減慢 10%，視力下降，視力超過 0.6 的只有 51.4%，這些功能下降的生理現象都會

在一定程度上影響記憶力。而這些自然衰退的影響，使老年人一方面要為回憶某人、某事、某日期比過去耗費更多的注意力和時間，另一方面使他們要記住重要事情的能力大幅下降，所以老年人總是表現得如此健忘。

　　為改善老年人的記憶力，一方面要多用腦、勤用腦，使大腦處於一種積極功能的狀態。另外，經過不少科學家大量研究證明，食物療法可增強記憶，如下說明：

1. 補充卵磷脂：卵磷脂是大腦中的重要組成部分，被譽為「智慧之花」。吸收後可釋放膽鹼，膽鹼在血液中會轉換成乙醯膽鹼（神經傳導物質），能增強人的感覺和記憶功能；它還能控制腦細胞死亡和促使大腦「返老還童」及降低血脂。卵磷脂多含在蛋黃、豆製品、動物肝臟中，但膽固醇含量也多，故不宜進食過多。

2. 營養平衡：如蛋、魚、肉等食物較好，老人每天吃一～二個雞蛋，可改善記憶力。

3. 補腎健腦：可選用人參粥、胡桃粥等。

4. 選用鹼性食物：豆腐等豆類食品及芹菜、蓮藕、茄子、黃瓜、牛奶等，能使血液呈弱鹼性；菠菜、白菜、捲心菜、蘿蔔、香蕉、葡萄、蘋果等也能使血液呈鹼性。多吃這些食物，使身體經常自律地調節成弱鹼性，對大腦的發育和智力的開發都是有益的。

5. 食用含鎂的食品：核糖核酸是維護大腦記憶的重要角色，而鎂這種微量元素能使核糖核酸注入腦內。含鎂豐富的食物有麥芽、全麥製品、蕎麥、豆類及堅果等。此外，蛋白質對健康也很重要，應多吃蛋、黃豆、沙丁魚等。

參、病態心理障礙問題

　　病態心理障礙問題的探討包括：恐病症或疑病症、老年期抑鬱症、老年失智症、老年期幻覺與妄想症、老年神經症等五個項目。

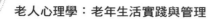
一、恐病症或疑病症

雖然隨著整個個體功能的減退，60 歲以上的老人軀體疾病發生率可達60%以上，但是卻有一部分老年人本來身體很健康，可是看到年齡相差不多的朋友生病或病逝後，也覺得自己身上這裡痛、那裡痛，頑固地認為自己也患了某種疾病，雖經檢查未發現異常，但自己仍不能消除疑慮，因此產生恐懼、悲哀等消極情緒，給工作及家庭生活帶來不必要的影響，這就是「恐病症」。老年人的「恐病症」之產生原因有以下幾個：

1. 分辨能力下降：面對身體素質的每況愈下，有些老年人總要求自己的身體狀況要像年輕時一樣的旺盛和強壯，對那些生理性衰老、健康狀況的「自然下滑」認識不夠，而對一些慢性病不夠重視，等到病情明顯發作後，才意識到生病了，並由此產生恐病心理。從心理學的觀點來看，這類是認知問題的不足或自以為是，而表現出高度的敏感、關切、緊張和恐懼。

2. 環境的刺激：老年人經常會去醫院探望生病的朋友或參加追悼會、告別式，看到別人生病與去世，總覺得別人的今天就是自己的明天，因此常懷疑自己有病，惶惶不可終日。此外，老年人患慢性病者較多，家庭中的環境、氣氛不和諧、惡性刺激，以及周圍人群對自己病情的反應，哪怕一句話、一個動作、一個表情，都會引起病人的不安而產生恐病情緒。從精神分析的角度來看，老年恐病症或疑病症傾向是一種自戀活動，從年輕時的性愛指向他人，到老年時轉而指向自身，轉向對自身的過分關切和愛憐。據研究，老年婦女的疑病現象顯著多於老年男性。

為消除恐病症，要注意下列幾點：

1. 中、老年人應定期作健康檢查：身體感覺不適，要及時到醫院檢查就診，不要胡思亂想、自作主張、隨便服藥；即使有病，也要積極面對，對疾病採取「既來之，則安之」的正確態度，配合治療，積極生

活。

2. 中、老年人應多參加集體活動，培養多方面的嗜好，提高生存能力。
   參加集體活動，可以互相交換經驗，進而消弭對疾病的恐懼。培養各
   種嗜好，可以讓生活有重心，使自己擁有生活的目的，也就不容易陷
   入不安的情緒，讓自己的生存能力更強。

3. 創造一個歡樂、開闊的環境，學習宣洩恐病情緒。在歡樂的環境中會
   忘卻憂慮的心事；開闊的環境使自己可以用宏觀的角度觀察事務，而
   不易產生煩躁的心情；即使想到疾病相關的事情，也可以輕易地往好
   的發展方向去設想，使恐病的情緒消失於無形。

二、老年期抑鬱症

憂鬱狀態是老年人常見的情緒反應，主要是伴隨著身體疾病、喪偶等而
來的痛苦，以及退休、經濟收入減少或社會、心理上受到的壓抑，使得老年
人情緒低落、沮喪、痛苦。在此基礎上，會產生悲觀、厭世情緒及自責自罪
的心理，甚至產生自殺行為。「萬事落空，百無依賴」，食慾、性慾下降，
體重減輕，伴有疑病、虛無和妄想；突出的睡眠障礙和軀體症狀等都可使抑
鬱症狀加重。國外學者調查，沒有工作和退休的老年人中，有過憂鬱經驗的
占 40～48%。

情緒與健康的關係是十分密切的，美國生理學家坎農（Walter B. Cannon,
1871-1945）於 20 世紀初作了大量研究發現，焦慮和抑鬱可抑制腸胃蠕動和
消化腺體的分泌，而導致食慾減退、心率加快、血壓上升、血糖增加。某些
嚴重疾病，例如：心肌梗塞、高血壓、癌症的發生，也與情緒不良有關。美
國在對 250 名癌症患者調查時發現，其中 156 人在發病前曾遭受過強烈的精
神刺激而發生情緒障礙；另外，也有人發現，喪偶的男子發生冠心病的機率
在 40%以上。

老人的情感趨於低沉，抑鬱症患病率明顯高於一般人群，自殺率也明顯

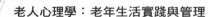

偏高。早在一百年前，著名的自殺研究專家、法國社會學家涂爾幹（Émile Durkheim, 1858-1917）經統計證實：自殺率會隨年齡增長而增高，且幾乎不分國籍和年代，而在各年齡組中，老年人的自殺率最高。老年抑鬱症患者，當他們陷入孤獨、悲觀、厭世的陰影之中，自我意識和自我控制水準減低，一旦有了刺激情境，例如：其他的老人自殺、患了絕症或重病等，都會受到感染，若與消極厭世的意志產生共鳴，就會進而走上絕路，例如：1986 年上海市某街道就曾發生過八位老人幾天內先後自殺的事件。生命猶如一把火炬，當它熊熊燃燒時，狂風暴雨也無法撲滅；但當火苗微小飄忽、奄奄一息時，微風細雨也抵擋不住。

老年抑鬱症患者應當求助專科醫師治療，一般注意事項如下：

1. 輕度患者不必住院，而接受定期門診治療即可。
2. 身體情況不好、有軀體疾病併發症或自殺企圖強烈的患者，須住院治療。
3. 藥物採用三環類抗抑鬱劑。
4. 調整生活環境、進行心理治療，及對軀體併發症進行內科治療。

三、老年失智症

老年失智症又稱為老年性精神症，大多在老年後期發病，是由於腦的器質性病變所引起的一種心理障礙。首先，會表現在人格的改變上：變得主動性差、孤僻、活動減少、自私自利、以自我為中心，對周圍環境興趣減少，對人缺乏熱情，難以完成原已習慣的工作，不能適應新環境；對親人亦漠不關心，情緒不穩，易激動、暴怒、爭吵，無故打罵他人；病情嚴重者，甚至不修邊幅，不講衛生，常收藏雜物，缺乏道德感和羞恥感，當眾裸體，性慾亢進，甚至出現有違逆道德和違法的行為。其次，還會表現出失智綜合症的症狀，例如：出現記憶力障礙，對剛發生事件的記憶表現為「健忘」，病情加重後，對長期記憶也發生障礙，進而出現虛構及抽象思維障礙，思考問題

易偏激、不分輕重緩急、固執己見，判斷力出現障礙，多疑、妄想；另外，睡眠障礙也是此病的常見症狀。病情嚴重時，會變得呆滯，完全喪失與人交往的能力，連洗澡、洗衣服、大小便等日常生活都不能自理。

　　老年失智症的發病原因尚未被確定，目前多針對興奮、抑鬱、妄想、意識障礙等症狀加以治療。失眠患者可選用安定、利眠寧、硝基安定等作用緩慢而較易耐受者；興奮及妄想症患者可選用抗抑鬱劑，但應嚴密觀察；還可根據中醫辯證論治的原則採用中藥治療。但是，上述的治療還是必須遵照專業醫師的建議為佳。此外，老年失智症患者之生活自理有困難時，應特別細心照料與護理。

四、老年期幻覺與妄想症

　　這是進入老年後期出現的一種類似精神分裂症的幻覺和妄想狀態。老年人各種機能的喪失，極易引發憂鬱情緒，也會給情感狀態帶來不安定的傾向；某些特異的性格傾向，一經觸發極易造成幻覺、妄想，還有知覺的模糊，會造成認知機能上的錯誤，並易產生幻覺及錯覺。老年期幻覺多是假性的，內容多為聽覺上的障礙，多由老年期特有的情感性狀態產生的錯覺而引起；妄想症多與經濟財產有關，對象多為有關兒子、媳婦或其他家屬、親屬等與自己有關的人，有關係妄想、被害妄想、疑病妄想等症狀。對於本疾病的治療，可依據醫師處方酌情選用吩噻嗪（Phenothiazine）類或苯丁酮（Butyrophenone）類強安定劑治療，效果較好。

五、老年神經症

　　根據有關資料顯示，老年期的神經症一般非初發病，多數在青年期即患過此病，而一直延續到老年期或是復發型患者為多。老年神經症大多為不安狀態、憂鬱狀態、疑病狀態及其混合型。在老年人當中，抑鬱性神經症發病率很高，表現為抑鬱感強、食慾不振、頭重、便秘、失眠；由於老年人的身體機能降低，對於保持健康有過多的不安及思想壓抑，所以老年神經症以疑

病型最多，若與不安、焦慮和抑鬱等情感障礙相結合，大多數老年人會反覆出現食慾不佳、大便乾燥、身體發燒、胸部鬱悶、身體不適等症狀，還可表現為類似內臟腐爛的諸多疑病妄想。

1. 老年人的心理障礙，可能的問題背景為生理機能衰退或生活環境轉變，請說明老年人有哪些生理機能衰退以及生活環境轉變？
2. 請說明導致退休綜合症的主要原因是什麼？
3. 衰老感是主觀地感受，即心理狀態意識到自己老了，請問老人出現哪些狀況時，即顯示有衰老感？
4. 如果要改善老年人的記憶力，可以透過哪些食物療法來增強記憶？
5. 老年人若出現恐病症或疑病症傾向，需要注意些什麼？

第二節　掌握心理和諧

　　本節將探討三項議題：(1)心理緊張與疾病；(2)良好心情的健康作用；(3)控制心理緊張。這裡所謂的心理和諧之協調，涉及的範圍和包括的內容相當廣泛，例如：心理緊張、家庭生活、工作環境、社會氣氛等，無不歸屬在內。其實，人類很早就注意到心理，特別是心理緊張與生老病死的關係，俗語說：「笑口常開，青春常在」；西方也有「喜悅者常健康」及「喜樂是心靈良藥」（聖經）的說法。我們都知道，人不可能生活在世外桃源，也不會與世無「爭」。人是社會環境的產物，而社會環境的各種事物無不對人的心靈及心理造成影響並留下痕跡。良好的心境，使人有一種輕鬆愉快的感覺；而不好的心境，則往往使人覺得生活枯燥乏味，會產生煩悶、壓抑的感覺。

心情愉快可以減少疾病；而心緒不佳，則萎靡不振，進而為各種疾病的產生提供了有利的條件。因此，認識心理緊張與疾病的關係，保持心境清靜和心理健康，學會理智地控制和調節心理緊張，建立和維護協調的生活環境及工作環境，實乃健康的要素，更是老年人追求長壽的基本要件。

壹、心理緊張與疾病

現代醫學研究顯示，心理緊張透過神經系統對人體的功能和健康個體產生了重大影響。心理緊張的表現，例如：喜、怒，憂、思、悲、恐、驚等。為了研究的方便，通常把心理緊張歸納為愉快的積極心理緊張和不愉快的消極心理緊張等兩大類。這種心理緊張狀態，特別是後者，是人類健康的破壞者，更是老年人的健康「殺手」。

如前所述，人類的心理緊張活動，受到大腦皮層、大腦邊緣系統、下丘腦和腦幹網狀結構的管理，而這幾個部位，又恰好是人體內臟器官和內分泌腺體活動的控制中樞；因此，心理緊張會藉由神經系統影響內臟器官活動，並不難理解。

一、惡性的心理緊張

惡性的心理緊張最常見的有四種：胃腸道、頭痛、心血管疾病、惡性腫瘤。

（一）胃腸道

精神心理緊張對胃腸道的影響，其明顯程度甚至可以說得上是立即且明顯的。大家都曾有這樣的體會：只要心情不愉快，無論是悲傷憂慮，或是憤怒恐懼，都會使胃口大減、食慾不振，甚至造成消化吸收功能障礙。根據現代醫學的研究，憤怒和恐懼等強烈心理緊張會使胃液分泌受到抑制，長時間焦慮、憤怒、怨恨和恐懼等，會使胃粘膜出血，胃酸分泌增加，這就有可能

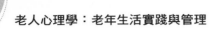

導致潰瘍的發生。難怪現代醫學會把精神心理緊張列為消化性潰瘍（胃和十二指腸潰瘍）的第一誘因。

（二）頭痛

頭痛也是一種常見與心理緊張有關的疾病。頭痛不一定是腦顱內有病，事實上，顱內只有血管、腦膜和少數神經有痛覺，絕大部分疼痛敏感的部位是在顱外，即頭皮肌肉和血管等組織。當然，顱內長瘤或顱內血管病變也會導致頭痛，但這是很少見的。90%以上的頭痛病人，其腦顱沒有器質性病變，這類頭痛常稱為「緊張性頭痛」，這也是老年人最常見的毛病之一。

所謂緊張性頭痛，其實是心理緊張所引起的。在平常生活中，當人們遇到一些不愉快的事情，或碰到難以解決的問題時，如果眉頭深鎖，看起來憂心忡忡，不懂得疏導排解，此時的額頭和頸部的肌肉就會繃得緊緊的，處於一種收縮狀態。如果心理緊張老是得不到放鬆，這些肌肉緊張收縮過久就會產生疼痛。從某種意義上說，緊張性頭痛是人們對付困難處境和外界壓力的一種反應形式，如果消除了精神上的緊張，頭痛也會自動消失。

（三）心血管疾病

心血管疾病與心理緊張也有密切關係。科學家們透過實驗證明，心血管疾病並不是年齡的必然結果。年齡不過是一個不利因素，心血管疾病大多是由於精神負擔和神經系統壓力過大所引起的，例如：緊張、恐懼、憂慮、憤怒等心理緊張，都會引起血壓升高。尤其是在憤怒狀態下，血壓升高更明顯。又如心理緊張的壓抑，有可能引起神經內分泌的改變，造成血液中膽固醇濃度升高，凝血時間縮短，使一些脂類物質容易沉積於動脈管壁，而引起動脈硬化，而心臟冠狀動脈的這種改變最終可導致冠心病。在已開發國家裡，冠心病的發病率特別高，其中一個重要原因就是，這類國家的生活過於緊張之故。

國外有人針對冠心病患者在心肌梗塞發作前的精神狀態作過專門研究，

結果證明，在心肌梗塞發作前，20.5%的患者受過嚴重的精神創傷，35%的患者在幾天之內會連續處於緊張的精神狀態，30%的患者是因為過度疲勞和工作長期緊張，只有4.5%的患者是由於從事緊張的體力勞動，另外還有10%的患者難以確定病因。毫無疑問地，在心血管系統有病的情況下，神經系統過於緊張和精神壓力過大，往往是造成急性心肌梗塞這種不治之症的重要原因。因此，要防止心血管疾病和降低心血管疾病的死亡率，絕對有必要宣導舒緩精神緊張的觀念，以及對這類急性病症的重要性。

以下介紹心肌梗塞的急救方法，因為這種急性疾病往往發生在瞬息之間，如不及時按摩心臟，容易在很短的時間內造成死亡事故。心肌梗塞發作時，患者胸前心臟部位會陣陣劇痛，有胸悶彎腰的痛苦表現，或有面色蒼白或青紫、冒冷汗等表現，重者立刻會失去知覺。急救時，應讓患者平躺，把右手放在患者胸部靠近劍突（即胸口窩處）的地方，再把左手放在右手手背上，以每分鐘60～70次的頻率用力迅速地直上直下地按壓病人的胸部。另一種作法是「口對口」地進行人工呼吸。按摩一、兩分鐘後停下來聽一聽心臟的跳動，如果聽不到心跳，應一邊繼續按摩，一邊繼續做人工呼吸，直到病人心臟恢復跳動為止。之後，仍舊要將患者緊急送到醫院，以便進行後續的治療與追縱。

（四）惡性腫瘤

消極的心理緊張也與惡性腫瘤有關。臨床研究證明，有心理矛盾、不安全感、壓抑和不愉快情緒的人，容易罹患肺癌、乳腺癌等。此外，消極的心理緊張還會引起支氣管哮喘發作、某些皮膚病和婦女月經失調、痛經、機能性子宮出血等。悲傷過度還會使人早死，例如：親人的亡故，尤其是配偶至親的離去，如果不幸者不能從悲傷中自拔，常常迅速衰亡，這樣的例子屢見不鮮。

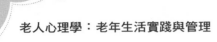

二、良性的心理緊張

與惡劣的、消極的心理緊張相反，良性的、積極的心理緊張剛好能使整個心理狀態保持穩定和平衡，而穩定平衡的心理狀態有利於保持個體內環境的穩定，進而使疾病無法入侵。俗語說：「樂而忘憂」，又說：「三分治病七分養」，當然，調養包括起居飲食、運動和營養等，而精神上的調養與其他調養是同等重要的，甚至是最重要的。

良好的心理緊張甚至有治療的作用，因為心理和生理是密切聯繫的，心理緊張透過神經和內分泌系統，可使生理發生一系列變化，例如：歡樂時血液流向末梢，可以適度促進食慾，增加消化液的分泌，加強消化道的蠕動，使消化功能好轉。實驗還證明，愉快的心緒可使血壓下降二十毫米汞柱，脈搏減少每分鐘八次，這對於高血壓、心臟病患者更勝過服用降血壓藥。

貳、良好心情的健康作用

良好心情的治療作用最好、最明顯的是笑。笑，因其程度不同，從微微一笑，只牽動幾塊臉部表情肌肉，到哈哈大笑、捧腹大笑、手舞足蹈。由於全身許多肌肉都參與活動，因此笑能消除疼痛。很多疼痛是由於肌肉緊張所造成的，更因為肌肉緊張而加劇，例如：緊張會引起頭痛。而笑能夠消除神經緊張，使肌肉放鬆，疼痛也就消失了。

一、笑的健康作用

笑有如做一套呼吸體操。人們發笑時，可以使肋間外肌收縮，肋骨上提，胸廓前後徑加大，同時膈肌收縮，胸廓變長，因而使胸廓容積變大，肺部擴張，有如做深呼吸一樣，能吸進更多的氧氣。大笑還可幫助消除呼吸道分泌物，保持呼吸道的通暢，加快體內的氣體交換。

此外，笑能促進血液循環，使臉部和眼部供血充足，臉色紅潤，神采奕

奕。笑的時候，由於腹肌的收縮、舒張加強和愉快心理的作用，胃的體積縮小，胃壁張力加大，位置也上升，消化系統各器官得以鍛鍊，使消化液分泌增加，功能上得以增強，進而增進食慾及人體的新陳代謝。笑，更可以消除愁悶，散發心中的積鬱。哈哈一笑，心中的煩惱、憂愁、悲觀全部煙消雲散。

　　笑，對病痛的治療和康復，有如下的例子：有一位病童呼吸困難，靠特製的金屬背心強迫他的胸膛一起一伏地進行呼吸。有一次醫生把他帶到戲院，精彩滑稽的表演，使病童笑得前仰後合，每次他大笑時，即無需金屬背心的幫助，而自己竟能呼吸達四十分鐘之久。另一個例子是一位患了膠原病的美國記者，其行動困難，全身疼痛不止，醫院說他已經沒有治癒的希望了；他想起曾經看過一本書上寫到：「心情愉快有助於治療疾病」，他請人蒐集了一些喜劇片，讓護士播放給他看，他發現大笑有很好的鎮痛效果。之後，他開始採用喜劇、滑稽表演的電影或書刊來進行「笑」的療法，獲得了良好的效果。

　　幾年前，美國研究報告中有一句常被人們引用的名言：「長壽最有力的預示是對工作感到滿意和精神上總是愉快。」這句話，把勞動及心理緊張與健康長壽的影響作了高度的概括，而心理緊張與勞動態度一樣，在很大程度上受到思想意識所左右、受理智的支配。因此，保持心理健康，建立和維護良好的環境氣氛，懂得疏導和排解不愉快的消極心理緊張，就顯得特別重要。

二、注意心理衛生

　　心理健康和身體健康緊密相連。這裡所說的心理健康，包括：高尚的心靈、和諧的心境、完善的人格，這些是心理健康的基本要素。具有高尚心靈的人，積極向上，正直而謙虛，常表現出朝氣蓬勃，精力充沛，心緒穩定，開朗愉快。很顯然的，心靈的美有利於健康。而心靈醜惡的人心術不正，損人利己，唯利是圖，甚至違法亂紀，胡作非為，這些人內心灰暗，因此伴隨

的是沮喪、悲傷、恐懼、苦悶、仇視、憤恨、嫉妒心理緊張的存在，終日不得安寧，嚴重影響神經系統的正常運作，進而影響身心健康，萎靡不振，甚至未老先衰。

至於和諧的心境則是指，心理與周圍環境之間的平衡與協調。曾有人對美國在韓戰與越戰時期死在戰場上的士兵進行病理解剖，發現這些士兵中有許多人都有血管硬化（包括冠狀動脈硬化）現象。這些士兵大多是年青人，心靈和人格未必醜惡或有缺陷，但一方面是國家的政令宣導攪亂了他們的理性，另一方面是殺人使他們內心深處感到罪惡感，這就嚴重破壞了和諧寧靜的心境，進而導致了年紀輕輕就出現老化的現象。

人們常說：「不做虧心事，半夜不怕鬼敲門。」這句話一點都沒錯，因為做了壞事，必然會受到良心的譴責，但為了遮掩和粉飾，就難免一生都被自欺欺人的謊言所糾纏，於是一再用新的謊言掩飾以前的謊言，即使自己的腦神經還很堅強，也會忍受不住這種折磨。

三、保持和諧心境

要保持和諧的心境，除了要具有高尚的心靈之外，還要懂得「多用心」，隨時照顧好自己的「心」；溫和禮讓，不以物喜，不以己憂，不汲汲營營追求名利，尤其是家庭生活對人的身心影響直接而明顯，良好的家庭環境對於人的健康有著重要的作用。有一個和諧融洽的家庭環境，不論工作多麼緊張，回到家裡就會感到平靜和溫暖；反之，就會出現另一種情況：工作或其他因素所造成的緊張心理得不到緩和，反而更加嚴重，心境就會變得更壞。有人作過調查，夫妻感情破裂、分居、離婚、鰥居的男人或寡居的婦女，經常會伴隨著性情孤僻、脾氣暴戾，以及喜怒無常的情緒反應，這些人的癌症、冠心病罹患率就偏高。可見家庭和睦相處、夫妻感情和諧，對於健康和長壽極為重要。

參、控制心理緊張

「面對它，處理它，放下它」是很多解決問題的方式。同樣地，要如何控制心理緊張，首先要讓自己不易生氣，而為了要更不容易生氣，就需要有明確的生活目標，並接受目標的指引。

一、處理發怒生氣問題

在現實生活中，最常見的消極心理緊張就是發怒，因此學會對付發怒的辦法，對健康和長壽是很實用的。心理學家認為，處理發怒的情緒要靠疏導，具體的方法有：

1. 轉移：在生氣時，最好趕快離開發生地點，用各種辦法使自己的注意力從發怒的人或事上，轉移到其他方面去，藉以獲得心理緊張情緒的穩定。
2. 吐露：在生氣時，找人盡情地傾訴一番，以減輕不愉快的心情；當然，也別忘了他人對這方面的需求，適時讓他人對自己傾吐心中的不愉快。
3. 忘卻：發生不愉快的事情時，可以經由工作、學習或做家務等，擺脫使人發怒的想法或事由。
4. 想像：遇到不稱心的事情時，能從寬處著想，善於自己安慰自己。
5. 讓步：對一些非必要的爭吵，理智的讓步不僅對自己有好處，也會帶來人家對你的同情和諒解。
6. 釋放：把心中不平之事開誠布公地說出來，心平氣和地說出事實，講道理，一旦解除癥結、消除誤會，怒氣便會自動消失於無形。

前面曾談到喜劇、詼諧有趣的藝術表演可以使人發笑，而用笑的方法排憂解悶、舒暢身心，也是一種有效的方法。在醫學史上，還找不到成天愁眉苦臉，沒有幽默感的人能活到 100 歲的例子。因此，心情不好時，去看一場

喜劇、相聲，或聽一些笑話，看一些幽默的漫畫，開心地大笑一場，讓自己從不愉快中解脫出來，這對身心健康都將有很大的好處。

二、明確的生活目標

無論是什麼樣的消極心理緊張：發怒或是悲傷，最要緊的是要有強烈的企圖心，要有明確的生活目標和高尚的遠景，這樣一來，無論身處怎樣的逆境，受到多大的委屈和打擊，都可以克服。化悲慟為力量，或將憤怒激起的能量，引導到對人、對己、對社會都有利的方面去，這是一種用理智控制心理緊張的作法。如此一來，消極心理緊張就不會積累下來，也可把消極心理緊張對健康的不良影響減少到最低限度。

為了明確自己的價值觀和長期目標，要先運用如下的思維程序：想像一下自即日起未來三年間的狀況，你會希望他人怎樣看待自己呢？你希望某個親近的朋友、某位家庭成員、某位同事或鄰居對自己有何評價呢？這個練習並非要你思考臨終前要做的事，而是要你思考自己究竟希望成為什麼樣的人，或者希望獲得什麼。三年的時間說長不長、說短不短，但足以讓你完成自己的願望，或作出某些實質性的改變。

不要試圖猜想人們對你的真實評價，練習的本質是要幫助你明確希望從他人那裡得到什麼樣的好評價。本練習的目的是幫你實現對自己來說最重要的事，一旦開始執行這個練習，就要先寫一份關於自己的價值觀和目標的陳述。這份陳述為你提供了如何針對目標設定、選擇優先順序的依據，以及如何決定自己的時間安排。當然，你並不需要制訂某個代表進步的里程碑，因為隨著年齡的增長和時間的流逝，它會逐漸產生變化，或者因為生命中的某些突發狀況而改變。

其實，在某個階段，這份陳述還能反映出你的價值觀和目標。它既可作為個人秘密，也可與親密朋友分享；它可長，也可短。但是，最好要將陳述內容詳細寫下來，並張貼於適當位置，以便能夠不斷反覆閱讀，直至牢記於心。然後，你才能確定這份陳述所顯示出的重要決定。最重要的是，陳述一

定要簡潔，但明確表達了自己的目的。

三、接受目標指引

如果自己從未想過自己的價值所在，以及退休後想要過什麼樣的日子，那麼等到真的退休了，一旦沒有了工作，失去以往生活中的最大部分，就容易陷入煩惱和無序之中。

當然，寫下有關自我價值觀和目標的詳細陳述之後，可以逐步再寫下更周密的計畫，隨著時序的進行，接受目標的指引，漸漸完成自己所設定的目標。做一個有關個人價值觀和目標的陳述，將有助於你確定一個以自我信仰為基礎的生活重心。然而，我們並不能透過價值觀來宣稱目標的明確性，還需了解自我的價值與目的，並需要藉助與之相關聯的行為來理解，但是要注意我們的行為經常會受到外界因素的影響，而非自我能夠控制的。

思考問題

1. 惡性的心理緊張最常出現在哪四種疾病或症狀？
2. 良好心情的治療作用最好、最明顯的是笑。請問笑有哪些健康作用？
3. 心理健康和身體健康緊密相連，請問心理健康包括哪些基本要素？
4. 處理發怒的情緒，有哪些具體的方法？
5. 若要控制心理緊張，有哪三項作法？

第三節　學會放鬆自己

本節將探討三項議題：(1)放鬆的重要性；(2)放鬆準備與練習；(3)放鬆的應用與堅持。

壹、放鬆的重要性

人，特別是老年人，之所以要學會放鬆，是因為與放鬆相對立的緊張情緒會導致很多痛苦，例如：疼痛和疾病，最常見的是頸部和背部的疼痛；疼痛和痛苦多了，就會增加煩惱，還會產生額外的擔憂。對很多人來說，肩部肌肉的緊張狀況就表示人體內部的緊張狀況。在放鬆練習中，要學習如何放鬆肩膀，你會驚訝地發現，如果個體能有規律地告訴自己放下肩膀，久而久之，肩膀上的肌肉就會真的放鬆了。

一、緊張情緒

緊張情緒同樣也會使人易怒、暴躁和疲倦。在緊張的狀態中，無論做什麼事，都要耗費相當大的精力和能量，而在放鬆狀態下則不會如此，緊張的人無形中在浪費自己的精力。緊張能使人加速前進，就像轉緊彈簧的玩具，彈簧轉愈緊，玩具走得愈快。學會放鬆則能讓你放慢腳步，更加舒服、從容地過日子。因此，我們不僅要從身體上放鬆，還要學會從心理上放鬆。

二、放鬆心情

學會如何放鬆，包含很多細節問題，並非指單一的思想放鬆。它是一種態度：按照既定節奏冷靜地接受事物，保持平靜，接受那些你無力改變的事物；它是一種習慣：發展一些對自己有益的習慣；它是一種生理技能：學習如何承認並釋放緊張情緒，無論生理上，還是心理上；它是一帖補藥：為你提供休息和娛樂，不斷為你添加能量和氣力，否則將會像點燃的蠟燭一樣，燃盡而消失。

放鬆心情是治療情緒傷痛最普遍的方法。在你充分了解之後，就會發現它不僅治癒了情緒上的傷害，還能為你補充能量和氣力，不僅僅在你感覺緊張和激動時，甚至在生活中的任意時刻，都能讓你體會到快樂。放鬆的態度

和習慣具有預防疾病、保護自我的良好效果，因此放鬆也是保持心理健康的主要途徑之一。

三、放鬆是一種技巧

你應該學習如何放鬆，對大多數人來說，這並非是一種自然狀態。只從語言上告訴自己或他人要「放鬆」、「平靜」、「鎮定」，這是沒有作用的，因為在進入到放鬆狀態前，我們必須要藉助外力來學習。除非你真正花時間學習這個技巧，然後再應用到日常生活中，才可以做到無論何時何地都能輕鬆面對生活。這些規則也同樣適用於學習某種行為技術，例如：騎自行車等。

在深夜裡，你是否曾因勞累、緊張、擔憂而失眠？盡可能努力轉換心情依然無法釋放緊張情緒，反而更難找到平靜心態是什麼感覺了。在學習如何放鬆時，有些事情可能看似很荒謬，例如：努力去嘗試不再那麼刻苦上進；在沒有工作時，約束自己要順其自然。對很多人來說，或許這正是難以學習放鬆的原因：人們愈是努力去做，遇到麻煩時，就愈會受到挫折的折磨。

因此，首先要牢記，你完全可以盡情支配自己的身體和思想，如果你能處理好那些阻礙放鬆心情的心理緊張和生理緊張狀況，那麼這個學習過程就很簡單了。

貳、放鬆準備與練習

對老人來說，所要做的事情就是拋棄緊張、學會放下。以下將闡述四個學習步驟，並配以實際事例來說明其中的相互關係。

一、放鬆的準備

第一步：準備。放鬆的方法有很多，卻無從判別哪一個是最好的。研究結果顯示，學會放鬆可以幫助人們變得冷靜，不再緊張和焦慮，因此，無論

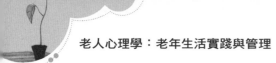

你選擇什麼方法都可以。但是，最重要的是你能從中選擇一種方法，然後堅持執行，直到自己能正確使用為止。如果你還想試驗其他方法，也要等到日後再練習。其中有些方法可作為主要選擇，例如：深度放鬆肌肉、瑜珈、各種形式的冥想、亞歷山大技巧等，現在有很多的學習班、影音資料等可學習這些方法。

學會如何放鬆是要花費一定時間的，在前幾個星期裡，每天都要用至少半小時的時間來學習。但是，如果你感到緊張時，就應該放下手頭所有事情，先來學習如何放鬆。首先，要決定究竟在何時學習對你最有幫助，你需要找到一個能讓自己感到舒適的時段，而且不受外界任何因素的干擾。如果你很難在白天找到適合做放鬆練習的時間，那就要問問自己為了這個練習能夠放棄什麼事情，或者是否有其他人可以幫助你保留這樣的空間和時間。

讓放鬆變成一種日常行為，每天都要在同一時間練習它，就會使其變成一種能輕易想起的規律；最好不要在夜晚來做這樣的練習，因為它會使你很快進入夢鄉。而你卻需要利用放鬆練習來學會如何認識自己處於緊張狀態的信號，學會如何順其自然，因此，你需要在練習期間保持清醒。而且，如果為了消除失眠之痛苦而在夜晚做這樣的練習，反而會更加擾亂你自己。一旦了解應該如何放鬆，在你願意的情況下，隨時都可以做到，也就能藉助這樣的方法使自己平靜下來，而更容易充分地休息。

以你自己的節奏來學習放鬆。正如學習其他方法一樣，每個人都有自己熟悉的速度和步伐，或許有的人學習速度比他人來得快，但是在練習如何放鬆的方法時，快速學習反而會適得其反，而且你愈是追求速度，就愈難達到放鬆的狀態。

找一個溫暖舒適又安靜的地方，最好不要穿著束縛身體的緊身衣服，尤其是腰部和頸部一定要保持寬鬆。建議你躺下來，閉上眼睛，如果你感到困難，那就按照自己習慣的舒服方法，或坐或躺，或睜眼或閉眼，都可以讓自己安靜一會兒，然後傾聽自己的呼吸。當你在用放鬆的方式進行呼吸時，腹部也會隨著呼氣和吸氣的動作而上下運動，但如果是胸部在做運動的話，那

就證明呼吸運動沒有在放鬆的狀態下進行。

從容地呼氣、吸氣，並且在呼氣時，不斷告訴自己放下，因為它強調了身體的自然運動節奏；在吸氣時，也告訴自己放下是一種與自身運動節奏相反的要求，可能會更難以達到要求。將一隻手放到胸部，另一隻手放到腹部，再來注意吸氣和呼氣，方便於你體會到身體上這兩個部位的運動規律。我們希望達到的目的是，放在腹部的手能最大幅度地上下運動，這樣你才能進行不受拘束的腹式呼吸，在此刻，無論發生什麼事情，你都要平靜地接受現實。當你能夠變得更加輕鬆時，呼吸也就會自然順暢了。

請一定要在平靜的狀態下，一個部位接一個部位地進行練習。你可以事先計算出每個部位練習的時間，然後按照順序依次進行；也可以事先進行錄音，按照錄音提示一步步地練習。

二、放鬆的練習

深度放鬆肌肉採用了鐘擺搖擺的方法，如果你希望鐘擺向反方向搖擺，首先要把鐘擺向後拉。因此，本練習首先要學習如何拉緊肌肉組織，然後再釋放。為了達到全身都能有系統地工作，我們通常會從手部開始，然後到肩部，接著從背部到足部，再回到肩部，最後才是臉部和頸部。如果你按照其他順序來執行的話，我們無從假設其結果如何，但是有一點可以肯定，身體和情緒高度緊張的部位，例如：肩部、頸部和臉部，就很難進入放鬆狀態了，或許最後再重複進行這樣的練習能有一定作用，特別是身體上很難進入放鬆狀態的部位。

第二步：練習，基礎練習。將注意力集中到手上，在做好準備後，使手部肌肉處於緊張狀態中。牢牢握緊拳頭，在極度緊張的狀態下慢慢從一數到三（讓鐘擺再擺回來），然後完全放開拳頭。此時，你會感到緊張一下子就從指尖排出去了，接著讓手處於自然休息狀態。在每次呼氣時，都要讓指尖變得沉重起來。當你愈來愈感到放鬆時，人體的血液循環就會愈來愈順暢，直至指尖的末梢循環中。在重複進行下一個肌肉組織的練習之前，應儘量讓

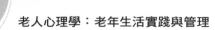

自己把精力集中到手部訓練中。

接著進行肌肉組織的放鬆。要正確的進行肌肉訓練，需要有基本的認識：從手部肌肉逐漸練習到肩部肌肉，然後再從腳到頭依次放鬆，倘若在練習中犯了錯誤，或遺漏了某個部分的肌肉，也無關緊要。為了得到深度放鬆肌肉的效果，重要的是在練習中學會如何認識緊張、緩解緊張，並卸下包袱。

最後，再次關注自己的呼吸。在每次呼氣時，都要想像一下自己已經達到了某種深層次的放鬆狀態。在轉向下一個動作之前，盡情享受一、兩分鐘，然後慢慢喚醒自己。如果在練習結束後，快速起身的話，可能會感到輕微的暈眩，當然，剛才已有所獲的練習效果也會煙消雲散。整個練習時間應該持續 20～30 分鐘。我們將在隨後的內容中闡述如何縮減練習時間。

有些人能夠做到身體上的放鬆，但很難達到精神上的放鬆。他們不停地考慮那些令人擔憂或難過的事情，甚至在全身肌肉都得到放鬆之後也是如此。我們可利用放鬆想像來獲得幫助，將自己認為最能讓你放鬆和平靜的地方羅列出來，在做完練習感到放鬆時，想像一下自己的確處於其中的某一地方。如果想像不停在變化，也不要擔心思想幾乎不會停留在靜止狀態。你只需引導自己的想像處於平靜之中即可，不要去想那些擾亂人心的煩惱，例如：你可以想像自己正在河邊享受日光浴，而且就這樣進入了夢鄉。然而，你可能不會那麼專心，畢竟你仍無法控制念頭的入侵，不久就會發現自己又在想明天的問題了；不過，你應該逐漸再把注意力專注到河邊。

你也可以錄製自己的放鬆影片。在錄影之前，根據上面闡述的觀點，你應該先寫下一個草稿。從提醒自己如何平靜心態開始，然後講述整個過程，包括所有關於如何調整呼吸的指導。告訴自己應該收緊哪部分的肌肉，然後再提醒該如何收緊，接著再告訴自己輕鬆放下。在釋放的同時，告訴自己現在的收穫是什麼。給自己如下的提示：「所有緊張都從體內排出去了，全身肌肉都感到溫暖有力，身心都進入到深層的放鬆狀態中。每次呼氣時，儘量持續時間更長些。想像自己的四肢因過分沉重而無法移動，而且自己正處於

完全舒適的被支撐狀態下……」諸如此類。你應該用平靜祥和的聲音和語調，慢慢地自言自語，當然也可以實施自己特有的方式，例如：重複練習自己認為困難的步驟，或者在進行練習前後，聽一些你認為可以使自己放鬆的音樂。

身體放鬆練習時偶爾也會出現問題。關節曾經受過傷的人，例如：關節炎患者，或許不適合這樣的鐘擺方法，尤其在收緊肌肉後放鬆前很容易再次受傷。如果這對你來說是個麻煩的話，你可以集中於每一個肌肉組織依次做練習，或者透過類似冥想之類的其他放鬆形式來練習。

有些人發現在開始練習放鬆時，曾經經歷過的情境會使自己煩憂，自己仿佛處在失控狀態下，而無法進入到寧靜祥和的狀態中。通常，人們需要很長的時間練習，才能確保自己在放鬆的狀態下不再心煩擔憂。

參、放鬆的應用與堅持

放鬆的應用與堅持之探討包括：放鬆的應用、對放鬆的堅持態度、放鬆擺脫疼痛等三個項目。

一、放鬆的應用

一旦能藉助整個練習達到深度放鬆肌肉的效果，就需要學習如何應用這個技巧，使自己過得更快樂。任何人都不可能在日常生活中時刻保持深度的放鬆狀態，因此，從前兩個步驟中得到的利益可能不足以讓你滿意。那麼，在和朋友聊天時、當你在開車時、在哄孩子入睡時，是否也能保持深度的放鬆狀態呢？下一個階段包含，學習如何發現早期的微弱緊張，以及在緊張形成之前該如何釋放緊張。經由縮減練習，以及在日漸困難的環境中練習，你就可以很快達到放鬆狀態。

在接下來的三～六週內，逐步縮減練習，例如：你可以從柔軟的肌肉組織開始，直到能作用到胳膊、腿、腹部、胸部和臉部為止。或者你可以在平

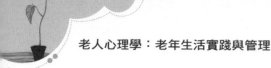

靜下來之後，看看自己在調整呼吸的過程是如何得到放鬆的，然後針對自己身體上仍處於緊張狀態中的肌肉再次進行練習。你可以只做練習的前半部分，然後看看自己是否能繼續完成其餘練習，以便依次了解自己身體上不同部位之肌肉組織。你也可以不用去考慮壓力和緊張，只需一味地關注放鬆即可。最後，儘管看似不太可能，但你仍希望能在需要的時候儘快得到放鬆。藉助想像來尋找任何一個能對你有效地縮短練習之方法，隨後，你將會發現為何要在開始時利用全身練習去認識緊張的信號，並學習如何釋放緊張，而把緊張情緒看成小事一件了。

　　每天都要持續練習，但隨著練習時間的縮短，應找尋機會頻繁進行練習。在你能夠隨心所欲地進行基礎練習後，應儘量嘗試在不同地點進行練習，例如：坐著練習，而非躺著。儘量輕鬆地坐在有扶手的椅子上放鬆，然後坐到桌子上進行放鬆練習，或者到公園裡散步時練習。隨後，你可以在閱讀時練習、看電視時練習、洗衣服時練習。想想自己在忙碌工作時最常用的是哪個部分肌肉，然後針對性地進行練習。如果其他地方仍有緊張狀態，例如：在開車時腹部肌肉會緊張，或者在聽音樂時肩部肌肉會緊張，那就嘗試著儘量釋放這些緊張。剛開始時，可以先加速肌肉的緊張程度，然後利用鐘擺搖擺的練習效果，將緊張一一去除。

　　一旦你能夠在日常活動中隨時應用放鬆練習，那就儘量在容易使自己進入緊張狀態的環境中進行練習，也就是在那些讓你心煩意亂的環境中練習。在沒有進行過有效練習的前提下，你根本不可能在最艱難的困境中成功地應用這些練習，因此，在初次進行訓練時，不要有太高期望。對大多數人來說，由簡至難地逐步進行練習，才是最佳方式，並且在能夠認清緊張情緒時，練習放鬆才會更加容易些。有規律地檢驗自己的緊張程度，並且在每次檢驗完之後告訴自己一定要放鬆，你將會驚訝地發現，自己經常產生一些不必要的緊張情緒，且的確應該釋放它們。

二、對放鬆的堅持態度

以下介紹擁有放鬆態度的六個方法。放鬆是一種態度、一個習慣，是一帖補藥，也是一個技巧，它能成為日常生活中的一個得力助手。

1. 採取放鬆的姿勢：你是否發現自己正坐在椅子邊上？是否曾經心煩意亂？緊張可是會浪費如此多的精力和能量，因此在適當時候要允許自己徹底放鬆。

2. 拒絕匆忙行事：匆忙只會增加緊張和興奮。大多數人都發現，他們在慢慢進行中和匆忙進行中得到的收獲一樣多，而且，緩慢進行的事情還能持續更長時間；平靜地做事情反而會讓你不會感到異常疲倦。

3. 做能讓自己放鬆的事情，並使之成為習慣：無論平靜與否（如閱讀或什麼也不做等），無論緊張與否（如運動或參加聚會等），儘量選擇那些能讓自己感到放鬆的事情。

4. 找出快樂：你愈是鍾情於自己的內心，就愈會感到放鬆。

5. 分散風險：如果你將所有的雞蛋都放到一個籃子裡，一旦籃子遇到麻煩，你就會感到十分緊張、六神無主了。

6. 讓自己喘息片刻：短暫休息一下，例如：和朋友共度半小時，或是有規律地給自己放個假。

三、放鬆擺脫疼痛

眾所周知，長期的肌肉緊張會造成疼痛，即使如辦公人員一樣整天坐著處理文件時所產生的輕度緊張，也會使人備受折磨。當然，緊張還會加劇疼痛。如果你正處於身體疼痛的狀態中，那麼你愈是緊張，疼痛就會更加嚴重。對於產婦來說，這個資訊非常重要，很多婦女都從輕鬆生產中獲得了益處。

很少有人了解，放鬆以及諸如建立在冥想上的專注，也有助於人們緩解

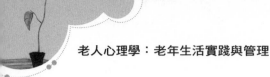

其他種類的疼痛，例如：關節疼痛或長期頭痛等。本章所介紹的這些練習及其應用和擴展，都能運用於這些環境中。

思考問題

1. 人們要學會放鬆，特別是老年人。請問放鬆有什麼重要性？

2. 緊張情緒或處理緊張狀態的人，會出現哪些現象？

3. 拋棄緊張，學會放下，對老人來說相當重要。請問學習放鬆包括哪四個步驟？

4. 何謂放鬆應用中的縮減放鬆練習？

5. 要擁有放鬆的態度有哪六個方法？

第十二章

老人的生活健康管理

　　本章的主要目的是討論本書第三篇管理篇的第二部分「老人的生活健康管理」，第一部分是「老人的心理健康管理」（第十一章），第三部分是「老人的生命健康管理」（第十三章）。本章規劃為三節：第一節「改正不良的生活習慣」，第二節「養成良好的生活習慣」，第三節「改善睡眠的品質」。

　　第一節「改正不良的生活習慣」將探討三項議題：(1)嗜酒習慣；(2)菸癮習慣；(3)藥物濫用問題。在第一項「嗜酒習慣」中，將討論：嗜酒習慣的原因、嗜酒習慣的問題、酗酒治療等三個項目；在第二項「菸癮習慣」中，將討論：菸癮的形成、菸癮的問題、戒菸方法等三個項目；在第三項「藥物濫用問題」中，將討論：藥物濫用、藥物誤用、賭博與酒精上癮等三個項目。

　　第二節「養成良好的生活習慣」將探討三項議題：(1)飲食習慣；(2)運動習慣；(3)習慣飲料。在第一項「飲食習慣」中，將討論：營養與壽命、控制食量、飲食與疾病、飲食與動脈硬化等四個項目；在第二項「運動習慣」中，將討論：運動與健康、如何運動等兩個項目；在第三項「習慣飲料」中，將討論：提神作用、強心利尿、分解作用等三個項目。

　　第三節「改善睡眠的品質」將探討三項議題：(1)睡眠的問題；(2)睡眠的保健；(3)克服睡眠問題。在第一項「睡眠的問題」中，將討論：睡眠不足、老人的睡眠等兩個項目；在第二項「睡眠的保健」中，將討論：睡眠與夢、失眠與安眠等兩個項目；在第三項「克服睡眠問題」中，將討論：克服身體上的各種不適、舒適安眠、睡前遠離刺激性食物等三個項目。

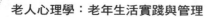

第一節 改正不良的生活習慣

本節將探討三項議題：(1)嗜酒習慣；(2)菸癮習慣；(3)藥物濫用問題。

壹、嗜酒習慣

酒不僅以其特有的醇香美味吸引著人們，飲酒後還會令人心情舒暢、忘卻煩惱、全身放鬆、減輕疲勞、振奮精神，因此，酒成為世界各國人們喜愛的飲料之一。很多科學研究結果顯示，偶爾或少量地飲酒對身體有活血化瘀的作用，有益健康。但是如果長期過量飲酒，嗜酒成癮而成為酒精濫用者或依賴者，甚至於引起酒精中毒，對個人和社會就有害無益了。對老年人而言，由於老化問題，嗜酒的害處比較其他年齡層更為嚴重。

一、嗜酒習慣的原因

嗜酒習慣的成因較為複雜，歸納起來有下列三種。

（一）遺傳因素

嗜好飲酒者常常具有家族性，家族中曾有酒精中毒者，其他成員也易發生酒精中毒，並且發生得早而嚴重。很多研究單位曾對部分酒精依賴者的親屬進行調查，發現酒精中毒的比例甚高，其中一等親屬是二等親屬的數倍之多。

（二）社會文化因素

受到傳統和風俗習慣的影響，許多國家和民族把飲酒當作社交和禮儀需要，例如：逢年過節，親朋好友相聚都要舉杯暢飲，以增添喜慶氣氛。中國

就有以酒代「久」之內涵，表示「友誼天長地久」和「永久」之意；西方國家的人也有在工作之餘或回家之後來一杯的習慣；高山寒冷地區的人，有空腹飲酒的習慣，並以豪飲為榮，不醉不休；此外，人際交往上可能也有此需要，例如：在生意場合上，洽談生意都要在餐桌上談，也就免不了喝酒。由於長期陪客戶談生意，就慢慢養成嗜酒習慣。

（三）心理因素

許多人因生活枯燥、精神空虛，或感到前途悲觀、渺茫，於是常常「藉酒澆愁」，以減輕精神上的苦惱，即所謂「一醉解千愁」。目前，我們的社會酗酒現象日趨嚴重，特別是退休老人為了打發時間、上班族面對工作壓力，以及遭受某些挫折打擊的青年人，常有「今朝有酒今朝醉」的觀念，到處找機會喝酒，而每飲必醉，醉倒方休。

二、嗜酒習慣的問題

嗜酒成癮易形成酒精濫用、酒精依賴以及酒精中毒等問題。

（一）酒精濫用

酒精濫用是一種飲酒過度的現象，包含一般的酒後鬧事到酒精中毒的前期。這種人的飲酒行為與眾不同，其表現的形式如下。

首先，飲酒量大，例如：每天飲酒，一個月的純酒精總量超過三千毫升；或間斷大量飲酒，每週至少二次，每次純酒精總量達一百毫升。其次，飲酒行為超越常人，即一個月至少酗酒兩次，所謂酗酒就是酒後鬧事，或者用賒欠、欺騙等手段去獲取含酒精飲料，甚至當酒類供應匱乏時，飲用自製酒或非飲用酒。再者，社會功能受到損害，由於長期大量飲酒並經常酒後滋事，給自身的工作、學習、生活、人際交往帶來很大的影響。

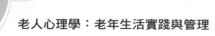

（二）酒精依賴

酒精依賴又稱為酒癮或酒癖，是指長期飲酒者對酒產生了一種精神上和軀體上的依賴。其表現特點如下。

首先，會渴望飲酒，酒已成為他們生活中的必需品，只要一日無酒，就會感到若有所失，甚至焦慮不安、精神疲憊，同時軀體方面還會產生許多不適，例如：頭痛、心慌、乏力、渾身酸痛等。於是千方百計找酒喝，甚至不擇手段，只有喝到了酒，症狀才會消失。為了喝酒，可以不顧家庭、妻兒，甚至挪用公款、偷竊犯罪。其次，酒量不斷增加，即對酒精的耐受性不斷增強；飲酒的頻率愈來愈高。開始是逢年過節飲，逐步是每週每日飲，直至一天飲酒數次，且酒量不斷增加。一般來說，達到酒精依賴的程度，大多要經過十幾年的時間。再者，大多數患者清楚自己的行為，且知道過量飲酒對身體有害，但就是不能控制。

（三）酒精中毒

長期大量飲酒可導致慢性酒精中毒，對人體造成多方面的損害。

1.對身體的影響

酗酒易引起胃炎、胃及十二指腸潰瘍、胃出血等健康問題，換言之，上述疾病或多或少可能是由飲酒直接或間接引起的。此外，酗酒還會增高咽喉、食道、口腔、肝、胰腺等部位癌症的發病率；其次，也會對神經系統有所影響，易引起小腦變性，發生共濟失調，表現出步履蹣跚，走直線困難的症狀；甚至有震顫現象，輕者雙手顫抖，重者顏面的表情肌、舌肌也會發生震顫；還可出現周緣神經疾病、腦梗塞和癲癇等。

2.產生精神障礙

首先，在情緒方面，易產生焦慮、抑鬱情緒，特別是形成酒精依賴後，在身體狀況不佳、家庭不和、經濟水準下降時，尤為突出，嚴重者還可能產

生自殺念頭。據報導，在住院的酒精依賴患者中，產生自殺念頭的占6～20%；其次，幻覺症多發生在長期飲酒或突然停止飲酒後數日或一～二週內。在神志清醒的狀態下產生言語幻聽，內容多是威脅性言語，通常以數人交談或評論他人的方式出現，例如：罵某人貪杯好色、是酒鬼，或揭露其隱私等；出現短暫幻視，例如：看見躲在門窗後的人影或閃爍的亮光、地板的條紋變成怪物等。病情可持續數週、數月，甚至長達數年。

3. 嫉妒及妄想症

　　長期嗜酒的男性，可能會引起性功能障礙，以性慾低下，甚至陽痿較多見；而在性功能障礙的基礎上，則可能產生嫉妒妄想，懷疑妻子不忠，甚至無故謾罵、毆打、侮辱、虐待，威脅要將其置於死地等。其餘症狀如：會罹患遺忘綜合症，表現為記憶能力發生障礙，短期記憶缺損，無法回憶剛剛發生的事件，但對多年以前的事件卻能正確回憶等；其次，全身顫抖，多是在慢性中毒的基礎上，驟然減少酒量或突然戒酒後忽然出現的精神狀態之改變，會出現全身顫抖、大量出汗、不安和易怒等症狀。常見的是混沌和記憶喪失，但最令人恐怖的症狀是出現各種逼真的、駭人的幻覺，這是慢性酒精中毒患者中，最嚴重而且最危險的一種症狀。另外，嗜酒成癖後，隨著酒精中毒加深，部分患者的人格也會發生顯著變化，例如：有的人會變得玩世不恭或多愁善感，有的人變得待人冷漠或不可理喻等。

三、酗酒治療

　　由於酗酒對個人的影響極大，因此對酒精濫用者和酒精依賴者必須進行治療和戒酒指導。常用的方法有下列六種。

（一）認知療法

　　即是透過影視、電台、圖片、討論等多種媒體宣導，逐步控制飲酒量。其改善方法為，酗酒者常有許多壞習慣，例如：空腹飲酒、一飲而盡、敬

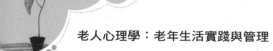

酒、罰酒、灌酒等不良習慣，都應革除；而飲酒前要多吃菜，慢慢喝，為社交喝酒時，要隨人意思，不強人所難。

（二）厭惡療法

對嗜酒成癮患者的飲酒行為附加一個惡性刺激，使之對酒類產生厭惡反應，以消除飲酒慾望（可參考戒菸的厭惡療法）。

（三）家庭與團體療法

酗酒往往給家庭帶來不幸，但對其進行制約的最好環境也是家庭。因此，家庭成員應幫助患者，讓其了解酒精中毒的危害，並樹立起戒酒的決心和信心，並與患者簽好協約，定時定量給予酒喝，循序漸進地戒除酒癮，同時創造良好的家庭氣氛，用親情和溫情去解除患者的心理糾結，使其感受到家庭的溫暖。

團體療法方面，患者可成立各種戒酒者協會，進行自我教育及互相約束，以達到戒酒之目的。國外有各種各樣的嗜酒者互誡協會，介紹戒酒經驗，互相勉勵。

此外，尚有藥物療法。對酒精依賴患者可採用藥物治療，在醫生的指導下對症治療。

貳、菸癮習慣

吸菸的習俗從哥倫布發現新大陸之後即開始，其歷史至今雖不過幾百年，可是在世界各國，吸菸人數和吸菸數量卻以難以置信的速度增加，遠遠超過了喝酒的人。

一、菸癮的形成

吸菸習慣的形成主要是外界環境的影響。

（一）好奇與模仿

　　對於大多數吸菸的青少年而言，開始只是出於好奇，常聽人說：「飯後一根菸，快樂似神仙」，便想親自去體驗其中的滋味。香菸具有多種象徵作用，歷史上許多偉人都是大菸槍，例如：丘吉爾的雪茄、史達林的大菸斗、毛澤東的菸癮等，這些大人物的形象與香菸聯繫如此緊密，無形中便成了一種力量和自信的象徵，吸引著許多青少年的模仿。此外，成人或同伴也會有影響，吸菸者那種瀟灑自如、悠然自得的神態，對青少年具有很大的誘惑力，也吸引著年輕人去模仿。

（二）交際的需要

　　吸菸已成為一種交際手段，請他人抽菸往往是社交的序曲，能縮短人與人之間的心理距離；互相敬菸能溝通感情，產生心理上的接近，有利於問題的解決。許多人開始純粹是因為社交上的應酬，談正事之前，首先要給對方敬上一支，隨後再為自己點上一支。隨著這種禮尚往來的增多，慢慢地由抽一支菸就半天不舒服，到半天不抽菸就不舒服，最終加入了吸菸者的行列。

（三）消愁與提神

　　有不少人在工作、學習、生活中受到挫折以後，便會藉抽菸來緩解自己的緊張焦慮的情緒，以消除煩惱。吸菸上癮之後，人們發現菸具有一定的興奮作用，而生理上的菸癮使得抽菸成為一種習慣和享受，許多吸菸成癮的人不吸則感覺難受或失落感。

　　此外，對青少年而言，吸菸反應自己的成熟。在許多青少年眼裡，抽菸是一種男子漢的標誌，是成熟的標誌。為了證明自己不再是小孩，而選擇了吸菸這種方式。

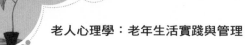

二、菸癮的問題

嗜菸者將產生下列幾個問題。

（一）吸菸數量不斷增加

吸菸者由一天幾支到一包、兩包、兩包以上，更誇張的甚至坐著抽菸，可以不熄火，一支接一支不間斷地抽。一旦不吸菸就會產生消極反應，例如：打瞌睡、打呵欠、流眼淚、心情鬱悶、坐立不安等。

（二）性格外向而衝動

吸菸者具有好交往、合群、喜冒險、行事輕率、衝動、易發脾氣、情緒控制力較差等個性特徵。調查顯示，有 71%的人同時還伴隨其他嗜好，例如：飲濃茶、喝酒、喝咖啡等。

（三）吸菸的社會性

吸菸有一定的社會性，在社交中具有一定的社會功能，但同時又可能誘發多種疾病，對身體健康危害極大，據世界衛生組織的調查，在工業發達的國家中，有四分之一的癌症都是由吸菸引起的。有人作過統計，死於支氣管炎的，吸菸的人占 75%；在 65 歲以下的死亡者中，死於癌症者，吸菸的人占 90%；死於心肌梗塞者，吸菸的人占 25%。

吸菸不但會給個體帶來危害，還會殃及子女。有學者針對數千個孕婦進行調查分析，結果發現其丈夫每天吸菸的數量，與胎兒產前的死亡率和先天畸形兒的出生率成正比；而孕婦本人吸菸數量的多少，也會直接影響到嬰兒出生前後的死亡率。同時，吸菸作為一種成癮性行為，也有一定的精神衛生問題。

三、戒菸方法

由於吸菸對個體的身心健康及環境的影響極大，理應引起人們的重視。戒菸的療法很多，下面介紹幾種主要的戒菸方法。

（一）認知療法

幫助患者充分認識吸菸對自己及他人的危害，樹立起戒菸的決心和信心，不要認為自己抽菸歷史較長而戒不掉，只要下定決心，一定可以成功戒菸，例如：當自己與朋友們一起談論戒菸的問題，有抽菸的朋友一定會潑冷水，認為菸根本戒不掉，這時就要說：「自己應該支配習慣，而不能讓壞習慣支配人……」。接著，就把嘴上的菸捲拿下來揉碎，並聲稱「我絕不再抽菸了」。從此以後，果真戒了菸。在日常生活中，也有許多菸癮很大的人，多次戒菸都未成功，後來得了不宜抽菸的疾病，下定決心後還是戒掉了。

（二）厭惡療法

對嗜菸者可選擇一些負向刺激方法，使之對抽菸行為產生一種厭惡感，例如：採用快速抽菸法，首先讓患者以每秒鐘一口的速度深呼吸地將菸吸入肺部，由於這種速度遠遠超出正常的吸菸速度，使尼古丁在短時間內被大量地吸入，此時患者會產生強烈的生理反應，例如：頭暈、噁心、心跳過快等。之後，再要求患者體驗這種不良感覺，然後讓他呼吸一些新鮮空氣，兩者形成鮮明的對比。隨後又讓患者快速抽菸，直到不想再抽、看到香菸就不舒服為止。這種療法只要連續進行二～三次，一般都會把菸戒掉。請注意，此法不能用於患有心臟病、高血壓、糖尿病、支氣管炎、肺氣腫等疾病的人。

（三）系統戒菸法

要求戒菸者一下子就將菸完全戒掉，是比較困難的，特別是對菸癮大的

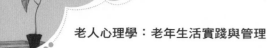

人來說，更不容易，因此，應當採取逐步戒菸的方法。抽菸成癮者往往是在下意識狀態下抽菸的，所以在戒菸前，要先制定一個戒菸計畫，計算好每天吸菸的支數，每支菸吸多長時間，將下意識抽菸習慣轉變為有意識的抽菸。在戒菸過程中，要逐步減少每天吸菸的支數，逐步延長吸菸的間隔時間，例如：兩天減少一支菸，一天減少一支菸，半天減少一支菸，這樣不斷地遞減；一小時抽一支菸、兩小時抽一支菸、半天抽一支菸，間隔時間不斷遞增，最後達到戒菸目的。

（四）控制環境與家庭治療

許多人吸菸往往與生活、環境、情緒狀態聯繫在一起，因此應設法避免這些因素的影響，例如：你在寫作或思考問題時，喜歡一支接著一支地抽菸，那麼就可以有意識地在身邊少放點菸，或放點瓜子、糖果之類的點心來替代香菸。美國前總統雷根就是用口香糖成功地將菸戒掉的。對於外來的抽菸刺激，也應儘量避免，當他人敬菸時，對初次見面者可說不會抽，對朋友可說喉嚨不舒服，而加以委婉拒絕。

另外，也可進行家庭治療。妻子和孩子可做戒菸者的監督人，幫助吸菸者徹底戒掉。如妻子可把丈夫原來每天吸菸的錢積存下來，買件有意義的物品送給他作為獎勵；如違反約定，則給予適當的懲罰。

此外，尚有飲食治療，可給戒菸者吃戒菸糖或喝戒菸茶，以幫助戒菸。

參、藥物濫用問題

藥物濫用是指，使用法律上禁止使用的藥物，或是長期過度服用一些藥物以致上癮（像是酒精），並且影響其日常生活功能。年長者在此方面的問題原本不多，但是現在有些學者發現，年紀較大的人或多或少受到藥物上癮的困擾，過去在醫療照顧機構不太注意此問題，因此專業人員在辨識是否有藥物濫用的情況下，其訓練程度是不夠的。

一、藥物濫用

　　很難想像年長者會服用禁藥，事實上，他們使用安眠藥（幫助睡眠）及鎮靜劑的量很多。在加拿大的研究指出，年長者是最多使用心理藥物的族群，大部分是因為生活壓力，例如：失去配偶、獨居、較低的教育程度及健康問題等；而錯誤的使用這些藥物，是導致年長者經常出入急診室的原因。年長者對於藥物的代謝較差，很容易依賴藥物，特別是鎮定劑，他們並不知道服用這些藥物的危險性，以及所造成的副作用，往往以為建議服用的醫師總是對的，其實這些藥物可能會造成認知能力的受損。

　　諷刺的是，許多藥物在第一次給病患服用時，並沒有完整告知其可能的副作用效果，例如：有研究發現，在社區給年長者使用精神抑制性藥物（neuroleptic drugs）時，完全沒有提到任何可能引發的行為及心理的副作用，因為這些藥物不只是化學劑量而已，它會造成無法控制的上癮，或是導致認知功能的受損，對於失智症個案可能加速退化的情況。正確使用適當的劑量是重要的，雖然安全的劑量隨著不同的機構而定，但是，即使在英國的社區或是郊區機構，對於這些藥物的說明都相當缺乏。

二、藥物誤用

　　藥物誤用不只使用到非法的藥物，它也會危害到健康，當然這並非年長者的現象，許多人是從年輕時就開始使用這些藥物，並且持續到老年，而成為一生的習慣。2005 年，有美國專家調查了 50～65 歲使用藥物的年長者，發現他們只有在兩種情況下會停止使用藥物：一種是嚴重的生病，另一種是死亡。由於使用藥物會嚴重影響健康及心智功能，有的人甚至為了使用藥物所需的費用而犯法，例如：在監獄中的年長者，有 71%的人是因為使用藥物所產生的犯罪行為而坐牢。在美國，預估因使用藥物而需要協助的人口將逐年上升，這些將是未來醫療服務很嚴重的問題。

　　值得注意的是，並不是所有的年長者服用藥物都是從年輕時開始。研究

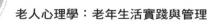

發現，介於 50～65 歲的受試者中，有 47%是從中年以後才開始使用藥物，這些人通常有精神方面的疾病史，或是曾服用心理藥物。他們往往是從其他的人際社會系統中獲知有關藥物的來源，而當使用某一種藥物後，很容易就會使用另一種藥物。

三、賭博與酒精上癮

談到「上癮」，會讓人立刻聯想到酒精或是藥物，但是賭博其實也是一種上癮的行為。在美國有許多的遊樂場，是相當受歡迎的聚會場所，甚至對許多人而言是一種社交經驗，這意味者，賭博存在著吸引人與不吸引人的雙重事實。就負向影響而言，研究發現，有 3%的年長者認為自己受到賭博的限制，必須加以處理；但是從正向影響而言，去俱樂部賭博，對年長者而言是一種社交生活，對於其社會支持網絡有所幫助。因此，賭博對於年長者的影響是值得進一步的探討。

另一種常見的藥物濫用是使用酒精，雖然統計發現，使用酒精的情況在年長者有下降的趨勢，但是也有學者認為，這是因為那些過度使用酒精的人在未活到老年時，就已經因酗酒導致的健康問題而死亡。有的學者認為，調查飲用酒精的報告是橫斷性的研究，因此有可能是世代效應所造成的，因為老年人喝飲料的量本來就不多，飲酒的量就相對減少。一個在加拿大、美國及荷蘭所進行的研究發現，老年人的確喝酒較少。

如果不在乎老年人是否喝較多的酒，據估計約有 5%的老年人飲用酒精類的飲料，在英國也得到相似的結果；但是有不同的原因，美國老年人喝酒的因素是負向生活事件、獨居及健康問題，但是在英國喝酒的老年人都是有社會保險的人（也就是說，生活費用不虞匱乏），不過也許兩個國家研究所使用的測量方法不同。另外的研究發現，傳統使用酒精測量的方式是依據青少年的使用量，但是這種方式將會低估老年人在酒精的使用量。

男性年長者飲酒的量是女性年長者的三倍，酒精會帶來其他身體上的副作用，容易導致年長者跌倒及受傷，雖然不見得會引起心理功能的改變，但

是在 50 歲以後繼續飲酒，男性的記憶能力會下降，而女性之運動協調能力也會下降。

思考問題

1. 嗜酒習慣的成因較為複雜，但可歸納為哪三種？
2. 若對酒精濫用者和酒精依賴者進行治療和戒酒指導，常用的方法有哪六種？
3. 吸菸習慣的形成有哪些外界環境影響的因素？
4. 請問有哪些主要的戒菸方法？
5. 何謂藥物濫用？年長者有哪些藥物濫用的問題？

第二節　養成良好的生活習慣

　　本節將探討三項議題：(1)飲食習慣；(2)運動習慣；(3)習慣飲料。在第一項「飲食習慣」中，將討論：營養與壽命、控制食量、飲食與疾病、飲食與動脈硬化等四個項目；在第二項「運動習慣」中，將討論：運動與健康、如何運動等兩個項目；在第三項「習慣飲料」中，將討論：提神作用、強心利尿、分解作用等三個項目。

　　日常生活中的保健問題是一個很大的議題，例如：營養學、衛生學、飲食、運動、休息、嗜好，以及防病知識等，無不包括在其中。我們簡單的把它分為飲食習慣與運動習慣。

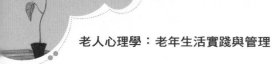

壹、飲食習慣

　　飲食是日常生活中最重要的部分，包含最基本的三餐以及零食或營養補給品，但它並不僅僅是「吃飽」那麼簡單，舉凡營養組成、飯量、進餐次數等，都大有學問。在影響健康和壽命的許多因素中，飲食尤其重要，因此飲食問題對健康和長壽的影響也愈來愈被重視。

一、營養與壽命

　　近年來，世界各國比較重視研究營養組成與壽命的關係，美國、荷蘭的一些學者還率先提出了營養組成影響壽命的實驗證據。透過實驗他們發現，大白鼠壽命的長短與進食量、食物中蛋白質含量的高低，以及吃高蛋白食物的早晚等因素有關。壽命最短的（540 天）是吃得最多的大白鼠，而吃得最少的大白鼠則壽命最長（600 天）。此外，在大白鼠生命最初的 50 天中，蛋白質食物顯得特別重要，在此期間吃含高蛋白食物的大白鼠壽命最長；相反的，早期吃低蛋白質食物而後期吃高蛋白食物的大白鼠壽命則較短。因此他們指出，生命早期的飲食可以作為壽命的預測指標。

　　另一方面，營養組成對壽命的影響也不可忽視，對不同含量的蛋白質限制進食的動物比不限制進食的動物壽命要長，而且在限食組中，若增加蛋白質的比率，壽命則更長。動物實驗的結果顯示，斷奶後立即控制飲食，即能夠延長壽命，因為幼年時如果過度進食，可促進成熟。成熟後如果營養過剩，就會促使某些退化性疾病的發生，進而使壽命縮短。在此必須說明，控制飲食不是無限度的控制，而是把飲食控制在適當且合理的範圍內。學者們還指出如下的一些問題：碳水化合物與壽命成反比，增加食物中脂肪的含量會導致壽命的縮短，而適量的微量元素－鉻，能大幅延長動物的壽命等。

二、控制食量

　　據統計，75 歲以上的老年人當中，很少有體重過重者，而 90 歲以上的老年人就更是沒有超重者，這說明了長壽者的食量是有節制的。因為過量攝食必然會導致熱量過剩，體重增加，出現肥胖，人類在這方面是有過教訓的歷史。中世紀時，歐洲的生活非常艱苦，沒有電和熱能，而在冬天寒冷的天氣下，難以忍受，於是烹飪和吃喝就成了生活中最主要的內容。那時在富人當中，暴食的風氣相當嚴重，例如：亨利八世的一次宴會從下午五點開始，一直持續到第二天的凌晨三點，當時的教會也不得不把暴食列為七大重罪之一。直到伊麗莎白女皇時代，人們才認識到暴食會危及健康，只有飲食適度才能長壽。但直到現在，食量太大的危險依然伴隨著我們。

　　現代人的經濟條件愈來愈好，食物也愈來愈豐富，再加上電氣化、機械化、自動化的產生，大大減輕了勞動強度，導致現代人熱量過剩和運動不足，使肥胖的人愈來愈多，並有繼續擴大的趨勢。為了使人們認識其危害、合理地控制飲食及有計畫地進行運動健身，須要進行有效的宣導。

【老人故事】

控制熱量 輕鬆有記憶

　　根據許多研究顯示，對心臟有益的食物或運動，相同地對於大腦也是有益的。我們都曉得有三高（指高血脂、高血壓、高血糖）疾病的人，均衡飲食、維持理想體重是治療的基礎，而三少一高（指少油、少鹽、少糖、高纖維質）的飲食原則，則是防治三高的重點。另外，最近的一項美國研究報導更指出，每日攝取過量的卡路里，失憶的風險將會加倍，並容易造成認知功能的障礙。也有研究指出，肥胖會增加罹患阿茲海默症的風險。所以，隨著吸收熱量的增多，不僅會讓自己出現三高的症狀，也容易使自己的身材變樣而肥胖，更進一步會使自己增加失憶的風險。

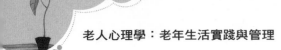

三、飲食與疾病

飲食與疾病是一個世界性的課題，世界各國都非常重視，其中研究較多的是飲食與腫瘤、飲食與動脈硬化的關係等兩項。

（一）飲食與腫瘤

國外不少研究報告指出，過重或肥胖的人比正常體重或較瘦的人更容易罹患癌症，而且癌症死亡率也較高。流行病學研究證明，肥胖症與腸癌、肝癌、泌尿系統癌、子宮癌、膽囊癌、乳腺癌有關。動物實驗也證明，限制飲食可以降低小鼠腫瘤的發生。

現代醫學研究認為，腫瘤的發生與人體的免疫功能異常有關，尤其是細胞免疫功能下降的人，較易罹患各種惡性腫瘤。不管誘發惡性腫瘤的原因是什麼，只要個體內有細胞出現癌症病變，其細胞膜便會出現特異的抗原，具有免疫功能的細胞就會將這些具有腫瘤抗原的細胞除去或破壞掉。如果細胞免疫功能下降，個體的自我保衛能力就會減弱，此時腫瘤細胞就會開始增生。

高脂肪飲食與乳腺癌及結腸癌的關係已引起人們的普遍關注，尤其是美國前總統雷根做了結腸癌切除術的新聞報導之後，更引發大家對於高脂肪飲食與結腸癌產生的注意。據調查，在脂肪食用較多的西歐和澳洲，乳腺癌和結腸癌的發病率都比較高，移居美國的日本人及其後代隨食物等因素的改變，腫瘤的發病情況也逐漸與日本本土居民不同，而與美國當地居民相似。動物實驗也證明，當飼料中的脂肪含量由2%或5%增至20%或27%時，動物腫瘤的發病率明顯升高。但是，高脂肪飲食僅限於影響某些腫瘤，如上述的結腸癌、乳腺癌以及皮膚癌和原發性肝癌。飲食習慣應該注意脂肪的比例不要過高，並要以植物油為主。

（二）飲食與動脈硬化

流行病學調查證實，血清總膽固醇濃度與動脈粥狀硬化的程度及其死亡率之間有密切的關係。美國針對 12,381 人連續調查十年後發現，排除年齡因素的影響時，若血清總膽固醇濃度從低到高逐漸增加時，缺血性心臟病的危險性也會顯著地增加。大量動物實驗也揭示，飲食與各種動物的動脈粥狀硬化之消長密切相關。

血清總膽固醇濃度與高膽固醇飲食及高熱量飲食有關，尤其是因高熱量飲食而肥胖的人，其血清膽固醇濃度明顯升高，這也就是平時人們所說的高血脂症。在人體內，血脂包括膽固醇、三酸甘油酯及磷脂質，這些血脂皆為脂溶性，必須與血漿蛋白結合成脂蛋白，才可藉由血液運送至各個器官及組織。

而脂蛋白按比重和密度的不同，又分為高密度、低密度和超低密度脂蛋白，其中高密度脂蛋白有清除動脈管壁上的膽固醇及其沉積物的作用，並可將這些引起動脈硬化的物質轉運到肝臟處理，被稱為抗動脈硬化因子，對動脈硬化和冠心病有預防作用。而低密度脂蛋白則與動脈硬化有關，它的膽固醇含量極高，是血清總膽固醇的主要成分，也是構成動脈硬化斑的主要物質。攝取熱量過多，或因此而肥胖者，不但血清總膽固醇明顯升高，進而使各種脂蛋白的比例發生改變，即隨著食量的增大或肥胖程度的加劇，高密度脂蛋白減低，而低密度脂蛋白比例增加；因此，過食或肥胖者大大增加了動脈硬化的危險。

過食、熱量過剩之所以會導致肥胖或出現高血脂症，是因為個體內的能量代謝失去平衡。個體代謝若不能將過多的熱量消耗掉，就只好將之合成脂肪儲存在體內，而使血液內的脂質含量升高。曾有人試圖以吃素來減肥或控制體重，據說堅持了十幾年，體重不但未能控制在標準範圍之內，反而逐漸上升，其原因就在於體內可以利用食物中的糖類（供應熱量的主要物質）合成脂肪，加上長期吃素，為了達到好吃的效果，經常用油炸處理，以致於吃

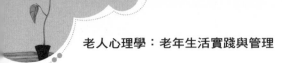

進太多油脂，反而引起身體發胖。可見，飲食中各種成分的搭配，以及食物的質和量對健康的影響都很重要．

貳、運動習慣

運動是生命存在的基礎。所謂運動，主要是指體育運動，它不僅是肌肉活動的表現，而且是整個個體活動的需要。當今世界，由於現代化交通和家庭電氣化的普及，在許多發達的工業化國家，體力活動減少已成為健康狀況不良和某些疾病發病率上升的重要原因，因為「少動」會造成「文明病」的增加。所謂「文明病」是指，出於活動減少而引起的心血管疾病、肥胖症及其併發症等疾病。據統計，在日本的死亡人數中，有 50%是「文明病」所致；美國和歐洲，都以心臟病的死亡率最高。可見，運動不足對身體和社會將會產生嚴重的不良影響。

一、運動與健康

（一）運動能健全循環系統機能

運動與健康長壽的相關，已為世界所公認，生理學的研究就曾報告，運動能使心臟功能增強。有人做過這樣一個實驗，把一隻關在籠子裡養大的兔子放出來，讓一隻狗去追，結果兔子跑不遠就死了；經過解剖，發現這隻兔子死於心臟破裂。而野生兔子卻可以長距離地奔跑而不死，可見運動對於心臟功能有重要的影響。又例如：西德醫生對「老年長跑愛好者協會」的40～80 歲成員進行心功能檢查時發現，這些長跑者的心功能與不鍛鍊的 20歲青年相仿。而瑞士有位學者讓五名20～29 歲男性青年自願者，接受安靜臥床休息三週的試驗，然後進行一些生理功能檢查，結果在循環系統功能中，最大心輸出量減少了 26%。這也就說明了，缺乏運動是促使循環系統及其他器官功能衰退，以及過早衰老的原因之一。

現代研究顯示，在運動時，冠狀動脈的血流量會比平時增加好幾倍，心肌的營養大大改善，進而有助於改善心肌的代謝過程。同時，體育鍛鍊可使副交感神經緊張度增加，交感神經興奮性減弱，這就使得人們無論在安靜或運動時，心跳比沒什鍛鍊的人慢。體能鍛鍊對心血管系統的好處，還表現在具有降低膽固醇的作用；另外，運動可使血中高密度脂蛋白含量明顯升高，而低密度脂蛋白明顯下降，這對預防動脈硬化和冠心病有很大好處，對於高血脂症患者來說·運動比服降血脂藥物的效果要好的多。此外，運動還能使血壓保持穩定，可防治高血壓。

（二）運動能改善肺功能

運動可以使膈肌、肋間肌等呼吸肌活動增強，使這些呼吸肌纖維變得粗壯有力，進而增強肺功能。同時，素有鍛鍊的人，其呼吸次數較少，深沉而均勻，這是一種最省力而且效率最大的呼吸方式，有利於每次呼吸後的充分休息，能減少呼吸肌的疲勞，並可使能量儲備和氧的利用率增高，加強了呼吸系統的「應急」能力。。

日本學者淺野勝未讓平均年齡 41 歲的男性每週進行三次、每次二十分鐘，相當於最大攝氧量約 70%的運動，共進行十六週。結果發現，最大攝氧量絕對值增大 22%，單位體重攝氧量增大 18%。這證明 40 歲以上的中、老年人透過運動能改善心肺功能，提高攝氧能力，延緩衰老的發生。此外，運動對阻塞性肺氣腫患者的呼吸頻率、潮氣量（指每次呼吸的氣體量，單位是公升）、肺活量（指一次盡力吸氣後，再盡力呼出的氣體總量）等也顯著改進。前面提到的五名瑞士年青人，在安靜臥床了三週後，最大攝氧量減少了27%。可見，運動不但對老年人，而且對一般人的肺功能也是相當重要的。

（三）運動與壽命

據生理學家對動物壽命的觀察發現：野兔平均壽命為十五年，而家兔只能活四～五年；蘇格蘭牧羊犬可活二十七年，可是看家狗的平均壽命僅十三

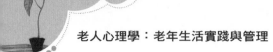

年；野豬的壽命比家豬長一倍；野大象能活二百年，而動物園裡的大象一般只能活七十～八十年；這些差別的根本原因在於運動。科學家們曾利用大鼠作嚴格的對照實驗，幾組科學家都同時發現，運動的大鼠比不運動的大鼠壽命要長。國外曾有人報告，划船運動員的平均壽命比對照組要延長 10%。這些觀察和實驗顯示，運動對壽命的長短有重要的影響。

俗語說：「活動、活動，活著就是要動」，運動為什麼能袪病延年、減緩衰老、增進健康呢？新陳代謝是生命的基本特徵，從生理學的角度來看，衰老現象的發生，是由於新陳代謝的遲滯、個體的衰退所引起的。而適當的運動或體力勞動，正是從積極方面促進人體新陳代謝的過程，進而增強各器官功能，延緩衰老過程。平常有運動的老年人，其工作能力比平時未運動的中年人還要好。可見，延緩生理性衰老的過程，運動具有關鍵性的作用。

二、如何運動

如何運動是一個很大的議題，下列是其基本原則。

（一）因人而異

首先要考慮到自己的年齡、體質、體力和愛好。年輕人和體質強壯的中、老年人，可選擇較劇烈、運動量較大的項目，例如：游泳、爬山、跑步、球類等。平時少運動的人和體質較差的中、老年人，則宜選擇運動量較小的項目，例如：體操、慢跑、散步等。

（二）因地而異

在進行運動時，應結合自己的工作特點和生活環境與條件來選擇運動項目。尤其是老年人，如到離居住地比較遠的運動場所不方便時，可以在室內或家門口進行就地踏步或蹲起運動，以及老人體操、保健按摩等活動。

（三）循序漸進

　　運動量和運動次數必須循序漸進，由小到大、由少到多，對於體質差和缺少運動的肥胖者尤其應如此。開始時每週運動一～二次，適應後，再逐步增加次數和運動量，因為這關係到運動效果的好壞，對身體健康是有益還是帶來損害的問題。此外，每次運動時還必須遵循由慢至快，以及漸進緩退的原則，從暖身運動開始，至整體運動結束。否則，突然暴起的動作，容易造成肌肉、肌腱、關節等的損傷；而突然停止運動，則會使運動時的肌肉組織代謝加劇所產生的大量廢物無法即時清除，迫使呼吸與心跳減慢，血液回流受到限制，心血液輸出量減少，導致血壓下降，加上重力的影響，會造成一時性的腦供血不足，容易發生頭昏、噁心、嘔吐等不良反應，以及局部組織的酸、麻、脹、痛等症狀。

（四）持之以恆

　　進行有計畫的運動之前，最好請醫生檢查肺功能及消化、運動系統功能，經過一段時間的鍛鍊後，再做全面的複查。這種前後對比有利於分析運動與健康的關係，加強運動的效果，調整或修改原訂的運動項目及強度，進一步提高鍛鍊效果。此外，鍛鍊身體必須保持經常性與系統性，持之以恆，不可以一曝十寒。況且，運動的效果絕對不是短期就可以看到的，一旦放棄運動鍛鍊，各種功能就會逐漸下降，因此運動是一輩子的事。

（五）自我保護

　　運動時可以根據個人的情況靈活掌握注意事宜，例如：夏季運動要多注意補充水分，避免在烈日下活動；冬季時要注意保暖；心血管疾病者要有同伴一起運動，可以互相照應，以防意外；自我感覺不佳或身體不適時，如頭痛、心悸等，可以暫停運動。另外，還要注意營養及睡眠狀況，注意潛在性疾病（可做定期體檢）等。

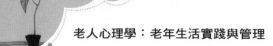

　　此外，老年人在運動前，最好先作自我生理功能的測驗，清晨起床後，先測量自己的脈搏，然後在床邊作蹲起運動二十次（若平時缺乏鍛鍊或體質較虛弱的老人，可自行斟酌次數），再量脈搏，記錄好蹲後脈搏恢復到未蹲前脈搏所需時間；一般以三分鐘內恢復到蹲起運動前的脈搏為心功能較好的標誌。而在進行運動時，老年人的心跳不超過每分鐘 120 次為限。

【老人故事】

社區活動與老人健康

　　因應高齡化社會的來臨，為了讓高齡者可以健康老化，並落實在地老化之目的，金門縣衛生局於 2012 年 6 月 16 日在金門縣體育場舉辦「健康 101 金門縣阿公阿嬤動起來老人健康促進表演會」。衛生局鼓勵參加健康促進競賽活動，以豐富社區老人的健康生活，達到活躍及健康老化之目的。這個活動提供一個專屬老人展現健康活力與生命價值的舞台，激發老人參與社會活動的興趣。另外，基隆市也於 2012 年 7 月 27 日辦理「101 年健康動起來，阿公阿嬤健康活力 show 競賽活動」，也同樣有這個目的。

參、習慣飲料

　　對老人生活習慣來說，除了飲食、活動與睡眠之外，尚有飲料習慣，包括：喝茶、咖啡、碳酸飲料或白開水等，其中以茶比較值得討論。說起飲茶的故事，有一段有趣的傳說：相傳在公元前二千多年的一天，國王攜眾出獵，經過一陣奔騰馳騁之後，國王口渴極了，命隨從架鍋設灶燒水。碰巧鍋台附近有棵茶樹，一陣大風吹來，茶樹上不少葉子飄進鍋中，使開水逐漸變為褐色。侍從怕國王怪罪怠慢，不敢換水重燒，無奈親口嚐了一口變色的水，然後高興地獻給國王，國王飲後，詢問來歷，遂命攜茶回宮，從此開始了飲茶的歷史。

　　茶葉的成分繁多，但其主要成分為咖啡鹼和單寧酸，此外還含有豐富的維他命、多種氨基酸、脂類、糖分，以及鈣、磷、鐵、氟、碘、銅、鎂等上百種化學成分，這些成分對人體健康都是有益的。茶葉對人體的作用，主要如下。

一、提神作用

　　茶葉能興奮中樞神經和大腦皮質。咖啡、可可、茶葉等都是興奮劑，故飲茶後可振奮精神，促進血液循環和呼吸，升高血壓，驅除疲勞。通常，每杯茶用茶葉約 3 克，含咖啡因等約 70 毫克左右，這對人體無大妨礙。但太濃可使神經系統過度興奮，在睡前會造成失眠，對健康不利。

二、強心利尿

　　茶葉飲料可引起冠狀動脈擴張，促進血液循環和抑制腎小管的重吸收，因而有強心利尿的作用。這對老人是有益的。由於飲茶有強心利尿和興奮大腦皮質的作用，也常用作急性酒精中毒時的臨時解救措施。但濃茶會引起心悸，使心臟負擔加重，甚至會招致心律失常，因此飲茶不宜太濃，尤其是心臟病患者。

三、分解作用

　　茶葉有收斂、止血、殺菌及中和食物等作用，這些作用主要是由於茶中含有單寧酸所致。由於單寧酸能分解脂肪，因而飲茶有助於消化。當吞服金屬鹽類或生物類毒物後，可立即灌服濃茶，使單寧酸與毒物結合、沉澱，以延遲毒物的吸收。茶葉制劑（目前多用綠茶，因其含單寧酸量較紅茶高）對治療菌痢有一定的療效，但單寧酸能將食物中的蛋白質凝結成塊而難以消化，因此飯後不宜立即喝濃茶。此外，濃茶（過多的單寧酸）還會刺激胃黏膜，妨礙胃液的正常分泌，造成消化不良；又因其收斂作用，容易發生大便秘結的狀況。

此外，飲茶可防止某些放射性物質對人體輻射帶來的危害，因此被人們稱為「原子時代的飲料」。研究證明：茶葉中確實含有對輻射有一定防治效果的物質，它們主要是脂多糖、茶多酚、維他命 C 等。現在，已用茶葉製成一種防輻射藥物，對治療放射性損傷、保護造血機能、提高白血球數量等有一定效果；因此，茶葉現在也被列為從事放射性工作的保健用品。對於採用放射性治療的癌症患者，可服可溶茶，在放療後，可減輕噁心、嘔吐、食慾不振、腹瀉等不良反應。對於因從事放射工作而引起白血球減少的人，口服可溶茶，一般在一個月左右即可使白血球升高。

總之，適當飲用淡茶對人體有益，茶水太濃則於健康不利，以下情況必須嚴禁飲用濃茶：睡前，尤其是容易失眠者，在睡前四小時內應停止飲茶；飯後，患有心臟病、高血壓、胃及十二指腸潰瘍等疾病者，以及有便秘等胃腸功能紊亂者，不宜飲用之。

1. 請列舉説明飲食與疾病的關係。
2. 運動與健康有其關聯性，請説明運動有哪些好處。
3. 運動對人們來説相當重要，請問運動有哪些基本原則？
4. 請問茶葉對人體的作用主要有哪幾個方面？
5. 適當飲用淡茶對人體有益，但是哪些情況必須嚴禁飲用濃茶？

第三節　改善睡眠的品質

本節將探討三項議題：(1)睡眠的問題；(2)睡眠的保健；(3)克服睡眠問題。

壹、睡眠的問題

迄今為止，我們尚未真正了解人類睡覺的原因，然而睡眠卻是我們每個人生活中的重要部分。有大約 20%的人認為，自己的睡眠存在著種種問題，特別是老年人，他們睡眠品質的降低容易導致許多問題出現，例如：情緒鬱悶、煩躁等。但是絕大多數人都不知道如何去克服睡眠問題，改善睡眠品質。

一、睡眠不足

有關睡眠的諸多問題概括起來，可以集中為三大方面：難以入眠、半夜醒來、起床過早，這些方面皆會造成睡眠不足，然而想要測出實際的睡眠數量卻又相當的困難。其實對於許多老年人而言，他們所面臨的困難，並非真得像他們自己所想的那樣，是由睡眠不足所引起的，睡眠不足只不過是他們的一種主觀推測和想法，自己感覺睡眠時間少，但並沒有什麼科學依據。然而隨著睡眠品質持續不良，就會造成問題了，這是因為內心的憂慮和想法上的顧慮會影響睡眠，而睡眠的不充分又會導致精神不振、無精打采。

下面兩個問題可以幫助我們判斷，自己是否真的存在睡眠問題：

1. 你是否會經常性地感到整天無力、體力不支呢？
2. 白天工作、學習的時候，你是否會常常打哈欠、昏昏欲睡呢？

如果你對上面兩個問題中的任何一個做出了肯定地回答，就可以確定自己的睡眠真的存在問題。幸運的是，90%的人在發現自己存在睡眠問題以後，都能夠很快地予以克服和解決。

俗話說得好：「知己知彼、百戰不殆」，要想順利、成功地克服睡眠問題，首先應該了解與睡眠有關的一些知識，對其有所了解以後，可能就會自然而然地消除之前那種認為自己睡眠不足的顧慮了，接著就可以解決自己確實存在的那些睡眠問題。

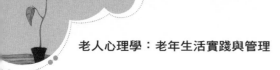

二、老人的睡眠

老年人的代謝以分解為主，而睡眠有促進合成代謝的作用，因而睡眠對於老年人就顯得格外重要。但老年人夜裡熟睡的時間比年輕人短，因此老年人一日內應有數次睡眠，其中以午睡尤為重要，例如可以這樣安排睡眠：晚上十點準時就寢，清晨四點起床，上午七時、中午十二點半、下午四點安排三次小歇，每次睡半至一個小時，加總起來每天有八小時左右的睡眠時間。這種白天安排幾次短暫歇息是消除疲勞、振奮精神的好方法，也是保持身體健康、延年益壽的秘訣之一，值得老年人參考與運用。

貳、睡眠的保健

以下對有關睡眠的知識，還要作進一步的介紹。睡眠的保健之探討包括：睡眠與夢、失眠與安眠等兩個項目。

一、睡眠與夢

睡眠是人和高等動物生命活動中與清醒交替出現的一種生理現象，這是一種必需的生理過程。目前，一般認為睡眠是中樞神經系統內產生的一個主動抑制過程，是抑制在大腦兩半球皮質中擴散的結果。睡眠能保護大腦皮質細胞，使其免於衰竭和受到破壞；同時，睡眠又是使精神和體力得到恢復的最好方法。

據現代科學研究，睡眠有「快眼動」和「非快眼動」兩種反覆交替的過程。「快眼動」睡眠是一種難以喚醒的深沉睡眠，此時骨骼肌的緊張度及神經反射活動幾乎降到最低水準，但血壓升高，心跳加快，腦血流量和腦耗氧量增加，腦代謝增強甚至超過清醒狀態，腦波圖呈現低幅快波，與清醒狀態差不多，因此又稱為「快波睡眠」。「非快眼動」睡眠又稱為「慢波睡眠」，腦波圖以慢波為特徵，可分為四個階段：第一階段是從清醒到睡眠的

過度階段，第二階段進入淺睡，第三、四階段睡眠進一步加深。在「慢波睡眠」時，人對外界的感覺和意識逐漸減退以至於消失，其肌肉緊張度、心跳、呼吸、體溫、血壓、代謝率等減低。

　　人由清醒狀態入睡，會先經過過度階段，然後依次加深到「慢波睡眠」的第四階段，再倒回來變到第二階段，進入「快波睡眠」之後，又轉為「慢波睡眠」的第二、三、四階段，完成後又倒回來進入第四次「快波睡眠」。「快波睡眠」是突然出現，也突然終止的，其持續時間逐次延長。這兩種睡眠狀態都可以轉為清醒狀態，不同的是從「快波睡眠」中醒來，90%以上的人都說正在做夢，並能回憶與陳述夢中景象；而從「慢波睡眠」中醒來，大多數的人都不記得夜裡做過夢，少數人說做過夢，但記憶和描述大多是模糊的。有些人說從不做夢，這大概是因為他總是從「慢波睡眠」階段醒來的緣故。可見，夢是「快波睡眠」，亦即「快眼動睡眠」特有的生理現象。

　　夢，顯然是腦細胞某種活動的表現，然而其對於消除疲勞和恢復大腦功能是非常重要的。中斷「快波睡眠」，即當睡眠者一進入「快波睡眠」就將其喚醒，會引起焦慮、緊張、注意力不集中、易怒、話多等一系列變化，甚至出現幻覺和行為反常。而在之後的正常睡眠中，還會出現「快波睡眠」，連續幾天會有明顯增加的補償現象。然而，夢的生理意義何在呢？目前除了知道是一種深沉的睡眠外，還沒有進一步的認知。不過，據科學家的觀察，認為夢可能與記憶的鞏固過程有關，因為中斷「快波睡眠」會使記憶力減退，在學習與記憶內容較多時，會觀察到「快波睡眠」的增加，而且增加愈明顯，記憶效果也愈好。所以，夢可能與腦對日間接受的訊息處理和貯存有關。做夢時，大概是大腦把白天輸入的各種訊息，從短期記憶的地方轉移到長期記憶的貯存庫的過程。此外，從腦的活動增強、精神緊張、抑鬱與煩惱均能促使快波睡眠增加（即有做夢的睡眠增加）來看，做夢可能對腦力活動的恢復及增進具有作用。

　　另一方面，如果選擇性地中止慢波睡眠，實際上就等於睡眠的完全剝奪。而對睡眠進行完全剝奪的話，則快、慢波兩種睡眠過程中，以慢波睡眠

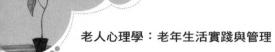

會優先得到補償，尤其是第三～四期的慢波睡眠優先補償，其後有夢的快波睡眠也得到補償。慢波睡眠優先補償，證實它對於維持個體的正常生理活動是不可少的。此外，劇烈的體力活動和其他原因所引起的代謝增強，均能使慢波睡眠增加。故此，現代睡眠學家們推定，慢波睡眠可能對合成代謝具有促進作用，使個體得到休息，精力得到恢復。

二、失眠與安眠

如上所述，睡眠對於腦力和體力的恢復，無疑都是非常重要的。但不少到醫院求診的失眠者都說難以入睡、經常失眠。那麼，有什麼方法使人能夠安然睡眠呢？以下僅就促進睡眠的條件和對失眠的處理，做一些必要的介紹。

（一）促進睡眠的條件

要想入睡快、睡得香甜，必須注意如下幾點：

1. 生活要有規律：作息時間十分重要，平時要養成按時作息的良好生活習慣，定時睡眠，到就寢時就可產生條件式反射，自然地進入睡眠狀態。

2. 適當的勞動：對大部分的體力勞動者來說，一般都可以一覺到天亮，因此在日常生活中要適當地進行體力活動。尤其是對腦力勞動者來說，這不僅能增強體質，而且可使身體產生輕度疲勞感，有助於入睡及熟睡。睡覺之前進行一些輕量的體力活動，例如：散步等，可幫助睡眠。

3. 睡覺前情緒要安寧：寧靜，對於大腦皮質細胞的抑制活動和睡眠狀態的出現十分重要。有些人常在睡眠前看書、閱報或喝濃茶、咖啡等興奮飲料，這都是不合乎生理要求的（但如果已是多年養成的習慣，又未明顯影響睡眠，也不一定要改變）；睡前聽一些輕音樂，也會有催眠作用。

4. 適宜的環境：包括周圍環境安靜、空氣新鮮、溫濕度適宜、光線暗淡，以及被褥乾燥舒適等。

5. 正確的飲食節制：睡眠前如果消化器官負擔過重，不僅影響消化，而且還會由於飽滿的胃而影響睡眠。因此，一日三餐中，晚餐宜清淡少量，如果是少食多餐的話，最後一餐的時間應最少在睡前兩個小時。當然，若過於飢餓即就寢，也不利於睡眠。

6. 就寢前以熱水洗腳或洗溫水澡也有助於睡眠：如欲使溫水澡產生催眠作用，應當長期堅持，定時沐浴，水溫以攝氏 36 度 C 為宜，一次可洗 15～20 分鐘。

7. 合宜的睡眠姿勢：姿勢不好常會影響睡眠，或難以入睡，或常被惡夢驚醒。良好的睡眠姿勢可採取右側臥位，上、下肢半曲狀。這樣不僅可使個體大部分的肌肉處於鬆弛狀態，而且有利於心臟的活動和胃部的舒暢。但是，入睡後往往會出現不自主的體位變換，此可避免身體某些部位的組織過度受壓迫而影響局部血液的供應，因此這是有益的。

（二）對失眠的處理

失眠個案除要注意上述促進睡眠的條件外，可偶爾或短期內服用少量鎮靜劑、安眠藥，對良好的睡眠品質和次日的精力充沛是有益的，同時對於恢復睡眠節奏也有一定的幫助。但是，這類藥物不宜長期服用，因為長期服用會養成依賴性，而且隨著個體耐受性的增加，其用量也會逐漸增大。再者，這類藥物對肝、腦等組織，以及造血功能均有不良作用，因此應儘量避免服用。

服用鎮靜劑、安眠藥最佳的方法是：睡覺前 15～20 分鐘用溫開水將藥服下，然後上床睡覺，此時多半會產生睡意，這樣連續五～七天之後，仍需堅持按時上床睡覺，但不必繼續服藥，只需喝些溫開水就可以。一般來說，如果條件式反射已經形成，那麼不喝水也可入睡；如果仍無睡意，可以再服用

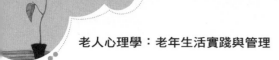

三、四天的藥。但是，這些藥物的服用，最好還是經由醫生處方來服用。

參、克服睡眠問題的方法

克服睡眠的問題，有以下幾點需要注意：克服身體上的各種不適、舒適安眠、睡前遠離刺激性食物等三個項目。

一、克服身體上的各種不適

疼痛：你應該對身體上的各種不適，例如：關節炎所引起的四肢疼痛予以充分重視。如果這些身體上的不適影響了睡眠，你應該及時告訴你的醫生，而醫生通常可以幫助你克服這些身體上的病痛。

呼吸不順：假如你在夜間經常因為呼吸不順而中斷睡眠，此時你需要坐起來喘口氣，甚至需要走下床來，才能調整呼吸節奏，並且應該去醫院檢查了。呼吸不順通常是由於肺部積水和呼吸氣管阻塞（哮喘）所引起的，這兩種病因都需要遵照醫生所開的藥物來進行治療。

夜尿：夜間起床上廁所常常會影響到我們的睡眠和休息，特別是對老年人來說，夜尿更會明顯地影響他們的睡眠品質。如果你也被夜尿所困擾著，不妨調整或改變一下原來的飲水習慣。當然並不是要去減少飲水的數量，只是建議要重新安排、分配原來的飲水時間。糖尿病患者和四肢行動不便的病患，如果有夜尿頻繁症狀的話，最好向醫生尋求幫助，這是因為，糖尿病患者如果出現脫水（身體失水過多）的情況是十分危險的。因此，在保證充足攝水量的基礎上，克服由夜尿頻繁所引起的睡眠問題，對糖尿病患者來說，是至關重要的。

二、舒適安眠

你的床舒服嗎？檢查一下你的床，看看床面是否凹凸不平。如果發現自己的床睡起來不舒服的話，那麼乾脆考慮換一張舒服一點的床吧！不要捨不

得花這個錢，要知道人一生中有相當大的一部分時間是花在睡眠休息上的，因此只要是在經濟條件允許的情況下，絕對有必要、也值得花錢為自己挑選一張舒適的床。挑選新床的時候，千萬不要被店員的推銷術語所迷惑，而是要根據自己的需求來挑選。

此外，在挑選新床的時候，還應該考慮到你的妻子或丈夫，儘量確保兩個人都感到舒適比較好。這是因為夫妻雙方在身高、體型等方面會存在著較大的差異，如果有一方睡覺不舒服的話，也會很容易影響到另一方的睡眠狀況，因此選床的時候應該儘量兼顧到夫妻兩個人的感受。

還有，也應該關注一下睡眠時的溫度是否適中。有許多人之所以會在半夜醒來，就是因為睡衣或棉被太厚，而導致身體流汗發熱，完全是被熱起來的。因此，不妨穿著較為輕薄的睡衣入睡，在睡覺之前也要注意通風及冷暖氣的溫度設定。

三、睡前遠離刺激性食物

睡前應遠離刺激性食物，儘管含微量咖啡因成分的巧克力、可可粉和可樂都會有著不同程度地引起失眠，但是咖啡、茶和香菸卻是導致睡眠問題的罪魁禍首。由於個體之間存在著差異，不同的人受咖啡因影響的程度也有所不同，因此你應該首先確定自己是否會受到咖啡因的刺激，而影響睡眠品質，然後再尋找一些咖啡因食品的替代物，嚐試一下不含咖啡因的飲品，例如：中藥草茶、春黃菊（一種有香味的植物，花狀如雛菊）等。假如你發現自己的睡眠出現了問題，不妨暫且把原因視自己飲用了含咖啡因的飲料所致。那麼睡前究竟飲用多少數量的含咖啡因飲料，才能保證自己的睡眠不受到影響呢？由於個體之間存在著差異，有些人即使在午飯後喝一杯咖啡都會影響到晚上的睡眠。

有些刺激性物質是會使人上癮的，因此人們一旦對刺激性物質產生依賴以後，就很難擺脫了。消除對刺激性物質的依賴是需要一段時間的，最初的一段時間可能會感到很不適應，也許還會出現許多不適的反應（很類似戒菸

或戒酒的情形），然而熬過了這段時間以後，你的睡眠狀況就會得到明顯的改善。

思考問題

1. 有關睡眠的問題，主要表現在哪三大方面？
2. 人們可以從哪兩個問題，來幫助自己判斷是否有睡眠問題？
3. 請問促進睡眠的條件有哪些？
4. 請問克服睡眠問題的方法有哪些？
5. 失眠的個案雖經醫師開立處方服用鎮靜劑或安眠藥，但這些藥物若長期服用可能會造成哪些問題？

第十三章

老人的生命健康管理

　　本章的主要目的是討論本書第三篇管理篇的第三部分「老人的生命健康管理」，第一部分是「老人的心理健康管理」（第十一章），第二部分是「老人的生活健康管理」（第十二章）。本章規劃為三節：第一節「生命需要自我管理」，第二節「健康的生死觀念」，第三節「邁向健康與長壽」。

　　第一節「生命需要自我管理」將探討三項議題：(1)認識生命；(2)生命的自我管理；(3)防老從小開始。在第一項「認識生命」中，將討論：生命的兩種關係、大腦與生命歷程、生命的自我管理等三個項目；在第二項「生命的自我管理」中，將討論：活動的生命、與環境協調和諧、有規律的生活等三個項目；在第三項「防老從小開始」中，將討論：健康從兒童開始、相信自己能夠健康生活等兩個項目。

　　第二節「健康的生死觀念」將探討三項議題：(1)生死觀的意義；(2)死前的適應；(3)死亡觀念的解釋。在第一項「生死觀的意義」中，將討論：觀念的個人背景、觀念的文化背景、對觀念的抗拒等三個項目；在第二項「死前的適應」中，將討論：知道死亡的權利、適應的觀念、走向死亡的階段等三個項目；在第三項「死亡觀念的解釋」中，將討論：死是有意識的行為、今世與來生、死與永恆生命等三個項目。

　　第三節「邁向健康與長壽」將探討三項議題：(1)人類壽命問題；(2)歷史的回顧；(3)當前面臨的挑戰。在第一項「人類壽命問題」中，將討論：古老的傳說、人到底能活到幾歲等兩個項目；在第二項「歷史的回顧」中，將討論：時間與環境因素、男性與女性誰更長壽等兩個項目；在第三項「當前面臨的挑戰」中，將討論：壽命的延長、生命時期、保護老年人健康、長壽基

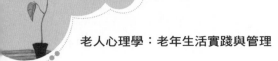

因與不老藥等四個項目。

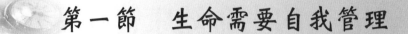

第一節　生命需要自我管理

本節將探討三項議題：(1)認識生命；(2)生命的自我管理；(3)防老從小開始。

壹、認識生命

認識生命的探討包括：生命的兩種關係、大腦與生命歷程、生命的自我管理等三個項目。

一、生命的兩種關係

隨著人類認識自然、與自然和諧共存，以及改造自然能力的提高和實際的深入，人們對生命現象的認識愈來愈全面，也愈來愈接近所謂的「絕對真理」，這無疑是解開人類千百年來，關於健康長壽問題的疑問與關鍵。但是，科學家們更注意到，人是一種高等生物，其生命活動除具有一般生物的特徵外，還具有其他生物所沒有的精神思維和情緒活動，而且人除了與自然發生關係外，彼此之間也會發生關係，而這就是社會關係。自然關係與社會關係無疑都對人的生命過程產生影響，因此在探討人類健康長壽的問題上，不能把人當作純生物來進行研究。

人類之所以能夠統治本身賴以生存的地球，而成為萬物之靈，完全有賴於高度發達的大腦。因此，人類不但能夠認識自然、改造自然，而且能夠認識自我和改造本身，這種能力是其他生物所沒有的。目前，人類對於衰老問題的研究已經達到了相當高的水準，衰老問題專家預測，人類在征服心血管疾病、呼吸系統疾病和癌症之後，人類的平均壽命還將會有一個新的突破，

可以提高到 85～95 歲。但這還不是應有的最高壽命年齡，其原因何在呢？不少學者認為，其中很大的一個原因是還未啟發人的主觀可變性。

二、大腦與生命歷程

人類既然有一個聰明的大腦，既然能夠自我認識和自我改造，何不把這種特殊的本領和能力，用於維持健康和延年益壽呢？如果全人類都懂得這樣做，亦即在整個生命活動的過程中，隨時不斷地注意與加強有利於健康的各種條件和因素，同時去除那些不利於健康的各種條件和因素，對自身的生命進行科學的合理管理，那麼人類的壽命將會更加延長。在日常生活中，人們都知道對於生活的各種用品，如果珍惜愛護及合理使用，則用品能使用的時間就會長一些；對生命過程也應有科學的管理，但生命的管理，一樣有賴於自己，這就是近年來一些學者所提出的「生命自我管理學」。

三、生命的自我管理

生命的自我管理，實際上是有關養生與長壽的綜合理論。它是在人類對生命現象的認識基礎上，綜合了壽命問題的各種研究成果，結合人類長壽的經驗，使延年益壽問題理論化和系統化，用來指導人類的生活與保健。它的目的不僅僅是使人的壽命得以延長，更重要的是使人的生命更有活力。也就是說，延長人的壽命不是指延長衰老的過程，即 70 歲成為老人後，便一直衰老下去，直到自然壽終；延長壽命應當是儘量延長人類最有活力的時期，即健康情況很好、體力充沛、知識和經驗豐富，以及體能與高超專業水準充分結合的時期，也就是體健力強，富有創造力的青壯年黃金時期。

對於每一個人來說，身體健康狀況的好壞，首先依賴於自己，其次才決定於周圍環境和其所生活的社會與國家，而「自己」這個詞，本身是包含了志願、意志和知識等內容。人必須學會關心自己的健康，了解自己的健康狀況，這是延年益壽的前提。但健康是什麼呢？健康就是個體內環境的穩定，個體與周圍環境的動態平衡。生命的管理就是要調整各種因素，維持這種穩

定與平衡。

強調大腦對生命歷程的影響之此種理論認為，大腦的發達程度與人的壽命長短密切相關，大腦愈發達，人的壽命愈長。這裡所謂的大腦發達，當然包括了其作為中樞神經系統的生理功能和精神思維活動所展現的智力。中樞神經系統是個體內環境穩定和個體與外界保持動態平衡的重要調節器官，也是個體最早衰老的組織器官。因此，保護大腦、維持大腦的生理功能正常，實乃健康長壽的前提。智力對於壽命的影響，是其他任何因素所不能相比擬的；因此，大腦是人體中決定長壽的重要器官。

貳、生命的自我管理

生命的自我管理之探討包括：活動的生命、與環境協調和諧、有規律的生活等三個項目。

一、活動的生命

人類生命是動態的，在生命的歷程中，應該重視勞動的作用。勞動是健康長壽的基礎，尤其是體力勞動。在人類幾千年的歷史中，無論是體力還是腦力勞動者，幾乎所有的長壽者都是勤於勞動的人，還沒有聽說過懶惰而又可以長壽的人。因此，無論物質生活條件多麼優越或貧乏，只要放棄勞動，就等於把自己置於短命的地位。

二、與環境協調和諧

應注重生命與環境的協調和諧。各種社會環境都會影響人的情緒，例如：道路交通不順暢，導致上班遲到所引起的焦慮；而情緒對人體健康也有著重要的影響。近年來流行的「身心醫學」，其實就是注意到心理和思想情緒，對生病、防止生病和治療疾病過程中所引起的作用而分設的學科。自身心境的平和、家庭的和睦、工作與社會環境氣氛的和諧，是健康長壽的重要

條件，這是很多長壽經驗已證明的真理。

三、有規律的生活

提倡合理而有規律的生活，這一點所包含的內容非常廣泛，其中包括營養均衡、嗜好、生活方式、飲食、作息時間、體育活動及衛生習慣等日常生活中的一切事項。

參、防老從小開始

防老從小開始的探討包括：健康從兒童開始、相信自己能夠健康生活等兩個項目。

一、健康從兒童開始

1985 年底，美國舉行了一次衛星轉播的電視會議，目的是為了使更多的兒科醫生注意到，兒童血清膽固醇的增高與其成年期冠心病的發生有關聯。據悉，分布在 14 個城市的約 3,000 名兒科醫生參加了該次會議。

該次會議指出，動脈硬化斑形成的研究顯示，動脈硬化過程始於兒童時期，但直到進入成年期後才出現臨床症狀。動脈硬化的預防應開始於纖維性斑塊形成之前，即應從童年開始。據日本醫學專業期刊發表的資料，不少成人疾病，例如：高血壓、高血脂症、脂肪肝，甚至肝硬化等，在肥胖兒童中也可見到，而引起了社會各界的嚴重關注。

上述事實說明，健康和長壽並不僅僅是成年人，更不僅僅是老年人所面臨和關心的問題，維護身體健康和預防衰老應從兒童時期開始。當然，補強「先天不足」，打好基礎，這是很主要的一環，例如：飲食、運動、智力教育、娛樂等，社會必須予以關心，提供指導。除此之外，從幼年時期起，就應該要有計畫、有系統地教導生命的自我管理常識，使每一個人從小就學會了解自己、分析自己，分析不良感覺或良好感覺的原因，了解自己的身心狀

況等。了解自己是一生都要進行的功課，從兒童時期開始，就應該培養這種興趣和習慣。每個人在選擇了一定的生活方式、飲食制度、體育活動方案、心理調整措施的同時，也是在一定程度上決定了自己的壽命。

因此，保護和培養應當同時進行。幼兒時的健康靠父母和社會，成年後的健康及壽命的長短則需要靠自己，而生命自我管理知識的充實則是健康長壽的最好手段。愈充分掌握這些手段，就能愈成功地把它們結合為一體，也就愈有希望實現身心健康、幸福而長壽。因此，無論是家長還是社會，都應把健康與長壽的觀念從小開始建立起來。

防止衰老並不僅僅是成年人或老年人的事。從孩童時期起，就要開始有意識地預防衰老。不但在生活方面要注意，而且要認知其重要性。了解自己的健康情況是一生都要堅持的事，從兒童時期起，就應培養這種習慣。

生命管理的起點是孩童時期，隨著醫學與科學的進步，經常了解各種保健的理論並付諸實踐，對增進健康不無益處，對延年益壽相信也將大有收益。

二、相信自己能夠健康生活

你總是在很多錯誤情緒的引導下，浪費心理上和精神上的能量嗎？如果是這樣，你就可以轉一個彎，引導你的能量流向有用的方向。但如何做呢？把你的能量放在你所想要得到的事物上，並使它遠離你所不想要得到的事物，你的情緒將能立刻受行動的支配。因此，要行動起來！用積極的情緒代替消極的情緒。

積極的心態，對你的健康，進而對你的生活和工作都有重要的作用。積極的心態會促進你的心理健康和身體健康，有利於延長壽命；反之，消極的心態一定會逐漸破壞你的心理與身體健康，進而縮短你的壽命。

要努力實踐才能獲得並保持積極的心態，如果你能滿懷熱情與信心地擁有確定的目標、正確而清晰的思考、創造性的想像力、勇敢的行動、長期的堅持和真正的洞察力，那麼你就能有把握地取得和保持積極的心態。

當你走向你的目標時，你要把什麼東西放在首位呢？

要把幸福放在首位。

如果你現在是幸福的，你就要保持和增加幸福；如果你現在並不幸福，你就要學習如何才能得到幸福。我們可以尋找另一些依靠積極心態取得成功的原則，以加快我們追求幸福的速度。

以下的幾個方式可以逐漸提高你追求幸福的能量：

1. 反覆提醒自己：健康有利於成功，成功依賴於健康。

2. 反覆提醒自己：健康把握在自己手中。

3. 反覆提醒自己：要有開闊的胸襟。

4. 反覆提醒自己：我覺得健康、我覺得愉快、我覺得大有作為。

思考問題

1. 請説明人類生命與自然、社會的關係為何。

2. 試説明大腦對生命歷程的影響。

3. 生命的自我管理之主要內容，包括哪三個項目？

4. 維護身體健康和預防衰老應從兒童時期開始，請問有哪些作法可以從兒童期就開始注意？

5. 有哪些方式可以逐漸提高人們追求幸福的能量？

第二節　健康的生死觀念

本節將探討三項議題：(1)生死觀的意義；(2)死前的適應；(3)死亡觀念的

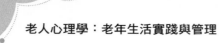

解釋。

壹、生死觀的意義

屆齡退休者及邁入老年期的人們，對生死的認知或有意識地想要理解生與死，是一個重要的課題，尤其是當同事或朋友在未退休前，因重病或意外而身亡的時候。

一、觀念的個人背景

老年期的生存或生活模式，大部分都受到個人的家庭背景、教育程度、工作經驗、生活方式，以及身體體質等條件所制約，另外也受個體對人的生死之態度，包括宗教信仰與文化背景所左右。因此，每個人的差別很大，因為它是個人畢生經歷的產物，而個人差異的幅度，不僅是因價值觀的不同而異，也是一個人性格成熟的標誌。單就生死觀而言，有的人有明確的體會，也有的人是矇混不清，更有的人在晚年期的生死觀仍在不斷的變化。有人懷著補償或贖罪的心情，積極修補人生的缺失或遺憾；也有人顯然無所謂生死觀，而茫然過日子；更有人盡力避免去想或接觸有關死亡的事，而在生活中處處避諱與死有關的活動或象徵。

二、觀念的文化背景

文化條件當然會影響著老年期的生死觀，然而人們處於老年期的社會條件也是影響生死觀的因素之一。大家庭中的老年人、相依為命的夫妻，或漂泊、孑然一身的孤寡老人等社會條件，必然會影響老年人的生死觀。

此外，另一個關鍵是宗教的影響。印度教、基督教、伊斯蘭教，以及佛教等宗教，各有其生死觀。印度教生死輪迴的培那勒斯體驗，即在印度教聖地培那勒斯（Banaras）的岡吉斯（Ganges）河邊，老年人平靜赴死及火葬的情景；伊斯蘭教的生死觀不容易了解；基督教在我們的社會中的影響日益增

大，雖然它確有受人們接受的一面，但真正具備它的生死觀的人還是不普遍，畢竟，對我國人的生死觀具最大影響力的要算是佛教。佛教作為傳統的文化影響，甚至波及到非佛教徒及無神論者。其他所謂的新興宗教，雖然多數屬於現代方向型，但既然是宗教，就或多或少帶有宗教的生死觀。

三、對觀念的抗拒

當人們被死所威脅時，有積極對待的人，也有消極面對的人。一般來說，許多老年人中的大多數雖也談論多種多樣的生死觀，但這些往往是一種防衛，也可以稱作是老年性的智慧化反應，而其內心的生死觀並未定型，多數是抑制著對死的不安或偏執地冀望更長的生命，因此他們固執地、多疑地訴說自己身體上的不適與疼痛，有時也有近似妄想地表白自己不幸的貧困念頭與嫉妒心理。也許人們認為，這些情況大多會發生在處於順境的人身上，實際上是多發生在處於貧困的逆境之人身上。逆境不一定會使人挫折，反而會使人產生對抗性格去反抗人生的終極。對於這樣態度的老年人，我們應該給與支持與鼓勵。

抗拒這種情況的最積極概念，即是追求「長生不老」，這也是人們的普遍願望。但僅僅長壽是毫無意義的，我們更加需要「不老」的精神高度和思想境界。然而，大多數人僅就長壽這一點，而對醫學作過多的要求，但不少的老年人對於在心理上顯示出明顯的退化卻坦然接受。那種接受消極性現實的老年人，與此相對卻能突顯勇敢面對人生積極性的不易。

貳、死前的適應

死前的適應之探討包括：知道死亡的權利、適應的觀念、走向死亡的階段等三個項目。

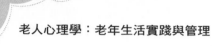
一、知道死亡的權利

（一）知道的權利

　　通知或是不通知衰老之人或病人的死期，是醫生與心理學家一直在爭論的問題。許多醫生的意見傾向於不告訴患者有關病狀的嚴重性與實際情況；但近來，醫生與患者坦率交談死期的呼聲正逐漸增高，當然在其他一切相關領域也要求坦率與誠實。隱瞞病狀的行為與其說是醫生的職責，還不如說是對患者的蔑視，有意識地敷衍反而破壞了與患者之間相互信任的關係。有意識的忽視死亡，卻強烈暗示了人的臨終與死亡，實在沒有什麼價值與意義。

　　近幾十年來，對這個問題上坦率要求的另一個重要論述，是哲學家、心理學家及詩人們一再申述的主張：「人們不僅必須生活在自己僅有的一次生，同時也必須完成自己僅有的一次死。」特別是哲學家海德格爾（Martin Heidegger, 1889-1976），與詩人里爾克（Rainer M. Rilke, 1875-1926）強調：「人的生是相同的，但是人的死卻是各不相同的，各人應死得其所。」有意識地完成自己死的前提條件就是要清楚地了解自己的現狀，特別是要有知道關於自己即將到來的死期之權利。因而對「死」這個目標，運用自己的意志，與死亡作鬥爭，這是人生最後的、也是最重要的階段。為此需要在老人瀕死階段，把有關死期的真實情況加以說明，並盡可能給予幫助，這應是醫生的職責。

（二）告知的義務

　　當然，在通知患者處於生命垂危的時候，要求醫生具有敏感、機智的心理，且嚴禁對病人報告嚴重性時採取急躁的態度，應慢慢地、逐步分階段告之。根據各種調查，許多患者都一致期望知道有關自己病況的正確訊息，期待從醫生口中直接聽到不加修飾的自己死期之來臨。

二、適應的觀念

進入垂老之年的人首先面臨的是，自己的生命已達最後階段。許多老年人對於逐漸接近死亡的現實問題，總是不敢正視；然而，對這必然的現實採取忽視它或否定它的態度，都不能說是成熟的人應有的態度。老年人不僅要正視死亡此一現實，而且更應該把死亡與自己的生命融合起來，認真走完自己生命的最後一個歷程，這樣才能理解生命的全部意義。

（一）認知事實

世界上有許多男子，在進入領養老金的生活時，卻出乎意料的不久就死亡；在德語中就有一個專門術語稱為「養老金死亡」（Pensionerungstod），就是指這種現象。其中很大的一個原因是男性與女性相比較而言，大多數男人會把自己與工作融合在一起，在工作中顯示了自己的志向和樂趣，一旦退休，剝奪了這些人的工作權利，他們就失去了人生的意義與生活慾望，導致迅速衰老而死亡。

即使在退休以後，仍能維持以前物理的、生理的生活，若看不到自己生活的意義時，男性的生活很難說是能達到滿足的人生。已經失去人生的目標，在晚年又找不到新的目標，他們也就失去了生活的勇氣。毫無希望、對人生不抱任何期待的人，也就停止了作為一個真正的人之生活。作為真正的人之生活是指，度過有意義的人生，生活失去了意義，實際上死亡就已經開始接近了，或者說已是部分死亡的人了。

莫尼克（Joseph M. A. Munnichs）曾詳細地進行荷蘭老年人對死亡看法的心理研究，得出了下述的結論：對生命的有限性具有積極的認識，或能夠適應生活的變化無常、清醒地面對人生的人，或是自覺地承認生命是有限的、死亡是不可迴避的人，在其晚年才能找到新的人生意義。與此相反，恐懼死亡、採取逃避態度的老年人，妨礙了自己投入到新的人生中，其結果是對所有的一切處於不滿足的狀態。

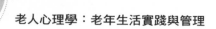

（二）持肯定態度

面對死亡採取肯定的態度，對人生的晚年有積極的影響，進而給老年生活帶來新的意義，這是不斷衰老的老年人，在其晚年需面臨的一場嚴肅挑戰，也是一個重要課題。

人們在臨終之前，必然會顧慮到自己的家庭和親友，應該盡可能地將自己尚未完成的事業和使命，在適當的時候，向適當的人移交自己的職權和責任，使工作順利銜接。儘量補償自己過去所犯的錯誤，與敵對者和解，期望自己的周圍處於和諧、圓滿的氣氛中。在生命旅途的最後階段裡，能夠保持懷抱希望、勇敢剛毅的、不乏幽默感的態度，以作為人的一生及其偉大人性，給予周圍的人們楷模作用，即使在臨終時痛苦的日日夜夜，也將給與他人帶來很大的敬意與喜悅。

對死有所準備與努力，對周圍的人們就能表現出高雅、爽朗的胸懷，與此同時，也展示出老年與死的真正尊嚴性與意義。

三、走向死亡的階段

庫柏勒‧羅斯（Elisabeth Kübler-Ross, 1926-2004）女士，在她的《死亡的瞬間》（*On Death and Dying*）一書中，闡述了面對死亡時的五種心理及精神狀態，說明如下。

（一）震驚與否認（shock & denial）

第一階段：震驚與否認。死亡的第一階段是否認階段，或者說是患者認為有關死亡的消息是不真實的階段。在這階段中，患者把自己與周圍隔離開來，其家屬與親友必須充分理解此一階段，而且有必要與患者共同體驗此一階段。周圍人的理解程度，是給與患者有效的精神上幫助之關鍵。

（二）憤怒（anger）

第二階段：憤怒。這個階段的患者普遍顯示出怒氣鼎盛，常會以「為什麼我現在必須死呢？」、「為什麼是我……？」等類的問題問自己與他人，時時充滿怒氣而不易抑制。然而，為了進入平靜的狀態，這個易怒階段是必須克服的。

（三）討價還價（bargaining）

第三階段：討價還價。在第三階段時，通常有與神、命運或醫生進行交易的特徵。患者在這一階段對他人特別隨和，周圍的人在這階段與患者的互動之間，可以作出重要的幫助。

（四）抑鬱（depression）

第四階段：抑鬱。第四階段會出現抑鬱狀態，患者在面對必然失去的所有一切而意志消沉、經常嘆息與悲觀。他必須與所愛的人永別，必須拋棄財產和所擁有的東西，而將失去一切。在此狀態下，患者會把自己與外部世界隔離開來；此時，與患者親近的人，應協助、鼓勵使面對死神、接受命運擺布的患者恢復其內心的平靜與安詳。

（五）承受或接受（acceptance）

第五階段：承受或接受。此為最後階段的到來。患者接受命運安排，而死亡即將來臨。

醫生、護士及其親屬若能熟知死亡的五個階段，才有可能給與瀕死者真正的幫助。

參、死亡觀念的解釋

在此將以基督教信仰為例，死亡觀念的解釋之探討包括：死是有意識的
行為、今世與來生、死與永恆生命等三個項目。

一、死是有意識的行為

近年來有些人，尤其是基督教與天主教的哲學家與神學家強調：「死是
人的一個有意識行為」，這種解釋逐漸引起人們，包括醫學與心理學者的注
意。他們強調，對一般動物而言，死是一種被動的痛苦，但是人的死當然與
動物的單純、被動的死是不相同的，因為，人能明確地、自覺地接受死亡、
肯定死亡、完成死亡。人在死之時，有可能保持自己創造性的自由及完成生
命最後一次的偉大行為。人們經由自己的一生，不斷地形成了自身及其人
生，人們還自發地接受、形成自身的死，把自己的死創造成一生的傑作。

神學家萊狄斯勞思‧鮑洛斯（Ladislaus Boros, 1927-1981）在他有名的
《最終決斷的假設》（Decision Hypothesis）一書中，把死亡形容為人生中最
高，也是最有個性的行為，把人完成死的行為看成是比他一生中所得到的最
大成就，更具有意義與價值。在死的過程中，人對自己最終命運的決斷表現
了他一生的性格。據他的說法，人是受到活著時的意志力、認識能力或者是
愛的力量之本質制約；而與此制約相反，人在死亡的瞬間會開始獲得對自身
完全的支配能力，完全實現了自己的意志力、認識能力，以及愛的力量。透
過這樣的「最終決斷」，人決定了自身的永恆命運。由這個解釋，死的意義
包括了作為人最初的全部人格的行為、意識、自由與神的會合，為實現自我
決定的最高場所。換言之，秉持對死的這種思考方法、對死有思想準備，以
及不迴避死亡的老人們，其心情肯定是精神抖擻。

在人生中，為了其他所有的現象和行為，我們具有教育和訓練的場所與
方法，況且對於死亡這一人生的最高行為之準備與訓練，對於我們來說，不

是更具有重要意義嗎？

二、今世與來生

　　一個人是否對永恆的生命抱有希望，不僅僅是涉及到他未來的問題，也左右他今世的生命，以及現在這一瞬間的生活之決定性問題。未來絕不是簡單的未來，常常對現在的生活有作用；歌德（Johann Wolfgang von Goethe, 1749-1832）說過：「對來世不抱希望的人，在今世就已是死了的人」，因為將來與現在對人的生活來說，是一貫而不可分離的。歌德還告訴我們說，對永恆生命抱有希望的人，在現在的這一瞬間就能以完整意義的人生來生活，相反的，對永恆生命不抱希望及持悲觀主義的人，在今生中，會使生活的勇氣與活力衰弱、枯竭。

　　垂老之人要把死看作是有意義的事情，還是把它看成為毫無意義的悲劇，將會決定其人生的最後一段生活是充滿希望的、樂觀的、最富創造力的時期，或是悲劇的時期。有些人意識到死期的接近，就意志沮喪，猶似陷入黑暗、絕望的深淵；同樣是意識到死，對另一些人來說，反而成為促使其完成畢生事業的意願與動力，並且自覺地、充滿信心地向死亡進行挑戰。

　　米開朗基羅（Michelangelo, 1475-1564）晚年的態度，是一個顯示出以積極的態度對待死亡逼近的好例子。1545 年，70 歲的米開朗基羅已清楚地意識到死神的陰影已籠罩了他的心，但他卻更埋頭於完成他自己尚未完成的巨大事業——羅馬的聖彼得大教堂。死亡的陰影沒有對這個偉大藝術家的活動力帶來任何不好的影響，反而驅使他不斷前進，完成了他的最高傑作。當他的朋友問他對死亡的看法時，米開朗基羅回答說：

> 「生命對我們來說是好事情，
> 死亡對我們來說，當然也不會是不快的事情。
> 因為死是創造生命的巨匠，用同一隻手所創造出來的。……」

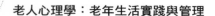

　　對於基督徒來說，死不是沒有意義的，也不是一去不復返的終了，而是新的開始。因此，在《聖經》上用的有關死的語言，不是使人們產生絕望的語言，相反地，是洋溢著歡樂的語句。基督徒常常是在耶穌基督的死與復活相關聯中看待死亡，也期望像耶穌戰勝死亡，並在死亡中復活那樣，與耶穌一起取得對苦難與死亡的最終勝利。耶穌的下述語言在《新約全書》中是最洋溢著快慰的一句話：

> 「復活在我，生命也在我。
> 信我的人，雖然死了，也必復活。
> 凡活著信我的人，必永遠不死。」
>
> （《新約全書·約翰福音》，第 11 章）

三、死與永恆生命

　　有關死後的生命當然只能用比喻和象徵性的手法來描寫，《聖經》上是用下列典型的表現來描寫死後的永恆未來：完美的歡樂、永恆的生命、成功、巨大的饗宴、和平、幸福及痊癒等。耶穌本身在談到有關天國時，使用種種例子暗示人的一切憧憬與希望，將在永恆的生命中實現，在那兒才存在生命的充實與成功。

　　現在，我們所體驗到的肉體是與死同時滅亡的。如何具體地進行肉體的外觀改變與復活，《聖經》本身也沒有做出詳細的說明。當然，復活了的肉體與我們現在的肉體應該不是由相同物質要素構成的！我們都清楚知道的事實，是構成人體的物質乃是靠新陳代謝在多少年之中進行著完全的新舊交換，但不管怎麼樣，我還是原來的我而繼續生存。聖保羅說，因為復活是一個舊的肉體改變為新的肉體，舉例而言，就如是在地裡腐爛後，但同時又從那兒產生出新的果實之小麥種子（《新約全書·歌林多前書》，第 15 章）。現世的生命就像播種在地裡的穀物種子，死亡就是這個種子中所孕藏的胚胎

破土而出，受陽光撫育、生長發芽，這就是進入永恆生命的人生象徵。

　　基督教的神學試圖仿效蝴蝶的變態，來象徵性地表現出肉體的外觀改變，也就是說，蝴蝶是從幼蟲和蛹的變化為起點，開始了蝴蝶的一生。人的現世生活與幼蟲相似，老年則特別與蛹相似，死亡就是從蛹化為蝶的蛻變過程；過了現世的生命以後，就如蝴蝶一樣，變成在光輝照耀的晴空中，翩翩飛舞的新生命。

　　莫札特在一封信中所寫的美麗語句，可以說是典型的基督教信徒對待死亡的精神態度，這在今天的歐洲、美洲的眾多基督徒中也能見到。莫札特35歲去世，死前四年，即31歲時給他父親的信中寫道：

　　　　「死確實是人生的最終目的，

　　　　死是人的真正朋友，也是最好的朋友，

　　　　數年來，我對死盡力去探討了一番。

　　　　我對死的想法不但沒有任何恐懼，反而能給我心中帶來莫大安

　　　　慰與平靜。

　　　　我只有感謝上帝，因為上帝賜予我機遇和幸福，

　　　　使我能知道死是走向真正幸福的鑰匙。

　　　　我常在睡眠之夜考慮過，

　　　　也許我會在這樣年輕時或者明天就說不定不能再活下去的事。

　　　　但是與我交往的朋友中，誰也沒有看到過我有為此而不愉快、

　　　　悲傷的情緒。

　　　　為了這樣的幸福，我每天感謝我的造物主，

　　　　並為使我周圍的人得到同樣的幸福而祈禱。」

　　　　　　　　　　　　　　　　　　　　　　（1787 年 4 月 4 日）

　　這樣典型的對瀕臨死亡有基督教態度的人，大概不會恐懼、不安或悲哀，而且信中的言詞明確地表現出開朗豁達的氣氛。對死後永恆的生命有堅

強的信念，以及想在幸福的永恆生命中開始完成自我的人，不僅能使人嚮往
未來的生活，同時也能給與人們安慰、勇氣與活力。

思考問題

1. 在討論死前的適應內容，包括哪三部分？
2. 在德語中的「養老金死亡」（Pensionerungstod），是指什麼意思？
3. 老年人可以從哪兩方面來正視死亡的問題？
4. 庫柏勒‧羅斯提出了面對死亡時的五種心理及精神狀態，是指什麼？
5. 請分別說明歌德與米開朗基羅，他們如何看待死亡的議題。

 ## 第三節　邁向健康與長壽

　　本節將探討三項議題：(1)人類壽命問題；(2)歷史的回顧；(3)當前面臨的
挑戰。

壹、人類壽命問題

　　健康與長壽，這個幾乎與人類同樣古老的問題，一種人類自古以來的普
遍願望，幾千年來傾注了人類世世代代的熱烈追求，以及不達目標絕不停止
的探索。隨著社會生產力的發展、社會的進步和科學技術的發達，人類對它
的認識愈來愈清楚，而這是歷史進步發展的必然。然而，儘管在科學技術高
度發達的今天，人類已可以到太空去探索，可以到海底去遨遊，可以透過網
際網路或是電信線路，與千里之外的親友做影像交談，就好像面對面般的清
晰，可以在螢幕上觀看組織細胞的超微小活動……；但，長壽依然是個謎。

一、古老的傳說

在人類歷史中，曾有過種種有關長壽的傳說，根據《創世紀》記載，人類的始祖，住在伊甸園中的亞當活了 980 歲；根據《聖經》記載，洪水毀滅世界後的人類新始祖挪亞（Noah）活了 950 歲；《舊約全書》中傳說的高齡者瑪土撒拉（Methuselah）活了 969 歲；而家喻戶曉的神話人物孫悟空，偷吃了使人長生不老的人參果和蟠桃，一舉成為堪與天地比壽的神猴。這些當然都是源於宗教、神話，無從考證，是難以令人確信的文字紀錄，但這類傳說都反映了人類延年益壽，追求長生不老的願望。

遠古的人類，也的確有人夢想長生不老，並且身體力行，苦苦地追求過，例如：秦始皇、漢武帝、唐憲宗等人，就曾先後派人飄洋過海，為他們尋找靈丹仙草、蓬萊仙島，尋覓長生不老的仙方。不過，大凡煉丹求仙之人，大多不得長壽，因為迷信與科學終究是兩回事，愚昧與無知常常會使事與願違，甚至往往導致可悲的結局，使美好的願望化為烏有。

那麼，人類延年益壽的願望難道是一種空想嗎？當然不是。長生不死是不可能的，但延年益壽、終享天年，只要養生有道，則理應可以達成。

二、人到底能活到幾歲？

在科學技術高度發達的今天，人類對自身壽命的各種研究已經深入到了「基因」，而「基因」是要在高倍電子顯微鏡下，才能觀察得到的超微小結構。但人類的壽命到底有多長呢？這個問題至今仍無定論。根據科學家的研究和觀察，發現生物的自然壽命與其成長期成一定的比例關係。凡生長發育期長的人，其自然壽命也長，例如：馬的生長期為四～八年，它的自然壽命約為二十～三十年；狗的生長期為一年半至八年，它的自然壽命約為十五～二十年。

一般來說，哺乳動物的自然壽命約為生長發育期的五～七倍，此一論點最早由法國生物學家蒲豐（Georges-Louis Leclerc, Comte de Buffon,

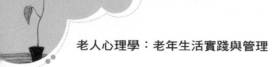

1707-1788）所提出，後來又有科學家根據其他現象推論，結果也差不多。他們認為，哺乳動物的自然壽命為性成熟期的八～十倍。人類自然壽命的極限，目前也是根據對哺乳動物壽命的觀察來推算的。人類完成生長發育的時間約在二十年，依據上述的理論推斷，人的最高自然壽命就可能達到二百歲。此外，科學家對人的心臟進行測定認為，人的心臟可以跳動七十億次，按此計算，人也大約可活二百年。

人類能達到一百至二百歲的高壽？恐怕不少人會提出疑問，這些推算方法到底有多大的可信程度？我們且翻開人類編年史有關長壽的記載，調查一番再下結論。

人可以高壽一百歲，這大概是沒有人會懷疑的。百歲老人在今天可以說是一點也不稀奇，1953 年中國第一次人口調查時，百歲老人就有 3,384 名，其中一些人已超過 120 歲。年齡最大者為 155 歲。

再看看國外的有關記載：1995 年 2 月中，台灣電視報導法國目前最高的壽婆為 120 歲；巴基斯坦人尊稱為「壽星婆」的比布爾，活了 147 歲；一個名叫托馬斯‧佩普的英國人，活了 153 歲，一生經歷了九個國王；1825 年，有一對夫妻所創的長壽奇蹟轟動了全匈牙利，人們稱之為「超級長壽夫妻」，男的活了 173 歲，女的活了 164 歲，那時他們已幸福美滿地度過了婚後 147 個年頭；在日本，曾出現過比匈牙利這對「超級長壽夫妻」更長壽的夫妻，那是在 1795 年，當朝宰相召見了農民萬部，原因是萬部家族的長壽，萬部自己是 194 歲，他的妻子是 173 歲，兒子是 152 歲，孫子是 105 歲，這在歷史上真是創紀錄的奇蹟；世界上獨一無二超過 200 歲的大壽星是英國的費姆‧卡恩，他一生經歷了十二個國王，終年是 207 歲。

由此可見，科學家根據哺乳動物的生長發育期與自然壽命的關係，對人類自然壽命所作的推論和推算是可信的。但問題是，絕大多數的人都達不到應有的自然壽限，這就更為人的壽命問題增加了幾分的神秘色彩。徹底了解為什麼大多數人達不到應有的自然長壽之原因，其意義恐怕不亞於研究少數人為什麼能盡享天年。這是研究長壽與短命之間的差距，是人類到達健康長

壽之目標所不可缺少的重要環節。

貳、歷史的回顧

　　人類的實際壽命，如同人類對生命的認識一樣，與時代有著緊密的關係。不同的時代，人類對生命的認識有所差異，人類的壽命亦不盡相同。隨著社會的進步，尤其是社會生產力和科學技術的發展，以及經濟條件的改善，人類對生命的認識不斷深入探討，人類的壽命亦逐漸延長。

一、時間與環境因素

　　由於人與人之間的壽命存在著很大的差別，即使是同一個時期或同一個社會，個人的壽命也是各不相同的。因此，在比較某個時期或某個社會的人類壽命，或對某一個人可能的壽命做出估計時，就發明了平均期望壽命的概念。平均期望壽命是指在不同年齡時，預期可能生存的年限，我們現存一般所指的平均壽命，即是出生不滿一歲的平均期望壽命。

　　綜觀人類歷史，儘管各個時期的平均壽命並不相同，但發展趨勢是隨著社會進步，平均壽命也在不斷增加。古代人類的壽命很短，據周口店北京猿人化石的分析，69.3%猿人化石的年齡在 14 歲以下。

　　根據對屍骨的研究資料，歐洲人在公元前四千年的青銅生鐵時期，平均壽命僅 18 歲；公元前二千年的古羅馬時代，平均壽命為 29 歲；到了文藝復興時代，平均壽命增長到 35 歲；到了 18 世紀為 36 歲。近二百多年來，歐洲人的平均壽命提高較快，據資料統計，19 世紀初為 40 歲，10 世紀末達到 46 歲；20 世紀以後增長更快，1920 年時為 55 歲，1935 年為 60 歲，1962 年為 68.5 歲。此後，增長速度又趨於緩慢，1979 年為 72 歲。

　　即使在同一歷史時期，各個不同地區的平均壽命也不一致。根據世界衛生組織（WHO）2011 年公布的近十年平均壽命之報告顯示，近十年來人類壽命比之前十年增加了 4 歲，由 64 歲增加為 68 歲。日本的平均壽命為 83

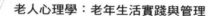

歲，與歐洲的聖馬力諾（Serenissima Repubblica di San Marino）並列世界第一；澳大利亞是 82 歲；美國為 79 歲；中國為 74 歲。即使是同一國家，不同地區也有所不同，台灣則因為城市和鄉村的生活水準差異不大，因此平均壽命相差不大。不同時期、不同地點人類平均壽命的差別，當然與社會發展程度、經濟狀況和醫療衛生水準及條件有很大關係。

在人類漫長的歷史之中，能夠盡享天年、達到高齡的人只是少數；如果誇張一點說，這些高齡長者，包括已往生的和健在的，仍是屈指可數。從理論上來說，平均壽命還可以提高，但實際情況並非如此；對於平均壽命低於 60 歲的落後地區和貧窮國家而言，若能讓經濟迅速發展、人們的收入普遍增加、營養狀況大為提升，同時公共衛生設施大為改善、醫療衛生水準大幅提高，則平均壽命也會提高。

如此一來，平均壽命在 60 歲以上或 70 歲左右的地區，平均壽命也還可能有所增長，但幅度不會太大。至於平均壽命已達 76 歲的國家，平均壽命的增長就極為緩慢。有人預料，如果人類能像在本世紀初征服傳染病那樣，再征服心血管疾病、呼吸系統疾病和癌症等各種危害人類健康，尤其是影響老人壽命的疾病時，人類的平均壽命將會再有所突破，但最多也不過提高 10～15 年，既然可提高到 85～90 歲之間，但仍不能達到應有的自然高壽，其原因何在呢？我們先來比較一下人類兩性壽命的差別。

二、男性與女性誰更長壽？

科學研究或醫學調查都習慣將性別的情況加以比較，對於平均壽命的調查當然也不例外。調查資料顯示，女性的平均年齡一般是高於男性，以平均壽命第一的日本來說，男性平均為 80 歲，女性已達 86 歲。同一時期、同一地區的人之平均壽命，女性何以比男性長數年之久？這是人類壽命中的另一個謎。我們且來看看科學家們是怎樣解析這個問題的。

有的科學家認為，男女壽命所出現的差別與遺傳基因有關。因為在男女的細胞內，與遺傳有關的 23 對染色體中有一對是不同的，即男女的性染色體

是不同的，女性的這對性染色體是由兩條X染色體所組成，而男性的這對性染色體則由一條X染色體和一條Y染色體所組成。假如個體受到損傷，使一條X染色體中出現了一個致命基因的話，女性的第二條X染色體就可能提供一個改正這種狀況的基因，而男性的Y染色體由於結構上與X染色體不同，因此不能產生「替代作用」，因而得不到補償的機會，使個體的生命力降低。

此外，免疫遺傳基因主要是與 X 染色體有關。由於女性有兩條 X 染色體，故其免疫能力比男性要強得多，因此女性的抗病能力比男性強。在生命的最初幾個星期裡，男孩總顯得比女孩弱，可能就是由於染色體和免疫能力的不同所致。個體的防衛保護能力強，壽命當然相對也會比較長。

也有的科學家認為，男女最明顯的生理差別在於性激素，平均壽命的差異主要是由性激素不同所致。據研究，女性激素有降低患病率的奇異功能。動物實驗顯示，雄激素可使家鼠用人工方法所形成的血栓增加，使其死亡率提高三倍；而雌激素則有阻止血栓增加的作用，使家鼠的壽命有一定的延長。有關資料顯示，女性得心臟病時的年齡比男性晚 10 年，實際發作時間要晚 20 年，這都與雌激素有關。

此外，男性對腎上腺素及收縮血管活性物質的反應較女性敏感，因此容易罹患心血管疾病。男性一般較女性身材高大，不但身體體積大於女性，按人體比例計算，內臟器宮的比例也要大些，因此男性的代謝率要高於女性。據研究，在同樣的條件下，男性的能量消耗要比女性多 8～12%，這些也都被認為是促成較為短命的原因。

有的專家指出，女性的壽命之所以比男性長，主要是由於她們比較愛哭。因為悲痛而流出的情感性眼淚中，含有有毒物質，如果硬是不讓這些眼淚流出來，它們就會積聚在體內，並引起某些疾病；而男人是被教育或約束有淚不輕彈，因此男性的壽命較女性短。

不僅在人類，昆蟲和動物的壽命也以雌性為長，因此不少人對「性別對於壽命的影響」就更確信無疑。但不久以前，蘇聯科學院生物研究所的專家

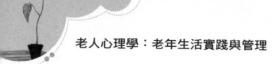

們，對男女平均壽命問題提出了異常的新見解：男性應比女性長壽。他們的理由是：以骨骼結構而言，女孩大概要比男孩早熟一個月；女孩學會走路的時間比男孩要提早兩、三個月，而說話要早四至六個月；性成熟的時間，女孩要比男孩早兩歲左右；性功能消失的時間，女性要比男性早十年左右。從人類有關長壽的記載來看，最長壽者 207 歲的英國人是男性，世界上的超級長壽夫妻也是男比女要高，這都是對男性比女性長壽見解的有力支持。

那麼男性與女性，到底誰更長壽呢？單純從生物學或生理學的角度進行研究，顯然無助於健康長壽的問題解決。因為人類不僅是一種生物，不僅生活於自然環境中，而且生活在社會中，社會環境的各種因素無不對人的身心健康產生影響，進而對人的壽命產生影響。這個問題，後面我們還會詳細探討。不過，一旦人類解開「衰老」之謎，男性與女性誰更長壽的問題，將會自然而然地得到圓滿的解決。

參、當前面臨的挑戰

人類的平均壽命隨著物質文明的進步而延長。近代由於科學技術突飛猛進的發展，使人類的平均壽命得到了前所未有的延長。當前面臨的挑戰之探討包括：壽命的延長、生命時期、保護老年人健康、長壽基因與不老藥等四個項目。

一、壽命的延長

人類平均壽命的延長，主要在於近代醫療的進步。抗生素的出現以及人類防病治病醫療技術的提高，控制了諸如天花、麻疹、破傷風等傳染病，和其他迅速致人於死的疾病，特別是使嬰幼兒和兒童少年得以健康地長大成人，因為兒童的死亡率過高是影響人類平均壽命的主要原因，而老年人壽命的延長雖有進展，但並不顯著。今後，人類將不必再受瘟疫、傳染病、流行病等疾病之苦，因為有醫療技術的保護。以後，人類對於長壽的歲數要一直

一直提高，人類將會進入一個老年社會，不僅生物學家、醫學家，而且整個社會都將面臨新的挑戰，這是必須考慮到的新問題。

【老人故事】

老人的長壽秘訣

一直以來，很多人都在追求長壽的方法，但是似乎都沒有一個定論，其實真正長壽的秘密就在我們身邊。人要長壽的先決條件是健康，關於身體健康的許多建議，大概分為三部分：運動、飲食，以及大腦的維護。運動可以使我們的肌肉骨骼能夠支撐、維持整個身體，並且可以保障內臟功能的正常運作；適合的飲食可以提供足夠的營養，並使身體可以抵抗病菌的入侵；而時時給大腦適當的刺激，不能讓大腦先退休，因為有許多的研究都指出，大腦的功能保持得愈好，則可以活得愈久，更可以讓老年生活更具意義。運動需要自己去「動」，飲食需要自己去選來「吃」，而大腦要靈活更需要自我動「腦」，所以要長命百歲的秘訣就在自己身上。

二、生命時期

生命時期的劃分問題，尤其是對於老年期的劃分，有必要重新認識。古人的生命被分成兩個時期，即青年期和老年期，35 歲被規為人類的生命轉折點。11 世紀阿拉伯的醫學家、哲學家阿維森納（Avicenna, 980-1037）認為，人類到了 40 歲便進入老年期；而古希臘醫學家、自然科學家和哲學家蓋侖（Galen, 129-200）認為，人類的下降期始於 56 歲。到了現代，按照人類的生理變化，習慣上把嬰兒到 18 歲定為生長發育期，19～45 歲定為青壯年期，46～65 歲為漸衰期，66 歲以上開始進入老年期。隨著平均壽命的延長，老年人在全人口中的比重不斷增加，老年的年齡界限也會向後推，例如：挪威規

定 67 歲以上才算老年。

但是，有的學者則認為，有關青年、成年和老年的概念，應訂出較確切地反映人的各種年齡特點。由於生活水準的提高，念書求學時間的延長，使兒童時期和社會成熟期自然地延長。一個人從幼兒園的孩童，成長為一個學有專長的大學畢業生，要花費十多年的時間，大約在 24 歲左右才邁進社會開始工作，如要成為碩士、博士還得要花二～五年左右的時間。因此，大約在 24～30 歲左右，才離開學校獨立工作，大約 40～45 歲才能成為精通某一專業的專家。因此，有人主張把人的生命按其不同的年齡分成如下幾個階段：

1 ～ 15 歲	童年
16 ～ 30 歲	少年
31 ～ 45 歲	青年
46 ～ 60 歲	成年
61 ～ 75 歲	壯年
76 ～ 90 歲	老年
91 歲以上	高壽年

三、保護老年人健康

老年人有豐富的知識和經驗，是國家、社會和人類共同的寶貴財富，對於學有專長的專家、學者來說，就更是如此。再者，培養一個人成為專家，需要十幾年甚至二十年的時間，並需要大量的人力、財力及物力。我們理應讓這些專家、學者健康長壽，多為國家和人類貢獻他們的專長，為培養和造就更多的新一代人才，為人類幸福和社會進步貢獻更多智慧。

延遲衰老是人類的共同願望，不但老一輩的長者希望健康地活著，希望親眼看見他們的努力成果給人類帶來幸福，並繼續為人類社會做出貢獻，而且整個社會亦都有義務為老年人的晚年生活提供和創造更好的條件。保護老年人健康，延長老年人壽命，顯然就成為現代急需解決的問題之一。

但是，健康與長壽問題並非是到了老年期才出現。為什麼達到 75 歲以

上，人類的平均壽命難以延長？為什麼大多數人都活不到人類應有的自然壽命極限？

四、長壽基因與不老藥

英國「每日郵報」（Daily Mail）電子報於 2010 年 2 月 3 日的報導，科學家即將研發出一種「長壽特效藥」（long-life super-drug），能讓人類擺脫阿茲海默症和糖尿病，可以活到 100 歲以上。

科學家們已辨認出三個基因，它們能夠延長人類壽命至百歲以上，並防止常見的老年疾病。其中有二個基因能促進人體產生所謂的「好膽固醇」（good cholesterol），減少心血管疾病和中風發生的機率，第三個基因則能預防糖尿病。基因裡擁有這三個基因的人，罹患阿茲海默症的機率也較常人少 80%。專家並在「英國廣播公司」第二頻道（BBC 2）的 Horizon 節目中公布這項發現。

世界知名的遺傳學家巴茲萊（Nir Barzilai）表示，數個研究室目前正在研發一種藥丸，複製這些基因的功效，最快可望在三年內進行測試。巴茲萊的團隊已檢驗五百名平均年齡 100 歲、身體健康的中歐猶太人的基因，查明他們是否有共同特徵，以解釋長壽的原因。

身兼紐約「愛因斯坦醫學院」（Albert Einstein College of Medicine）醫學和分子遺傳學教授及「老化研究中心」（Institute for Aging Research）主任的巴茲萊表示，神奇的是，這些百歲人瑞裡有三分之一的人不是過重，就是一輩子的老菸槍。人類能活過 100 歲的機率是萬分之一，但是這些研究對象能活過 100 歲的機率是一般人的二十倍，他們擁有的共同祖先也相對較少。

巴茲萊表示，除去體型和飲食因素之後，這些人瑞的共通基因組成和他人不同的三項微小差異，為他們的長壽提供了解釋。他說：「其中 30%的人有肥胖或過重問題，30%的人（每天）抽二包以上的菸齡超過四十年。」、「因為這些人瑞擁有長壽基因，保護他們免受環境因素的影響，那就是為什麼他們既能肆意放縱，卻又活得長壽的原因。」

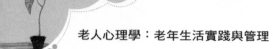

思考問題

1. 請舉例說明兩個與長壽有關的古老傳説。

2. 從人類的歷史來看，人類平均壽命有什麼變化？

3. 男性與女性的壽命有哪些不一樣？

4. 人類的平均壽命隨著物質文明的進步而延長，我們可以從哪四方面來討論人類長壽的問題？

5. 由於生活水準的提高，念書求學時間的延長，使兒童時期和社會成熟期自然地延長。因此有人主張，將生命按其不同的年齡分成哪幾個階段？

參考文獻

The Cambridge Handbook of Age and Ageing

Editors by Malcolm L. Johnson, Vern L. Bengtson, Peter G. Coleman & Thomas B. L. Kirkwood

2005

End-of-Life Issues, Grief, and Bereavement: What Clinicians Need to Know

By Sara Honn Qualls & Julia E. Kasl-Godley

2010

Psychology of Ageing (4 Volume-Set)

Editor by Patrick Rabbitt

2009

Handbook of the Psychology of Aging (7th Edition)

Editor by K. Warner Schaie & Sherry L. Willis

2010

Aging and Mental Health (2nd Edition)

By Daniel L. Segal, Sara Honn Qualls & Michael A. Smyer

2010

「內政部社會司」網站

http://www.moi.gov.tw/dsa/

「中華民國老人福利推動聯盟」網站

http://www.oldpeople.org.tw/

國家圖書館出版品預行編目（CIP）資料

老人心理學：老年生活實踐與管理/ 林仁和，龍紀萱著.
-- 初版. -- 臺北市：心理, 2012.09
面；公分. --（心理學系列；11044）

ISBN 978-986-191-515-9（平裝）

1. 老年心理學

173.5 　　　　　　　　　　　　　　101016541

心理學系列 11044

老人心理學：老年生活實踐與管理

作　　者：林仁和、龍紀萱
責任編輯：郭佳玲
總 編 輯：林敬堯
發 行 人：洪有義
出 版 者：心理出版社股份有限公司
地　　址：台北市大安區和平東路一段 180 號 7 樓
電　　話：(02) 23671490
傳　　真：(02) 23671457
郵撥帳號：19293172　心理出版社股份有限公司
網　　址：http://www.psy.com.tw
電子信箱：psychoco@ms15.hinet.net
駐美代表：Lisa Wu（Tel: 973 546-5845）
排 版 者：辰皓國際出版製作有限公司
印 刷 者：辰皓國際出版製作有限公司
初版一刷：2012 年 9 月
Ｉ Ｓ Ｂ Ｎ：978-986-191-515-9
定　　價：新台幣 450 元

■有著作權·侵害必究■